몸,
스펙터클,
민주주의

몸의 스펙터클, 미친 주의

새로운
광장을 위한
사회학

김정환 지음

창비

일러두기
1. 이 책에는 폭력적이고 잔인한 장면에 대한 묘사와 인용이 포함되어 있습니다. 유의하여 읽어주시기를 바랍니다.
2. 이 책에 수록된 시, 소설, 노래, 그림, 사진 등의 사용을 허락해주신 분들께 감사드립니다. 간혹 출판사 소멸 등의 사정으로 접촉이 어려워 허락을 받지 못한 경우가 있으나, 사후적으로라도 필요한 절차를 밟고자 하오니 출판사를 통해 연락주시기 바랍니다.
3. 이 책에서는 시, 소설, 그림, 사진 등 다양한 문학·예술작품을 자료로 활용하고 있습니다만, 이것이 작품의 창작자 및 등장인물과 관계된 법적·정치적·도덕적 쟁점에 대한 판단을 의미하는 것이 아님을 밝힙니다.
4. 외국 인명과 지명은 국립국어원 표기를 따랐습니다.
5. 영화, 노래, 노래극, 미술작품, 방송프로그램은 〈 〉로, 시, 단편, 신문기사는「 」로, 단행본, 학위논문, 신문은 『 』로 표시했습니다.
6. 출처는 (저자명 출간연도: 면수)로 간략하게 표기해 본문 방주로 달았습니다. 자세한 서지사항은 참고문헌을 보십시오.
7. 직접인용문 속 〔 〕는 필자의 것입니다.

머리말

 나는 왜 이 책을 썼는가? 출간의 변이라 할 만한 말들은 잘 떠오르지 않는다. 세상에 말 몇 마디를 보태면서 그런 말을 내놓는 이유까지도 그럴듯하게 말하려니 겸연쩍다. 그간 공부를 하며 우리 사회에 대해 느꼈던 불만과 답답함, 때로는 분노가 많았던 것 같다. 그러다보니 무언가 하고 싶은 말도 많았던 것 같고. 아마 그것이 전부였을 것이다. 다만, 공부하는 사람으로서 어떤 방식으로 말하거나 말하지 않아야 하는지, 어떤 방식으로 말할 수 있거나 없는지 오래 고민해왔다. 사실 하고 싶은 이야기는 본문에서 다 했다. 머리말은 책의 내용으로 통합되지 않고 남아 있는 생각의 잔여들을 털어낼 수 있는 지면으로 활용하고 싶다.

1.

 2024년 12월 3일. 밤에 간단한 운동을 마치고 집에 돌아왔을 때,

아이들은 자고 있었고 아내는 곧 잠자리에 들려던 참이었다. 몇몇 채팅방을 통해 비상계엄 선포 소식을 접했다. 어처구니없는 상황에 헛웃음이 나면서도 다른 한편으로는 혼란과 공포도 조금씩 생겨났다. 사태가 과연 어떻게 전개될 것인가. 나는 무엇을 어떻게 해야 할 것인가. 아이들은? 국회에서 비상계엄 해제 의결이 된 후에도 한참 동안 소식을 찾아보며 깨어 있었다.

다음 날인 12월 4일 아침, 모든 것이 어제와 다르지 않았다. 아이들은 유치원과 어린이집에 등원했고, 버스를 운전하는 기사님과 문 앞에서 맞이하는 선생님들의 표정은 어제와 마찬가지로 밝았다. 모든 것이 무슨 일이 있었냐는 듯 문제없이 돌아가고 있었다. 집과 가까운 국회에 가보았다. 의사당 앞에 사람들이 모여 있어 시끌시끌했다. 하지만 전반적으로 국회 경내는 평온하고 깔끔했다. 전날 군 병력이 투입되어 유리창이 깨지고 직원들과 의원 보좌진들이 가구와 집기로 바리케이드를 쌓고 소화기를 뿌려가며 싸웠던 곳이었다고는 상상하기 어려웠다. 국회에서 일하는 지인에게 전해 듣기로는 청소노동자들이 새벽같이 나와서 치워놓았다는 것이다. 대통령이 국무회의에서 비상계엄을 공식 해제한 것이 새벽 4시 27분이었으니 이들 중 적지 않은 수는 비상계엄이 공식적으로 해제되지 않은 상태에서 출근 준비를 하고 집을 나섰을 것이다. 국회도서관 구내식당에서 점심을 먹었다. 평소와 마찬가지로 배식이 이루어지고 있었다. 점심 배식을 하기 위해서는 식자재 조달, 재료 손질, 조리 등이 몇시부터 시작되어야 했을까? 비상계엄이 선포되었던 다음 날이라고는 믿어지지 않는 이 일상적인 풍경은 누구의 노동으로 만들어지고 있었나?

12월 4일 나뿐만 아니라 아마도 많은 이들이 각자의 자리에서 평소와 같이 목격했을 풍경은 한국처럼 고도로 복잡해진 사회가 계엄과 같은 돌출적 사건으로는 쉽게 멈추어지지 않는다는 것, 그리하여 쿠데타 시도는 너무나 시대착오적이었다는 것을 보여준다. 하지만 다른 한편으로는 누군가 계엄이라는 비상사태를 기획하는 시간에도 많은 사람들은 일상적인 노동을 묵묵히 준비하고 수행한다는 것을 생각하게 하기도 했다. 헨리크 입센의 희곡 중 「사회의 기둥들」이라는 작품이 있다. 계엄이 선포되었을 때도 이 사회가 무너지지 않도록 지탱하고 있었던 것은 누구였는가? 계엄, 탄핵, 대선에 이어 새로운 이슈가 헤드라인을 장식하며 우리 눈을 사로잡고 있다. 보이지 않는 곳에서 일상의 풍경을 떠받치고 있는 이들에게는 어떻게 정당한 주목과 지면을 돌려줄 수 있을까?

2.

2010년 1월 9일. 용산참사로 사망한 철거민들의 노제가 열렸다. 참사 355일 만이었다. 750번 버스를 타고 가다 무작정 내려 보니 마침 신용산역이었다. 남일당 건물 근처에서 추위 속에 움츠린 채 발을 동동대며 서성이다보니 저 멀리 삼각지 방면으로부터 대형 영정과 수많은 만장이 느릿느릿 행진해오고 있었다. 뜨거운 불에 타 숨진 몸들을 달래려는 듯 차가운 눈발이 휘날렸다. 망자의 영혼에 빙의한 곡소리가 운구되어 오는 자신의 몸뚱이를 보며 흐느꼈다. "아아 이제에 저기이 오는구나아." 침울했던 탓인지 모든 장면들이 선명하게 떠오르지는 않지만 나는 이날을 종종 생각하곤 한다. 그건 아마 그때 남일당에서 보았던 얼굴들 때문일지도 모른다. 특별한 계획 없이 찾아간 그곳에서 나는 사회학과 선후배를 여럿 만났다. 각자 이 사회에 대한 일말의 죄책감과 분노를 가지고 홀로 찾아온 이들이 서로를 발견하고 인사를 나누었던 그 눈맞춤을 기억한다. 그간 대학에서 사회학을 공부해오면서 대학이라는 공간 그리고 사회학이라는 이름에 속해 있다는 것이 부끄러워지는 일들을 많이 보고 듣고 겪었다. 그때마다 나는 어떤 대학인이 되어야 할 것인지, 사회학을 하는 나의 자리는 어디여야 할 것인지 물으면서 눈이 내리던 그날 남일당에서 만난 이들과 서로를 바라보며 교환했던 무언의 약속을 떠올린다.

3.

학부를 졸업하고 대학원에서 본격적으로 학문을 시작하게 된 이후 끊임없이 나를 괴롭혀온 것은 나의 연구 대상과 방법이 무엇이냐는 물음이었다. 무엇과 어떻게. 나는 구체적인 대상을 상정하여 전략적으로 접근해본 일도 없었고, 양적인 것이든 질적인 것이든 특정한 방법론을 익혀서 다양한 대상으로 옮겨 가며 시선을 던져보는 훈련도 부족했다. 내가 했던 것은 그저 나에게 지적으로 자극을 주는 책들을 찾아 읽으면서 나와 내 주변의, 그리고 이 세상 어딘가에 살아가고 있을 사람들의 삶에 비추어 생각해보는 것이었다.

그러다가도 이름난 학자들이나 왕성하게 활동하는 선배 연구자들 그리고 주변 동료들의 모습을 보며 내가 무언가 잘못 가고 있는 것은 아닌가 생각할 때가 많았다. 지금까지 아무도 몰랐던 것을 새롭게 밝혀내거나, 사태의 원인이 무엇이며 해결방법은 무엇인지 옳고 그름을 가려주고, 세부적인 사안에 대해서도 매우 구체적으로 알아가는 모습들. 아마 이것이 사회가 '전문가'로서의 학자들에게 기대하는 바일지도 모른다. 그리고 무슨무슨 대학의 박사학위 또는 교수라는 직함은 그런 전문성에 대한 제도적 보증으로 여겨진다. 사실 우리 사회의 발전에는 이런 전문가들의 기여가 적지 않았을 것이고 그 과정에서 개인적으로는 보람과 자부심 같은 것도 느꼈을 것이다.

나는 학자로서의 경력이 얼마 되지 않은 신참이기도 하지만 그런 식의 전문성을 발휘하는 것이 내가 담당할 수 있는 또는 내가 맡고 싶은 역할이라 생각하지 않았다. 나는 답을 내놓는 것이 아니라 질문을 던지고 싶었다. 한국사회란 이런 곳이라고 알려주는 것이 아니라 우리가 다 같이 이런 사회를 만들고 있지 않냐고 나를 포함한 사람들 모두에게 묻고 싶었다. 그리하여 다른 사회를 만들기 위하여 나를 포함한 우리 각자가 다른 존재가 될 수 있는 가능성을 타진하고 싶었다. 그래서 나는 이 책이 맞는 답을 제시했는가가 아니라 적절한 질문을 던졌는가 하는 기준으로 평가받기를 희망한다.

누군가 내게 사회학 중에서도 세부 전공이 무엇이냐고 물으면 나는 문화사회학이라고 답하곤 한다. 하지만 이것은 내가 사회학이라는 분과학문 속에서도 문화라는 특수 영역을 대상으로 삼아 연구한다는 의미는 아니다. 사회학이 대상으로 삼는 사회라는 것 자체가 하나의 특수한 영역이라 할 수 없는 포괄적 범주인 것처럼, 문화 역시 그러하다. 문화는 음악이나 미술 등 특수한 영역에 국한되는 것이 아닌 삶의 양식 일반을 아우르는 것이며, 그러한 삶의 양식에는 문화에 대한 탐구 역시 포함된다. 사회와 문화를 탐구하는 나의 활동 역시 사회와 문화에 포함되며, 내가 연구와 비판의 대상으로 삼는 사회와 문화에는 이미 그것을 바라보는 나 자신이 연루되어 있다. 사회와 문화는 대상의 자리에 머물러 있기를 거부하며 우리가 논평자나 관찰자의 특권적 위치에 서 있도록 놔두지 않는다. 그렇다면 과연 사회와 문화에 대하여 전문가라는 것이 존재할 수 있을까? 그 누구든 사회나 문화에 대해서는 전문가이기보다는 아마추어이며, 문제가 되는 사회와 문화의 일부로서 연구의 대상이자 변화의 대상이다.

사회와 문화에 속해 살아가는 존재로서 우리는 누구나 일상적으로 참여관찰을 수행하고 있다. 사회학자에게, 그리고 문화 연구자에게 연구 대상으로서의 현장이나 방법으로서의 현장 연구는 삶과 별개일 수 없다. 너무나 익숙하면서도 지긋지긋한, 벗어나고 싶으면서도 나 역시 그것의 일부가 되어버린 것들. 사회와 문화란 아마도 그런 것이리라 생각한다. 관건은 어떻게 그것을 겪는 동시에 볼 것인가 하는 점이다. 문화를 탐구하는 이들 사이에서도 해외 유학에 대한 선망과 선호는 여전하고, AI가 사회학자의 역할을 대체하리라는 우려도 커지고 있다. 물론 우리 사회에 대해 엄청난 정보량과 데이터를 가지고서만 할 수 있는 이야기도 있을 것이고, 우리 문화에 대해 멀리서 바라보아야 할 때도 있을 것이다. 하지만 나는 내가 해나가는 문화사회학이 한국의 사회와 문화를 몸으로 부대끼면서 나오는 이야기이기를 희망한다.

4.

이 책은 필자의 박사학위논문 『한국 민주주의의 상상계와 민(民)의 이미지: 1980년대 민주화운동을 중심으로』(2022)와 이를 압축 및 보완하여 발표한 논문 「한국 민주주의의 상상계에서 민(民)의 생명과 죽음」(2023)을 기초로 한 것이다. 박사과정을 시작할 때만 해도 이런 주제로 논문을 쓰고 책까지 내게 될 줄은 꿈에도 몰랐다. 한국의 역사적 경험에 대하여, 문화의 차원에서 접근하여, 정치적 함의를 담고 있는 논문을 쓰자는 막연한 생각을 하긴 했는데, 결과적으로는 이러한 조건에 얼추 부합하는 주제를 건드린 것 같다.

공부가 부족한 나로서는 감당하기 버거운 주제로 논문을 쓰고 책을 내기까지 많은 분들로부터 도움과 가르침을 받았다. 흔쾌히 논문 심사를 맡아주시고 부족한 원고에 날카로운 논평을 해주신 김원 선생님, 엄격한 평가 속에 응원과 격려를 담아주신 이승철 선생님께 감사드린다. 석사에 이어 박사논문도 심사를 해주신 정근식 선생님은 원고 곳곳을 빨간줄과 메모로 채워 되돌려주셨고, 댁으로 호출하여 특별지도를 해주시기도 했다. 김백영 선생님께서는 학위취득 이후 연구를 계속할 수 있도록 서울대학교 아시아

연구소에 자리를 마련해주셨고, 수차례 단행본 출간을 독려해주셨다.

읽을 때마다 새롭게 감탄하게 되는 『오월의 사회과학』의 저자 최정운 선생님께도 감사드린다. 니체, 베버, 부르디외, 푸코 강독 수업에서, 문사철 등 분야를 가리지 않고 다양한 책을 읽은 독서회에서, 그리고 뒤에 이어진 풍요로운 뒤풀이에서 선생님께 배운 것이 정말 많지만, 여전히 배우고 싶은 것이 많다. 부디 오랫동안 건강하셨으면 좋겠다. 지도교수인 김홍중 선생님은 어쩌면 무위와 허송으로 보일 수도 있었던 나의 공부 과정을 오랫동안 믿고 지켜봐주셨다. 덕분에 지적 자유를 만끽하며 대학원 생활을 해나갈 수 있었다. 그러면서도 내가 찾아 읽는 속도보다도 빠르게 출간되는 선생님의 밀도 높은 글들을 읽으며 지적 긴장을 당길 수밖에 없었고, 동시에 분과학문의 갑갑한 틀에서 벗어날 수 있는 은밀한 통로나 신호를 확인하기도 했다. 돌이켜보면 나는 항상 이 두 분처럼 읽고 쓰고 생각하려 했고, 그러면서도 어떻게든 이 두 분과는 달라지고자 했다. 아마 앞으로도 그럴 것이다.

함께 공부해온 선후배 동학들이야말로 일상의 지도교수라 해야 할 것이다. 이들은 한두명이 아니다. 여러가지 일들을 겪으며 같이 읽고 토론해온 시간이 제법 쌓였다. 날카로운 문제의식과 따뜻한 동료애를 겸비한 이들 덕분에 사회에 대한 비판적인 시선을 잃지 않으면서도 사회 속에서 살아가는 감각을 유지하며 공부를 해나갈 수 있었다.

그간 여러 대학의 강의실에서 만난 학생들에게 특히 감사드린다. 각자의 당면한 현실을 타개하기 위해 누구보다 치열하게 살아가면서 버릇도, 개념도, 열정도, 생각도 없다며 욕을 먹는 이들이 내게 보여준 세계에 대한 호기심과 변화에 대한 기대를 기억한다. 우리의 대학과 사회에서 일말의 희망을 찾을 수 있다면 나는 그것이 선생들보다는 학생들에게 있다고 보는 편이다. 더구나 이들이 무언가를 무릅쓰면서 집단적으로 사회에 저항하고 선생들에게 반론과 이의를 제기하는 경우가 있다면 거의 언제나 이들의 말이 옳다고 생각한다. 새로운 감각을 가진 이들의 곁에 머물며 이야기를 나눌 수 있다는 것이 크나큰 특권이고 행운이다. 이들이 꽉 다문 입과 흐릿한 눈을 열어 말과 생각을 나눌 만한 선생이 되도록 노력하겠다.

무명의 필자가 쓴 짧은 글을 기억해주신 창비의 이하림 차장님 덕분에 이 책이 시작될 수 있었다. 그리고 출판의 시작부터 끝까지 모든 과정을 꼼꼼히 살피고 챙기면서도 필자가 집필에 몰두할 수 있도록 배려와 독려를 아끼지 않으신 창비의 김새롬 선생님 덕분에 이 책을 완성할 수 있었다. 한권의 책을 만들기 위해 이렇게나 많은 일에 신경을 써야 하는지 몰랐다. 애써주신 창비의 관계자 여러분, 원고를 구석구석 읽고 다듬어주신 배영하 선생님께도 감사드린다.

이 책의 출발이 된 학위논문을 구상할 때부터 이 책을 집필할 때까지 많은 어려움이 있었다. 두 아이가 세상에 태어나 걷고 말하고 마음을 나눌 수 있게 되었다. 그간 나는 입히고 먹이고 놀아주고 씻기고 재우고 남은 시간에만 읽고 쓸 수 있었다. 남는 시간에만 공부하는 학자로서, 뒤처지고 있다는 조바심과 불안감에 시달렸다. 불만이 괜히 아이들에게 향하는 날엔 뒤늦게 후회하고 자책하느라 더 집중하지 못했다. 그러한 시간과 경험이 이 책을 쓴 나를 만들었다. 그간의 어려움이 없었다면 더 많은 성과와 더 좋은 작품을 냈을 것이라는 생각을 하지 않는다. 그것은 내 공부의 장애물이 아니라 조건이다. 우리는 모두 어떤 조건 속에 있다. 공부 역시 이런저런 조건에도 불구하고 하는 것이고, 이런저런 조건 속에서 할 수 있는 바를 해나가는 것이다. 가정을 이루면서 뒤늦게 배운 것이다.

너무 많은 것을 말했다. 이제는 정말 뱉어내기를 멈추고 채워야 할 때다. 출간 다음 날부터는 새로운 책을 읽으며 새로운 주제를 공부하고 싶은 마음이 간절하다. 독자들께서 부디 재미있게 읽어주시기를 바랄 뿐이다. 많은 토론이 이어질 수 있다면 더할 나위가 없을 것이다.

2025년 6월

김정환

차례

머리말   005

1장 한국 민주주의 다시 보기(review)   017

민주주의라는 드라마? | 사이다와 고구마 | 각본: 민(民), 주연: 민(民) | 상상계: 이미지의 저장고 | 장면의 재구성

2장 죽음의 스펙터클: 민의 자연적 신체   055

민주주의는 피를 먹고 자란다? | 국가폭력과 신체의 현상학 | 주검

3장 민의 운동과 재활   121

스펙터클과의 조우: 눈빛의 발생 | 굳어지는 몸, 안 들리는 말, 사라지는 민 | 죽은 몸이 있는 곳으로 | Ready, Action! | 불타오르는 몸, 떨어지는 몸 | 죽은 자의 귀환

4장 결집의 스펙터클: 민의 집합적 신체   245

집합적 신체의 물리학 | 집합적 신체의 생리학 | 흩어지는 몸(解體)

5장 한국 민주주의의 서사와 의미론   311

죽음-결집의 레퍼토리: 세월호에서 촛불집회까지 | 우리에게 '민주'란 무엇이었나 | 극장전: 민주주의 극장의 안과 밖

결론 민의 생명과 죽음을 다시 생각하기   345

주   366
참고문헌   369
이미지 출처   395

한국 민주주의 다시 보기 (review)

1

민주주의라는 드라마?

한국의 현대성이 형성되어온 과정 전체가 그러하지만, 그중에서도 특히 정치적 현대화, 즉 민주화와 민주주의의 역사는 종종 한편의 극(drama)에 비유되곤 한다. 한국의 현대 정치사는 암살, 납치, 정략, 의리, 배신, 희생, 혈연, 사랑, 이별, 고난, 승리, 좌절, 복수 등 풍부한 드라마적 요소로 가득 채워져 있고, 예상하지 못한 방식과 방향으로 사태가 급변하거나 돌발적인 사건이 벌어지면서 많은 이들에게 충격을 주었던 경우도 허다하다. 그것을 현실에서 겪으며 바라보는 사람들은 좀처럼 그로부터 헤어날 수 없을 정도의 몰입감을 선사했던 것이 한국 민주주의의 역사였다. 당장 지난겨울부터 벌어진 일련의 사태를 생각해보라. 이른바 '서울의 밤'이자 계엄의 밤이었던 그 몇시간은 물론이고, 비상계엄이 해제된 이후에도 우리는 각자의 생업과 일상의 업무를 처리하면서도 사태의 전개로부터 눈과 귀를 뗄 수가 없을 정도로 극에 몰입했다.* 실제로 국내외의 많은 언론인들은 12월 3일 이후 한국에서 벌어지는 일들이 K드라마를 뛰어넘는 극적 현실이라고 표현했다. 그리고 한국 민주주의의 역사에는 이에 필적하는 흡인력을 발휘한 사건들이 잇달았다. 4·19, 5·16, 10월 유신, 부마항쟁, 10·26, 서울의 봄, 12·12, 5·18, 6월항쟁, 1991년 5월투쟁 등 발생한 날짜나 장소를 고유명사로 삼는 이러한 사건들은 그것의 명칭에 드러난 시간적, 공간적 배경 자체를 제목으로 하는 극작품이 되어 다시 한번 사람들의 눈을 사로잡기도 했다(〈서울의 봄〉〈1987〉 등). 나아가 한국의 민주주의는 가까운 친지나 동료와의 언쟁을 통해서든 광장에서의 참여를 통해서든 자신의 온몸과 마음을 연루시킴으로써 극의 일부가 되게 한다. 환멸이 되었든 자부심이 되었든 혹은 이 둘이 뒤섞인 애증이 되었든 한국의 시민들이 민주주의에 대해 가지는 강렬한 감정은 그것의 극적인 성격에 기초하는 것인지도 모른다.

실제로 많은 사람들은 극이라는 은유를 통해 정치를 이해하고 해석하며 정치에 대한 특정한 기대를 형성하기도 한다. 정치인들

* 한편, 2025년 1월 16일 헌법재판소 대통령 탄핵심판 제2차 변론기일에 피소추인인 윤석열 측에서는 "국민들이 드라마 볼 시간에 대통령이 계엄 선포 방송을 한 건 국회의원들이 다 들어가서 계엄 해제하라고 통보한 것"이라는 입장을 밝혔다. 하지만 정작 계엄이 선포된 2024년 12월 3일 오후 10시 27분경 지상파 방송사와 종합편성 방송사에서 방영되고 있던 드라마는 한편도 없었다. 그러니까 이날 밤 사람들이 본 드라마는 방송국이 아니라 용산의 대통령실에서 제작된 것이었다.

의 언행(연설, 눈물, 호통, 덕담, 시식 등)은 죄다 고도로 계산된 연기일 뿐이라거나, 정치는 사람들에게 극적인 감동을 주어야 한다는 견해 따위가 그러하다. 그리고 이처럼 정치를 극이라 간주하는 인지적·규범적 관행은 실제로 정치를 극으로 만드는 효과를 발휘한다. 누구나 정치를 극이라고 여기면 정치인들은 자신의 언행만은 연기가 아니라며 진정성을 알아달라고 호소하기도 하며, 온갖 협잡을 포장할 대외적 연출에만 힘쓰기도 한다. 또한 정치를 일종의 극으로 받아들이는 이러한 태도는 정치인들이 출마와 낙선(또는 사퇴), 수사와 변호, 수감과 사면 등의 경험을 극적인 '스토리'로 엮어 정치적 자산으로 만드는 방법에 골몰하게 한다. 그리고 유권자들은 당선되었을 때 가장 극적인 쾌감을 줄 수 있는 이를 선출함으로써 그러한 '스토리'를 완성하는 데 일조한다. 이렇게 본다면 극적인 현실이 먼저 있고 드라마라는 은유가 그에 따라붙기만 하는 것이 아니라, 극이라는 은유가 극적인 현실을 만들어내기도 하는 것이다. 이처럼 성공적인 은유는 자기실현적이며 현실과 은유는 서로를 강화하고 재생산한다. 그렇다면 극, 영화, 드라마 등의 은유는 단순한 수사에 불과한 것이 아니라, 우리의 현실을 이해하는 중요한 단서가 될 수도 있을 것이다.

물론 모든 역사적 사건은 아리스토텔레스가 『시학』에서 정의한 바와 같이 시작-중간-끝으로 이루어진 플롯을 통해서 기술되며, 그러한 의미에서 극적이다. 이 점에서 한국의 역사만이 독보적인 사례일 수 없고, 민주주의뿐만 아니라 다른 부문의 역사 또한 극적인 체험을 유발할 수도 있다. 따라서 몇몇 예외적인 사건과 긴박한 전개에만 주목하여 한국의 민주주의가 얼마나 드라마틱한 것이었는지만을 거듭 부각하는 것은 역사를 성찰과 해석의 대상이 아니라 경탄의 대상으로 전락시키는 과장된 호들갑에 불과하다. 역사를 일종의 극으로 간주한다면 오히려 중요한 것은 그 극의 주제는 무엇인지, 어떤 서사구조를 이루고 있는지, 작품이 관객에게 어떤 미적·정치적 효과를 발휘하는지, 그리고 향후의 공연(performance)을 어떻게 개선할 것인지 묻는 일이다. 이 책은 이와 같은 비평적 기준으로 한국 민주주의의 역사라는 극을 평가해보려는 시도이다. 과연 한국 민주주의의 역사는 좋은 극이라고 할 수 있는가?

앞서 살펴본 것처럼 역사를 극에 비유하는 것은 흔히 사용되는 상투적 표현이기도 하지만, 실제로 역사를 비평과 해석의 대상인 예술작품으로 간주하는 관점을 본격적으로 채택하는 경우는 드물다. 물론 이러한 발상의 사례나 근거가 전혀 없는 것은 아니다. 일례로, 누벨바그의 대표적 인물인 장-뤽 고다르는 한 대담에서 다음과 같이 말한다.

> "내게 역사란 말하자면 작품들 중의 작품입니다. (…) 우리는 예술작품을 통해서 어떤 감정을 느끼게 됩니다. 그 작품이 예술적으로 작동하기 때문입니다. (…) 나는 역사는 예술작품이 될 수 있다고 생각했습니다."(고다르·이샤그푸르 2021: 35)

하지만 고다르는 바로 이어서 "그것은 아마도 (…) 일반적으로 받아들여지지 않는 생각일 것"이라는 단서를 붙인다. 그런데 사실 극과 역사 사이의 유사성은 상식적일 정도로 당연한 것이다. 극이 배우(actor)의 연기에 의해 진행된다는 점을 떠올린다면 행위자(actor)의 행위를 통해 전개되는 역사를 일종의 극으로 생각하는 것이 무리는 아닐 것이다. 그리고 이때 행위자는 "세계에 의미를 부여할 수 있는 능력과 의지를 지닌" 존재로서, 이들의 행위에는 과거에 대한 기억이나 미래에 대한 기대 등 세계에 대한 "주관적 의미"가 결부되어 있다(베버 2021: 293; 1997: 118). 이처럼 수많은 사람들이 부여한 의미가 기입되어 있다는 점에서 역사는 "예술작품과 같은 해석의 대상이며, (…) 그 자체로 사상 텍스트라 할 수 있다."(최정운 2016: 29) 이 책은 한국의 민주주의를 드라마에 비유하는 익숙한 은유를 진지한 발견적 수단으로 활용하여, 한국의 민(民)이 과거와 현재 그리고 미래로 이어지는 역사적 지평 속에서 민주주의를 사고하고 수행하는 어떤 방식을 성찰하려는 시도이다.

사이다와 고구마

근래 한국 민주주의의 역사에서 가장 극적인 국면은 국정농단, 촛불집회, 대통령 탄핵, 정권교체의 사건이 연달았던 2016년과 2017년에 걸친 시기였다. 이 책의 초고를 쓰던 때만 해도 이 문장을 다시 써야 하리라고는 전혀 생각하지 못했다. 하지만 2024년

12월 3일 이후로 이제 이 문장은 틀린 문장, 적어도 독자의 공감을 사지 못할 미심쩍은 문장이 되었을 만큼 한국 민주주의라는 드라마는 빠른 속도로 전개된다. 12·3 내란과 그 이후의 일들에 대해서는 뒤에서 다시 논의하기로 하고, 일단은 이 절 첫 문장의 '가장'을 '두번째로' 정도로 바꾼 후 다시 이야기를 이어가보자. 그리고 두번째로 맞이하는 탄핵 이후의 시간이 첫번째 탄핵 이후와 얼마나 다르게 혹은 비슷하게 전개되는지도 눈여겨보기로 하자.

 국정농단 의혹이 제기된 때부터 정권교체에 이르기까지의 온갖 사건들 중에서도 특히 2016년 10월 29일부터 2017년 4월 29일에 이르기까지 약 6개월 동안 이어진 촛불집회는 연인원 1600만명을 동원한 대규모 스펙터클이었다. 1987년 6월항쟁이 대통령 직선제를 쟁취했다면 촛불집회는 대통령 탄핵을 실현했으며, 이로써 한국 민주주의가 새로운 전기를 맞을 것이라는 기대가 형성되기도 했다. 그러나 촛불집회가 불러일으킨 민주주의에 대한 새로운 기대와 희망은 정권교체 이상의 변화로 이어지지 못하고 금세 사라져버렸다. 미투운동과 갑질폭로에서 드러난 것처럼 광장에서의 감격과는 별개로 일상에서 마주치는 크고 작은 모순들은 여전했으며, 정권교체 이후에도 해결되지 않거나 새롭게 생겨나는 문제가 너무나 많았다. 탄핵으로 막을 내린 이전 정부의 비민주성을 비판하며 출범한 정권에서도 사회경제적 약자와 소수자는 민주주의의 질적인 전환을 체감하지 못했으며, 어떤 사안에서는 민주적 개혁을 주장했던 세력이 오히려 개혁에 역행하거나 걸

립돌로 작용하기도 했다. '민주주의'는 (그것이 가리키는 바가 이념이든, 세력이든, 제도이든) 더이상 기대와 열망이 아니라 실망과 환멸을 불러일으키는 단어로 여겨지는 듯했고, '민주'를 표방하며 '촛불' 계승을 자임하던 정당은 직선제 이후 최초로 정권 탈환 후 정권 재창출에 실패하는 결과를 맞았다. 그로부터 불과 5년 전, 탄핵이 가져온 청량감과 민주주의에 대한 열망으로 부풀어 있던 광장의 풍경과는 사뭇 다른 답답하고 목이 메는 장면들이 그뒤로 이어졌다.

우리가 역사를 극적이라고 표현하는 것은 대부분 쾌감과 전율, 감동을 주는 사건들을 염두에 둔 것이겠지만, 한국 민주주의라는 드라마가 그런 장면들로만 구성된 것은 아니다. 많은 경우 사이다의 시원함은 강렬하지만 짧았고 머지않아 찾아오는 고구마의 답답한 시간을 '타는 목마름으로' 오래 견뎌야 했다.* 실제로 민

* 이 오랜 견딤이 어떤 것이었을지 나는 '서울의 봄' 시기의 일상을 그린 한 시민의 에세이를 읽으며 어렴풋이 짐작할 수 있었다. 퇴근길 만원 전철, 밀려든 승객이 아우성을 치고 열차도 평소보다 지연되어 한참 동안 정차 중인 그때 한 청년이 소리친다. "여러분, 우리나라의 정치는 날로 밝아지고 있습니다. 우리도 마음을 밝게 가지십시다. 옆사람하고 이야기도 나누면서 신문도 서로 바꿔 보면서 즐겁게 기다리십시다요. **그동안 우리는 얼마나 많은 것을 기다려왔습니까.**"(정일문 1980, 강조는 인용자) 그의 짧은 발언에 승객들이 화답했고 그는 다시 노래 한 곡조로 답하며 열차의 분위기가 화기애애해졌다는 이야기. 이 글은 1980년 1월 1일에 발행된 『샘터』 2월호에 실렸다. 여기서 그리고 있는 일화의 정확한 날짜를 알 수는 없지만, 어쩌면 12·12를 전후한 시기에도 사람들은 이런 믿음과 희망을 간직했는지도 모른다. 그동안 기다려왔던 그 많은 것들에 비하면 늘어지는 열차의 대기시간이란 얼마나 하찮은 것인가. 이제는 모든 것이 점차 나아지고 있다는 믿음 앞에서 짜증을 품고서 부대낀 모두의 마음은 봄눈 녹듯 누그러졌다. 영화 〈서울의 봄〉은 이처럼 봄의 기운이 움트고 있던 이 시기에 사실은 겨울이 깊어가고 있음을 주목하고 있다. 낯선 이

주주의에 대한 기대가 실망으로, 열정이 냉소로, 자부심이 배신감으로 바뀌는 급속한 장면전환은 2017년 대통령 탄핵 및 정권교체 이후의 상황에만 국한된 것이 아니라 민주화 이후 30년 동안 계속해서 반복된 익숙한 전개이다. 오랜 갈망이 순식간에 절망이 되어버리는 이러한 반전은 군부정권으로부터 얻어낸 직선제를 통해 다시 군인 출신 대통령이 선출되고 만 1987년부터 이미 시작되었다. 출범 초 전례 없이 높은 지지율로 기대를 모았던 문민정부 역시 공안몰이에 의존하는가 하면 각종 사고와 위기상황에서 무능을 드러내며 큰 실망 속에 임기를 마쳤다. 민주주의의 가치를 전면에 내세운 국민의 정부와 참여정부는 과감한 신자유주의적 개혁을 단행하는 과정에서 수많은 민중의 희생을 양산했는데, 이 두차례의 '민주'정부 집권에 대한 실망은 다시 두번의 권위주의적 정부가 집권하는 결과를 초래했고, 그 반동은 여론조작과 국정농단으로까지 이어졌다. 이후 민주주의에 대한 부푼 기대와 희망 속에 등장한 문재인 정부에 대한 실망은 그 정권에서 발탁한 검찰총장을 야당의 대선후보로 만들어 당선시키는 데서 그치지 않고, 내란으로 그리고 그에 동조하는 극우세력의 준동으로까지 이어졌다. 민주주의의 극적인 쾌감은 언제나 톡 쏘고 사라졌지만 뻑뻑하고 답답한 상태는 오랫동안 가시지 않았다.

들 앞에서 정치에 대해 말할 수 있게 된 이 자유의 감각을 누리기 위해서 사람들은 1960년 4·19 이래로 그토록 오랜 시간을 기다려왔던 것이다. 하지만 잠시 열린 이 자유의 공간, 이제는 새로운 시대로 나아가고 있다는 믿음과 희망은 1980년 5월 17일 자정의 비상계엄 확대와 광주에서의 학살로 파괴되었다.

이처럼 한국에서는 대선과 총선을 비롯하여 거대한 대중동원이 이루어지는 정치사회적 사건과 함께 민주주의에 대한 "열망과 절망"이 교차하였는데(경향신문 특별취재팀 2007), 이러한 "열망-실망의 사이클"은 한국 민주주의라는 드라마의 전형적인 레퍼토리처럼 여겨진다(최장집 2006: 75~76). 그리하여 "가끔씩 민주주의가 꿈틀거리는 시간이 있었지만 그 시간은 오래 지속되지 못했다. 뭔가를 바꾸었다고 느끼는 순간, 거리에서 물러나 집과 공장으로 돌아오는 순간, 민주주의는 쉽게 생명력을 잃었다."(하승우 2017: 87) 요컨대 1987년 이후 40년에 가까운 시간 동안 한국에서는 "민주화와 탈민주화가 지속적으로 교차"하였으며(김종엽 2015), 포스트권위주의와 포스트민주주의 사이의 진자운동이 계속되면서(신진욱 2018), "축제와 탈진"을 오가는 경험이 반복되었다(박권일 2020).

이런 시각에서 본다면 한국 민주주의는 흔히 생각하듯 역동적인 전개를 특징으로 하는 것이 아니라 민주화 이후 30년이 넘도록 전진과 후진을 반복하면서 같은 구간을 벗어나지 못하는 지지부진의 교착상태에 빠져 있다고 해야 정확할 것이다. 영화로 비유하자면 좀처럼 극이 진행되지 못하고 같은 구간이 반복 상영되는 작품에 해당할 텐데, 관객으로서는 이러한 영화에 집중하며 극의 흐름에 계속해서 동참할 것인지 관람을 중단할 것인지 고민하게 될 것이다. 실제로 한국에서 민주주의는 빼앗기면 분하지만 되찾았다고 해서 썩 만족스러운 것은 아닌 일종의 계륵으로 여겨지기도 한다. 포기할 수도 없고 신뢰할 수도 없는 한국 민주주의의 이러한 딜레마를 잘 보여주는 것이 선거철마다 (주로 '민주'라는 기표를 내세우는 정당과 후보에 대한) '비판적 지지'를 둘러싸고 반복되는 논쟁이다.

한국 민주주의가 처한 이와 같은 교착상태에 관한 기존의 논의들은 1987년 이래로 고착된 민주주의의 제도적 한계에 주목하면서 한국 민주주의가 민을 온전히 대표하지 못함을 문제로 지적해왔다. 새로운 정치세력의 진입을 어렵게 하는 현행 선거제도, 정치적 책임성을 낮게 만들고 레임덕을 유발하는 5년 단임의 대통령제, 12·3 계엄 이후 보았듯 선출되지 않은 막대한 권력을 행사하면서도 민주적 통제에서 벗어나 있는 검찰과 법원 등의 사법기관이 대표적인 예이다. 그리고 이러한 결함을 근거로 하여 한국의 민주주의는 형식적·절차적 민주주의에 불과하고 민주화는 미완의 기획에 머물러 있는 것으로 진단되는가 하면, 다양한 제도적 개혁, 궁극적으로는 개헌을 통해 민주화 기획을 완수하고 실질적 민주주의를 이루어야 한다는 주장이 꾸준히 제기되어왔다.

이와 같은 제도적 한계 속에서 사람들은 정치적 주권자로서 권한을 행사하는 데 많은 제약을 받거나 그러한 권한을 침해당하기도 한다. 따라서 민주주의를 충분히 누리기 위해서는 다양한 제도적 개선이 필요하다는 주장에 수긍하지 않을 이유가 없다. 이러한 주장에 동의하면서도 동시에 내가 가지는 의문은 이런 것이다. 그런데 과연 한국의 민주시민들은 이와 같은 한국 민주주의의 불완전한 제도에 의해 과소 대표되어 고통과 희생을 감수하는 존재이기만 한 것인가? 주권자이자 정치적 주체로서 이들이 민주주의의 교착상태에 대해 감당해야 할 책임은 없는 것인가? 제도적으로 부실한 현재의 민주주의를 빚어낸 지난 세대의 역사적 과오, 그 불완전한 민주주의의 제도적 유산마저 야금야금 갉아먹거나 허물어버리려 하는 권위주의적 정치세력, 관료집단 특유의 폐쇄성과 경직성을 비판하는 것으로 우리의 역할을 다한 것이라고 할 수 있는가? 그런 비판을 하는 우리는 과연 비판에서 면제될 수 있는가? 민주주의를 추구하는 시민들은 그리고 나는 무엇을 어떻게 바꾸어야 하는가?

각본: 민(民), 주연: 민(民)

한나 아렌트는 「자유란 무엇인가?」라는 글에서 다음과 같이 말한다. "정치제도는 그것이 얼마나 훌륭하게 또는 얼마나 형편없이 고안되었건 간에 행위하는 인간에게 지속적 실존을 의탁한다."(Arendt 2006: 152) 내 나름대로 해석을 해보건대 이 문장은, 어떤 제도에 문제가 있다면 그리고 여러 문제에도 불구하고 그 제도가 존속하고 있다면 그것을 그대로 유지하며 살아온 이들의 책임이 결정적이라는 의미이다. 한국 민주주의의 여러 제도에 문제가 있다면, 한국의 시민은 그러한 제도의 무고한 피해자이기만 한 것이 아니라 그러한 제도가 온존하도록 행동한 또는 행동하지 않은 장본인이기도 하다. 제도는 우리의 삶을 조형하고 규제하지만 그러한 제도를 빚어내고 지속시키는 것은 그러한 제도 속에서 살아가는 우리 자신이다.

  이러한 관점은 민주주의라는 문제를 사고함에 있어 더욱 중요하다. 민주주의라는 개념을 정의하는 것은 물론 무척 어려운 일이지만, 일단은 그 용어 자체가 시사하듯 민(民)을 주체로 하는 정치제도라고 이해할 수 있을 것이다. 만약 이러한 상식적 의미에 합의할 수 있다면, 민은 민주주의라는 제도에 의해 대표되어야(represented) 할 대상이기도 하지만, 민주주의란 무엇이며 어떠해야 한다고 재현하고 표상하는(represent) 주체이기도 하며, 또한 민은 그저 자신들에게 주어지고 제시된(presented) 대로 민주주의를 겪는 객체일 뿐만 아니라 자신들의 행위를 통해 민주주의를 상연하는(present) 주체이기도 하다는 점이 강조되어야 할 것이다. 그렇다면 한국의 민주주의라는 극에 어떤 결함이 있다고 할 때, 기본적으로 그 책임은 바로 그러한 민주주의를 추구하고 기획하고 실행해온 주체, 즉 민에게 물어야 할 것이다. 이처럼 민을 민주주의라는 극의 주체로 분명하게 인식함으로써 한국 민주주의에 대한 민의 책임, 즉 저자인 나와 독자인 여러분을 포함한 우리 자신의 책임을 환기하는 것이 이 글의 목표이다.

  이 책에서 나는 민주주의의 주체를 가리키기 위한 용어로 '민(民)'을 사용할 것이다. 일상의 언어감각에서는 다소 어색한 '민'이라는 용어를 선택한 것은 사실 간단한 이유에서 시작되었다. 'democracy'의 주체가 'demos'라면 그것의 번역어인 '민주주의'의 주체는 '민'이어야 하지 않을까 하는 것. 물론 번역에서 출발어와 도착어는 반드시 일대일 대응하지 않으며, '민'이라는 말이 일상적으로 많이 사용되는 것도 아니라는 문제가 있다. 사실 한국에서 정치적 주체를 가리키는 개념으로는 민족(民族), 인민(人民), 민중(民衆), 국민(國民), 시민(市民) 등이 경합해왔다. 하지만 이러한 개념들은 민주주의의 주체 자체를 가리킨다기보다는 그러한 주체에게 귀속될 수 있는 다양한 경험적 속성들이거나, 특정한 정치적 기획 속에서 이들이 호명되는 범주에 가깝다. 이를테면 '민족'은 종족적이거나 문화적 범주로서의 성격이 강하고, '민중'은 사회경제적 속성에 강하게 연동되어 있다. '국민'은 국가라는 법적·영토적 범주에 결속되어 있으며, '시민'은 법적으로 부여된 권리와 의무의 체계 그리고 기성 시민사회의 관례와 관습에 동화되어 있다. '인민'은 다른 개념들에 비해 민주주의의 정치적 주체로서의 의미를 상대적으로 잘 담고 있으나, (그리스 민주주의로부터 기원하는) 'demos'보다는 (로마공화정에서 기원하는) 'people'에 상응하는 개념으로 판단된다. 반면 '민'은 이상의 다양한 개념에 기입되어 있는 공통의 의미소로서, 특정한 사회경제적 지위나 속성 및 범주로 획정되어 있지 않은, 정해진 형상이 없는 주체 그 자체를 가리킨다(고병권 2011). 현실에서 다양한 차이를 지니는 개인과 집단을 '민'이라는 이름으로 포괄하여 지칭하는 것은 민주주의에 참여하고 이를 주도하는 모든 주체가 동일한 사회학적 속성을 가지는 단일한 실체임을 가정하려는 것이 아니다. 물론 모든 개인은 사회 속에서 노동자로서, 여성으로서, 노인으로서, 또는 다른 어떤 위치나 정체성으로서 존재하지만, 이들이 민주주의의 주체로서 자기 자신을 드러낼(present) 때 또는 민주주의의 주체를 떠올릴(represent) 때는 노동자, 여성, 또는 노인이 아니라 보편적인 이름 또는 자리로서 '민'을 떠올리기 때문이다(서동진 2014: 35~45). 민주주의는 자본가 또는 노동자, 남성 또는 여성의 것이 아니라, 누구의 것도 아닌 모두의 것이며 그 누구도 아닌 모두를 지칭하기 위해서는 이처럼 비어 있는 이름이 필요한 것이다. 이 책은 한국 민주주의라는 극에 등장하는 특정한 범주나 집단(민족, 민중, 여성, 노동자, 청년 등)을 선택하여 이들의 모습을 경험적이고 실증적으로 살펴보고자 하는 것이 아니라, 민이라는 민주주의의 보편적인 주체가 상상되고 구현되는 특수한 방식을 검토함으로써 한국 민주주의라는 극을 평가하려는 시도이다.

민에 대한 민주주의의 책임을 넘어 민주주의에 대한 민의 책임을 강조하려는 이 책은 한국 민주주의의 정체와 교착상태에 대하여 다음과 같은 두가지 문화사회학적 관점을 전제한다. 첫째, 반복 속에 유지되는 사회적 질서는 실천적 관행(practice)이라는 문화적 기초에 의해 구성된다(김정환 2016). 만약 한국 민주주의가 별다른 진전 없이 특정한 양상을 되풀이하며 정체되어 있다면, 그것은 바로 그러한 방식으로 민주주의를 실천하는 관행이 존재하기 때문이다. 따라서 한국 민주주의가 전개되어가는 익숙한 그리고 고질적인 특성을 이해하고 설명하기 위해서는 반민주세력의 존재나 세계 자본주의의 변동 같은 요소들보다도 민이 민주주의의 이름으로 반복해온 실천은 무엇이었는지 질문하고, 민이 민주주의를 실천해온 익숙한 방식을 문제화해야 한다.

둘째, 이처럼 기존의 사회적 질서를 재생산하는 실천과 관행에 상징적 의미를 부여하고 정당화하는 문화적 자원이 있다. 설령 그것이 민을 적절히 대표하지 못하고 급기야 배반하기까지 하더라도 오히려 그것이야말로 도덕적이고 바람직하고 자랑스럽고 감동적이며 신성하기까지 한 진정으로 민주적인 실천으로 여겨지고 있을 가능성이 있다. 그렇다면 한국 민주주의가 1987년 민주화 이후 근본적인 변화 없이 머물러 있었던 것은, 민주주의에 대한 의지가 미약한 탓이라기보다는 오히려 민주주의에 대한 특정한 기대가 꾸준히 관철되어왔기 때문일 것이다. 민주주의에 대한 신념의 부족이 문제가 아니라 과잉이 문제인 셈인데, 그렇다면 민의 기억과 전망, 규범과 당위 속에서 굳건히 유지되어온 민주주의란 어떤 것이었는지 돌아볼 필요가 있다.

이처럼 특정한 방식으로 민주주의를 실천하고 특정한 방식으로 민주주의를 의미화하는 민은 민주주의의 주체로서 한국 민주주의의 교착상태에 대한 책임, 다시 말해 한국 민주주의라는 극의 구간 반복에 대한 책임이 있다. 이렇게 말할 수 있는 이유는 민이 극을 이루는 장면과 영상, 즉 이미지를 생산하는 주체이기 때문이다. 극으로서의 역사는 인물과 사건에 대한 무수한 장면, 이미지, 형상 들이 나름의 서사 속에 배열됨으로써 성립한다. 이때 역사는 마치 영화와 같이 장면들의 부단한 생성과 갱신을 통해 진행된다.• 그리고 매 순간의 새로운 장면은 다음 순간의 새로운

• 극이 그러하듯 영화 역시 역사나 기억에 대한 은유로 통용되곤 한다. 하지만 역사와 영화의 관계는 일상적 표현의 차원을 넘어서 역사학자와 영화인 모두에게 근본적인 화두였던 것으로 보인다. 일례로 마르크 페로는 다음과 같이 말한다. "영화에 대한

1장 한국 민주주의 다시 보기(review)　　33

장면에 의해 교체되어 지나간 장면들의 재고에 적립된다. 이러한 장면들의 흐름 속에서 인간은 언제나 지극히 첨예한 한 지점에 서 있다. 그는 이제 막 지나간 장면과 이제 막 생겨날 장면 사이에서, 그리고 이제껏 생산된 장면들의 방대한 집적과 앞으로 창출될 수 있는 장면들의 무한한 가능성의 접점에서, 그러니까 "과거와 미래 사이의 틈새"에서 자신의 행위를 통해 끊임없이 새로운 장면을 만들어낸다(Arendt 2006: 3). 일어날 수 있었던 수많은 장면들 가운데 단 하나만이 인간의 행위/연기(action)를 통해서 실현되며, 그렇게 매 순간 하나씩 쌓인 장면들은 우리의 행위/연기가 만들어낸 "잔해의 더미가 하늘까지 치솟고" 있음을 보여준다(벤야민 2008: 339). 그런데 이처럼 인간이 행위의 무대에서 새로운 장면을 만들어내는 동안 그의 마음속 스크린에도 "역사와 전기의 잔해"에 묻혀 있던 온갖 장면들이 "사유의 열차, 기억과 기대의 열차"를 타고 실려 와서 펼쳐진다(Arendt 2006: 13). 우리는 행위를 통해서뿐만 아니라, 과거에 대한 기억이나 미래에 대한 기대, 즉 사유를 통해서도 역사를 구성하는 장면과 이미지를 만들어내는

역사적 독해 그리고 역사에 대한 영화적 독해, 이것이 영화와 역사의 관계에 대해서 질문을 던지는 사람들이 좇아야 할 최종적인 두개의 축이다. 역사에 대한 영화적 독해는 역사가에게 과거에 대한 자기 자신의 독해라는 문제를 제기한다."(페로 1999: 25) 이와 유사한 견해가 장-뤽 고다르에게서도 드러난다. 그는 수많은 영화 속 이미지와 사운드, 텍스트 등을 몽타주하여 제작한 영화 〈영화의 역사(들)〉을 완성한 직후 이루어진 대담에서, '오직 영화만이 자신의 역사를 이야기하면서도 대문자 역사를 이야기할 수 있다'는 의견에 공감을 표하면서 그것은 "영화가 역사와 동일한 질료로 만들어지기 때문"이라고 밝힌다(고다르·이샤그푸르 2021: 109). 즉, 역사도 영화도 모두 이미지로 만들어진다는 것이다.

것이다. 그러니까 역사라는 극은 행위의 무대와 사유의 스크린이라는 두개의 극장에서 펼쳐지며, 인간은 행위를 통해 역사를 상연하는(present) 주체이자 사유를 통해 역사를 표상하는(represent) 주체이다. 그리고 한국의 민주주의라는 극은 민이 민주주의를 상연하고 표상함으로써 만들어지는 장면들에 의해 전개되는 것이다. 이처럼 민은 한편으로는 연기하는 배우가 그러하듯 행위와 상연을 통해, 다른 한편으로는 구상하는 작가가 그러하듯 사유와 표상을 통해 장면을 만들어낸다.

이때, 상연으로서의 역사와 표상으로서의 역사라는 두 갈래는 만나지 않는 별개의 평행세계가 아니라, 인간이라는 주체를 매개로 이어져 있는 공통의 과정이다. 한편으로 인간은 마음속에 품고 간직해온 장면을 결정적인 순간에 행위를 통해 구현한다. 이를테면 "역사를 산다는 건 (…)/벽을 문이라고 지르고 나가야 하는"것이라며 방북을 감행하여 김일성 주석을 끌어안았던 문익환 목사의 과감한 몸짓은 "거리 거리를 거닐면서 오가는 사람 손을 잡고 (…)/동무라고 부르면서 열 살 스무 살 때로 돌아가는" 장면이 씨앗이 되었을 것이다(문익환 「잠꼬대 아닌 잠꼬대」). 이처럼 마음속에 펼쳐지는 풍경에 대한 체험은 행위능력의 한 원천이 된다(김홍중 2016: 14장). 바꾸어 말하면 "모든 행위자는 잠재적 관객"으로서, 새로운 장면의 생성에 참여하는 와중에도 기억하거나 꿈꾸어왔던 장면들을 마음속에 떠올리고 바라본다(빌라 2000: 26). 다른 한편으로 언젠가 행위를 통해 상연된 장면은 우리의 사유 속에서 과거에 대한 기억으로 또는 미래에 대한 소망으로 표상되기도 한다. 이를테면 "동학년 곰나루의, 그 아우성"이나(신동엽「껍데기는 가라」), 기미년 3월 1일 전국 방방곡곡에서 뛰쳐나와 두 팔 벌려 만세를 부르는 몸짓, 그리고 1960년 4월 19일 이른바 '피의 화요일'에 경무대로 육박하는 군중들의 움직임은 한국에서 민주주의의 원형적 상상이자 '오래된 미래'로 자리잡고 있다. 요컨대 행위자의 상연을 통해 산출되는 극의 한 장면에는 그가 역사에 대해 품어온 특정한 기억과 기대가 녹아 있으며, 그런 그가 기억하거나 기대하는 역사적 장면에는 무언가를 감행하는 누군가의 모습이 투영되어 있다. 이처럼 역사는 상연으로서의 역사와 표상으로서의 역사가 서로를 포함하는(comprehend) 과정의 무한한 연속이며, 이러한 과정은 사유와 행위가 서로의 장면을 포섭함으로써 이루어진다. 따라서 질 들뢰즈의 표현들을 빌리자면, 역사를 해석한다는(comprehend) 것은 어떤 하나의 장면 속에 밀봉된(enveloped) 이전의 수많은 장면을 개봉하고 현상하여 펼쳐내는(develop) 것이며, 하나의 장면에 여러겹의 주름(pli)으로 함축된(implicated) 장면을 드러내는(explicate) 것이라 할 수 있다(들뢰즈 2004: 5장).

이를테면 이런 것이다. 한국 민주주의라는 드라마에서 가장 극적인 장면으로 기억되면서도 민주주의의 이상으로 기대되기도 하는 장면은 1987년 6월항쟁 당시 인파로 가득 찬 광장의 모습이다. 그런데 그때 광장으로 뛰쳐나간 사람들의 뇌리에는 최루탄에 맞아 동료의 품에 늘어진 이한열의 모습이 박혀 있었다. 그리고 그런 이한열, 즉 '고문살인 은폐 규탄 및 호헌철폐 국민대회' 하루 전인 1987년 6월 9일 사전집회에 참여한 이한열의 마음속에는 박종철이 남영동에서 고문을 받으며 고통스럽게 숨져가는 장면이 있었을 것이다. 또한 고문 속에서도 결연한 모습을 보였던 박종철의 가슴속에는 그가 대학 신입생 때 접한 광주, 재수하던 시절에 읽었던 전태일, 중2 때 목격한 부마항쟁의 영상들이 간직되어 있었다. 이렇게 펼쳐지는 장면들의 연쇄를 고려한다면 1987년 6월 누군가 "명동성당 시위 현장으로 들어갔던 것은 〔결국 전태일의〕 그 바보 같은 얼굴 때문이었다"라고 말할 수도 있을 것이다(박형숙 2006: 237). 이처럼 역사는 이미지 사이의 인과적 계보를 통해 해석될 수 있으며, 지난 장면과의 연관 속에서 새로운 장면을 만들어내는 민의 사유와 행위는 민주주의의 역사라는 극을 전개시키는 작인(agency)이라 할 수 있을 것이다.

요컨대 민은 민주주의의 수많은 장면을 만들어온 주체이다. 한편으로 민은 민주주의라는 드라마가 어떤 장면으로 구성되어왔고 어떤 장면으로 구성되어야 하는지 생각해왔고, 다른 한편으로는 행위를 통해서 민주주의라는 극을 이루는 장면들을 실제로 공연해왔다. 이들이 민주주의에 대해 생각한 바가 행위로 이어지기도 했고, 이들의 행적이 민주주의에 대한 기억과 기대를 만들어내기도 했다. 물론 역사의 흐름은 우연적이어서 우리의 뜻과 바람대로 되지 않는 것이지만, 이는 동시에 역사가 우리가 알 수 없는 어떤 원리에 의해서 미리 정해져 있는 것이 아니라는 의미이기도 하다. 한국의 민주주의 역시 어떤 전능한 존재가 연출자(director)로서 미리 설계한 대로 우리에게 투사되어(projected)

우리가 그 속에서 적응하며 살 수밖에 없는 극이 아니라, 한국의 민이 나름대로 방향(direction)을 모색하며 만들어온 역사적 기획(project)이다. 그것은 민이 기억하는 장면들, 민이 꿈꾸어온 장면들, 민이 몸으로 만들어낸 장면들로 이루어진 드라마이며, 이런 의미에서 민은 민주주의라는 드라마의 작가이자 배우라고 할 수 있다. 그러니까 민을 배반하기도 하고 고통스럽게도 하는 민주주의에 대한 일차적이고도 궁극적인 책임은 민, 즉 우리 자신에게 있다는 것이다.

상상계: 이미지의 저장고

그런데 문제는 앞서 지적한 바와 같이 민이 주체가 되는 민주주의라는 극의 전개 과정에서 모종의 레퍼토리를 따라 특정한 구간이 반복 재생된다는 점이다. 이는 곧 민주주의라는 극에서 새롭게 만들어지는 장면들이 사실은 그리 새롭지 않다는 것, 민이 만들어내는 장면들은 민주주의의 일신을 바라는 민 자신의 기대나 열망과는 별개로 이전에도 수차례 보아왔던 익숙한 것임을 의미한다. 그렇다면 혹시 한국 민주주의라는 극에는 특정한 장면들만이 포함될 수 있도록 규정하는 모종의 규칙 같은 것이 작동하는 것은 아닐까? 한국 민주주의라는 드라마를 이끌어가는 모티브(Leitmotiv)랄지, 그것을 규정하는 원형적인 이미지 같은 것이 있는 게 아닐까? 그리고 민은 자기도 모르게 그 규칙에 따라서 장면을 만들어내고 있는 것은 아닐까? 만약 그렇다면 민은 민주주의의 주체이되, 부지불식간에 특정한 규칙에 따라서만 민주주의를 상연하고 표상하는 매우 제약적인 주체인 것은 아닐까? 그리고 사유와 행위를 통해 장면들을 만들어내는, 역사적 과정의 주체인 민은 결국 이러한 규칙의 대리인(agent)에 불과한 것은 아닐까? 그렇다면 한국 민주주의라는 극은 어떤 규칙과 제약에 따라서 진행되어왔는가? 이 책에서는 바로 이 규칙, 즉 한국 민주주의라는 극을 구성하는 장면과 이미지의 경계 및 질서를 포착하기 위하여 상상계(imaginary)라는 개념을 사용할 것이다.

기본적으로 상상계는 이미지들의 방대한 집적이며 이 이미지들이 펼쳐지는 "문화적 스크린"이다(김홍중 2016: 534). 그런데 이 책에서 말하는 상상계는 단순히 누적된 이미지의 더미라기보다는 그렇게 축적된 이미지들의 외연, 즉 이미지화된 것과 이미지화되지 않은 것 사이의 경계를 가리키는 것이다. 한국 민주주의라는 극은 수많은 사람들의 행위와 사유를 통해 만들어진 무수한 장면들로 구성되어 있다. 하지만 그토록 많은 장면들이 익숙한 패턴 속에 반복된다는 사실은 한국 민주주의라는 극이 일정한 경계 내의 이미지들이 특정한 질서를 이루며 구성되어온 것은 아닌지, 즉 한국의 민주주의가 특정한 상상계의 제약 속에 놓여 있는 것은 아닌지 의심하게 한다.

이러한 의미의 상상계는 기왕에 제출된 사회이론의 주요 개념들로부터 착안한 것이다. 미셸 푸코가 사용하는 문서고(archive) 개념을 참조하여 말하자면 상상계는 일종의 영상고(映像庫), 즉 영상들의 저장고라고 할 수 있을 것이다. 하지만 푸코가 말하는 문서고는 단순히 "모든 텍스트의 총합"을 의미하는 것이 아니라, "말해질 수 있는 것들의 법칙"이자 "언표들의 출현을 다스리는 체계"를 뜻한다(Foucault 2002: 145). 마찬가지로 이 책에서 말하는 상상계 역시 모든 이미지의 총합을 의미하는 것이라기보다는, 이미지화될 수 있는 것들의 법칙이자, 장면들의 출현을 다스리는 체계라 할 수 있을 것이다. "언어들은 언어에서" 생겨나듯 새로운 이미지 역시 기존의 이미지로부터 생겨난다(리쾨르·카스토리아디스 2024: 71). 당대의 지식을 구성하는 담론들이 촘촘하고 두터워 보이지만 사실은 특정한 담론 형성의 규칙에 부합하는 매우 희소한 담론만이 출현한 것처럼(벤느 2004: 454), 역사를 구성하는 장면들이 굉장히 방대해 보이지만 사실은 가능한 모든 장면들 가운데 극히 일부만이 역사로 상연되며 상연된 모든 장면들 가운데 극히 일부만이 역사로 재현된다. 상상계는 이러한 특정한 장면들이 만들어지는, 이미지의 재고이자 출처라고 할 수 있을 것이다.

또한 상상계는 "모든 표상의 대양, 저장고"로서(김무경 2007: 310), "주제들의 저장고(Themenvorrat)"를 뜻하는 니클라스 루만의 의미론(Semantik) 개념에 비견될 수 있다(Luhmann 1984: 224). 의미론은 커뮤니케이션이 수월하게 이루어질 수 있도록 "개념의 역사와 이념의 역사를 전승"하는데(같은 책 224), 그와 마찬가지로 상상계 역시 현실에 대한 이해의 맥락과 해석의 지평을 제공하고(Browne 2019: 400, 404; Bottici 2019: 434) 나아가 의미를 부여함으로써 실천을 가능하게 만든다(테일러 2010: 7). 주지하듯 인간의 행위는 전적으로 물질적 조건이나 계산적 합리성에 의해서만 규정되는 것이 아니다. 특히 정치적 행위는 부조리한 것이거나 자연스러운 욕구에 어긋나는 것이며 때로는 "자신의 목숨을 담보로 할" 것을 요구하기도 한다(Arendt 1998: 36). 그럼에도 불구하고 이러한 정치적 행위를 감행하기 위해서는 그것이 도덕적으로 정당하고 미적으로도 추구할 만한 것이라는 "주관적인 의미"를 통해 해석되어야 한다(베버 1997: 118). 그러한 의미론적 자원 중에서도 세계에 대한 이미지, 즉 세계상(世界像, Weltbild, world images)은 마치 전철수가 선로를 변경하듯 행위의 방향을 결정할 수 있다(베버 2008: 153; Weber 1946: 280). 민주주의의 상상계에 축적되어 있는 수많은 장면과 이미지는 민이 민주주의를 해석하고 실행하는 데 동원하는 문화적 자원으로 기능한다. 이처럼 현실의 민주주의가 행위자들의 실천에 의해 구성되고 그러한 행위는 상상계를 원천으로 삼는 것이라면, 현실의 민주주의는 민주주의에 대한 상상, 즉 상상된 민주주의(imagined democracy)의 산물이라고 할 수 있다(Ezrahi 2012).

정리하자면, 상상계는 생산된 장면과 이미지의 온축이자 생산될 장면과 이미지의 원천으로서, 주체는 상연과 표상 활동을 통해 이미지를 생산해냄으로써 상상계를 구성하는 존재이면서도, 자신이 이미 만들어낸 이미지의 범위 내에서만 상연하고 표상함으로써 기성의 이미지를 재생산한다는 점에서 상상계에 구속되어 있는 존재이기도 하다. 또한 상상계는 현실을 해석하는 자원이자 현실에서의 행위를 위한 자원으로써, 행위자가 현실과 관계 맺는 방식의 외연을 규정한다. 이에 따르면 민은 민주주의에 대한 장면과 이미지를 상연 또는 표상하는 주체로서 민주주의의 상상계를 구성하는 역할을 하지만, 자신이 구축한 민주주의 상상계의 범위 내에서만 민주주의를 실행하고 사유함으로써 민주주의에 대한 특정한 장면과 이미지만을 생산하게 된다. 그러니까 상상계라는 범주를 도입하는 것은 이미지들이 산출되는 모종의 규칙이 있다는 것, 그리고 그러한 이미지들의 질서가 현실을 제약하고 구성한다는 것을 전제함을 의미한다.

이처럼 이미지, 그리고 이미지들의 질서인 상상계가 현실을 구성하는 힘을 발휘한다는 것은 그것이 현실에 의해 제약되지 않는다는 것을 의미한다. 상상계는 기본적으로 이미지들의 집적이지만, 이때 이미지란 현실의 반영 또는 재현으로 국한되지 않으며 상상계는 협소한 의미의 이성과 합리성에 국한되지 않고 정신활동의 방대한 영역을 아우른다(김무경 2007: 335). 그것은 사실과 거짓, 지식과 무지 사이에 존재하는 다양한 인지 형태를 포괄하며, 명시적 지식뿐만 아니라 암묵적인 문화적 신념, 해체되고 억압되고 환상화한 지식, 기존 도식에 부합하지 않아서 내면화되지 못한 경험 등이 모두 여기에 속할 수 있다(Strauss 2006: 339). 단적으로 말해서 상상계는 "리얼리티의 원리를 넘어서 펼쳐지는 이미지들의 질서"인 것이다(김홍중 2016: 534). 이처럼 상상계의 구성요소는 "원초적 인상들, 공감적 집착들, 나른한 몽상들"과 같이 현실에 대한 과학적 인식을 무산시키는 것들일 수도 있다. 하지만 어떤 대상이나 주제에 대해서든 "우리는 늘 그런 가벼운 최면 상태"에 놓여 있으며, 이는 민주주의에 대해서도 마찬가지이다(바슐라르 2007: 17).

실제로 사회변동과 역사의 전개에 작용한 문화적 요소는 언제나 참이기만 한 것도 아니고, 과학적이고 엄밀한 형식적 사고에 국한되는 것도 아니다. 오히려 풍문, 감정, 비합리적인 기대, 공유되어 있는 신념 등이 중요한 요인으로 작용한 역사적 사례를 우리는 많이 알고 있다. 이를테면 프랑스혁명은 계몽주의의 확산에 따른 이성의 승리라기보다는, 사이비과학이 촉발한 광기 어린 열정과 적나라한 포르노소설이 만들어낸 가치관의 영향을 받은 것이고(단턴 2014; 2016), 18세기 이후 만개한 감상주의와 무관하지 않았으며(레디 2016), 비적떼가 몰려올 것이라는 공포와 이들을 이용하려는 특권계급의 음모가 있다는 믿음에 의해 촉발되었다(르페브르 2002). 코르넬리우스 카스토리아디스는 이러한 요소가 그저 요소로만 그치는 것이 아니라, "인간 역사, 그러니까 역사상 알려진 다양한 형태의 사회는 본질적으로 상상적 창조에 의해 규정된다"라는 입장을 견지한다(Castoriadis 1993: 102; 1987: 133). 상상계는 표상, 정서(affect), 의도의 융합으로서(Castoriadis 1987: 369; Browne 2019: 400), 체계적인 이론이나 개념을 넘어서 세계관, 특정 사안에 대한 견해, 일상적 감각 등 넓은 의미의 사상(思想)을 포착하기에 적절한 개념이다. 이와 같은 상상계 개념은 민주주의에 대한 이상적인 신념과 당위('정의가 물결처럼 흐르는 세상'), 열정과 향수를 자극하는 정서적 요인('민주주의에 바친 나의 청춘', '그립습니다 노무현 대통령님'), 비과학적이고 비현실적인 심상('열사의 혼')이 활발하게 생산되고 소통되는 한국 민주주의를 이해하는 데 유용한 범주가 될 수 있다.*

　상상계와 관련하여 마지막으로 강조할 것은, 앞서 상상계가 현실의 해석 및 구성의 원천으로 기능한다고 언급한 바 있기는 하지만 이것이 상상계를 현실과 구별되는 어떤 별도의 영역으로 이해해야 한다는 의미는 아니라는 것이다. 이 책에서 말하는 상상계는 오히려 현실을 포괄하는 범주에 가까우며, 바꿔 말하면 현실 역시 상상계의 일부라고 할 수 있다. 상상계는 현실과 대비되는 허구의 영역이거나 현실에 대한 반영 및 재현에 불과한 부수적인 영역이 아니라는 것이다. 앞서 언급한 것처럼 역사라는 극에서 주체는 행위와 사유라는 두가지 방식으로 이미지를 산출해낸다. 이를 통해 만들어지는 이미지는 그것이 행위를 통해 상연되는 것이든, 사유를 통해 표상되는 것이든 모두 이미지라는 점에서 동등하며, 이들은 현실과 관념, 사실과 허구, 의식의 안과 밖 등의 구분과 무관하게 공히 상상계에 속한다. '상상'이라는 말의 익숙한 용법과 달리 우리가 머리로 떠올리는 것뿐만 아니라 몸으로 펼쳐내는 것 역시 이미지이기 때문이다. 들뢰즈가 말하듯 "이

---

* 이러한 맥락에서 상상계 개념을 이데올로기 개념에 빗대어 생각해볼 수도 있다. 일례로 루이 알튀세르는 이데올로기를 '실존 조건에 대한 개인들의 상상적 관계의 표상'이라고 정의한다(알튀세르 1994: 107; 2007: 277~78). 이러한 지점에 착목하여 김정한은 대중들이 "자신을 둘러싼 세계에 대한 적합한 인식을 획득한 후 투쟁하는 것이 아니라 인식과 몰인식을 동시에 담고 있는 이미지와 표상 들을 통해 세계를 체험하며 행위"한다면서 대중봉기의 이데올로기를 파악할 필요성을 강조한다(김정한 2021: 305). 이러한 용법의 이데올로기 개념은 이 책에서 사용하는 상상계 개념과 일맥상통하는 것으로 보인다. 이와 관련하여 바루흐 스피노자의 상상계 개념과 알튀세르의 이데올로기 개념 사이의 연관을 논한 사례로는 진태원(2017)을 참고하라.

미지들은 우리의 머릿속이나 우리의 두뇌 속에 있는 것이 아니다."(Deleuze 1995: 42) 그러니까 우리가 몸을 통해 만들어내는 현실에서든 마음속에서 그려내는 표상의 영역에서든 결국 "우리가 가진 것은 이미지의 계열들뿐"이며 그렇다면 이들은 모두 상상계에 속할 수 있다는 것이다(콜브룩 2007: 320).

  예를 들어 영화 〈1987〉을 보자. 민주화운동에 무관심하거나 냉담하던 연희(김태리 분)는 '광주 비디오' 속의 이미지들을 보고 혼란과 불편함을 느끼며, 결정적으로는 최루탄에 맞고 쓰러진 선배 이한열(강동원 분)의 사진이 실린 신문을 보고 광장으로 달려가 거대한 인파에 참여한다. 그에게 화면 속 광주의 영상과 신문 속 선배의 사진은 모두 현실의 재현이지만, 그 자신이 동참하는 광장의 모습은 직접적인 현실이다. 하지만 영화를 관람하는 우리의 관점에서는 어떤가? 이 모든 장면들은 스크린 속의 이미지이다. 역사 속의 수많은 장면이 현전과 재현의 관계로 액자 안팎에 배치될 수 있겠지만 여러겹 액자의 가장 바깥에서 바라본다면 모두가 동등하게 상상계를 구성하는 이미지들이 된다. 1980년 5월 광주에서 죽은 사람들의 참혹한 시신의 모습은 어떠한가? 한편으로는 그 모습을 보고 시민군이 된 사람들이 있고, 다른 한편으로는 분노와 메스꺼움 속에서도 그 충격적인 이미지를 카메라로 담은 사람들이 있다. 몇년 후 이 사진들이 실린 사진첩을 우연히 본 소녀가 있었고, 30년 뒤 그는 시간을 거슬러올라가 당시의 시민군과 유족 들의 이야기를 읽고 들으며 소설 속 장면과 이미지 들을 만들어냈다. 이제는 그렇게 써진 『소년이 온다』를 읽고 '광주'

를 처음 알게 된 사람도 있을 것이며, 그에 얽힌 저자의 사연을 접하고서 그 주검들의 이미지를 찾아보거나 떠올린 사람들도 있을 것이다. 이들의 눈에 12월 3일의 계엄은 단순한 소동이나 예사로운 일로 보일 수가 없었을 것이며, 그 가운데 몇몇은 여의도로, 남태령으로, 한남동으로 몸을 이끌고 나가서 새로운 장면들을 만드는 데 참여했을 것이다. 이 일련의 이미지들 사이에서 과연 무엇이 현전이고 무엇이 재현인가? 무엇이 액자의 안쪽이고 무엇이 바깥쪽인가? 이런 질문들이 무의미한 것은 아닐까? 온갖 장면과 이미지로 구성된 상상계에서 허구와 사실, 의식의 안과 밖 같은 구별은 견고하게 유지될 수 없다. "이미지들은 부단히 서로 작용하고 반작용하며, 생산하고 소비한다. *이미지들, 사물들, 움직임들 사이에는 아무런 차이가 없다.*"(Deleuze 1995: 42, 강조는 원문)

이 책에서 우리는 한국 민주주의가 어떤 장면들을 산출해왔는지, 그 장면들은 민주주의에 대한 상상을 어떤 범위 속에 제한시켰는지 상상계라는 개념을 가지고서 살펴보고자 한다. 민주화 이후 40년에 가까운 시간 동안 한국의 민주주의는 나름의 진전을 이루어왔지만, 여전히 우리는 변하지 않고 반복되는 고질적인 장면들을 목격하기도 한다. 대통령의 '호위무사'를 자처하거나 옥중의 '주군'께 세배를 드리러 가는 모습 등 정치를 신분적 예의의 문제로 상상하는 행태라거나, 수십년간 명칭만 바뀌어 계속되는 '빨갱이' 타령은 너무나 익숙한 장면들이다. 중요한 정치 지도자들 주변의 일화와 단서들이 거대한 무속적 세계관으로 통합되어 나타나는 일도 이제는 낯설지 않다. 박정희라는 "독재자가 세상을 떠났을 때 통곡하던 그날 그 거리의 여인들"의 모습은 2009년 5월 27일 노무현의 국민장에 모여 흐느끼던 사람들 속에서도, 그리고 몰락한 정치인을 핍박당한 희생양으로 상상하며 애처로워하는 지지자들의 무리에서도 어렵지 않게 발견된다(장혜령 2019: 35). 이처럼 반복적으로 등장하는 장면들은 일종의 관행으로 작용하여 우리의 정치적 상상력이 특정한 방향으로 발동하도록 제약한다. 이 책에서는 한국 민주주의의 상상계를 구성하는 수많은 이미지의 계열들 가운데 하나를 살펴봄으로써 민주주의에 대한 우리의 정치적 상상이 어떤 특정한 방식으로 제약되어 있는 것은 아닌지 검토하고자 한다.

장면의 재구성

이 책은 한국 민주주의의 전개 과정을 제도적 경로와 유산이라는 차원에서가 아니라 이미지의 생산과 재생산이라는 차원에서 다룬다. 이는 민주주의에 대한 진단과 평가를 정치적 대표(representation)의 차원으로 제한하지 않고, 민이 그것을 수행하고 해석하는 미학적 차원으로 전환 또는 확장하는 시도이다. 그리하여 이 책에서는 제도의 복합체로서가 아니라 이미지들의 질서로서 한국의 민주주의가 전개되어온 방식을 문제화하고자 하며, 민주주의의 장면과 이미지를 생산하는 문화적 주체인 민의 책임을 비판적으로 성찰하고자 한다. 이를 위하여 한국에서 민주주의의 장면과 이미지를 만들어내는 민의 활동이 특정한 상상계 내에서 이루어져왔음을 지적하고, 이러한 상상계의 정치적 의미와 효과를 검토할 것이다.

그런데 한국 민주주의에서 발견되는 반복과 정체의 요인으로 상상계를 지목하고 그것을 비판적으로 해석하며 궁극적으로는 그것의 극복을 주문하는 우리의 작업이 타당성을 얻기 위해서는 선결되어야 할 과제가 있다. 상상계의 작용과 기능을 비판하기 전에, 상상계라는 대상의 존재를 보이는 것이다. 민이 만들어낸 역사적 장면들의 재고이자 민이 만들어낼 장면들의 원천인 상상계는 누구나 그것의 실재를 인정하는 객관적인 대상이라기보다는 이론적으로 상정된 범주이기 때문이다. 따라서 이 책에는 상상계라는 미지의 대상에 대한 비판적인 "설명 혹은 해석에 앞서 선행되어야 하는 제시(Darstellung)"의 과제가 놓여 있다(김홍중 2009: 170). 민의 '정치적 무의식'을 비판하는 작업이 성공하려면 '정치적 무의식'이라는 것이 실제로 존재함을 보여야 하기 때문이다. 그래서 이 책에서 수행하는 중요한 작업 중 하나는, 한국 민주주의의 상상계라는 것이 취할 수 있는 가능한 하나의 모습을 실제로 제시하는 것이다. 그리하여 한국의 민, 즉 우리가 민주주의에 대하여 이런 장면을 상연하고 표상해왔던 것 아닌지, 이런 장면을 민주주의라고 여겨오지 않았는지, 민주주의라고 하면 이런 장면을 떠올리지 않았는지, 한국 민주주의라는 극이 이런 장면들에 의해 특징지어졌던 것 아닌지, 계속 이런 장면들로 민주주의라는 극을 이어나가도 괜찮은 것인지를 직접 보여주면서 질문하고자 한다. 2~4장의 내용이 바로 여기에 해당한다.

이처럼 한국 민주주의의 상상계를 구성하고 제시하는 작업은 과거의 사건들에 대한 실증적인 역사 기술도 아니고, 한국 민주주의의 전개 과정에 대한 인과적 설명도 아니다. 그것은 한국의 민주주의에서 발견되는 정체와 교착상태에 대한 하나의 가설로서 상상계라는 범주를 상정하여 제안하는, 가추(abduction)의 과정에 가깝다고 할 수 있을 것이다(이기홍 2008; 이희은 2011). 그래서 이어지는 2~4장은 필자 나름의 방식으로 한국 민주주의의 상상계를 구성 및 제시하여 한국 민주주의에서 장면과 이미지 들이 펼쳐지고 배열되는 특정한 질서가 있다고, 즉 이런 식의 상상계라는 것이 있을 법하다고 독자들이 수긍하도록 만드는 것을 목표로 한다. 다시 말해, 이러한 작업의 목표는 상상계라는 기성의 대상을 탐구하는 것이 아니라 그러한 대상을 구성 및 제안하는 것에 있다. 그리하여, 만약 상상계라는 범주를 상정할 수 있다면, 한국의 민이 자신이 만든 이 상상계 속에서 민주주의를 상연 및 표상하고 있다는 것을 지적하고, 따라서 한국 민주주의의 진전을 위해서는 이러한 상상계를 넘어서는 것이 관건임을 주장하고자 한다. 이러한 작업이 성공적으로 수행되기 위해서는 먼저 한국 민주주의의 상상계에 대한 묘사와 제시가 그럴듯하게, 즉 개연성을 확보하면서 이루어져야 할 것이다(김정환 2019: 29~40). 독자들께서는 2~4장에서 필자가 제시하는 한국 민주주의의 상상계에 대체로 수긍할 수 있는지, 여러분 역시 그런 식으로 민주주의를 생각하고 실천해왔다고 어느 정도 공감할 수 있는지 우선적으로 검토하면서 이 책을 읽어주시기를 바란다.

그런데 한국 민주주의의 전개 과정에서 생산된 방대한 양의 이미지를 모두 망라하여 상상계 전체를 재현해내기란 물리적으로나 논리적으로나 불가능한 작업이다. 따라서 상상계의 구성 및 제시를 위해 활용할 이미지의 범주에 일정한 제한을 설정할 필요가 있는데, 이 연구에서는 1980년대 민주화운동의 이미지에 초점을 맞출 것이다. 그 이유는 무엇보다도 1980년대가 민주주의를 평가하고 "해석하는 '숨겨진 바로미터'"이며, 민주주의를 실천하는 "주체 구성의 상상력의 전거"가 되어왔기 때문이다(김원 2013: 18; 2015: 12). 다시 말해, 1980년대는 현재 한국 민주주의의 실질적 기원으로 여겨지며, 1980년대에 출현한 이미지들은 이후 한국 민주주의의 역사에서 펼쳐지게 될 장면들의 원형 내지 전거가 된다는 것이다. 또한 일종의 문화적 상징으로서의 "80년대 혹은 386세대는 진보의 감성이라는 차원에서 기억되어" 마치 "세상의 가치 있는 문화는 모두 1980년대와 함께 사라진 것처럼" 향수와 동경의 대상이 되기도 한다(조윤정 2015: 673; 손아람 2014: 19). 그러니까 1980년대가 "남긴 것은 이념이 아니라 '정서'이다. 이념이나 사상은 변할 수 있지만, 정서는 변하지 않는다."(최영미 2014: 308) 한편, 한국의 민주주의가 '운동'에 의해 전개되어왔다는 사실은 이미지의 수집 범위를 민주화운동으로 좁히는 근거가 된다(최장집 2002: 88, 95~104).

이 책에서 말하는 1980년대란 기본적으로 1980년 5월 광주항쟁부터 1987년 6월항쟁까지를 의미한다.* 이러한 규정은 1980년대를 6월항쟁이라는 승리의 경험으로 마무리된 시기로 기억하기 위함이 아니다. 그리고 이 책에서 1980년대에 집중하여 한국 민주주의의 상상계를 구성하는 것 역시 한국 현대사에서 이 시대에 부착되어 있는 상징적 위광을 강화하기 위한 것이 아니다. 오히려 이 책에서 1980년대를 다루는 의도는 이러한 성취와 성공의 서사를 반복하는 것이 한국 민주주의의 오랜 문제와 관련되어 있음을 보여주고자 하는 것이다. 요컨대 1980년대의 산물인 문제적 현실에도 불구하고 이 시기를 성공의 역사로 재현하겠다는 것이 아니라, 1980년대를 성공의 역사로 표상하는 관행이 문제적인 현실의 재생산에 기여해왔던 것은 아닌지 살펴보겠다는 것에 가깝다.

이 책에서는 민이 상연 또는 표상한 민주주의의 다양한 장면들을 재구성하여 민주주의의 상상계를 제시하고자 한다. 기본적으로 상상계는 "예술, 문학, 영화, 대중문화의 영역에서 생산되는 다양한 문화적 산물들에 의해 구현되는"것으로서(김홍중 2016: 534),

- '1980년대'의 규정과 관련해서는 김원의 견해를 눈여겨볼 만하다(김원 2013; 2015). 그는 '장기 80년대'라는 용어를 제안하면서 1979년 유신의 붕괴로부터 시작된 1980년대가 1987년 6월은 물론이고 1991년 5월을 거쳐 여전히 작동하고 있다는 견해를 피력한다. 이러한 관점은 현재 한국사회가 경험하고 있는 다양한 문제를 1980년대와의 관련 속에서 바라볼 수 있도록 함으로써, 역사적 진보의 시기로만 여겨지던 이 시기에 대한 관념을 교정할 수 있는 시야를 제공한다. 나는 1980년대의 영향이 현재까지도 지속되고 있으며 이를 비판적으로 검토해야 한다는 그의 문제의식에 전적으로 동의한다. 하지만 1980년대가 현재진행형이라는 주장을 하기 위해서는, 그토록 오래 지속된 그 1980년대라는 것의 내용이나 성격이 무엇인지 규정할 수 있어야 한다. 그것을 잘 보여주는 시기가 나는 1980년 광주항쟁부터 1987년 6월항쟁까지라고 본 것이다.

이 연구에서는 시, 소설, 평전, 수기, 인터뷰, 노래, 회화, 사진 등으로부터 이미지를 수집하여 민주주의의 상상계를 구성할 것이다. 이미지는 기본적으로 사진, 그림, 조각, 영상, 기념물, 건축 등으로 형상화되지만 "문학이나 음악과 같이 비시각적 텍스트에 의해 상상되기도" 한다는 점을 고려하여 다양한 분야의 자료들을 적극적으로 활용했다(정근식 2020: 3). 물론 이들은 역사학에서 다루는 정통적인 의미의 사료라고 할 수는 없으며 각각이 가지는 미학적 가치 역시 균일하지 않다. 하지만 정치적 상상의 흔적은 역사 연구의 사료로 취급되지 않는 자료들, 예술적으로는 높은 평가를 받지 못한 작품들에서도 강렬하게 드러날 수 있다. 이러한 다양한 이미지와 장면 들을 활용하여 재구성한 한국 민주주의의 상상계의 모습이 독자들에게 공감을 얻을 수 있기를 바란다.

미리 간략히만 이야기해두자면 나는 한국 민주주의의 상상계를 죽음과 결집이라는 두개의 스펙터클을 양축으로 하여 진행되는 서사로 제시할 것이다. 죽음-결집의 과정이 한국 민주주의라는 극을 구성하는 기본적인 구도라는 것이다. 한국 민주주의에서 이러한 죽음-결집의 과정은 여러차례 반복되어왔으며, 특정한 시기 내에서도 상이한 스케일의 단위에서 발견된다. 이를테면 이 책에서 주요 논의의 대상으로 삼고 있는 1980년의 5·18부터 1987년 6월항쟁까지를 죽음-결집의 과정으로 볼 수도 있겠지만, 그중에서 1987년 1월 박종철 열사의 사망부터 1987년 6월까지의 기간 역시도 그러한 과정으로 볼 수 있을 것이며, 더 작은 단위로는 열흘간의 광주항쟁 가운데 1980년 5월 18일부터 1980년 5월

21일 집단발포 직전까지의 기간 역시 이렇게 파악할 수 있을 것이다. 이 책에서는 이러한 죽음―결집의 과정이 다층적인 시간성 속에서 나타난다는 점을 염두에 두고 장면들을 재구성했다. 그리하여 '죽음'의 국면에는 1980년 5월 광주에서 희생된 주검의 이미지와 1987년 1월 박종철의 고문 장면이 함께 속할 수 있으며, '결집'의 국면에는 1980년 5월 21일 금남로에 모인 시민들의 모습과 1987년 6월 명동 시위대의 모습이 함께 나타날 수 있다.

이처럼 한국 민주주의의 상상계를 구성하고 제시하는 작업에서 중심이 되는 것은 민의 이미지이다. 행위를 통해 상연되는 것이든 사유를 통해 표상되는 것이든 민주주의라는 극을 이끌어가는 인물은 민이기 때문이다. 2~4장에서는 한국 민주주의라는 극이 상연 또는 표상되는 과정에서 나타나는 민이라는 인물의 이미지를 중심으로 하여 한국 민주주의의 특징적인 장면들이 전개되는 익숙한 양상을 재구성하여 보여줄 것이다. 그리고 그 이후의 장에서는 이렇게 민에 의해 만들어진 상상계 속에서 구성된 민주주의가 다시 민에게 가지는 의미나 정치적 효과는 무엇인지, 민이 지금과는 다른 주체가 되어 다른 방식으로 민주주의를 상연하고 표상할 수 있는지, 그리하여 지금과는 다른 민주주의가 도래할 가능성이 있는지 질문할 것이다. 민이 민주주의를 사고하고 실행하는 방식을 비판적으로 검토하고자 하는 이러한 시도에서 민은 이 글의 필자와 독자 모두가 그 일원으로 속해 있는 범주이다. 따라서 한국 민주주의의 익숙한 문제들과 관련하여 이 책에서 민에게 제기하는 성찰과 변화에의 요구로부터 누구도 자유로

울 수 없으며, 그것은 결국 나와 우리 자신에게 향하는 것이라는 점을 언급해두고자 한다. 민주주의를 지향하고 지지하는, 민주시민이라 생각해왔던 나는 과연 어떤 민주주의를 만들어온 어떤 종류의 민이었던가? 그런 나는 과연 지금과는 다른 존재가 되어 다른 민주주의를 만들어낼 수 있을 것인가?

죽음의 스펙터클:
민의 자연적 신체

2

민주주의는 피를 먹고 자란다?

천안문 사건 30주년을 맞았던 2019년 6월, 홍콩에서는 범죄인 인도 조례, 이른바 '송환법'이 쟁점이 되어 대규모 시위가 일어났다. 그중 6월 16일에는 약 700만명의 홍콩 인구 가운데 200만명 정도가 집회와 행진에 참가할 정도로 시민들의 저항이 강력하여 국제적인 주목을 받았다. 그런데 한국의 시민들이 홍콩의 민주화운동에 관심을 가졌던 데에는 또다른 이유가 있었다. 홍콩 시민들이 집회현장에서 한국의 대표적인 민중가요인 〈임을 위한 행진곡〉을 부르는 장면이 언론 보도를 통해 전해진 것이다. 사실 〈임을 위한 행진곡〉은 그 노래가 만들어진 것으로 알려진 1982년에 이미 홍콩을 비롯한 동아시아 각국에 전해졌지만(정근식 2016: 122~26), 그러한 사정을 알지 못했던 보통의 시민들은 한국 민주화운동의 상징과도 같은 노래가 이방의 투쟁현장에서 울려 퍼지는 장면을 자랑스럽게 바라보았다. 고립된 광주에서 시작된 한국의 민주화운동이 국경을 넘어 세계화된 이러한 현상이 역설적이게도 국가적·민족적(national) 자부심을 고취한 것이다.* 실제로 홍콩 민주화운동의 주역인 데모시스토당의 조슈아 웡 비서장은 1980년 광주항쟁, 1987년 6월항쟁, 그리고 2016~17년 촛불집회 등 한국의 역사적 경험이 홍콩인들에게 큰 영감과 용기를 주었다고 여러차례 밝히기도 했으니 한국 시민들이 뿌듯함을 느낄 법도 했다.

그러나 힘겨운 투쟁을 이어나가는 홍콩 시민들에 대한 한국 시민들의 태도가 호의적이기만 했던 것은 아니다. 빈번히 한국의 민주화 역사를 상기시켰던 조슈아 웡은 한국의 정부와 시민들이 홍콩을 지지해주기를 끊임없이 호소했으며, 인권변호사 출신인

---

* 일부 언론에서는 이러한 문화적 전파를 '수출'이라는 용어로 표현했다(일례로 다음과 같은 기사를 보라. 「홍콩 수출된 '임을 위한 행진곡'…오히려 보수가 흥분하는 이유」, 『중앙일보』 2019. 6. 17). 이로부터 한해 뒤이자 광주항쟁 40주년인 2020년 5월 18일 즈음 국회의원 하태경은 홍콩 시위의 사례를 언급하면서 〈임을 위한 행진곡〉은 '민주주의 한류'로서, 북한에 수출해야 한다는 주장을 공개적으로 제기하기도 했다(「하태경, "'임을 위한 행진곡'은 민주주의 한류…보수가 앞장서서 수출해야"」, 『경향신문』 2020. 5. 18). 또한 2021년 미얀마에서 군부 쿠데타와 그에 저항하는 시민들의 봉기가 일어났을 때에도 이를 2016년 촛불의 영향으로 해석하면서 서구를 중심으로 권위주의가 귀환하고 포퓰리즘이 득세하고 있음에도 불구하고 한국을 필두로 한 아시아 국가들이 민주주의의 보루 역할을 하고 있다는 견해가 제시되기도 했다(「서구서 후퇴한 '민주주의', 촛불과 미얀마가 지키다」, 『한겨레』 2021. 3. 22). 한국의 민주주의에 대한 자부심을 국제적인 맥락에서 표현하고 있는 이러한 견해들은 한국의 삼민(민족, 민주, 민중)주의 간의 관계를 새롭게 고민하게 한다.

문재인 대통령을 비롯하여 민주화운동 참여자가 다수 속해 있는 한국의 당시 정부·여당이 홍콩의 상황에 침묵하는 것을 공개적으로 비판하기도 했다. 이에 당시 여권 지지층을 포함한 한국의 일부 시민들은 그가 홍콩과 중국 사이의 문제에 한국(의 대통령)을 끌어들이려 한다며 불쾌해했다. 나아가 민주화를 위한 부담은 그 나라의 민중이 스스로 짊어져야지 다른 국가에 의존해서는 안 된다며 '민주주의는 피를 먹고 자란다'는 격언을 동원하기도 했다.* 물론 이러한 반응은 그간 중국과의 관계에서 홍콩의 민중들이 벌여온 투쟁의 내력에 대한 무지의 소산이며, 한국의 민주화 역시 국제적 연대와 후원에 힘입어 이루어졌음을 망각하고 이를 한국 민중의 독자적인 성취로만 기억하는 것이다.** 더 많은 피를 흘리지 않기 위한 절박한 연대 요청에 기꺼이 응답하지 못하는 난처한 입장을 감수하는 것이 아니라, 혁명이란 모름지기 피를 수반하는 것이라며 훈수를 두고 면박을 주는 듯한 태도는 앞서 〈임을 위한 행진곡〉을 매개로 하여 홍콩에 대해 가졌던 애틋한 마음과는 사뭇 다른 것처럼 보였다.

* 이러한 반응은 한 포털사이트에 제공된 다음과 같은 기사들의 댓글을 통해 확인할 수 있었다. 「조슈아 웡 "한국이 홍콩 지지 발언 해주길"」(『한겨레21』 2019. 9. 11); 「죠슈아웡 인터뷰, "홍콩인들 영화 택시운전사 보며 민주화 정신 배웠다..모른척하면 안 돼"」, (YTN 라디오 〈황보선의 스토리〉, 2020. 6. 8); 「조슈아 웡 "직선제 도입까지 싸울 것.. 전 세계가 나서달라"」(MBC 라디오 〈김종배의 시선집중〉, 2019. 10. 10); 「조슈아 웡 "목표는 자유직선제..대한민국 대통령 침묵 않길"」(『중앙일보』 2019. 10. 10).
** 한국의 민주화운동 과정에서 이루어진 국제적 연대와 관련해서는 조현옥(2005), 김영미(2011), 정근식(2018), 김학재(2018) 등을 참고하라.

그런데 이처럼 상반되는 두 태도는 사실 같은 동전의 양면에 해당하는 것일 수도 있다. 한국의 시민들은 한편으로는 자신들의 민주화운동 유산을 활용하는 홍콩 시민들을 대견하게 여기면서 응원했는가 하면, 다른 한편으로는 민주주의의 가치를 공유하는 자신들에게 보내온 연대의 요청을 괘씸하게 여기면서 이를 묵살했다. 상대를 대견하게 또는 괘씸하게 여기는 이러한 태도는 한국이 (적어도 민주주의에 있어서) 스스로를 홍콩에 비해 우위라고 생각하고 있으며 그에 대한 존중을 마땅하게 여기고 있음을, 그리고 그에 미달하는 홍콩이 감히 한국에게 동등한 지위에서 무언가를 요구해서는 안 된다고 생각하고 있음을 보여준다.• 결국, 홍콩의 민주화운동에 대한 호의적이면서도 냉담한 반응은 한국의 시민들이 민주주의에 대해 가지고 있는 독특한 자의식으로부터 비롯한 것이다.

여기서 눈여겨볼 것은 한국 시민들의 민주주의에 대한 자의식을 촉발하거나 표현하는 소재가 모두 죽음과 관련되어 있다는 점이다. 널리 알려진 바와 같이 〈임을 위한 행진곡〉은 광주항쟁 당시 시민군 대변인으로 도청을 사수하다가 산화한 윤상원과, 들불

• 이처럼 상징적 위계에서의 차이를 강조하며 자신과 상대를 구별짓는 태도는 상승한 쁘띠부르주아가 보이는 "불안 섞인 허세(anxious pretension)"의 전형적 형태이다(Bourdieu 2010: 362). 이러한 태도에서는 자신의 성취가 독자적 노력과 희생에 따른 정당한 결과라 여기는 한국식 능력주의마저 엿보이지만, 배주연(2021)이 지적하듯 홍콩과 미얀마 민주화운동에 대한 한국의 자기과시적 재현은 신자유주의적 위기감과 결합되어 있는 것이다. 허세(pretension)는 미리 긴장하는 것(pre-tension)이기도 하다(Bourdieu 2010: 334).

야학을 창립하고 그와 함께 활동했던 박기순의 영혼결혼식에서 불린 노래이다. 또한 '민주주의는 피를 먹고 자란다'는 격언은 민주화 과정에서 죽음을 무릅쓴 시민들의 희생에 대한 기억을 전제로 인용되는 것이다. 마치 자수성가한 인물이 자신의 성취를 운이나 타인의 조력이 아니라 오로지 자신의 희생과 노력의 대가라고 정당화하는 것처럼, 한국의 시민들이 민주주의에 대해 가지는 자부심의 근거에는 죽음에 대한 기억이 자리잡고 있다.

실제로 한국이 민주주의로 이행하는 과정은 수많은 민의 죽음으로 점철되어 있으며, 민주화운동은 이러한 죽음을 기억하고 계승하는 작업이기도 했다. 이를테면 민주노조운동을 중심으로 한 한국의 노동운동은 전태일의 죽음을 애도하고 그의 정신을 계승하는 실천이었으며(신병현 2011), 다양한 정치사회적 민주화운동과 과거청산 활동 및 기념의례를 포함하는 '5월운동'은 죽음을 무릅쓰고 폭력에 저항했던 광주항쟁의 정신을 계승하여 한국사회를 민주화하려는 시도였다(정근식 1997: 164; 나간채 2012: 261~62). 또한 한국의 민주화운동은 저항적 자살로 생을 마감한 이들을 '열사'로 호명함으로써 지지를 이끌어내는 '열사의 정치학'을 동원해왔으며(임미리 2017; 천정환 2021: 1부), 국가폭력에 의한 의문사 사건과 그에 대한 진상규명 운동은 민주화 이행 과정에서 첨예한 정치적 쟁점이 되어왔다(정원옥 2014).

물론 죽음이라는 사건 또는 소재가 한국의 민주화 과정에서만 특권적으로 강조되어야 할 필연적인 이유는 없다. 예나 지금이나 권력 행사의 궁극적인 지점은 생사여탈이며, 죽음이 공동체 통합과 갱신의 정치적 계기로 작용하는 것은 페리클레스의 추도사 이래로 보편적인 현상이기 때문이다.* 게다가 그 수와 잔혹성으로만 따지면 역사적으로 한국보다 더 강렬한 죽음의 기억을 가진 국가들도 많다.** 하지만 한국에서 죽음이라는 사건은 민주화라는 정치적 이행을 촉발시키고 추동한 계기로 의미화되어 대단한 상징성을 가지게 되었다. 이렇게 본다면 앞서 말한 한국 시민들의 민주주의에 대한 자의식은 일종의 구별짓기일 수 있는데, 한편으로 그것은 피와 목숨의 대가가 포함되어 있지 않은, 그러니까 가치의 무게가 덜한 민주주의에 대한 구별짓기이며, 다른 한편으로 그것은 죽음에도 불구하고 결국엔 민주주의를 이루지 못한 나라에 대한 구별짓기이기도 하다. 민주주의의 가치를 그것을 실현하기 위해 발생한 죽음을 통해 사고하는 이러한 태도는 민주주의를 기억하는 다양한 문화적 관행에서도 드러난다. 이를테면 결과적으로 대통령까지 죽음에 이르게 한 부마항쟁이 4·19나 광주항쟁, 6월항쟁에 비하여 대중적으로 덜 알려진 것은 이 사건을 상징적으로 표현하는 '민'의 죽음이 부재하다는 것과 관계가 있

---

* 『펠로폰네소스 전쟁사』에는 스파르타와의 전쟁에서 사망한 아테네의 전사자들에게 바치는 페리클레스의 추도사가 기록되어 있다(투퀴디데스 2011: 166~76). 이 연설에서 페리클레스는 전몰자들의 용기와 아테네의 정체(政體)를 찬양하면서 시민들이 다시 삶의 현장으로 돌아갈 수 있도록 고양시킨다.
** 이는 한국의 독재정권도 인지하고 있던 바였다. 1979년 부마항쟁 당시 김재규가 현장 상황을 보고하며 "근본적인 대책을 강구"해야 한다고 직언하자 박정희는 향후엔 자신이 직접 발포명령을 내리겠다며 흥분했는데, 그 자리에 동석한 차지철은 "캄보디아에서는 300만명을 죽이고도 까딱없었는데 우리도 데모대원 100만~200만명쯤 죽인다고 까딱 있겠습니까"라며 박정희를 거들었다(서중석·김덕련 2018: 78~79).

을지도 모른다.

요컨대 한국에서의 민주주의에 대한 상상을 이해하고자 할 때 죽음은 중요한 실마리가 된다. "유신시대와 두차례 군정 사이를 잇는 그 숱한 긴급조치와 계엄령의 잔인한 다리를 통과하는 동안 저항세력 사이에서 불리어진 노래들은 〈아침이슬〉부터 시작하여 거의 모두가 장송곡"이었다는 점에서 알 수 있듯이(문부식 2002: 127), 한국 민주화운동의 감성은 애도의 정치와 이를 실현하는 멜랑콜리 주체로 집약될 수 있다(김정한 2015). 또한 민주화를 가능케 한 심적 동력은 산업화를 추동한 강박적 생존주의와는 구별되는, 죽음에서 발견되는 사회적 가치였다(김홍중 2024: 7장).

한국 민주주의의 역사를 돌아볼 기회가 있을 때 우리는 자못 엄숙하게, 그러면서도 이를 평가할 독자적인 언어를 찾지 못했음을 드러내기라도 하듯 상투적으로 이렇게 말하곤 한다. "민주주의는 피를 먹고 자란다." 사실 이 말의 출처는 토머스 제퍼슨인데, 한국에서는 장준하와 김대중 등 유력한 민주인사가 유사하게 인용하면서 널리 알려졌다. 원문은 다음과 같다.

"자유의 나무는 때때로 애국자와 폭군의 피로 일신되어야 한다."(The tree of liberty must be refreshed from time to time with the blood of patriots and tyrants. Jefferson 1955: 356)

그런데 우리가 '민주주의는 피를 먹고 자란다'고 습관적으로 되뇔 때 그 피는 과연 누구의 피인가? 폭군의 피인가, 아니면 그에 맞서는 민의 피인가? 장준하는 1960년 『사상계』 5호의 권두언 첫 문장을 "자유라는 나무는 피를 마시며 자란다"라는 말이 있다며 시작했고, 김대중은 미국 망명에서 돌아온 1980년 3월 26일 YWCA 초청강연에서 "민주주의의 나무는 국민의 피를 먹고 자란다", "민주주의는 국민의 피와 땀과 눈물을 통해서 이루어진다"라고 했다(장준하 1960: 18; 김대중 1980: 20). 공교롭게도 이들의 발언 직후에 각각 4·19와 5·18이 발생하여 많은 이들이 피를 흘렸으며, 훗날 장준하는 의문사했고 김대중은 고문·납치·사형선고 등 수차례 죽음의 고비를 넘겼다. 이처럼 한국의 민주주의는 폭군이나 독재자가 아니라* 그 반대편에 선 이들, 특히 수많은 민의 몸에서 흘러나온 피를 흡수하며 무럭무럭 자랐다. 그리고 우리는 그 희생을 달래기라도 하듯 민주주의는 피를 먹고 자란다며 중얼거렸고, 뒤이어 다시 피를 바치는 역사를 되풀이해왔다. 이처럼 피를 흘리게 한 사건, 즉 죽음의 장면들이 한국 민주주의의 상상계에 어떻게 펼쳐지는지 살펴보자.

* 한국전쟁 발발 직후 가장 먼저 도주했으면서도 한강 인도교를 폭파하여 시민들의 피난을 막았고 피난하지 못하고 남은 이들을 부역자라며 학살한 이승만은 4·19 이후 하와이로 망명했으며 사망 후 유해로 귀국했다. 유신헌법을 선포하고 아홉차례의 긴급조치를 시행했으며, 민청학련 사건, 인혁당 재건위 사건, YH무역 사건, 부마항쟁 등에서 볼 수 있듯 저항세력 제거와 진압으로 일관한 박정희는 결국 피를 흘리며 죽었지만, 그것은 주권자의 심판이 아니라 측근의 결단에 의한 것이었다. 쿠데타를 일으켜 정권을 탈취하고 광주의 시민들을 학살한 전두환, 노태우는 대법원에서 내란·반란 등의 혐의를 인정하는 판결을 받았으나 이후 사면을 받아 천수를 누리고 자연사했다. 민주공화국인 대한민국에서는 주권자의 피를 흘리게 한 지도자를 피로써 단죄한 역사적 경험이 없는 것이다. 느닷없이 계엄령을 선포하여 시민들이 국회 앞에서 완전무장한 군인과 대치하게 만든 윤석열의 운명은 과연 어떻게 될 것인가?

국가폭력과 신체의 현상학

민주주의는 (적어도 원칙적으로는) 폭력이 아니라 말을 통해 갈등과 이견을 조정한다는 점에서 문화적 의의를 지닌다. 실제로 민주주의를 비롯한 근대 정치 특유의 제도는 공론장이며 여기에 참여하는 개인에게는 말하는 능력(speakability)과 그것을 듣는 자세(heardability)가 강조된다(박승관 2011). 하지만 역사적으로 한국에서 민주주의가 만들어지는 과정은 말과 말의 만남이 아니라 "몸과 몸의 부딪힘"으로부터 시작되었다(최정운 2012: 27). 여기서 관건은 위르겐 하버마스가 말하는 "이해지향적 태도", 즉 상대를 이해시키고 이해하려는 태도가 아니라(하버마스 2006: 424), 물리적 차원에서 각자의 힘을 과시하고 상연하며 상대를 제압하는 것이 된다. 이러한 과정에서 몸은 권력이 행사되는 대상이자 그에 맞서는 저항의 수단이 되며, 두 힘이 경합하는 전장(battleground) 또는 전투가 벌어지는 무대(戰區, 戰域, theatre)를 제공하기도 한다.

한국 민주주의가 신체적(physical) 충돌로부터 촉발되어왔다는 사실은 몸과 몸의 부딪힘이 낳을 수 있는 가장 극단적 사태인 죽음이 어떻게 민주주의의 기원처럼 상상될 수 있는지 설명해준다. 한국 민주주의를 상징하는 자랑스러운 결집의 기억은 끔찍한 죽음의 기억과 연결되어 있으며, 민의 죽음이라는 사건을 어떻게 민의 집합적 활력과 생명으로 전환해내느냐가 죽음 이후 운동의 관건이었다. 따라서 한국 민주주의에 대해 상상할 때 우리의 문화적 스크린에 가장 먼저 상연되는 것은 수많은 죽음의 장면들이다. 다시 말해, 한국 민주주의에서 죽음은 끝이 아니라 시작이다. 그리고 그 발단은 국가의 폭력이다. 국가와의 폭력적 조우가 만들어내는 죽음의 장면들 속에서 민은 어떤 이미지로 나타나는가?

진압: 폭력의 전시와 신체의 물리학

시민사회의 일상에서 실제로 누군가를 때리고 죽이는 장면은 쉽게 볼 수 없는, 예외적이고 일탈적인 광경이다. 근대성과 폭력에 관한 일반적인 논의에 따르면 현대사회에서 물리적 폭력은 외부의 적과의 전쟁을 예비하고 수행하는 국가가 독점하게 되었으며 이것이 문명화의 과정으로 여겨졌다. 물리력 사용의 정당성을 가지고 있지 않은 사람들 사이의 관계는 폭력이 아니라 예절, 관습, 명예, 교양, 평판, 취향 등을 통해 조절된다. 반면 호전성, 공격욕, 폭력적 성향은 직접 행사됨으로써 충족되는 것이 아니라 스포츠와 영화 등 고도로 제어된 형태의 재현을 '관람'하는 것으로 순화되었다. 삶은 덜 위험해졌고 육체적 대립은 줄어든 것이다(엘리아스 1996: 384~85; 1999: 327; 2014: 312). 따라서 현대 시민사회에서 개인들이 느끼는 고통은 물리적·신체적(physical) 폭력이 아니라 상징적(symbolic) 폭력에 의한 것으로 여겨진다.•

• 이러한 의미에서 엘리아스의 문명화 과정에 대한 논의는 국가를 "정당한 물리적 강제의 독점"을 요구하는 기구로서 정의한 막스 베버와 국가를 "상징적 자본의 은행"으로 간주한 피에르 부르디외 사이의 이론적 가교로 독해할 수도 있을 것이다(베버 1997: 189; Bourdieu 1999: 66).

하지만 시민사회가 국가에 의해 폭력성이 회수된 공간이라는 이와 같은 이해는 역사적 경험에 비추어 보았을 때 과도하게 일반화된 것이다.• 폭력을 독점하는 근대국가는 안으로는 감시를, 밖으로는 군사력을 행사한다. 그런데 감시를 받는 국내의 주체는 자신이 폭력을 행사할 수 있거나 이미 행사하고 있음을, 그리고 외부로 향해야 할 폭력이 자신에게 가해질 수도 있음을 망각하곤 한다(도미야마 2002: 74~75). 그런데 정말로 국가가 독점한 물리적 폭력이 외부의 적이 아니라 내부를 향한다면?•• 물론 국가의 물리적 폭력 독점이라는 사태는 애초부터 폭력의 진공상태를 의미하는 것이 아니었으며, 관료행정에서도 폭력은 언제나 전제되어 있는 것으로서 국가와 시민사회 사이에서 자유와 안전을 둘러싼 긴장관계의 원천이 되어왔다. 하지만 국가가 보유한 폭력의 대내적 행사가 치안 유지라는 명목•••을 넘어 사실상 전쟁의 방식으로

• 폭력을 전근대적 현상으로 규정하는 사회학의 오랜 관행을 비판하는 논의들에 대한 소개로는 신진욱(2004)을 참고하라.
•• 김상봉은 애초부터 한국 군대의 총구는 외부의 적이 아니라 내부의 적을 향하고 있었다고 본다. "전시작전통수권, 곧 대외교전권을 갖지 못한 까닭에 외부의 적에 대해 스스로는 아무런 군사적 행위도 할 수 없는 이 쓸모없는 군대의 실질적인 주적은 오직 내부의 적, 곧 체제를 위협하는 민중이었을 뿐"이라는 것이다(김상봉 2015: 168, 주4).
••• 발터 벤야민은 경찰이 강제력을 행사함으로써 달성하고자 하는 목적은 법질서를 통해 보증될 수 없다고 쓰는데, 이때 염두에 두는 것이 치안 유지라는 명목이다. "경찰은 법적 목적과 관련이 전혀 없는데도 법령에 의해 규제된 삶을 통해 무자비하게 괴롭히는 존재로서 시민을 따라다니거나 또는 시민을 완전히 감시하거나 아니면 명백한 법적 상황이 주어져 있지 않은 무수히 많은 경우에 '치안 유지 때문에' 개입한다." 따라서 경찰 제도에서는 "아무런 본질적인 것도 찾아낼 수 없"으며, 그것은 "문명화된 국가들의 삶 속에 떠도는 결코 포착될 수 없고 도처에 확산되어 있는 유령 같은 현상"이다(벤야민 2008: 95~96).

이루어진다면?* 이 경우 "자연인을 보호하고 방어할 목적으로" 만들어진 국가는 오히려 그에게 가장 큰 위협이 된다(홉스 2008: 22).** 그리고 우리는 이런 의문이 논리적 가정의 영역이 아니라 실제 현실에서 던져질 수 있음을 지난 2024년 12월 3일 경험했다. 다행히 공권력과 민간인 사이의 본격적인 충돌은 일어나지 않았고 인명 피해도 발생하지 않았으나 "이제는 더이상 국가긴급권이 정치적 목적으로 남용되지 않을 것이라고 믿고 있었던 국민은 큰 충격을 받았다."[1]

그런데 이처럼 가공할 힘을 가진 국가와 폭력수단을 갖고 있지 않은 민간인(civilian) 사이에서 충돌이 벌어진다면 그것은 구경거리로서의 대등한 격투 장면이 아니라 일방적인 폭력의 참상을 낳을 뿐이다. 폭력은 "타인의 육체에 상처를 입히는 것이며, 무엇보다도 타인을 죽이는 것"으로서(Von Trotha 1997: 14, 신진욱 2004: 14에서 재인용) 그 핵심은 물리성, 즉 육체성에 있다(도미야마 2002: 38). 따라서 무장한 힘(armed forces)을 가진 국가가 대적하는 민은 정치

* 김동춘(2013)은 한국의 정치와 사회가 작동하는 원리를 표현하기 위해 '전쟁정치'라는 개념을 제안한다. 그는 주로 군, 수사기관, 정보기관 등에 의한 국가폭력에 논의의 초점을 맞추고 있으나, 물리적 폭력뿐만 아니라 상징폭력까지도 포괄하는 광의의 폭력 개념을 사용하고 있으며, 국가폭력에 대한 시민사회의 동조 및 방조까지도 지적하고 있다. 이러한 점에서 그의 문제의식은 국가폭력에 국한되지 않는 '사회적 고통'의 관점과도 연결될 수 있을 것이다(Renault 2017; 클라인만 외 2002).
** 토머스 홉스는 국가가 가하는 이와 같은 억압이 불가피한 것이라고 본다. "통치형태를 불문하고 인간이 겪는 그 어떠한 극심한 불편도 내란에 따르는 비참과 공포의 재난에 비하면 (…) 아무것도 아니다. (…) 주권자가 강압적 권력을 행사하는 것은 자기 자신을 방어하는 일에 기꺼이 힘을 다하지 않으려는 백성들의 반항적인 태도 때문이다."(홉스 2008: 246~47)

적 주체인 시민(citizen)도, 시민사회(civil society)에서 통용되는 예의(civility)와 존중을 향유하는 인격적 존재도 아니며, 물리적 폭력의 대상으로서 맞으면 쓰러지고 찌르면 피가 나는 신체를 가진 하나의 유기체에 불과하다. 이처럼 국가에 의해 맞고 멍들고 베이고 죽음에 이르기도 하는 민의 육체는 한국 민주주의의 상상계를 구성하는 원초적 이미지 가운데 하나이다.

한국 민주주의의 역사에서 국가에 의해 물리적으로 짓밟혀 마치 "한 무리의 가축이거나 혹은 벌레"와 같이 "볼품없고 추해빠진 몸뚱이"로 전락한 민의 모습이 가장 적나라하게 나타난 것은 1980년 5월 광주에서다(임철우 1997b: 63). 국가권력이 가지는 폭력적 본질이 원초적인 형태로 가장 극명하게 드러난 사건이 5·18이기 때문이다. 5·18은 "구조를 만든 사건"이자(최정운 2012: 26), "1980년대 '혁명의 꿈'을 꾸는 모든 이들에게 상상력의 원천이었다."(김정한 2021: 229) 그리하여 광주에서 벌어졌던 장면은 한국 민주주의의 구조이자 기원에 해당하는 이미지를 형성하며, 특히 이 책에서 초점을 맞추는 1980년대는 광주항쟁을 재현하려는 끈질긴 시도에 의해 만들어진 독특한 시기이다(같은 책 197, 223). 그만큼 1980년 광주는 중요한 하나의 사례 이상의 의미를 가지며 한국 민주주의의 상상계를 구성하는 원초적 장면들을 제공한다.

이러한 장면의 배경이 되는 곳은 정겹고 아름다운 고향이다. 그곳은 마치 '사건'이 일어나기 전에는 아무런 모순과 갈등도 없었던 것처럼 역사 이전의 시공간으로 그려진다. "논밭마다 깊이 깊이 쟁기질하는 아버지"와 "항아리마다 씨앗을 가득 채우는 어머니"가 계시던 그곳은 "살기 좋고, 사람 좋고, 꽃구름 좋고, 땅바닥도 좋은", "새들과 하늘 첫사랑의 광주"이다(김준태 「광주로 가는 길」, 「광주땅 5월 생목숨들 상사디여!」).

내 한때는 이 도시에 지우지 못할 사랑을 묻었었다/거리의 모든 가로수들에 입 맞추고 석양이 되면/반가운 사람들이 모여드는 술집들의 거리도 있었다/통금 사이렌에 쫓기며 술잔을 들이켜고/골목골목의 작은 창을 두드려 잠든 사람을 깨워놓기도 했다/하얀 목련이 만발한 집을 지나칠 때/하얀 목련을 닮은 그 집 딸을 볼 수 있을까 설레기도 했다/그 도시의 오월에 나는 스무 살이었다.(송태웅 「광주」)

그리고 그때 "당신의 흰 살에서 아이는 배냇짓을 하고/들을 지나 강물을 건너/우리는 달디단 바람 속을 가고" 있다(나해철 「광주천3」).* 이와 같은 정경은 어떤 고통이나 갈등도 그에 비하면 지극한 평화로 여겨질 정도로 끔찍한 장면이 이어서 전개될 것임을 암시한다.

실제로 "오월은 바람처럼 그렇게 서정적으로 오지도 않았고", "피 묻은 야수의 발톱과 함께", "피에 주린 미친개의 이빨과 함께", "아이 밴 어머니의 배를 가르는 대검의 병사와 함께" 왔다(김남주 「바람에 지는 풀잎으로 오월을 노래하지 말아라」). 무엇보다 그것은

• 이상에서 제시된 것과 같이 가족, 학창시절, 첫사랑, 벼농사 등의 단어가 환기하는 정서와 장면이 클리셰처럼 배치되어 극의 배경으로 제시되는 전형적인 사례는 영화 〈화려한 휴가〉(2007)이다.

괴물적(monstrous) 형상으로 등장하여 육박해오는 국가의 모습으로부터 시작한다.

    까치독사 껍질처럼 생긴 옷을 입은 군인들이 산모퉁이에서 나타났다. 고속도로 양편을 따라 느릿느릿 기어들고 있는 모습이 독기를 품은 살모사 그대로였다. 점점 가까워지자 선두의 모습이 하나둘 확실하게 드러났다. 굵직굵직한 얼룩무늬가 그들의 위세를 더해주었다. (…) 보무도 당당한 군인들, 귀신도 그들 앞에선 살아남질 못한다는 그 힘이 먼발치에서부터 서서히 다가오는 느낌이 들었다.(홍인표 1990: 91)

    수백개의 관절로 이어진 한마리 거대한 파충류처럼 아주 천천히, 그러나 정확하고도 치밀한 속도로 그것이 꿈틀꿈틀 기어오기 시작했을 때에야 비로소 무서운 그것이 살아 있는 인간들의 집합체라는 사실을 깨달았다.(임철우 1997a: 307)

관념과 상징의 차원에서 추상적으로만 존재하던 국가가 이처럼 살아 있는 몸을 가진 존재로 육화하여 모습을 드러내는 순간이 있다. 일상의 삶을 살아가던 개인에게 국가의 화신으로 나타났을 군 병력은 "살모사"나 "거대한 파충류" 같은 괴물의 모습으로 등장하지만 사실 그것은 "인간들의 집합체"이다. 이러한 묘사는 홉스가 리바이어던이라는 괴생명체에 빗대어 표현한 국가의 모습을 연상시킨다. 그는 다음과 같은 문답으로 이 인공 인간의 성질을 규정한다. "그 '재료'는 무엇이며, '제조자'는 누구인가?

둘 다 '인간'이다."(홉스 2008: 23) 그리고 인간으로 이루어진 이 괴생명체가 '나'를 향해 돌진하는 순간이 있다. 그리고 이 괴물로부터 분열하여 튀어나온 몸과 눈이 마주치는 순간이 있다.

> 순간 거대한 얼룩무늬 덩어리가 놀라운 속도로 해체를 시작했다. 길바닥에 콩자루를 쏟아부어놓은 것처럼 그야말로 눈 깜짝할 순간이었다. 그 거대한 파충류의 몸뚱이로부터 수백개의 마디마디가 일시에 세포분열을 시작했고, 해체된 무수한 분절들은 순식간에 별개의 독립된 운동체로 변해 미친 듯 사방으로 튀어나가기 시작했다.(임철우 1997a: 310)

즉, 계엄군은 '콩을 땅바닥에 뿌렸을 때 콩이 사방으로 튀는 것'같이 각개약진으로 시민 속에 침투, 남녀노소 닥치는 대로 무차별 공격을 가했다.(광주민주화운동기념사업회 2017: 102)

〈임을 위한 행진곡〉의 작곡가 김종률은 자신이 경험한 이러한 순간을 다음과 같이 기억한다.

> 40~50명의 군인들이 몰려 있는데 그 속에서 중대장 같은 사람이 휘파람 소리 같은 것을 확 내니까 갑자기 군인들이 2~3명씩 짝을 지어 270도로 확 퍼지면서 앞에 있는 사람들을 무차별로 때리는데…"(정근식·김종률 2015: 199)

이제 국가는 더이상 형상 없는 추상적 개념이 아니라 가시적 형상을 가진 구체적 현실이며, 그것을 바라보는 이들의 관념 속에 머물지 않고 물질적 차원에서 이들의 몸을 향해 육박해온다. 이처럼 괴기스러운 형상을 한, 하지만 자신과 같이 뼈와 살과 피로 이루어진 몸을 가지고서 나타난 국가라는 타자와 대립함으로써 개인들은 자기 자신을 민으로 형성, 양육, 지도해가는 주체화의 도정으로 단숨에 진입한다. 그리고 물리적 폭력을 독점한 기구(국가)와 민간인(civilian)들의 공간(시민사회) 사이의 대립을 가리키는 국가/시민사회라는 구별을 개념으로서가 아니라 생과 사를 가르는 현실로서 받아들이게 된다.

계엄령 확대와 공수부대 투입을 발단으로 한 광주의 경험은 전쟁의 장면을 방불케 했다.[•] 그것은 "전쟁 중에도 지독한 백병전"이었으며(박원식 1990: 256), 전쟁이었기 때문에 군인들은 "시민들을 적으로 간주할 수밖에 없었다."(한승원 2012: 68) 계엄령(戒嚴令)이라는 용어의 의미가 한자로는 매우 난해해 보이지만 영어로는 오히려 간명한데, 그것은 결국 전시의 법(martial law)이다. 그런데 "전쟁의 주요 목표이자 주요 결과는 상해 입히기"이며 그 "첫 번째 방식은 상대 진영에 속하는 몸들에게 상해를 가하는 것이다."(스캐리 2018: 104, 114) 실제로 5·18과 관련하여 가장 즉각적으로 떠오르는 이미지는 계엄군이 시민들에게 무차별적인 폭력을 행사하는 장면이다. 이렇게 폭력의 '대상'으로 전락한 민의 모습은

• 벤야민은 전쟁이 "모든 폭력의 원초적이고 원상(原像)적인(urbildlichen) 폭력"이라고 했다(벤야민 2008: 90).

2-1. 광주시민을 폭행하는 계엄군(위 왼쪽)
2-2. 홍성담 〈혈루 3〉(위 오른쪽)
2-3. 광주시민을 폭행하는 계엄군(아래)

(설령 그들이 민주주의에 대한 신념이나 지향을 결여하고 있었다 할지라도)* 가장 원초적인 차원에서 민 '주'라는 말이 부정되는 사태였다.

왼쪽의 사진과 그림은 광주항쟁 초기 공수부대의 진압 양상을 보여주는 장면들로 널리 알려져 있다. 이러한 장면 속에서 민은 힘(force)을 통해 제압되어야 할 물리적 대상(physical object)이었으며, 그들의 몸은 바로 물리력의 구체적 타점이었다. 그리고 이들이 마주하는 공수부대는 각자가 보유한 물리량으로 물체에 타격을 가하는 역학적 기계와 같았다. "자동인형처럼 움직이던 그 무표정한 병사들"의 공격은 "수학공식처럼 정확"해서 진압봉은 "틀림없이 상대방의 정수리에 꽂혔고" 군홧발은 "실수 없이 복부를 강타했다."(박호재 1987: 72; 백성우 2012: 341~42)** 군인들끼리는 "찌르고 내리찍고 일으켜 세우는 동작도 똑같았고 옷을 채는 동작도 똑같았으며, [폭행을 당하는] 학생들의 반응도 똑같았다. 그 사이의 시간마저도 너무나 정확하게 똑같았다."(송기숙 2012: 197) 이처럼 물리학 법칙에 근거하듯 숙련된 동작을 실행할 때면 "그들은 살이 붙어 있고 피가 도는 생명체라기보다는 어린이 만화영

- 최정운은 광주에서 "마지막까지 항전한 사람들은 민주주의에 익숙지 않은 사람들이" 더 많았으며 광주시민들이 사수하려 했던 가치는 "민주주의라는 말로는 다 담아내지 못한" 것 같다며 5·18에 대한 '민주화론'을 상대화한다(최정운 2012: 94~96). 또한 광주에서 봉기에 참여한 대중의 이데올로기가 지배이데올로기인 자유민주주의였음을 지적하는 김정한을 통해서도 당시 광주시민들이 가진 민주주의의 의미가 제한적이었음을 추론할 수 있다(김정한 2021: 3장).
- ** 그리고 발포 이후, "계엄군의 총알은 마치 눈을 달고 날아오는 듯했다."(김중태 1987: 162)

화에서 나오는 로봇처럼 보였다."(이명한 1990: 76) 아흐레 뒤 도청을 점령한 공수부대원들이 다 같이 좌우로 반동을 튕기며 카랑카랑한 목소리로 부른 군가〈검은 베레모〉가 말해주듯 그들의 기세는 "무쇠 같은 우리와 누가 맞서랴" 하는 식이었다.

이들의 폭력 행사는 보는 눈을 두려워하는 것이 아니라 오히려 이목을 끌면서 보란 듯이 공개적으로 이루어졌다. 그것은 직접 당하는 자뿐만 아니라 그것을 보는 자까지 염두에 두고 있는 "전시적(demonstrative) 폭력"이었으며, 상징적 기호가 아니라 구체적 장면을 통해 메시지를 전하는 "시각적 언어"였다(최정운 2012: 90, 91).• 이러한 장면을 전시함으로써 의도한 효과는 물론 공포를 유발하는 것이었다. 광주는 잔혹극이나 괴기영화에나 나올 법한 엽기적인 장면들이 태연하게 상연되는 일종의 "폭력극장"이었으며(같은 책 90), 바깥과의 교신이 차단된 암담한 극장 내부에서 시민들은 눈앞에 펼쳐지는 참상(spectacle)에 시선을 줄 수밖에 없는 관객(spectator)이었다.•• 그래서 광주항쟁을 표현한 많은 이미지 중

- • '전시적 폭력'이라는 말은 주로 항쟁 초기 공수부대의 진압 행태를 가리키기 위해 사용되지만, 이들은 자신들의 행위를 보여주는 것이 힘의 과시이자 위협이 될 수 있음을 항상 염두에 두고 있었다. 『죽음을 넘어 시대의 어둠을 넘어』 초판본에는 27일 새벽, 투항하겠다고 도청 앞뜰로 나오는 시민군 8명을 전원 사살한 공수대원이 자신이 한 발로 밟고 있는 시민군 포로에게 "어때, 영화구경하는 것 같지" 하고 물으며 그에게 보여주기를 의도한 듯한 장면이 나온다(전남사회운동협의회 1985: 243). 2017년에 출간된 개정판에는 이러한 장면이 담겨 있지 않다.
- •• 바깥으로부터의 시선이나 바깥과의 교신은 철저히 차단하고 폭력적인 장면에 내부의 시선을 집중시키는 전략은 시민들로 하여금 저항의 수단으로 폭력을 선택하도록 강제했다. 공수부대의 폭력을 바라보고 윤리적으로 판단할 외부의 관객이 없는 상태에서 비폭력 저항은 의미가 없었기 때문이다(최정운 2012: 194~95). 하지만

2-4. 오윤 〈애비〉

2-5. 홍성담 〈구경꾼들〉

에는 폭력이 만들어내는 잔혹한 참상뿐만 아니라, 졸지에 눈앞에 펼쳐지는 학살극을 목격하게 된 관객이 주제화되는 경우도 많다 (2-4, 2-5).

이처럼 관객의 존재를 상정하고서 이루어지는 전시적 폭력의 대상인 민은 폭력의 결과가 시각적으로 나타나는 존재, 즉 눈에 보이는 몸을 가진 존재로 나타난다. 그래서 민은 그에게 물리적(physical) 힘이 가해지면 그 결과가 신체적(physical) 변형으로 나타나는 존재이다. 가령 공수부대가 "개머리판으로 다짜고짜 어깨를 내리찍"거나, "대검으로 그의 머리를 그어"버리면, 시민들은 "땅바닥에 나뒹굴"거나 "얼굴이 뭉개지면서 피가 쏟아졌다. 눈 뜨고 볼 수 없는 처참한 얼굴로 변했다."(광주민주화운동기념사업회 2017: 62, 74, 96, 174) 이처럼 물리적 폭력의 대상이 되는 민의 모습은 피와 살과 뼈로 이루어진 몸뚱이를 가진 존재로서의 특성이 부각

공공시설물에 대한 방화, 총기로 무장한 모습 등 시민들의 폭력성을 드러내는 장면은 언론을 통해 대외적으로 공개되었다. 어떤 면에서 광주시민이 느껴온 고독과 원한은 자신이 기대하는 방식으로 자신을 드러낼 수 없었던, 자아표현(presentation of self)의 좌절로부터 비롯된 것일지도 모른다. 어빙 고프먼에 따르면 시민사회에서 개인들은 밖으로 드러나는 자신의 인상을 관리함으로써 자신이 적절한 도덕적 대우를 받을 만한 존재임을 주장한다(Goffman 1959). 하지만 이러한 인상관리의 수단이 박탈되어 자기 자신에 대한 이미지를 적절히 통제하지 못하는, 그리하여 시민사회와 구별되는 공간이 바로 수용소와 같은 총체적 기관이다(Goffman 1961). 1980년 5월의 그 열흘이 지난 후에도 광주시민들은 오랜 시간 동안 바깥으로부터 '폭도'나 '빨갱이'라는 오명(stigma)을 뒤집어쓰고 말 그대로 '자기의 땅에서 유배당한 자들'로 살아왔다(파농 1978). 그 고통은 비록 군인은 물러갔고 창살도 간수도 없지만, 수용소에 갇힌 것과 다르지 않았으며, 실제로 정신병원(asylum) 신세를 지며 살았던 이들도 부지기수였다. 광주항쟁의 경험이 개인의 자아와 정체성 차원에 미친 영향을 고프먼의 이론으로 해석하는 작업은 추후의 과제로 남겨둔다.

되어 나타난다. "깨어진 머리에서 끊임없이 흘러나오는 피, 윤곽조차 알아보기 어려울 만큼 엉망으로 일그러지고 부어오른 얼굴들. 진압봉에 맞아 부러져서 기묘하게 흔들흔들 출렁거리는 팔다리"가 바로 이러한 민의 모습이다(임철우 1997b: 156).

물리적 폭력의 대상으로 나타나는 민의 몸은 그가 국가폭력의 대행자와 비교하여 압도적인 힘의 열세에 놓인 신체적 약자일 때 더욱 두드러지게 보인다. 실제로 1980년 광주의 계엄군에 대한 끔찍한 기억은 장애인, 노인, 여성, 임산부, 아동, 청소년을 가리지 않았던 무차별적 폭력 행사에 기인하는 바가 크다. 일례로 5·18의 최초 사망자는 청각장애를 가진 김경철이었는데, 그의 일행은 진압봉과 개머리판으로 구타하는 계엄군에게 두 손을 비비며 손짓발짓으로 살려달라며 애원했지만 "병신 흉내"를 낸다며 더욱 심하게 폭행당했다(광주민주화운동기념사업회 2017: 79~80). 물리력의 압도적 차이 앞에서 폭력의 대상으로 전락한 민의 모습은 증언과 풍문 속에서 더욱 선정적인 장면으로 나타난다. 신원 미상인 증언자의 구술을 녹음, 전사, 편집한 방식으로 작성된 문서 「찢어진 깃폭」에는 만삭의 임산부가 두명의 공수부대원에게 끌려온 뒤에 벌어진 일이 묘사되어 있다.

여자가 반항할 짬도 없이 옷을 낚아채자 그녀의 원피스가 쭉 찢어지며 속살이 드러났다. 공수병은 대검으로 그녀의 배를 푹 찔렀다. 후비면서 찔렀는지 금방 창자가 튀어나왔다. 그는 다시 한번 그녀의 아랫배를 가르더니 태아를 끄집어내어 땅바닥에 할딱이고 있는 여인에게 던졌다. 도저히 믿을 수도 있을 수도 없는 이 처참한 현장을 목격했던 사람들은 하나같이 괘를 돌리고 몸서리치면서 이를 갈았다. 나는 눈을 감고 혀를 깨물었다. 전신에 경련이 일었다. 다시 눈을 떴을 때에는 시체도 공수병도 보이지 않았다. 옆에 서 있던 사람의 말에 따르면 마치 오물을 처내듯이 가마니에 쑤셔 넣고 쓰레기차에 던져 넣고 갔다는 것이다.(광주광역시 5·18사료편찬위원회 1997: 123)

이밖에도 광주항쟁에 대한 여러 기록물과 재현물에서는 계엄군이 진로에 방해가 된 노점 "아주머니의 아랫배를 군홧발로" 걷어차거나 "여고생의 가슴을 대검으로 희롱"하고, 만행에 항의하는 "노인들의 머리를 곤봉으로 후려"치는 등 신체적 약자에 대해서도 자비나 예외 없이 과시하듯 물리력이 행사되는 장면을 쉽게 찾아볼 수 있다(광주민주화운동기념사업회 2017: 109~11).

국가가 행하는 물리적 폭력에 의해 고통스러워하는 민의 모습은 이들이 정치적 존재이거나 사회적 존재이기 이전에 몸을 가진 육체적 존재임을 보여준다. 이와 같은 육체적 존재로서의 민의 모습을 가장 적나라하게 드러내는 것은 벌거벗은 몸의 이미지이다. 5·18 당시 투입된 공수부대는 걸핏하면 시민들의 옷을 벗겼으며, 벌거벗은 시민의 모습은 '광주'에 대한 기억과 재현에서 빠지지 않고 무수히 등장하는 이미지이다. 다음의 장면들을 보라.

군인의 손이 학생의 가슴으로 갔다. 옆으로 홱 챘다. 대번에 남방셔츠가 반쯤 벗겨졌다. 뭐라 소리를 지르자 학생은 제 손으로 다급하게 옷을 벗기 시작했다. 바지를 벗다가 휘청 옆으로 나가떨어졌다. 앉은 채 군인을 힐끔 쳐다보며 바지를 마저 벗고 발딱 일어섰다. 마치 옷을 입고 있었던 것이 그렇게 맞을 만큼 잘못한 일이기라도 했던 것처럼 러닝셔츠도 활활 벗어던졌다. 팬티바람이 되었다.(송기숙 2012: 197)

공수대원은 3~4명이 1조가 되어 주변 건물들을 이잡듯이 뒤졌다. 그들은 길가로 끌고 나온 시위대의 포로들을 가능한 한 많은 사람들이 보는 앞에서 발가벗기고 무리를 짓게 하여 군대 유격 훈련장에서 실습하는 가혹한 기합을 주었다. 잡힌 사람들은 팬티만 입고 알몸으로 화염병 조각과 돌조각이 널려 있는 거리 한복판에서 손을 뒤로 묶인 채 엎드려서 아랫배로만 기어가게 하는 올챙이 포복과 통닭구이, 원산폭격 등 잔인한 방법으로 괴롭혔다.

여자라도 몇명 붙들려 오면 여럿이서 겉옷은 물론 속옷까지 북북 찢어발기고는 아랫배나 유방을 구둣발로 차고 짓뭉개고 또는 머리카락을 휘어잡아 머리를 담벽에다 쿵쿵 소리가 나도록 짓찧었다.(전남사회운동협의회 1985: 59)

한 무리의 사람들이 붙잡혀 있다. 하나같이 팬티만 걸친 반벌거숭이들, 스무명 남짓 될까. 그들은 모두 머리를 아스팔트 바닥에 거꾸로 박은 채 엉덩이를 쳐들고 두 팔을 허리 뒤로 돌려 맞잡은 기묘한 자세를 취하고 있다. 그들을 에워싸고 얼룩무늬들이 진압봉과 발길질을 퍼부어댔다.(임철우 1997b: 124)

2-6. 속옷 차림으로 연행되는 시민들

입고 있던 옷을 벗게 하여 맨살이 드러나도록 하는 것은 상대를 최소한의 보호와 단장의 수단조차 불필요한 존재, 가리고 말고 할 자격도 없는 존재, 그러니까 아무것도 아닌 존재로 취급하겠다는 적극적인 의지로 받아들여진다. 그러니까 1980년 5월에 생산된 수많은 나신(裸身)의 이미지는 인간성에 대한 노골적 부정을 상징하는 것이었다(윤비 2018). 이처럼 걸칠 옷마저 박탈당한 이들은 아무것도 아닌 존재였으므로 아무렇게나 죽일 수 있었고 아무것도 아닌 이들의 죽음에 신성한 대의가 있을 리 없었다. 이러한 의미에서 자국 군대에 의해 알몸이 된 1980년 광주의 시민들은 조르조 아감벤이 말하듯 "살해할 수 있으나 희생물로 바칠

수는 없는 생명", 즉 호모 사케르(homo sacer)와 다름없었다.•

그런데 아감벤이 고대와 중세 유럽의 늑대인간의 사례를 들어 환기하듯 주권에 의해 추방된 자에 대한 상상은 인간과 짐승이 뒤섞인 모습으로 나타나기도 한다(아감벤 2008: 213~15). 계엄령이 내려진 예외상태에서 물리적 폭력의 대상이 된 민의 모습 역시 육체성에 대한 강조가 극대화된 동물의 이미지로 나타난다. 이때 동물성의 핵심은 생물학적 본능이나 외부의 물리적 작용에 대한 육체의 반응이 문명적·문화적 수단을 통해 적절히 처리되거나 가려지지 못하고 적나라하게 드러난다는 점에 있다. 이를테면 공수부대에 잡혀가 고초를 겪는 동안

> 화장실은커녕 잠시 동안의 휴식도 없었으므로, 더러는 옷을 입은 채 오줌을 줄줄 싸기도 했다. 그때마다 매질이 반복되었다.
> "개새끼, 어따가 오줌을 갈기는 거야! 당장 혓바닥으로 깨끗이 핥아."
> 한번은 중사 하나가 그렇게 명령을 했고, 사십대 사내는 허겁지겁 혓바닥으로 콘크리트 바닥을 핥아야 했다.(임철우 1997c: 299)

또한 신체 훼손, 장기의 손상과 유출, 혈액의 분출 등 사냥, 살육, 도축, 도살 과정에서나 등장할 법한 사태에서 민의 모습은 동물화된 육체의 이미지로 나타난다.

• 이처럼 살해할 수는 있지만 희생물로 바칠 수는 없는 생명으로 민을 취급하는 권력에 대한 저항은 죽은 이들을 부활시켜 신성한 민주의 제단에 올리는 방식으로 나타난다. 이에 대해서는 4장에서 다시 논할 것이다.

청년의 머리와 얼굴을 덮으며 분수처럼 좌악 솟구치는 핏물. 청년의 벌거벗은 두 다리가 바르르 경련을 일으키다 멎었다. 개구리. 그랬다. 그건 껍질 벗겨진 한마리 개구리처럼 보였다.(임철우 1997b: 126)

땀과 흙으로 범벅된 더러운 얼굴들. 공포에 질려 허둥거리는 눈알. 깨진 머리와 얼굴에서 아직 줄줄 흘러내리는 피, 핏물. 그들은 이미 더 이상 인간의 모습으로는 보이지 않았다. 그것들은 더럽고 추한 짐승의 살덩이일 뿐이었다.(같은 책 173)

정치적 담론이나 도상에서 민중이 짐승이나 동물에 비유되는 일은 드물지 않지만 우매함이나 비위생, 집단성 등이 아니라 피, 살, 뼈를 가진 생물학적 유기체로서의 동질성에 근거한 비유는 이들이 물리적 폭력의 대상이 되는 경우에 집중된다. 일례로 세르게이 예이젠시테인의 영화 〈파업〉(стáчка, 1924)의 클라이맥스라 할 수 있는 노동자들의 파업 진압 장면 사이사이에는 황소의 정수리를 내리쳐 주저앉히고 칼로 목을 갈라 방혈(防血)하며 도축하는 장면이 삽입된다. 영화사에서 몽타주 기법의 대표적인 사례로 꼽히는 이 장면은 무력을 통한 민중 탄압과 도축 작업 사이의 유사성을 활용한 것이다.

광주항쟁의 경험과 기억이 사회적으로 인정받고 공식 역사에 등재되면서 '광주'는 수많은 국가폭력에 대한 해석의 자원으로서, 공권력에 의한 물리력 행사가 반복될 때마다 즉각적으로 연상되는 이름이 되었다. 특히 백골단, 구사대, 전투경찰, 용역 등이 휘둘러온 폭력은 곧바로 '광주'에 대한 기억과 연결될 수밖에 없었다. 이를테면 2001년 대우자동차 부평공장 진압 장면을 본 사람들은 "제2의 광주사태"라며 탄식했는데(문부식 2002: 85~86), 현장에서 영상을 찍었던 한 조합원은 카메라에 동료의 피가 튀는 순간에도 기록을 위해 촬영을 해야만 했다며 당시 경찰의 행태가 자신이 과거에 직접 목격했던 1980년 5월 광주와 다를 바 없었다고 말했다.[2] 유튜브에는 당시 상황을 기록한 영상들이 일부 올라와 있으나 유혈이 낭자한 진압 장면의 잔인함 때문인지 성인 인증을 요구하는 경우도 있다. 이와 유사한 예로 2009년 쌍용자동차 평택공장 점거농성 진압 장면을 보고 광주에서의 학살을 떠올린 이들도 많았다.[3] 같은 해인 2009년 초에 발생한 용산참사를 다음과 같이 기억하는 사람은 소설가 한강뿐만이 아닐 것이다. "2009년 1월 새벽, 용산에서 망루가 불타는 영상을 보다가 나도 모르게 불쑥 중얼거렸던 것을 기억한다. *저건 광주잖아.*"(한강 2014: 207, 강조는 원문) 자체 무장한 시민군, 도청 사수와 최후의 항전, 도청을 접수한 계엄군, '폭도' 등 1980년 광주로부터 생성된 장면과 이미지는, 망루를 짓고 새총으로 저항하며 생존권을 주장하다가 끝내 경찰특공대에 의해 진압되어 목숨을 잃었음에도 '도심 테러리스트'로 낙인찍힌 이들의 현실, 나아가 국가폭력 일반을 이해하고 해석하는 문화적 자원이 된다. 그리하여 대추리, 강정마을, 밀양 등에서 벌어진 일들은 그 구체적인 사안의 차이에도 불구하고 "광주와 그 원인과 과정과 결과에서 유사한 구조를 반복하고 있는 '크고 작은 광주' 혹은 '변주된 광주'들"로 묶여서 사고될 수 있는 것이다(김명인 2021: 138). 그리고 2024년 12월 3일, 비상계엄 선포 이후 무장한 정예병력이 헬기를 타고 국회에 투입되어 시민들과 대치하는 장면은 1980년 5월 17일 자정 비상계엄이 전국으로 확대된 후 벌어진 일들을 즉각적으로 떠올리게 했다.

이처럼 맞고 쓰러지고 피 흘리는 몸의 이미지는 "공포 분위기를 넘어, 산다는 것 자체를 뒤흔들어"놓기도 하며(홍희담 2012: 137), 평온하게 각자의 일상을 살아가던 이들을 민주주의를 향한 도정에 참여하는 민으로 변모시키는 계기가 되기도 한다. 각기 다른 영역에 머물러 있는 개인들은 공동의 상상계에 접속하여 동일한 이미지를 목격함으로써 같은 것을 상상하는 공동체(imagining community)를 형성할 수 있다. 사람들의 시선을 사로잡아 민주주의라는 극에 끌어들이는 장면, 좀처럼 자리를 뜨지 못하고 민주주의라는 극에 붙들려 있게 하는 장면, 민주주의를 상상하고 실천하는 민의 마음속 스크린에 가장 먼저 영사되는 장면이 바로 국가의 물리적 폭력에 직면한 몸의 이미지이다.

앞서 언급한 것처럼 폭력의 전시는 보는 이들에게 두려움과 공포를 심어줌으로써 저항을 무력화하고 도시 전체를 효과적으로 제압하기 위한 목적으로 이루어졌다. 이러한 전략은 즉각적인 효력을 발휘하여, 사람들이 폭력을 목격하고서 도망가거나 숨어서 나오지 않도록 만들기도 했다. 하지만 폭력의 전시는 2차적인 효과를 가져왔는데, 도피하거나 숨어버린 이들이 그런 자신의 모습을 바라보고 느낀 죄책감과 수치심을 만회하기 위하여 목숨을 건

저항에 나서게 한 것이다. 관객의 시선은 국가의 폭력이라는 외부의 사건뿐만 아니라 자기 자신에게도 향하는 것이었다. 폭력을 바라보는 시선을 전술적으로 활용하고자 했던 국가는 시선의 윤리적 차원까지 통제할 수 없었고, 부서지는 몸을 보여줌으로써 몸을 묶어두려 했던 시도는 결국 몸을 불러 모으는 반대의 결과를 일으켰다.

고문: 폭력의 상상과 신체의 해부생리학

말이 아니라 몸이 매개이자 수단이자 대상이 되어 벌어지는 물리적 상호작용에서는 그 경과와 효과가 즉각적이고 가시적으로 드러난다. 신체에 직접 가해지는 폭력과 그에 따라 손상되는 몸은 주변에 있는 누구에게나 보이게 마련이며 상연과 동시에 관객이 형성되는 공개적 경험이다. 앞서 5·18의 사례만을 살펴보았지만, 한국의 민주주의가 전개되는 과정에서 억압적 국가기구는 다양한 형태의 물리적 폭력을 행사해왔고 그만큼 민의 몸은 언제든 공개적으로 처분될 수 있는 조건에 놓여 있었다.

그러나 물리적 폭력의 대상이 되는 몸의 참상이 무제한적으로 보여지는 것은 아니다. 신체에 대한 가해와 고통받는 몸의 모습은 의도적으로 은폐되기도 한다. 앞서 살펴본 바와 같이 1980년 광주에서는 때리고 차고 찌르는 장면을 의도적으로 보여주는 '전시적 폭력'이 행해졌지만, 그와 동시에 외부에서는 그러한 장면을 볼 수 없도록 시선과 정보를 차단한 '폭력극장'이 형성되었다. 잔인한 장면이 노출되는 것을 우려한 탓인지 공수부대가 주변 건물의 문을 닫고 커튼을 치라고 고함을 치는 경우도 있었다(전남사회운동협의회 1985: 59).* 폭력을 행사하는 자가 도덕적 비난이나 정치적 역풍을 의식한다면, 폭력 장면의 노출을 원천적으로 차단하는 것이 자연스러울 것이다. 군대, 학교, 병원, 교도소, 수용소 등 외부의 시선이 차단된 총체적 기관(total institution)에서 폭력이 발생할 가능성이 높은 것은 바로 이러한 이유 때문일 것이다.

시선의 차단 속에서 이루어지는 폭력의 대표적인 예는 고문이다. 한국의 민주화운동 과정에서는 김근태, 권인숙, 박종철 등이 대표적인 고문 피해자로 이름이 알려져 있지만, 고문은 그에 대한 기초적인 통계 수립조차 어려울 정도로 공적 감시의 시선으로부터 벗어나 있었다. 그러나 전문가들은 "정확한 통계는 없으나 1948년 이후 한국은 20세기 여러 나라 중 가장 많은 자국민을 고문으로 고통받게 한 국가일 것"이라고 추정한다(김동춘 2013: 81). 이와 같이 국가에 의한 비합법적 폭력이 체계적이면서도 비공개적으로 행해지기 위해서는 이를 전담하는 별도의 조직을 필요로 한다. 이를테면 남영동 대공분실에서 근무한 사람들은 경찰 내 '대공' 관련 직제에 속해 있었으며(김두식 2012: 420), 이들은 업무 수행 중에 서로를 사장, 전무, 상무, 부장 등 위장 계급으로 부르곤 했다(김근태 2012: 49~50).

하지만 외부로부터의 시선이 차단된 채 고문이 이루어질 수 있는 가장 기본적인 조건은 그것이 실행되는 폐쇄적 공간의 존재이

---

* 푸코는 신체형의 스펙터클이 그것을 바라보는 민중과 그것을 당하는 민중 사이의 연대(solidarity)에 의해 저항받을 수 있었음을 지적한다(Foucault 1995: 63).

다. 고문 공간으로 가장 널리 알려진 곳은 김근태와 박종철이 고문을 받았던 남영동 대공분실이다. 김수근이 설계를 맡은 남영동 대공분실은 외부로부터의 시선을 차단하고자 하는 의도가 잘 반영되어 있다. 1983년 증축 이후 총 7층으로 이루어진 전체 건물 가운데 조사실이 위치한 5층의 창문은 가로 30센티미터 정도의 크기에 불과하다. 이는 안에서 밖을 볼 수는 있어도 밖에서 안을 보기는 어렵게 하며, 도주 방지의 효과도 있다. 일례로 1980년 7월 남영동 대공분실에 끌려갔던 유숙열은 그를 고문한 이근안에게 보내는 편지 형식의 글에서 이 창문에 대해 언급한다.

> 그 방의 좁은 창문으로 보이던 바깥 풍경은 어쩌면 그리도 낯설었는지…. 비가 오고 있었고 멀리서 우산을 쓰고 종종걸음 치던 사람들을 보며 나만 혼자 세상과 유리되어 언제 그 세상으로 돌아갈지 알 수 없는 그런 막막한 느낌이었습니다. 내가 빠졌는데도 세상은 한치의 동요도 없이 평화롭게 잘 흘러가고 있었고 나는 가족도 알지 못하는 곳에 갇혀 있었습니다.[4]

5층에는 16개의 조사실과 3개의 계단실이 있는데, 도주를 막기 위하여 이 19개의 출입문들은 같은 모양으로 제작되어 있고, 복도를 중심에 둔 각각의 방에서 맞은편 방을 볼 수 없도록 엇갈려 배치되어 있다. 각 조사실 출입문 상단에는 검은 유리창이 있고 그 속에는 감시용 카메라가 설치되어 있었으며, 조사실 안에서는 출입문을 잠글 수 없고, 열쇠로만 잠그고 열 수 있었다. 또한 모든 방에는 방음벽이 설치되어 있다. 이와 같은 공간적 설계에는 외부의 시선이나 외부와의 출입 및 교신을 차단하고자 하는 의도가 반영되어 있다. 물리적으로 강제된 고립무원의 조건에서 고문을 받은 이들은 공포 속에 좌절과 굴복을 경험할 수밖에 없었다.[•]

고문은 이와 같이 특수한 공간에서 행해졌을 뿐만 아니라, 최소한의 인원만이 입실한 상황에서 타인의 시야 그리고 때로는 자신의 시야마저도 제한된 채 실행되었다. 김근태는 1985년 9월 4일 서부경찰서 유치장에서 나온 직후 포니 자동차 뒷자리에 실려서 외투로 "머리를 감싸고 눈이 보이지 않도록 한 채" 남영동 대공분실로 끌려갔는데, 고문을 받을 때는 "넓은 밴드"나 "노란 세수수건", "가리개" 등으로 눈을 가려서 앞이 보이지 않게 했다고 한다(김근태 2012: 52, 56, 59, 62). 또한 그의 고문에 가담한 자는 그가 직위와 이름을 특정할 수 있었을 정도로 제한된 인원이었다(같은 책 49~50, 207). 부천서에서 이틀에 걸쳐 두차례의 고문을 받은 권인숙이 첫날 들어간 수사계장실 역시 컴컴했고 고문 과정 중 부하 형사 한명이 들어오기 전까지는 문귀동과 둘만 있었다. 이튿날에 들어간 조사실 "역시 불이 꺼져 있었고, 바깥의 외등으로 사람을 간신히 식별할 수 있을 정도의 밝기"였는데, 이때도 입실한 인원은 문귀동과 권인숙 둘뿐이었다(권인숙 1989: 18~20, 39).

• 고문 공간으로서의 남영동 대공분실에 대한 이상의 내용에 대한 자세한 서술로는 김두식(2012)을 참고하라. 고문실은 '붉은 방'으로 불리기도 했는데, 이에 대해서는 임철우(1995), 김하기(1990: 147~55), 김종광(2002: 28~31), 유채림(1993)을 보라. 또한 취조실을 묘사하는 '하얀 방'에 대해서는 임철우(1985: 272~77)를 참조하라.

이처럼 고문 과정에서 행사되는 폭력은 그것의 실행 현장에 대한 시선이 극히 제한되기 때문에 전시나 관람이 아니라 상상의 대상이 된다. 고문의 실상은 경험담이나 풍문의 형식으로만 전해져왔고, 김근태와 권인숙의 폭로,* 박종철의 사망 사건을 통해서야 비로소 널리 알려졌지만, 고문의 구체적인 장면은 그것에 대한 영상적 재현이 이루어지지 않는 이상 기본적으로 상상의 영역에 속한다. 특히, 운동에 가담하는 이들은 이러한 상상에 자기 자신을 대입해보는 것이 자연스러운 사고의 흐름이었다. 김근태는 연행된 첫날 칠성대에 눕혀져서 물고문이 시행되기 직전까지도 실제로 고문을 실시할 것인지 의심하는 동시에, 일제 시대 독립 운동가나 긴급조치 시대 운동가들, 부산 미문화원 방화 사건 관계자들이 겪었던 고문을 떠올리며 참아내겠다는 각오를 다졌다(김근태 1987: 58). 권인숙 역시 김근태의 고문 폭로 유인물이나 주변 지인들을 통해 전해 들은 고문 이야기가 "남의 얘기일 수 없는 얘기"였으며, "자기의 경우를 상상해보면서 가슴을 조이기도" 했다. 그는 부천서에서의 첫날 모욕적인 질문이 뒤섞인 협박을 받던 순간, 고문에 대한 상상을 하던 과거를 떠올렸다(권인숙 1989: 20~21). 박종철은 자신이 속한 서클 프로그램으로 산행훈련을 하면서 체력적 한계를 느낄 때 고문에 대해 생각했다. '고문은 지금

* 김근태에 대한 고문은 그가 남영동에서 나온 직후 인재근 등을 통해 알려졌고, 1986년경에는 그의 수기가 떠돌았으며, 이 원고가 1987년 1월경 인재근에 의해 출판사에 전달되어 그해 5월에 출간되었다. 권인숙에 대한 성고문은 그가 부천서에서 교도소로 이감된 후 벌인 소내 단식투쟁과 법정투쟁 등을 통해 알려졌고, 1989년에는 그의 수기가 출판되었다.

의 이 힘겨움의 몇배나 되는 고통일까?' 이후 그는 감옥에서 단전호흡과 요가를 익히고 와서는 동료들에게 "나는 이제 어떤 고문도 견딜 수 있을 만큼 내공이 강해졌다"라며 농담 삼아 자랑을 했다고 한다(김태호·최인호 1998: 70~72). 이와 같은 예비적 상상은 사전에 폭력에 대한 공포를 학습시키고 상상하던 고문 상황에 실제로 처하게 되었을 때 심리적 긴장감을 극대화한다.

고문은 예비적 상상뿐만 아니라 사후적 상상, 즉 기억의 대상으로서도 강렬한 영상적 경험을 산출한다. 많은 고문 피해자들은 "고문당하고 쓰러져 있는 나를 바라보고 있는 듯한 장면이" 별안간 떠오르는 등 일상에서의 영상적 체험으로 인한 고통을 호소한다(국가인권위원회 2011: 189). 김근태는 고문 이후의 일상을 살아가기 위한 불가피한 방어조치로, 고통과 공포의 기억을 "의식의 표면에서 지우려고 안간힘을" 썼다고 말한다. 하지만 의식의 심층에서는 그 영상이 결코 지워질 수 없었다면서 다음과 같이 말한다.

> 맥을 놓고 멍하니 앉아 있는 경우에, 그리고 살포시 잠이 들거나 또는 아직 잠이 덜 깬 상태에 있을 때, 바로 그때마다 느글느글한, 어떻게 할 수 없었던 남영동의 아픔이 덮쳐오는 것입니다. 남영동의 그 고통과 공포, 상처는 수많은 필름에 찍혀져 본인의 심층에 간직되었고, 조금만 방심하면 활동사진으로 핑핑 돌아가면서 나를 무너뜨리려 엿보고 있는 것입니다.
> 어떻게 이것이 정말로 지워질 수가 있겠습니까?(김근태 2012:

47~48)

이처럼 고문 경험은 "원치 않아도 반복적으로 의식에 침투하거나, 떨쳐버리려 해도 계속 꼬리를 물고 이어지는 생각으로 나타났다. 고문은 '없어지지 않고', '억지로 안 하려 해도 자꾸 떠오르고', '자꾸 되돌려 생각이 나고', '생각이 스쳐 가고', '생각에 젖어 있고', '오매불망 생각나는', '계속 리플레이되는' 기억"이다(국가인권위원회 2011: 176~77). 이와 같은 일상적 상기와 반복되는 악몽은 고문의 고통이 자신의 "삶에 수십번, 수백번 되풀이 저질러질 것"이라는 공포를 불러일으킨다(권인숙 1989: 166). 이처럼 고문을 통해 행사되는 폭력은 공적으로 전시되는 폭력은 아니지만, 그것을 상상하는 이에게 강렬한 장면과 이미지로 각인된다.

행사되는 폭력의 장면을 비교해볼 때 진압이 집단 대 집단 사이에서 벌어지는 전쟁을 닮았다면, 고문은 하나의 신체를 대상으로 집요하게 수행되는 수술이나 해부를 연상시킨다. 폭력이라는 점에서는 동일하지만 진압과 고문이 민의 신체를 다른 방식으로 대상화하며 그 결과 나타나는 민의 이미지 역시 상이하다는 것이다. 물론 고문 과정에서도 진압 과정에서와 같이 구타가 이루어지지만, 고문은 거리에서의 시위 진압처럼 난폭하게 폭력을 행사하는 것에 그치지 않으며 정교하게 숙련된 기술을 동원한다. 그래서 1980년 5월, 지상에서 "얼룩무늬들의 원색적이고 야수빛 폭력이 지나가면 수술에 임하는 의사 차림으로" 지하실에 들어오는 기술자도 있었던 것이다(김하기 1990: 152).

이들은 고문받는 자의 몸을 하나의 덩어리로 삼아 무차별적으로 구타하는 것이 아니라, 의도하는 고통을 유발하기에 가장 효율적인 자세나 체위를 구축해놓은 뒤에 각 신체부위의 형태와 기능, 그것이 갖는 (대개는 성적인) 의미까지도 고려해가면서 세심한 절차를 따른다. 예를 들어 전기고문을 실시하기 위해서는 우선 칠성대라는 고문대 위에 눕힌 채로 꽁꽁 묶고서 발에 붕대 같은 것을 감고, 새끼발가락과 넷째발가락 사이에 전기 접촉면을 끼워서 고정한 후, 발, 사타구니, 배, 가슴, 목, 머리에 물을 뿌려서 적시는 일련의 과정을 꼼꼼히 수행해야 한다(김근태 2012: 66). 이러한 작업은 다음에 인용한 장면에서 볼 수 있듯 강한 완력이 아니라 정교한 손놀림과 집중력을 필요로 한다.

최중사는 느물거리며 병모의 군복바지 단추를 땄다. 그의 동작은 이상하게도 지루하게 느껴질 만큼 느렸다. 부끄럽게도 병모의 남근이 얼굴을 내밀었다. 그는 끝이 무디고 길이가 긴 송곳을 들고 병모의 남근 구멍으로 밀어 넣었다. 송곳 손잡이 뒤에는 전선줄이 연결되어 있었고 줄끝의 코드가 트랜스 콘센트에 꽂혀 있었다.(김하기 1990: 150)

특히 성고문이 이루어지는 경우엔 성기나 가슴 등 특정 신체부위의 크기와 모양을 관찰하고 이를 성경험에 대한 질문과 연결시키는 등 몸을 대상으로 하는 집요한 시선과 세부적 실천이 작동

• 김하기의 「노란 불빛」은 부산에서 '5·18계엄확대반대 및 민주투쟁 선언문'을 배포하고 체포된 조병모가 보안대에서 조사를 받으며 고문받는 장면을 포함하고 있다.

한다. 진압 과정에서 이루어지는 폭력이 움직이는 사냥감을 공격하는 동적인 작업이라면, 고문 과정에서 이루어지는 폭력은 포획한 사냥감을 해체하는 상대적으로 정적인 작업에 비유될 수 있을 것이다. 민의 신체는 진압과 고문이라는 두가지 폭력에 의해 상이한 실천과 시선의 대상으로 구성된다. 물론 두 경우 모두 민이 사냥감, 즉 하나의 자연물에 불과한 신체로만 취급된다는 점에서는 다르지 않다.

 고문 과정에서 행사되는 폭력은 대단한 물리력을 필요로 하는 것이라기보다는 신체의 기능적 특성과 해부생리학적 지식에 기초한 "나름대로 과학적이고, 많은 경험을 통해서" 축적된 기술에 가깝다(김근태 2012: 89). 이를테면 "외상을 남기지 않으면서 치명적으로 내상을 입히고 극도의 고통과 공포를" 가하기 위한 수단으로 전기고문을 실시하는데, 이 과정에서 사지와 머리털이 금세 말라버리기 때문에 몸을 적시기 위해 수시로 물고문을 병행한다(같은 책 67~68). 또한 소금으로 추정되는 정체불명의 가루를 입, 귀, 코에 녹아들게 하는데, 이는 심리적 압박을 가함과 동시에 "전기고문의 전류가 더 잘 통하도록 핏속의 전리도를 높이려는 이중적 계산이 내포된 것"으로 보인다(같은 책 85). 고문을 시행하는 이들 사이에는 이러한 기법들이 익숙한 절차로서 공유되어 있었고, 그들은 이 모든 과정을 고문받는 자가 죽거나 의식을 잃기 직전에 멈출 수 있는 숙련된 감각을 보유하고 있었다(같은 책 98). 이와 같이 고문은 오랜 기간 축적된 '임상' 지식의 적용인 동시에 "사람의 육체가 어디까지 버틸 수 있는가를", 그리고 "사람의 정신이

어떤 사태까지 정신일 수 있는가를" 관찰하는 또 하나의 임상적 사례이기도 하다(심산 1994: 135).•

광주에서의 진압이 폭력의 전시를 위한 것이었다면, 시선의 차단 속에서 이루어지는 고문은 마치 그것이 실시되지 않았던 것처럼 폭력의 부재를 연기해야 한다. 이러한 목표를 달성하기 위하여 역설적이게도 고문받는 몸은 세심한 '배려'의 대상이 되며, 신체의 보존을 위한 요령과 절차는 고문 기술의 핵심을 차지한다. 그리고 "고문자는 고문 대상자의 죽음에 대한 저항력을 정확히 측정해야 한다. 저항력의 정확한 측정이야말로 고문 기술자에게 없어서는 안 될 소중하고 섬세한 능력이다."(정찬 2018a: 198)••
이를테면 물고문을 위해 칠성대에 눕혀진 몸은 담요로 잘 감싸고

• 김근태는 고문 중에 라디오 방송을 틀어놓음으로써 고립감을 극대화하는 심리적 고문을 언급하면서 이처럼 "치밀하게 고안된" 고문 기술이 외국으로부터 도입되었을 가능성을 제기한다(김근태 2012: 70). 그러나 많은 문헌들은 한국에서 시행되어온 고문의 기원을 주로 일제 식민지배에서 찾고 있다(김동춘 2013: 78~82; 박원순 2006: 2권 1장; 조갑제 1987).

•• 정찬의 소설「얼음의 집」은 일본제국주의 시대의 고문 기술자 하야시 세이카와 그의 재일 조선인 제자를 주인공으로 한 소설이다. 소설은 1989년 히로히토 천황의 사망 소식을 계기로 촉발되는 '나'의 유년시절 및 스승의 가르침에 대한 회고를 통해 전개되는데, 폭력과 권력에 관한 탐구의 여정에 다름 아닌 이 회고와 독백의 끝에는 1987년 박종철 고문치사 사건도 언급된다. "작년이었던가, 재작년이었던가. 한 학생이 고문에 의해 죽었다고 세상이 떠들썩한 적이 있었다. 이 세상에서 처음 일어난 일처럼 사람들은 저마다 호들갑을 떨었다. 역사를 응시한다는 것은 희생자의 끊임없는 행렬과의 마주침이며, 역사의 소리란 희생자의 여윈 다리가 끌고 가는 쇠사슬 소리임을 정녕 몰랐단 말인가."(정찬 2018a: 239~40) 이 작품은 원래 『문학과 사회』 1991년 봄호에 실렸다가 1992년에 출판된 소설집 『완전한 영혼』에 수록되었는데, 시기를 고려한다면 박종철 고문치사 사건이 작품의 구상과 집필에 중요한 계기로 작용하였을 것임을 짐작할 수 있다.

줄로 결박하는데, 이는 고문으로 인한 상처가 남지 않도록 하기 위함이다. 또한 전기고문을 실시할 때 속옷까지 모두 벗기는 것은 단순히 수치심을 주기 위함만이 아니라 "전기가 통하면 회음부가 터져 피가" 흐르는데, 이를 관찰하며 시간을 조절하기 위함이다.• 이와 같은 섬세한 '배려'에도 불구하고 상처가 나거나 비명을 지르면서 목이 쉬거나 하면 갖가지 약으로 치료를 해주기도 하고, 다음 고문에서는 반창고를 붙여주거나 수건을 받쳐주는 등의 조치를 취하기도 한다(김근태 2012: 57~58, 66, 85, 87). 그 와중에도 끼니를 챙겨주고 그런 밥을 넘기지도 못하는 몸 위에 올라타 물고문을 하다가도 검붉은 것을 토해내기라도 하면 '죽으면 큰일'이라며 "의사를 수배하느라 난리"를 피우기도 한다.[5]

고문 과정에 담겨 있는 이러한 기술적 요령이나 임시적 조치들을 인간적 배려라고 할 수 없음은 물론이다. 이러한 '배려'에도 불구하고 고문받는 몸은 크게 고통을 받고 손상되며, 고문을 받는 자는 신념이나 감정을 가진 인간이 아니라 그저 생명을 갈구하는 짐승의 몸뚱이와 같은 존재로 나타나기 때문이다. 이를테면 한바탕 매타작을 당하고 난 이는 "그 무엇도 아닌, 팬티에 겁똥을 깔긴 한마리의 사냥감 짐승"과 같다(현기영 2015: 223). 전기고문을 받으며 쉰 목에서 나는 소리는 "먹이 따진 돼지가 마지막 숨을 몰아쉬는 것" 같고(김근태 2012: 68), 온갖 성고문을 겪은 자는 자신

• 김근태의 수기 『남영동』을 기초로 하여 제작된 영화 〈남영동1985〉(2012)에서는 스톱워치로 시간을 재면서 물고문을 하거나, 외상이 남지 않도록 회음부의 파열 여부를 관찰하면서 전기고문을 실시하는 모습이 묘사된다.

을 "이미 정신을 갖고 있는 인간이" 아니라 "사지가 잘린 짐승"과 같다고 여긴다(권인숙 1989: 41). 그렇게 "고문의 한가운데에 짐승처럼 웅크리고 앉아 있으면 (…) 통일도, 아 말만 들어도 가슴이 울렁이던 민주주의도 자신의 것이 아니었다."(정도상 1988: 194~95) 그리고 고통을 견디지 못해 굴복하거나 허위 진술로 친구의 이름을 대기라도 하면 "이성이라든가 양심·정의·도덕성과 같은 인간성의 특징들이 모두 증발되어버린 한낱 비참한 짐승의 고깃덩어리였다는 자기혐오감"에 휩싸이고, 학대받는 자신의 "육체를 저주" 하게 된다(황지우 1995: 158; 심산 1994: 134). 이처럼 고문이 인간을 동물적 신체에 불과한 존재로 만들어버리기 때문에 고문이 이루어지는 곳은 "인간 도살장"으로, 고문을 행하는 자는 "인간 백정"으로 묘사된다(김근태 2012: 39, 74). 그래서 "고문을 당해보면/인간이 인간이 아님을 알게 된다/고문하는 자도/고문당하는 자도"(고은 「고문」).

이처럼 고문을 받는 인간의 동물화된 신체가 공적으로 드러나는 경우란 거의 없다.• 하지만 시각적 정보가 차단된 상황에서도 폭력에 대한 상상은 동물화된 신체의 모습을 제시한다. 이를테면

• 만약 고문의 장면을 보게 된다면 그것이야말로 또 하나의 고문일 것이다. 황지우는 친구가 고문받는 장면을 목격해야 했던 순간을 다음과 같이 묘사한다. "연일 되풀이 되는 고문 끝에 내 허위 자백으로 영문도 모르고 끌려 들어온 친구가 내가 그랬던 것처럼 '통닭구이(물고문의 자세를 말함)'가 되어 물고문을 당하고 있는 장면 앞에 나는 서 있어야 했습니다. 그의 코와 입으로 꿀꺽꿀꺽 들어가는 물과 함께 돼지 목 따는 것 같은 비명이 터져 나오고 그가 나에게 퍼붓는 욕·저주를 들었을 때 나는 내 영혼이 찢어지는 것을 느꼈고 내 피부가 파열되었습니다."(황지우 1995: 158)

고문은 그 실행 장면의 가시성이 극도로 제한되므로 청각적 심상을 매개로 상상되곤 하는데, 이러한 경우에도 육체성의 질감이 두드러지게 나타난다.

> 남영동 거기서 비명을 들었습니다. 나는 다른 사람들의 비명을 듣고 도저히 견딜 수가 없었습니다. (…) 그 비명들은, 사람들이 바뀌면서 계속되던 비명은 송곳같이, 혹은 날카로운 비수처럼 번쩍거리는 그런 것이 아니었습니다. 돼지기름처럼 끈적끈적하고 비계처럼 미끄덩미끄덩한 것이었습니다. 살가죽에 달라붙은 그 비명은 결코 지워질 수 없는 그런 것이었습니다. 먹이 따진, 흐느껴대는, 낮고 음산한 울려 퍼짐이었습니다. (김근태 2012: 40~41)

실제로 많은 고문 피해자들은 "본인이 맞는 것보다 동료가 고문받으면서 내지르는 소리가 더 무섭다는 이야기를" 하는데(김상윤·정현애·김상집 2019: 260), 이런 소리에 노출시키는 것은 "매를 주지 않고 매를 연상시켜 겁먹이는 또다른 고문수법이었다."(현기영 2015: 223)

한국 민주주의의 역사에서 고문으로 죽음에 이른 사례의 대명사는 물론 박종철이다. 그는 고문을 당했다는 사실이 아니라 (추정컨대 고문에 의해) 사망했다는 사실로 먼저 알려졌고 그 시신마저 신속히 화장된 후 뿌려졌기에, 고문이라는 사건의 물질적 증거인 그의 몸이 사람들의 시선에 드러날 수는 없었다. 하지만 그의 사례는 제한된 정보에 기초한 것일지언정 폭력에 대한 상상과 그 폭력의 대상이 된 신체에 대한 상상이 얼마나 강력한 정치적 발화로 이어질 수 있는지 보여주었다. 박종철의 사망 사건을 최초로 보도한 『중앙일보』 신성호 기자의 1987년 1월 15일 기사는 제목(「警察에서 조사받던 大學生 '쇼크死'」)부터 고문의 가능성을 암시하고 있었다. 또한 1월 15일 부검에 입회한 삼촌 박월길은 박종철의 이마, 뒤통수, 목, 가슴, 하복부, 사타구니 등 여러곳에 피멍 자국이 있었다고 밝혔으며,[6] 최초로 박종철을 검안한 의사 오연상은 복부팽만, 폐의 수포음, 바닥의 물 등 자신이 확인한 사실을 언론에 밝혔다.[7] 이러한 정보는 충분히 고문의 정황을 지시하는 것이었다. 게다가 사람들은 이미 1985년 김근태, 1986년 권인숙의 경우를 접하면서 스물한살의 청년이 어떤 일을 당했을지, 그의 몸이 어떤 상태였을지 쉽게 상상할 수 있었다. 그리고 한 개인이 그저 자연상태의 신체로서 국가가 집도하는 폭력 앞에 놓여 있는 장면은 그것을 상상하는 민으로 하여금 국가권력의 비민주성을 직감하게 하는 분명한 계기가 되었다. 밀실에서 기술자에 의해 유린당한 후 탈진한 채 쓰러져 있는 작은 몸에 대한 상상은 결국 광장에 결집하여 위용을 과시하는 거대한 몸의 이미지로 이어진다.

주검

1980년 광주에 주둔했던 공수부대원들에게 "그 열흘 동안 가장 섬뜩했던 기억"은 19일부터 시작된 전옥주의 선무방송이었다(이순원 1993: 129). 무용 강사로 일하던 그는 계엄군의 만행을 목격하고 분노하여 동사무소에서 스피커와 앰프를 챙겨 트럭에 싣고 가두방송에 나섰다. 시민들을 선동하고 독려하는 그의 애절하고 단호한 목소리는 "계엄군의 심금마저 깊이 울리는" 효과를 가졌다고 하며, 광주가 고향이었던 어느 공수대원은 작전지역을 벗어나 집으로 가고 싶어졌다고 밝혔다(광주민주화운동기념사업회 2017: 167; 윤재걸 1987: 47~48). 마이크와 스피커가 설치된 용달차에 올라탄 그가 금남로, 유동, 임동, 광주역 등을 오가며 맑고 높은 톤의 목소리로 가두방송을 하는 장면은 시각적 형상보다도 청각적·음성적 상상력으로 먼저 떠오른다.* 21일 새벽, 공수부대가 철수한 광주역으로 진입하던 시민들은 얼굴이 뭉개지고 두 눈이 파헤쳐진 채 방치된 시신 두구를 발견한다. 전옥주는 천여명의 시위대와 함께 시신을 리어카에 싣고 태극기로 덮은 후 금남로까지 행진했다. 어제까지 목소리만 가지고서 사람들의 몸과 마음을 움직였던 그는 이제 참상을 직접 보여줌으로써 사람들의 분노를 끌어냈다. 계엄군이 사람들을 죽인다는 풍문은 부정할 수 없는 눈앞의 사실이 되었다.** 홍인표의 소설「부활의 도시」는 이 장면을 다음과

* 영화 〈화려한 휴가〉(2007)의 신애(이요원 분)는 전옥주를 형상화한 인물로 알려져 있다. 영화에서 신애는 도청 함락이 임박했을 때 차량을 타고 텅 빈 거리를 달리며 시민들에게 호소하는 모습으로 그려지는데, 계엄군 진입 직전인 5월 27일 새벽 시민군의 마지막 방송은 실제로는 도청 방송실에서 박영순이 한 것이다. 전옥주를 비롯하여 광주항쟁 당시 국가에 대항하는 시민들의 음향전에 대해서는 천유철(2016: 260~67)을 참조하라.

같이 묘사하고 있다.

시내에서 까만 짚차가 까치고개를 느릿느릿 기어 올라오고 있었다. 군중들은 도로가로 비켜서 주었다. 차가 지나가자 모두 고개를 숙여 버렸다. 어떤 이의 눈에서는 눈물이 주르르 흘러내렸다. 짚차 위에 붙어 있는 확성기에서 절절한 여자의 목소리가 울려 나왔다. (…) 그녀는 목에서 피를 토해내 흩뿌리고 있었다.
차는 점점 가까이 다가와 정현의 앞을 지나갔다. 차 뒤에는 손수레 하나가 매달려 있었다. 그 손수레 위에는 하얀 시체 두구가 얹혀져 있었다. 실오라기 하나 걸쳐지지 않은 채 발가벗겨져 있었다. 한 시체에는 군데군데 핏자국이 무늬처럼 얼룩져 있었다. 다른 한구에는 붉게 물들은 선지덩이가 말라붙어 있었다.(홍인표 1990: 95~96)

시신은 죽음에 대한 가장 확실한 증명이다. 그러나 시신의 공개를 수반하는 죽음이란 극히 드물다. 대개의 경우 죽음은 시신의 목격에 의해서가 아니라, 의학적 판단이나 부고, 행정절차 등

•• 물론 21일 새벽 이전에도 공개적인 장소에서 시신이 발견되었다는 보고들이 있다. 이를테면 이미 5월 19일 오후 6시경 시외버스공용터미널 주차장에는 7, 8구의 시체가 차곡차곡 쌓여 있었고, 무등경기장 스탠드 아래쪽에는 10여구의 시체가 즐비하게 늘어서 있었다고 한다. 『광주오월민중항쟁사료전집』은 이 시체들이 공수부대가 사람을 죽인다는 "풍문들을 사실로 입증할 수 있는 증거물"이었다고 규정한다(한국현대사사료연구소 1990: 37). 이 가운데 시외버스공용터미널 주차장에서 발견된 시체는 19일 오후 4시 30분경부터 진행된 이른바 '공용터미널 전투'에서 발생한 것이다. 한편, 『죽음을 넘어 시대의 어둠을 넘어』의 초판(1985)과 개정판(2017)은 모두 이 시신들에 대한 목격담을 언급하지 않고 있다.

사회적으로 인정된 커뮤니케이션을 통해서 수용된다. "죽음의 장면이나 시체는 이제 흔하게 볼 수 없는 것이" 되었으며, "시체는 악취 없이 신속하게, 죽음의 병상에서 무덤으로 너무도 완벽하게 기술적으로 처리되기에 이르렀다."(엘리아스 2012: 15, 30~31) 누군가의 시신을 직접 확인하는 것은 가족 등 망자와 특별히 가까운 관계이거나 의료, 구조, 수사, 장의 등 관련 직업에 종사하는 이들 정도로 국한된다.

하지만 눈에 최루탄이 박힌 채 마산 앞바다에 떠오른 김주열의 주검 이후 한국 민주주의의 상상계에서 죽음은 적나라한 시신의 모습과 분리될 수 없다. 특히 광주항쟁에서의 죽음은 도처에 널려 있는 주검의 이미지로 나타난다. 그해 5월 광주에서 "젊은이들은 창자를 길바닥에 쏟아놓은 채/산짐승처럼 나자빠져 죽었고/더미더미 쌓였던 시체와 시체" 사이로 사람들이 끌려갔다(문병란 「頌歌」). "대학병원은/우리들의 주검과 신음으로 출렁대고" 있었고(김해화 「누이의 헌혈가」), "시체들이 영안실 앞마당에까지 즐비하게 널려" 있었는데(백성우 2012: 347), 그런 시신을 싸놓은 가마니 때기를 열어보면 "쥐가 막 버글버글"했다(이정우 2012: 198). 금남로는 "회칠한 송장들의 거리"였으며(고은 「금남로」), 사람들은 "이 골목 저 신작로에 쌓인 시체더미"(김정환 「5월곡」)와 "도청 안팎에, 금남로에, 병원 뜰에/즐비했던 피범벅 시신들"을 어렵지 않게 볼 수 있었다(이기형 「오월제곡五月祭哭」). 하늘과 땅 사이, 사람이 살아야 할 곳에는 사람의 주검이 산을 이루고 있었다(2-7, 2-8).

시신들 가운데는 길가나 야산에 방치되어 눈에 띄는 경우도 있

2-7. 강연균 〈하늘과 땅 사이 II〉

2-8. 이준석 〈인산(人山)〉

었지만, 의도적으로 사람들에게 보여지는 경우도 있었다. 광주역에서 발견되어 금남로까지 리어카로 실려와 시위대를 이끌었던 두구의 시신은 계엄군의 만행을 고발하고 시민들의 분노를 촉발하기 위한 것이었다. 하지만 주검의 모습이 공개되는 가장 큰 이유는 가족과 친지가 신원을 확인하여 시신을 인도할 수 있게 하기 위함이었다. 상무관과 도청은 이러한 목적으로 시신을 안치해 두는 장소로 사용되었는데, 항쟁 기간 중의 날짜에 따라 구체적인 절차는 다르지만 대략 다음과 같은 식이다.

> 시민군은 병원에 안치된 사망자 시신들을 급히 만들어진 관에 입관시켜서 도청으로 옮겼고, 신원이 확인된 시신은 다시 분수대 앞으로 가져갔다.(광주민주화운동기념사업회 2017: 285)

> 시신이 들어오면 먼저 도청 조사과를 거친 다음 본관 옆과 민원실 사이의 공터로 옮겨졌다. 그후 시신 관리팀에서는 시신에서 분비물이 흘러나오는 것을 막기 위해 솜으로 눈, 코, 입 등을 막고 부패가 심한 경우 시신을 비닐로 감쌌다. (…) 가족들이 나타나면 염을 하고, 흰 천으로 관을 두른 뒤 그위에 태극기를 덮어 상무관으로 옮겼다.(같은 책 395)

스스로 인지하거나 통제하지 못하는 사망 후의 모습을 다른 사람에게 보이지 않게 하는 것은 마지막까지 사회적 존재로서 고인의 인격을 존중하기 위함일 것이다. 또한 가족이 주재하는 장례를 통해 세상과 이별하는 것 역시 누구나 누리기를 바라는 최후의 권리로 인정된다. 그런데 항쟁 당시 광주에서는 이 두가지 기대가 동시에 충족될 수 없었다. 가족을 찾기 위해서는 사망자의 모습이 공개되어야 했고, 시신의 노출을 방지한다면 연고를 찾을 수 없었다. 결국 신원 확인이라는 목적을 위해서 시신은 마치 주인을 찾는 분실물처럼 여러 사람 앞에 전시되어야 했다. 하여 도청 앞에 "모여들어 있는 것은 살아 있는 사람만이 아니었다. 죽은 사람들도 모여들었다."(이삼교 1990: 198) 상무관에는 "아침이 되면 시민과 학생 들이 들어와서 시신을 시민들에게 보여주기 위해 도청 앞 분수대에 옮겨놓았다가 저녁이 되면 다시 실내로 안치했다."(나간채 2013: 67) 그렇게 상무관 강당에는 수십구의 시신이 뉘어져 있었고, "분향을 위해 상무관 문턱에 들어선 사람들은 눈앞에 가득한 희생자들의 숫자에 놀랐다."(광주민주화운동기념사업회 2017: 306~307) 사람들의 시선 아래 오와 열을 맞춰 나란히 누워 있는 주검들은 보는 이의 말문이 막히게 하는 엄청난 스펙터클이었다(2-9). 리어카로 금남로까지 실려 온 두구의 시신이 공수부대의 살상에 대한 집단적 확인이었다면, 상무관에 누워 있는 주검들은 그 살상이 학살의 수준으로 광범위하게 일어났음을 눈으로 확인시켜주는 풍경이었다. "오매에, 그때까장 소문만 들었제, 참말로 그렇게 많은 사람들이 그렇게 징하고 끔쩍맞게 죽고 다치고 했는지는 그제서야 처음 눈으로 보고 알았당께."(임철우 2000: 252)

그러나 사람들의 뇌리에 더욱 강렬하게 남는 이미지는 주검 하나하나의 모습이다. 상무관에 처음 모여든 시신 중에는 "아직 입

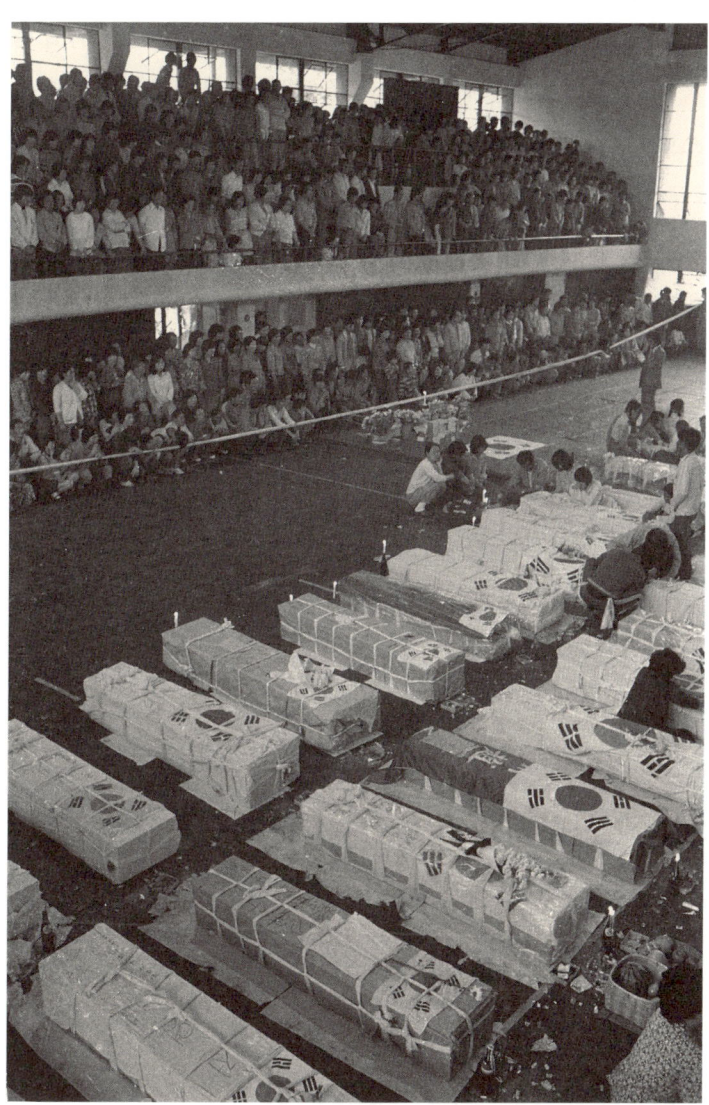

2-9. 상무관에 안치된 관들과 이를 지켜보는 사람들

관하지 못한 시신도 수십구였으며" 이들을 덮은 "무명천 위로 검붉은 피가 배어나왔다."(광주민주화운동기념사업회 2017: 306) 설령 관으로 덮여 있다고 하더라도 주검의 이미지는 차단될 수 없었다. "급히 만들어 입관시킨 엉성한 베니어관(棺) 사이로는 피범벅이 된 시체가 푸르딩딩하게 조금씩 삐져나와 있기도" 했거니와(김중태 1987: 163), 사망자에 대한 간략한 정보가 적힌 관 뚜껑은 시신의 형체를 가리는 동시에 상상하게 만들었기 때문이다.

― 신원 미상/흰색 블라우스 회색 바탕 진초록 물방울무늬 치마/흰색 바탕 노란 줄무늬 팬티/소지품 없음/나이 40세 중반 가량의 아주머니/頭部가 없으므로 관을 개봉할 수 없음 ― (박정열 「5월 25일 도청 안에서」)

상반신은 관 뚜껑으로 가리고/하반신만 남은 고교생 교련복 시체/'공수에게 대검으로 목이 잘린 것 같음'/붉은 매직 글씨의 섬뜩함!(김희수 「오늘은 꽃잎으로 누울지라도」)

관 뚜껑에 검은 매직 글씨/김석(당28세) 공원, 복부 총상/인간 도살장에 비릿한 밤바람/왼쪽 귀 위에 담배통만한 총구멍/어머니는 관을 붙들고 무당처럼 우시는구나(김희수 「오늘은 꽃잎으로 누울지라도」)

이렇게 시신을 덮고 있는 관 뚜껑이나 흰 천을 들어 올렸을 때 나타나는 주검의 모습은 사람의 몸이라고는 상상하기 어렵다. 광주항쟁에 대한 역사적 기록과 문학적 재현에는 신체 일부가 없거나 으깨어지고 그을려 형체를 알아볼 수 없을 정도로 훼손된 주검에 대한 묘사가 넘쳐난다. 그것들은 별다른 비유를 사용하지 않고 보이는 그대로의 모습을 기술한 것일지라도, 읽는 이의 상상력을 초과하는 감각적으로 과도한 이미지를 제시한다.

> 총상을 입거나 곤봉에 맞은 시체는 머리와 얼굴이 짓뭉개져 있었고, 대검으로 난자된 시체는 붓거나 부패했다. 팔이 떨어져 관 속에 따로 놓여 있거나, 목이 거의 다 잘려서 몸과 분리된 시체, 얼굴은 검푸르게 변색되고 눈알이 튀어나온 시체, 그 비참상은 이루 형언할 수가 없었다.(전남사회운동협의회 1985: 159)

> 관이 열려지며 그 속에 안치된 시체들이 모습을 드러낼 때마다 그녀는 두 눈을 감고 까무라쳤다. 사지가 찢겨 흩어진, 뭉개지고 목이 비틀린, 두개골이 파열되고 가슴이 없는, 눈알이 튀어나온 시체들. 차마 눈을 감을 수 없는 주검들이었다.(김중태 1987: 163)

> 확인하려고 내놓은 얼굴은 차마 볼 수가 없었다. 대검으로 난자되어 귀에서 턱으로 잘린 얼굴도 있었고 목젖이 너덜거리는 얼굴, 이마를 정면으로 찔린 얼굴은 눈을 부릅뜨고 이를 악물고 있었다.(홍희담 2012: 131)

> 딸이나 여동생을 찾는 사람들을 위해 천을 걷어 보일 때마다 너는

부패의 속도에 놀란다. 여자의 이마부터 왼쪽 눈과 광대뼈와 턱, 맨살이 드러난 왼쪽 가슴과 옆구리에는 수차례 대검으로 그은 자상이 있다. 곤봉으로 맞은 듯한 오른쪽 두개골은 움푹 함몰돼 뇌수가 보인다. 눈에 띄는 그 상처들이 가장 먼저 썩었다. 타박상을 입은 상체의 피멍들이 뒤따라 부패했다.(한강 2014: 11~12)

이와 같은 주검의 모습은 문학작품뿐만 아니라 구전, 증언, 서신, 구술, 회고, 일지 등 다양한 형식으로 제시됨으로써 읽거나 듣는 이로 하여금 그 끔찍한 모습을 상상하게 한다. 하지만 이러한 묘사가 아무리 구체적이고 독자와 청자에게 시각적 심상을 제공한다고 하더라도 그것은 재현하고 있는 사태의 사실성까지 보장해주는 것은 아니다. 반면, 주검의 모습을 촬영한 사진은 그것이 찍은 참혹한 모습의 대상이 실제로 존재한다는 믿음까지 제공해준다. 문학작품과 증언, 구술, 나아가 회화가 제공하는 영상이 도상성(iconicity)의 차원에 그치는 것이라면, 사진이 제공하는 영상은 그것의 대상과 물리적으로 연결되어 있는 지표성(indexicality)을 갖기 때문이다(주형일 2019: 107). 언어적, 회화적 재현이 청중과 관객에게 산출하는 이미지와 심상 역시 작가나 관객이 이전에 관람한 사진과 영화 등 영상매체에 묘사된 시신의 모습에 준거하는 것인지도 모른다(송정민·한선 2006: 374).

광주항쟁이 생산한 수많은 주검 이미지 가운데 사진은 세밀한 언어적 묘사의 진실성을 대번에 입증하면서 충격을 주었다. 광주항쟁 사진은 대학가 등을 중심으로 비밀리에 유통되다가 1980년대 후반부터 본격적으로 사건의 진실을 알리는 매체로 활용되었다. 대표적인 계기는 1987년 5월 천주교광주대교구 정의평화위원회 주도로 이루어진 사진전 개최와 9월의 자료집 발간이었다. 『오월 그날이 다시 오면』이라는 이름의 이 자료집에는 나경택이 제공한 사진 129점, 시민들이 제공한 사진 75점, 독일 『슈테른』(Stern)지가 제공한 사진 14점 등 총 218점의 사진이 담겨 있는데 (임무택 2001: 16), 이 가운데 시민들이 제공한 사진에는 다수의 시신 사진이 포함되어 있다.

이 자료집에 수록된 사진을 비롯하여 광주항쟁의 사망자들을 찍은 사진들은 마치 법의학적 보고서나 수사자료에 첨부되어야 할 것처럼 시신 한구 한구의 모습을 담으면서도, 불필요한 여백을 두지 않고 주검의 모습을 최대한 가깝고 자세하게 담을 수 있도록 촬영되었다. 시신의 손상된 부위와 성기까지도 적절히 가리기는커녕 오히려 강조하기라도 하듯 드러나 있다. 여기 이 몸뚱이들을 보라고 윽박지르는 듯한 이 주검들 사진에서는 당시 광주의 소식을 몰랐거나 외면했던 이들에 대한 원망과, 진실을 알리고야 말겠다는 처절한 의지가 느껴진다.

그리고 『광주민중항쟁비망록』이라는 책이 있다(5·18광주민중항쟁유족회 1989). 내용상으로 이 책은 두개의 초점을 가지는 것으로 보이는데, 광주항쟁 일지, 청문회에서의 쟁점, 항쟁 당시 미국의 개입 등 역사적 사실관계에 대한 논의가 하나이고, 사망자들의 생애 및 항쟁 참여 경험을 정리해둔 IV부와 책 초반부에 실린 사망자의 주검 사진 등 기억의 목적을 위한 자료들이 다른 하나이다. 분량이나 독자에게 주는 감정적 효과의 차원에서는 후자의 내용에 방점이 찍혀 있는 것으로 보인다. 특히 표지와 속지를 포함하여 다섯장만 넘기면 펼쳐지는 "광주학살 희생자 '화보'"에는 주검 사진 100여장이 코팅된 용지에 컬러로 인쇄되어 있다. 사진에 담긴 시신들은 총상이 드러나 있거나 온몸이 검게 그을려 있거나 안구가 돌출되어 있는 등 심각하게 손상되어 있다. 약 30장에 이르는 '화보집'의 전반적인 색조는 회색이거나 검붉은색이다.

이 사진들에 담긴 것과 같은 "이목구비 뭉개지고 사지오체 허물어진 주검들"의 이미지(하종오 「김종태」), M16 총탄에 맞아 "머릿속의 골까지 확연히 드러나서, 사람이 아니고 어떤 산돼지나 무슨 동물을 해쳐버린 것 같은 참상"(이순원 1993: 119)은 죽음이 철학적이고 형이상학적인(metaphysical) 사변의 대상이 아니라 물질적이고 육체적인(physical) 사태임을 드러낸다. 인간은 생각하고 말하고 사랑하는 존재이지만 때리면 부서지고 베면 잘리며 시간이 지나면 부패하는 몸을 가지고 있다. 이는 누구나 알고 있는 부정할 수 없는 사실이지만, 온갖 사회제도는 이를 망각하거나 상징적으로 부정하고 그에 대해 함구함으로써만 성립하고 작동할 수 있다. 그러나 "뽀개진 수박 덩이처럼" 뒹구는 "사람 대가리"(황지우 「華嚴光州」), "시간이 흐르며 생강 덩어리들처럼 굵고 거무스레"해진 발가락(한강 2014: 12) 등 사물에 빗대어 표현될 수밖에 없는 시신의 모습은 온갖 상징적 가상이 지워진 인간의 즉물적 실

• 황지우의 이 시는 광주항쟁 사망자의 시신 사진들 가운데 널리 알려진 두점을 작품의 일부로 포함하고 있다.

재를 마주하게 한다. 이 몸의 물질성은 그것을 비유하는 보조관념까지 오염시킬 정도로 생생한 것이어서, 시신들의 헤쳐진 살점이나 그로부터 흘러나온 흥건한 피는 그것을 연상시키는 빨간 수박이나 딸기를 도저히 먹을 수 없게 하는 그런 것이었다.

> 수박 속은 눈이 시리도록 선연한 핏물로 가득 채워져 있었다. 그 핏빛 과일의 살덩이 속에는 까아맣게 수많은 탄환들이 박혀 있었다. K는 문득 그것이 차마 눈 감지 못해 부릅뜨고 있는 어느 이름 모를 사람들의 분노에 찬 눈알들만 같았다.(임철우 1985: 270)

사물화된 주검의 모습 가운데서도 특히 "두부처럼 잘려나간 어여쁜 너의 젖가슴"(〈오월1〉)은 광주항쟁을 상징하는 이미지로 많은 이들의 뇌리에 각인되어 있다.* 이 훼손된 여성의 가슴 이미지는 광주항쟁을 재현한 수많은 작품에 클리셰와 같이 빈번하게 등장한다. 이러한 표현이 사용된 경우를 시 작품으로만 한정하여도 다음과 같이 많은 사례를 나열할 수 있다.

• 〈오월의 노래 2〉로 더 잘 알려진 이 노래의 해당 대목은 "두부처럼 잘리워진 어여쁜 너의 젖가슴"이라는 가사로 불리기도 하나, 이 책에서는 자료로 삼고 있는 민중가요 악보 모음집 『노래는 멀리멀리』에 수록된 제목과 가사를 따른다. 프랑스의 가수 미셸 폴나레프(Michel Polnareff)가 부른 〈누가 할머니를 죽였는가?〉(Qui A Tue Grand'maman?)를 번안하여 1975년 박인희가 부른 〈사랑의 추억〉을 다시 편곡하고 가사를 붙여 만들어진 이 노래의 작사가는 아직 알려지지 않았다(「꽃잎처럼 금남로에 뿌려진 붉은 피 — 오월의 작사가를 찾습니다」, 『뉴스타파』 2018. 5. 25).

보아다오 살해된 처녀의 피묻은 머리카락을 잘려나간 유방을(김남주「학살 3」)

젖가슴 도려낸 미친년 오네(고정희「프라하의 봄 8」)

여학생의 젖가슴 두부처럼 잘려 쓰러져서(고은「광주여 빛고을이여」)

두부처럼 짤려나간 어여쁜 너의 젖가슴(고은「5월이 가면」)

도려낸 유방의 그 낭자한 핏구덩을 빨아대며 울부짖는/사내들 앞에서(이영진「단 한 줄의 시도 쓸 수가 없다」)

옥례의 스무살 젖가슴에 꽂힌/대검의 오월이었다(이도윤「오월이 살아」)

으스러진—착한 무릎뼈/찢긴 젖가슴/다시 붙일 일 궁리했다(김영무「오월 어느 날 그 뒷날」)

누님의 젖가슴은 왜 피 묻었나요(김용락「누님」)

네 부푼 젖가슴이 봄날의 미친 거리에서 한 송이 꽃봉오리로 잘려갈 때(박선욱「누이야」)

젖가슴 잘리고 대포·총·칼에 흐트러진 살점으로 낯익은 거리에 피바다로 흐르면서도 우리는(김정환「5월곡」)

유린당한 여인의 찔리운 가슴 위에서(문병란「頌歌」)

십년이 지나도록 마르지 않은 당신 젖가슴 위의 붉은 피(이원규「오월에 쓰는 편지」)

네 가슴이 대검으로 난자당한 그날은 내 거짓이노라(오철수「돌아오는 오월」)

난자 당한 어린 누이의 붉은 젖가슴(김기홍「떠다니는 섬」)

등짝을 유방을 퍽퍽 찔러대는/시퍼런 대검의 난무 앞에서(박노해

「살았다 무기다!」)

　통일의 노래 부르다가 어여쁜 처녀들이/미제 대검에 그 하얀 젖가슴 난도질당한 바로 그날입니다(김남주「오월 그날이 다시 오면」)

　너는 나의 사랑을 빼앗고 여린 젖가슴을 찢고(나종영「화해에 대하여 2」)

　저 붉은 달은 어머니 저 붉은 달은/피 흘리던 저희 희디흰 젖가슴으로 떠오르고(하종오「母女 情談 1」)

　왜 저의 희디흰 젖가슴은 칼 맞았나요(하종오「母女 情談 1」)

　두부처럼 처녀의 유방을 자르며/대검의 병사와 함께 오월은 왔다 (김남주「바람에 지는 풀잎으로 오월을 노래하지 말아라」)

　범위를 소설, 미술 등으로 넓히면 이러한 사례는 아마 더욱 많을 것이다. 이처럼 다양한 방식으로 변주된 이 가사의 내용은 1980년 5월 23일 주남마을 학살사건 사망자 가운데 한 분에 대한 것으로 알려져 있는데,* 이와 유사한 사건에 대한 전언과 보고는 가외의 주목을 받았던 경향이 있다. 이를테면『죽음을 넘어 시대의 어둠을 넘어』초판에는 개정판에는 실리지 않은 다음과 같은 대목이 있다. "〔23일〕 오전 11시에는 광주세무서 지하실에 시체가 있다는 시민들의 신고를 받고 시민군 4명이 현장에 가서 직접 확인했는데, 시체는 유방과 음부가 도려내어져 있었고 얼굴이 대

* 이 사건의 유일한 생존자인 홍금숙은 자신을 데려가는 공수대원에게 어디로 가느냐고 묻자 대검을 들이대며 "너도 유방이 잘리고 싶냐?"라는 위협을 받았다고 한다(광주민주화운동기념사업회 2017: 264).

검으로 난자당한 여고생이었다."(전남사회운동협의회 1985: 155~56) 이와 같은 장면은 남성적 욕망의 대상인 '어여쁜' 여성의 몸이 훼손되었음을 의도적으로 강조하면서 남성 주체의 복수심을 자극한다(박유희 2019: 263~64). 한국 민주주의의 상상계에서 여성은 죽임을 당할 때도 여성으로서 폭력의 대상이 되고, 죽은 후 기억될 때에도 여성으로서 분노의 도구가 된다.

피해자를 여성으로서(만) 재현하는 낡고 폭력적인 관습을 따르고 있기는 하지만,* 인간이 연약한 조직을 가진 신체에 불과함을 표현하는 비유의 강렬함과 그것이 상기시키는 영상의 선정성은 "두부처럼 잘려나간 어여쁜 너의 젖가슴"을 광주항쟁의 상징적 이미지로 만들었다. 다분히 자전적인 성격이 드러나는 소설에서 최영미는 "사르트르의『지식인을 위한 변명』도 태극기로 덮인 몸도 '찢어진 너의 젖가슴'처럼 내 속을 후벼 파지는 않았다"라고 쓴다(최영미 2014: 122). 또한 사진가 노순택은 초등학생 시절 친구로부터 "전라도에 간첩이 내려와서 칼로 여자들 젖가슴을 베어내고 아주 난리가 났다더라"는 소문을 전해 들었는데, 그 유언비어가 "너무나 강렬한 상상과 공포를 불러일으키는 것이었기에 지금까지도 기억의 한 귀퉁이를 차지"하고 있다고 밝혔다(노순택 2012: 204). 황지우는 공수부대가 대검으로 여학생의 가슴을 도려내고

* 이러한 관습을 전체 서사 차원으로 확대하여 '광주' 자체를 젊은 여성으로 은유하고 그의 몸과 정신을 학대함으로써 역사적 비극에 대한 공동의 책임을 추궁하여 논란이 된 대표적인 예는 영화〈꽃잎〉(1996)이다. 임철우의「불임기」는 유사한 주제의식에 입각해 있으나, 역사적 피해자를 성적 대상으로서의 여성과 그의 육체로 은유하는 대신에 어느 날 홀연히 아이들이 모두 사라진 마을의 비극을 그리고 있다.

임산부의 배를 가른다는 "너무나 원시적인 이 해부학적 비극이 우리의 '현대'"였다고 말한다(황지우 1995: 157).

서양의 형사사법에서는 인민의 신체를 찢고 도려내고 지지고 해체하는 대규모의 스펙터클이었던 신체형이 18세기 말 내지 19세기 초를 기점으로 하여 쇠퇴한다(Foucault 1995: 3~31). 또한 서양미술사에서 구체제와의 결별 및 근대로의 이행을 보여주는 것은 절단된 왕의 머리, 귀족의 처형, 파괴된 기마상 등의 이미지였다(노클린 2001: 12~20). 그러니까 민중이 폭력의 대상이라는 지위에서 해방되어 정치적으로 막대한 권능을 보유하게 되었다는 역사적 전환이 도상학적 차원에서도 드러나는 것이다. 하지만 한국에서 민주주의라는 정치적 근대성의 징후는 눈에 최루탄이 박힌 채 마산 앞바다에 떠오른 김주열부터 이어지는, 국가에 저항하다가 희생된 민의 주검 이미지에서 나타난다. 그리고 공수부대의 곤봉과 총에 맞아서 "머리가 깨어지고 내장이 터져나온" 주검의 이미지가 폭발적으로 생산된 1980년의 광주항쟁은 한국의 정치적 근대성의 문턱을 형성한다(고형렬 「장대 같은 비가」).

그런데 이렇게 온전한 형체를 상실한 주검의 모습은 보는 이에게 그것이 마치 살아 있는 듯한 느낌을 주기도 한다. 하지만 그것은 생명력이나 생동감이라고 할 수는 없는 다른 유형의 존재감이다. 이를테면 광주항쟁 관련 최초의 사진자료집인 『오월 그날이 다시 오면』에 실린, 뭉개지고 피범벅이 된 시신의 얼굴 사진들을 보라. 눈과 코는 정수리에, 윗니는 이마에 가 있고, 아랫니가 U자 모양으로 정면에서 보이도록 뭉개진 시신은 온 얼굴을 입처럼 시뻘겋게 벌리고서 악을 쓰며 자신이 당한 고통을 외치고 있는 듯하다. 물론 이 외침은 들리지 않는다. 하지만 한국 민주주의의 창세를 열어젖히고 근본적인 수준에서 이를 지탱해왔던 목소리는 대한민국은 민주공화국이라는 선언도 아니고, 시민사회의 여론도 공론장에서의 토론이나 합리적 논증도 아니며, 이 억울하고 끔찍한 죽음을 절대로 잊지 말고 기억하라는, 으깨진 몸에서 나온 정적 속의 절규이다.

피범벅이 된 이들의 살점은 그것이 손이나 얼굴, 심지어 입에 닿을 때의 느낌을 상상하게 하고, 반쯤 눈을 감고 누워 있는 시신은 조만간 눈꺼풀을 크게 열고서 자신을 죽인 자를 찾겠다고 일어설 것만 같다. 이렇게 훼손된 주검들이 누워 있는 상무관에서는 "분명히 시체의 눈동자가 움직이고 있었다/원한의 끝까지 눈 부릅떠 보려는 듯"(김희수 「오늘은 꽃잎으로 누울지라도」).* 이처럼 주검의 이미지는 그것을 보는 이에게 그저 상연되고 마는 것이 아니라 스크린이나 프레임 바깥의 관객을 향해 육박해오거나 관객을 그 속으로 끌어당기기도 한다. 그것은 움직이는 정물이고 살아 있는 죽음이다. 이와 같은 주검의 이미지는 현장에 있던 광주 시민들의 목전에 펼쳐졌던 참상이었을 뿐만 아니라 이후 한국사회에서 민주주의를 떠올리는 민의 마음속 스크린에 어김없이 상연되는 스펙터클이다. 으깨져서 피떡이 된 얼굴과 제자리를 잃고 흩어진 이목구비의 이미지는 일단 한번 접한 이후에는 뇌리에 들

* 하지만 "자세히 살펴보니 시체의 눈동자가 움직이는 것이 아니라 시체의 눈에 구더기가 생겨 꿈틀거리면서 안구가 움직이는 것처럼 보였다."(김신운 1990: 175)

러붙어서 좀처럼 떨어지지 않으며 몇번이고 다시 떠오른다. 그것은 나에게 주어진 삶이 근본적으로는 이 죽음에 빚지고 있다는 느낌을 주는, 그래서 그것만 생각하면 생의 대소사에 몰두하고 집착하는 것이 죄스럽게 여겨지도록 "삶을 물들이는(infecting) 죽음"의 이미지이다(Kristeva 1982: 4). 한국의 민주주의에 대한 상상 깊숙한 곳에는 바로 이러한 죽음의 이미지가 드리워져 있다.

한국 민주주의에 대한 우리의 상상계에서는 안구 뒤쪽 혹은 식도 아래쪽을 불편하게 만드는, 미적으로 결코 유쾌하다고 할 수 없는 이러한 죽음의 스펙터클이 끊임없이 영사실에 배급된다. 우리는 공식 교육, 독서, 보도, 대중매체 등을 통해 한국 민주주의의 역사라는 극을 접하지만 어떤 경로와 매체가 되었든 죽음의 장면을 마주할 수밖에 없고, 마치 극장에서 작품을 관람하는 관객이 그러하듯 공통의 스펙터클을 바라보면서 역사에 대한 특정한 감각을 배양한다. 역사라는 것은 자질구레한 일상과는 구별되는 차원에 존재한다는 감각, 또한 그것은 매일 반복되는 익숙한 풍경이 아니라, 나날의 생활을 난데없이 찌르고 들어와서 중단시키는 예외적인 장면들로 구성된다는 감각 같은 것 말이다. 그리고 우리는 눈앞에 펼쳐지는 또는 머릿속에 떠오르는 이러한 참상을 보고 전율하면서 내가 역사 속에 살아가고 있음을 새삼 확인한다. 이러한 죽음의 스펙터클 앞에서 우리는 대상과의 관조적 거리를 유지하지 못하고 그에 적극적으로 연루되는 체험을 하면서 그것이야말로 궁극의 실재라는 믿음을 가지기도 한다. 그런데 죽음의 스펙터클은 그것을 접하는 사람들이 실제로 살아낸 역사를 대표할 수 없음에도 불구하고 그것에 의해 재현되지 않는 개별적인 경험들은 역사로 포섭되지 않고 망각된다(Debord 2014: 85). 그렇다면 죽음이라는 절대적인 사건과 장면을 통해서 비로소 역사에 전율하고 실재에 접속해 있음을 확인하는 우리의 태도가 혹시 역사에 대한 그리고 "시간에 대한 허위의식"에 속하지 않는지 질문할 수 있을 것이다(같은 책 85). 그리고 죽음의 스펙터클이 제공하는 감각적 충격과 인지적 혼란에 기꺼이 휘말리기보다는 그에 대한 "관조적 눈에 어느 정도의 존엄을 회복시켜줄 때에만" 역사라는 극을 관람하는 우리의 "미적 판단이 어떤 식으로건 정치적 판단의 모델이 될 수" 있을지도 모른다(제이 2014: 233). 한국 민주주의라는 드라마에서 죽음이라는 스펙터클은 말 그대로 엄청난 "공포의 힘"을 발휘해왔다(Kristeva 1982). 그것이 제공해온 감각적·인지적 충격을 재차 강조하며 경악하기보다는, 관객(spectator)으로서 우리가 그러한 스펙터클을 어떤 식으로 바라봐왔는지를 바라보자는 것이 이 책의 주장이다.

민의 운동과 재활

3

한 사람에게 죽음은 생의 종결이지만, 한국 민주주의의 상상계에서 죽음은 서사의 끝이 아니라 오히려 시작에 위치한다. 민의 죽음 이후에도 또는 죽음 이후에야 비로소 전개되는 이야기가 있다는 것이다. "죽음은 죽은 자에게는 사건이 아니다. 그 죽음은 남아 있는 사람에게만 혹독하게 생생한 사건이 된다."(최윤 1992: 285) 그리고 민은 죽음으로 인해 소멸하는 것이 아니라, 그 죽음의 스펙터클을 목격한 이들에 의해 새로운 모습으로 다시 등장한다. 죽음으로 몸이 짓이겨진 민, 그리고 죽음의 스펙터클을 목격한 민은 어떤 과정을 거치면서 그 충격에서 벗어나 자신의 힘을 회복하는가?

스펙터클과의 조우: 눈빛의 발생

스펙터클은 그것을 보는 이, 즉 관객이 없다면 스펙터클이 될 수 없다. 스펙터클은 관객에게 보여질 때 비로소 스펙터클이 되며 그렇게 스펙터클과 대면함으로써 관객 역시 이전과는 다른 주체로 거듭나는 변형 및 재구성의 과정을 시작한다. 2장에서 살펴본 것과 같이 한국 민주주의의 상상계는 그것을 바라보는 주체에게 충격을 가하는 죽음의 스펙터클로 가득 차 있다. 하지만 그것이 곧바로 새로운 주체의 형성으로, 그리고 이들이 만들어내는 새로운 사회적 질서의 건설로 이어지는 것은 아니다. 죽음의 스펙터클은 언제나 그리고 누구에게나 보이는 장면이 아니었기 때문이다. 스펙터클을 통해 새로운 주체가 형성될 수 있는 조건은 충분하였으나, 그 조건의 작용을 가로막는 장치들(이를테면 보도지침이나 사전심의를 비롯한 검열제도) 그리고 죽음의 스펙터클과 경합하는 또다른 몸의 스펙터클 역시 촘촘하게 짜여 있었다.

> 텔레비전에서는 평소처럼 연속극이나 오락 프로그램만 방영되고 있었다. 나라의 한편에서는 '집단적인 인간사냥'이 벌어지는데, 텔레비전에서는 다리를 흔들어대며 춤을 추는 출연자의 모습만을 내보내고 있었다.(광주민주화운동기념사업회 2017: 119~20)

그 며칠 동안, 소름끼치는 공포와 분노에 몸을 떨며 누군가의 도움을 목마르게 기다리고 있는 바로 그 순간에, 텔레비전 화면에선 언제

나처럼 야구 결승전이 벌어지고 있었고, 스탠드에선 응원단들이 밴드에 맞춰 저마다 미쳐 날뛰며 환호성과 박수를 보내고 있던 광경을…. 이제 막 거리에서 돌아와 화면 앞에 앉은 핏발 선 그들의 눈앞에서 핑핑 돌아가고 있던 싸구려 연속극과 어지러운 쇼 프로그램들.(임철우 1985: 217)

오월의 피비린내를 지우려 저들은 세계의 미녀들을 세종문화회관에 모아놓고 쇼를 벌었다. 스포트라이트를 받으며 카펫을 걷는 하이힐, 춤추는 젖가슴과 엉덩이들, 출렁거리는 36-24-36이 '5-18'의 신음을 파묻었다.(최영미 2014: 107)

피 흘리며 죽어가는 몸의 이미지가 주는 시각적 충격은 그와 정반대의 생생하고 탄력적이며 관능적인 몸의 시각적 유혹으로 대체되었다. 특히 컬러 TV의 보급이 가져온 "색의 혁명"은 죽어가는 몸이 불러일으킬 정치적 혁명의 가능성을 한층 더 교란했다(강준만 2003a: 280~81). 한국에서 컬러 TV는 광주항쟁이 진압되고 몇달 지나지 않은 1980년 8월 2일에 판매를 개시했으며, 같은 해 12월 1일 KBS 1TV, 12월 22일 KBS 2TV와 MBC가 컬러 방송을 시작했다. 이러한 텔레비전과의 상업적 경쟁에서 영화계는 자극적인 성애물로 대응했다. 1982년 2월 6일 서울극장에서 심야 개봉한 〈애마부인〉은 "극장 유리창이 깨질 정도로 엄청난 인파"를 불러모으며 엄청난 성공을 거둔다(김형석 2018). 일명 '에로'는 "1980년대 한국 영화산업의 대명사"였던 것이다(이윤종 2023: 282). 그리하여 1980년대의 젊은이들은 "낮에는 전두환의 폭압정치에 맞서 돌을 던지고 밤에는 전두환의 자유화 정책에 발맞춰 싸구려 에로영화를 보며 킬킬"대는 "그로테스크한 삶"을 살아간다(심산 2001). 죽음의 스펙터클을 대체한 것은 시각적 자극만이 아니었다. 이를테면,

> ⟨One Way Ticket⟩이 1980년 서울의 하늘을 점령했다. 디스코와 군부독재는 어울리는 조합이다. 신촌의 다방에서 마주 앉은 청춘남녀의 서먹서먹함을 덜어주던 요란한 비트가, 무자비한 살육을 덮어버렸다. 사람의 생각과 감각을 마비시키며 피비린내 나는 죽음을 가렸던, 디스코야말로 파쇼의 음악이었다.(최영미 2014: 109)

시각, 청각, 미각 등의 갖가지 자극으로 둘러싸인 "감각의 온실"은 죽음의 스펙터클이 주는 충격으로부터 주체를 방어했으며(같은 책 72), "죽음의 공포를 극복하고" 거대한 악에 맞서 싸우며 존엄성을 지키겠다는 꿈은 "물욕·성욕·지배욕·과시욕" 등의 온갖 대체물(quid pro quo)과 경쟁하며 뒤엉켰다(최정운 2016: 528). 이와 같은 욕망의 대체물과 더불어 제도적 검열, 내면화된 정치적 금기가 관객의 시야 및 이들이 바라보는 풍경을 죽음의 스펙터클과는 구별되는 것으로 형성했다. "그것은 신기루였다. 눈이 부시도록 휘황하고 아름다운 텔레비전 속의 풍경과, 목소리와, 밝은 웃음소리와, 평화의 언어와, 활자와, 그리고 신기루, 신기루들."(임철우 1985: 218)•

이 모든 가리개를 뚫고 죽음의 스펙터클이 망막에 또는 정신적 스크린에 도달하는 것은 "제도화된 지식과는 '다른 것'을 도래시키는" 하나의 사건과 같다(바디우 2001: 84). 살짝 열린 문틈으로 극장 속을 엿보는 순간, 극장으로 진입하여 객석에 앉아 죽음의 스펙터클과 조우하는 순간은 한국 민주주의라는 드라마의 결정적 장면으로 기록된다. 이를테면 일군의 젊은이들이 좁은 방에 모여서 숨죽인 채 '광주 비디오'를 보는 장면은 1980년대의 시대적 분위기를 압축적으로 표현한다. 알려져야 하지만 알아서는 안 되는 사건이 있었고, 그것은 일어나서는 안 되는 일이었으며, 그 사건을 알리려 하고 알아보려 한 이들이 있던 시기임이 이 한 장면으로 모두 표현된다. '광주 비디오'는 그 자체로 "원형의 이미지"인 것이다(배주연 2020: 42). 주로 대학가, 성당, 그리고 각종 단체에서 은밀하게 이루어진 비디오 상영회를 통해서 사람들은 광주시민들이

• 죽음의 스펙터클이 그것을 가로막는 '대체물' 기능을 했던 대중매체를 통해서도 전파되기 시작한 것은 1980년대 후반부터였다. 1988년 11월부터는 '광주 청문회'가 방송되었고 피해자들의 증언 내용은 시청하는 평범한 사람들에게 엄청난 충격을 주었다. 1989년 2월 3일에는 계엄군의 총격으로 자식을 잃은 어머니의 사연을 극화한 〈어머니의 노래〉가 MBC에서, 3월 8일에는 광주항쟁 열흘간의 사건 전개를 살펴보는 다큐멘터리 〈광주는 말한다〉가 KBS에서 방송되었다. 〈어머니의 노래〉는 시청자들의 빗발치는 요청으로 2월 21일 재방영되기에 이른다(나간채 2012: 166~68). 〈오! 꿈의 나라〉(1989) 〈황무지〉(1989) 〈부활의 노래〉(1991) 등 광주항쟁을 다룬 최초의 영화작품들은 당국의 탄압으로 제작과 상영에 어려움을 겪었으나(박유희 2019: 253~56), 문민정부 출범 이후 1990년대 중반부터는 광주항쟁을 소재로 한 최초의 상업영화 〈꽃잎〉(1996)이 제작되었는가 하면, NHK가 촬영한 현장 영상까지 극에 삽입하면서 광주항쟁을 다루었던 SBS 드라마 〈모래시계〉(1995)가 선풍적인 인기를 끌었다.

경험한 극단적 폭력의 스펙터클과 마주하게 되며 광주에서의 '사태'가 '폭동'이 아니라 '학살'이었음을 처음 알게 된다.*

이러한 스펙터클과 조우하기 위해서는 스펙터클이 펼쳐지거나 상영되는 곳으로 가야 했다. 1980년대에 이러한 스펙터클을 접할 수 있는 가장 대표적인 공간은 역시 대학이었다. 당시 대학은 "많은 동지들이 차디찬 쇠고랑을 차고 떠났으며, 몇몇은 적들의 손에 참혹한 죽임을 당했던 곳"이었으며(정도상 1988: 207), 학생들은 "때로 변사체로 떠올랐고, 때로 감옥에서 고문에 의해 사망했으며, 때로 군대에 보내져 시체가 되었다."(송기역 2011: 161) 그리고 학교 주변 지하도에는 "방패를 들고 선 전경 서너명을 대동한 사복조들이 검문을" 하는 것이 "정물화처럼 고정되어 있는 풍경"이었다(심산 1994: 112). 이와 동시에 대학은 서클과 세미나의 비공식 커리큘럼, 술자리, 사진전, 상영회 등을 통해 금지된 지식, 무용

---

* 흔히 '광주 비디오'라 불렸던 5·18 다큐멘터리 영상은 일일이 확인할 수 없을 정도로 많은 종류의 편집본과 복사본이 존재한다. 가장 최초의 것은 1980년 5월 26일 일본 NHK에서 방영되어 흔히 '일본 비디오'나 'NHK 비디오'라 불렸던 〈계엄령하의 한국〉이다. 이와 유사한 방송 다큐멘터리로 독일 제1공영방송(ARD) 북독일방송(NDR)의 일본 특파원이었던 위르겐 힌츠페터의 촬영 영상을 자료로 제작되어 흔히 '독일 비디오'라 불렸던 〈기로에 선 한국〉이 있다. 이와 같은 방송 다큐멘터리를 기본 자료로 하여 해외의 민주인사와 교민 들이 다양한 판본의 비디오를 제작·상영·보급했다. 일본에서는 NHK의 영상을 활용한 〈한국 1980년, 피의 항쟁〉이, 미국에서는 ABC와 CBS의 영상을 편집한 〈오 광주!〉가 제작되었다. 1987년까지 이러한 영상들이 비밀리에 국내로 반입되는 한편, 천주교광주대교구에서는 독일과 일본의 영상들을 자료로 하여 〈오월 그날이 다시 오면〉을 제작하기도 했다. 이밖에도 〈원한의 땅 광주는 고발한다〉〈오월 광주〉〈피의 항쟁의 기록〉 등의 '광주 비디오'가 존재한다. 5·18 다큐멘터리의 생산과 전파에 대해서는 정근식(2004)과 다큐멘터리 영화 〈광주비디오: 사라진 4시간〉(2020)을 참고하라.

담, 풍문 등이 공유되는 "대항 공론장"이자 "의식화 학습장"이었으며, 특히 5월의 대학가는 "5·18 광주항쟁을 재상연하는 현실의 무대였다."(이남희 2015: 4장; 김정한 2021: 220, 195) 세상은 조지 오웰의 『1984』가 그리듯 검열과 통제로 억눌려 있었지만, 소설에서 스미스와 줄리아가 텔레스크린을 피해 숲에서 만났던 것처럼 "1980년대의 숲속은 대학교였다."(송기역 2011: 160)* 대학은 (적어도 학원 자율화 이후인 1984년부터는) "의견들로 가득"했으며, "뭔가 다른 것들을 내 앞에 펼쳐" 보이는, "뭔가 뒤집어진 면을 이야기"하는 곳이었다(김태호·최인호 1998: 37; 권여선 2007: 44).**

이렇게 죽음의 스펙터클과 조우하는 순간은 개인의 삶의 방향

---

* '숲'의 은유는 무림(霧林)사건, 학림(學林)사건, 부림(釜林)사건 등에서도 발견되는데, 여기서 '림(林)'은 경찰에 의해 명명된 것으로 대학이 아니라 조직사건을 일컫는 말이다.

** 대안적 장면이나 담론과의 접촉을 통해 새로운 주체를 형성해내는 공간으로서의 대학의 이상은 적어도 1990년대까지 어느 정도 유지되었던 것으로 보인다. 1994년 3월 1일 서울대학교 『대학신문』의 신입생 특집 지면에 기고한 글에서 김윤식은 "돼지에서 벗어나 이 저주스런 자유인으로 변신하는 장대한 장면의 입구에 작은 팻말이 하나 서" 있다며 거기엔 "'대학'이란 두 글자"가 적혀 있다고 쓴다. 그리고 이처럼 돼지와 노예로 살아왔던 자신의 모습을 간파하는 순간은 "도처에서", "가차 없이" 그리고 "예감처럼" 온다고 쓴다(김윤식 1994). 바디우식으로 말하면 일종의 '사건'이라 할 수 있는 이런 순간은 "기존의 지식들로는 사고될 수 없는" 진리의 과정을 창출해내며, 바로 이 "진리의 과정이 주체를 도출시킨다."(바디우 2001: 56) 1990년대의 담론에서 대학은 바디우가 말하는 네가지 사건, 즉 사랑, 예술, 과학, 정치를 체험하며 새로운 존재로 거듭나기를 도모할 수 있는 진리의 공간으로 이상화되었던 측면이 있다. 일례로, 정운영은 대학은 학문을 하는 곳이며 대학인은 거부하고 저항하는 사람으로서의 지식인이 되어야 한다고 강조하면서도, 결국에는 "참여든 혁명이든 (…) 뜨거운 사랑으로" 이루기를 바란다며 대학을 과학(학문), 정치(거부, 저항, 참여, 혁명), 사랑의 공간으로 규정한다(정운영 1997: 294).

을 바꾸기도 하고 그렇게 달라진 이들에 의해 향후 역사의 방향이 바뀌기도 한다. 일례로 영화 〈1987〉은 냉담한 방관자였던 연희가 민주화운동의 거대한 흐름에 몸을 맡기는 참여자로 변모하는 과정을 보여주는데, 이러한 주체화 과정은 그가 '광주 비디오'를 통해 죽음의 장면과 마주치는 것으로부터 시작한다. 이와 같은 주체의 변화는 청소년기에서 성인기로의 이행에 비유되곤 한다. 이를테면 살이 터지도록 맞아서 죽어가는 자들의 영상이 눈앞에 떠오르고 그들의 목소리를 들을 수 있게 되면서부터 그는 "그저 풍물패에 출입하며 선배들 동기들과 술 마시러 어울려 다니는 아이일 수가 없게 된다."(장혜령 2019: 19~20) 그는 죽음의 스펙터클이 가한 충격으로 "휘청거렸고, 다시는 돌아오지 않을 다리를" 건넌 셈인데, 그 맞은편엔 "축 늘어진 십대의 마지막이 걸려" 있다(최영미 2014: 121~22). 스펙터클과 충격적으로 조우하면서 민은 통과의례를 구성하는 분리-전이-통합의 세 단계를 압축적으로 경험한다(Van Gennep 1960: 11). 그리고 이제 "다시는 예전의 그 아무것도 모르는 철부지로 돌아갈 수는 없"게 된다(공지영 1994a: 286).

이때 어린아이와 성인을 갈라놓는 결정적인 차이는 그들이 바라보는 세계의 모습에 있다. 이들은 다른 눈을 가지고 다른 방식으로 세계를 바라본다. 죽음의 스펙터클이 바꿔놓는 것은 바로 세상을 보는 눈이다. 그것은 이전까지 민의 시야를 감싸고 있던 제도적·문화적 장막을 찢고 눈으로 침투해 들어옴으로써 그에게 펼쳐지는 세계의 모습을 전도시킨다. 이와 같은 세계상*의 전환 과정에서 주체는 세계를 구성하는 기존의 이미지들이 깨져나가는 "파상의 체험"과 더불어 몽상에서 깨어나 새로운 풍경에 눈을 뜨는 "각성의 체험"을 하게 된다(김홍중 2016: 9, 10). 다르게 말하면 주체는 죽음의 스펙터클을 경험함으로써 이전까지 자신이 가지고 있던 세계상이 견고한 것이 아니라 일종의 공백(vide)이었음을 확인하고, 이 "구멍"을 통해 들어온 낯선 세계의 모습과 대면하는 "진리의 과정"에 진입하는 것이다(바디우 2001: 56). 이를테면 광주항쟁의 장면을 접한 이들이 바라보는 세계는 이렇게나 달라진다.

> 일학년 봄날, 아카시아 향기가 진동하던 그 교정에서 느닷없이 솟구쳐올라 터지던 최루탄 소리, 끌려가던 선배들… 그 무렵 정화는 과 선배에게서 책을 한권 선물받았다. 책갈피마다 선연한 핏자국들. 함성소리, 총소리, 눈물겹게 서로를 부둥켜안고 다독이던 광주의 위대한 시민들. 도서관 한모퉁이에 앉아 터져 나오는 통곡을 틀어막으려 했지만 소용이 없었다. 그날 이후 정화는 날마다 허물을 벗는 세상을 보았다. 휘황한 거리의 깊숙한 곳에 선명한 핏자국이 배어 있었고, 무심한 듯 강의실 사이를 움직이는 학생들 사이로 선배와 동기 들의 진지한 몸부림들. 팝송이 흘러나오는 거리를 걸으면 또 어디선가 함성소리가 들려왔다.(공지영 1994a: 286)

대학뿐만 아니라 성당이나 노조 같은 기관 및 단체 역시 죽음의 스펙터클을 접할 수 있는 경로였지만, 이러한 조직이나 매체

• 세계상 개념에 대해서는 베버(2008: 152~56, 167, 181), 바흐찐(2001: 210, 293, 304, 407), 하이데거(2020), 김홍중(2009: 5장) 등을 참고하라.

를 통하지 않고서 사건과의 직접적이고 우발적인 대면을 통해 날 것의 스펙터클을 마주하는 경우야말로 영상의 충격이 가장 강렬할 것이다. 이를테면 광주에서 계엄군의 조준사격으로 총성과 함께 청년들이 길바닥에 쓰러질 때 "양쪽 담벼락에 붙어 서서 얼어붙은 듯 그 광경을 지켜보고" 있던 "삼십여명의 남자와 여자 들"이 있었다(한강 2014: 32). 그때 그곳에선 거의 모든 사람들이 사건의 목격자이자 증인이었던 것이다. 한국의 현대사를 살아온 개인들 가운데는 이러한 충격적 사건을 목도한 이들이 수없이 많았는데, 이들은 그런 사건을 계기로 인생과 세상을 새로운 눈으로 바라보게 된다. 일례로 소설가 임철우는 자신의 '광주' 경험을 이렇게 회고한다.

> 그날 이후, 내 눈에 비친 세상은 이전과는 완전히 다른 세상이었다. 우리의 머리 위에 드리워져 있는 거대한 그물, 우리 발 앞에 숨겨진 끔찍한 덫의 실체가 별안간 한눈에 보이기 시작했다. 일상의 공간 어디에나 떠도는 거짓의 언어, 그것들을 지배하고 조종하는 권력집단의 음모가 눈에 훤히 보이는 것 같았다. 우연히 지옥의 풍경을 한순간이나마 목격한 사람들이 얻게 되는 특별한 눈 같은 것. 그 눈을 통해 나는 비로소 세상을 지배하는 것의 이름이 곧 '폭력성'이라는 사실을 배웠다. 그리고 그것의 또다른 이름이 '악'이라는 사실도.(임철우 2019: 37)

이처럼 개인에게 잊을 수 없는 깊은 의미로 새겨진 경험은 그를 이전과는 다른 경로로 움직이게 하고 결국 역사의 흐름을 바꾸어놓는다. 사실 광주항쟁뿐만 아니라 한국 민주주의의 굵직한 사건들은 죽음의 스펙터클과 그것을 목격한 관객들의 시선의 연쇄를 통해 전개되어왔다고 해도 과언이 아니다.

이를테면 1987년 6월 9일 서머타임이 적용된 오후 5시경 연세대 도서관학과 2학년 이종창은 경찰의 최루탄 발사 직후 쓰러져 있는 이한열의 모습을 보았다. 같은 시각 연세대 교문 근처에 있던 로이터통신 한국 특파원 정태원은 이종창이 이한열의 몸을 부축하며 교정 안으로 끌고 가는 모습을 발견하고 셔터를 눌렀다. 같은 날 오후 『중앙일보』 이창성 사진부장은 로이터통신에 실린 사진을 보고 정태원으로부터 사진을 제공받아 6월 11일 지면에 싣는다. 사진을 입수한 그는 4·19혁명 때 마산 앞바다에 떠오른 김주열의 시신을 찍은 사진과 그것이 가져온 사회적 충격을 떠올린다(김정희 2017: 74). 수많은 사람이 신문에 실린 사진을 보았고 그것은 6월항쟁뿐만 아니라 한국 민주주의의 상징적인 장면이 되었다. 역시 신문을 본 최병수는 연세대 학생들과 함께 사진을 본 뜬 판화를 제작했으며, 이어서 대형 걸개그림 〈한열이를 살려내라!〉를 제작하여 사람들에게 선보였다. 신문에서 사진을 본 수많은 사람들이 광장으로 나왔고, 이렇게 광장에 인파가 모여 있는 장면을 다시 수많은 사람들이 보았다. 몸을 가누지 못하고 쓰러지는 이한열의 모습과 인파가 결집한 광장의 모습 사이에는 무언가를 본 수많은 눈이 있었다.

죽음을 목격하고 그것을 사건으로 경험하여 인생의 향방이 달라진 사람들은 다른 눈을 가지고 살아가게 된다. 그러니까, 눈빛이라는 것이 생겨난다. 그 눈은 빛의 자극을 받아들일 뿐만 아니라 빛을 발산하기도 하는 기관이고, 그리하여 보는 렌즈(objectif)일 뿐만 아니라 보이는 대상(object)이기도 하다. 그리고 이 눈빛을 본 사람들을 사로잡거나 움직이게 만들기도 한다.

> 매년 5월이면 나는 광주항쟁 기간 중에 마주쳤던 시민군들의 그 형형한 눈빛을 잊을 수가 없다.(이창성 2008: 6)

광주항쟁을 취재한 사진기자를 사로잡은 이 눈들은 과연 무엇을 보고 빛을 뿜게 되었겠는가? 민이 죽음의 스펙터클과 조우하는 이러한 장면은 민주주의라는 극의 전개에서 중요한 변곡점이 된다. 뒤에 이어지는 내용은 이러한 눈빛이 몸짓이 되기까지의 이야기이다. 보는 사람이 보이는 사람으로, 관객이 배우로 달라지는 과정.

굳어지는 몸, 안 들리는 말, 사라지는 민

한국 민주주의의 상상계에서 죽음의 스펙터클 이후에 펼쳐지는 것은 죽음을 목격했거나 상상한 이들이 만들어내는 장면들이다. 죽음은 그것을 보는 이로 하여금 강력한 정서적 동요를 불러일으키고 삶의 방향전환을 이끌기도 하는 중대한 사건이다. 게다가 2장에서 살펴본 것과 같이 국가의 물리력에 의한 민의 죽음은 흐르는 피와 떨어지는 살점들이 난무하여 감각적 충격을 더한다. 이러한 자연적 신체의 이미지는 주체의 변형뿐만 아니라 대규모의 감정적 동원을 이뤄낼 수도 있다. 하지만 주체의 재구성과 대중적 감정의 동원이라는 가능성이 민의 죽음 직후 그리고 그러한 죽음의 스펙터클을 목격한 직후에 실현되는 것은 아니며, 그렇게 되기까지 민은 수많은 우여곡절을 겪어나가야 한다.

몸의 마비

영화에서 격투, 추격, 총격, 전투, 화재, 폭발 등 스펙터클로 점철된 대목을 볼 때 관객은 다음 장면을 예상하거나 작품의 의미를 생각해볼 틈도 없이 침이 마르거나 등골이 서늘해지거나 몸을 움츠리는 등 신체적으로 먼저 반응하게 된다. 이때 관객이 바라보는 영상은 단순히 스크린 위에서 명멸하는 빛의 흔적도 아니고, 관념적이고 심리적인 차원에 머무르는 표상도 아니며, 심오한 의미를 담고 있는 기호와 상징의 체계도 아니다. 그것은 관객에게 밀려와서 그의 몸을 휘감거나 덮치고서 눈물을 자아내고 머리칼을 쭈뼛 서게 하며 피부를 오싹하게 만드는 물질적 작용이다. 무자비한 폭력이 난무하고 땀, 눈물, 피 등 체액으로 뒤범벅된 몸의 영상들이 넘실대는 한국 민주주의의 역사도 그것을 떠올리고 바라보는 이들에게 물리적/신체적(physical) 효과를 가져온다. 영화에 비유하자면 한국 민주주의의 역사는 일종의 바디 장르(body genre)에 속한다고 보아야 할 것이다.*

실제로 한국 민주주의의 상상계에서 죽음의 스펙터클을 목격하고 충격을 받은 민의 가장 즉각적인 반응은 몸을 통해서 나타난다. 그런데 죽어가는 몸이나 죽어 있는 몸을 본 이들의 일차적인 반응(reaction)은 적극적이거나 활동적인(active) 것과는 거리가 멀다. 이들은 몸의 움직임이 경직되고 신체의 기능은 위축되는, 비활성화된(deactivated) 모습을 보여준다. 1980년 5월 광주라는 '폭력극장'에서 상영된 죽음을 본 직후의 민 역시 이렇게 무기력한 신체의 이미지로 그려진다. 공수부대가 광주에 진주하여 무자비한 진압으로 시민들을 충격과 공포로 몰아넣던 항쟁 초기의 상황에 대한 묘사와 재현에는 신체적으로 위축된 민의 모습이 곳곳에 등장한다. 이는 18일의 상황만 살펴보아도 잘 드러난다. 18일 오전 전남대 정문에서 공수부대의 군홧발에 차이고 곤봉에 맞아 피를 쏟으며 쓰러지는 학생들을 본 윤상원은 "금방이라도 눈이 튀어나올 것 같은 전율 속에 한참 동안 몸을 맡겨야 했다."(박호재·

• 캐롤 클로버는 기존의 비평적 논의에서 승화의 정도에 따라 영화적 범주가 나뉜다며, 가장 문명화된 편에 정극(正劇) 장르(legitimate genres)가 놓인다면 반대편 극단에는 호러나 포르노그래피가 위치한다며 이들을 감각 장르 또는 '바디' 장르(sensation or 'body' genres)라 칭한다(Clover 1987: 188~89). 이후 린다 윌리엄스는 바디 장르(body genre)라는 용어를 적극적으로 개진하면서 그것의 특징으로 서사와 무관하게 육체의 스펙터클을 통해 감각적 과잉을 전시한다는 점을 드는데, 여기에 공포영화, 멜로드라마, 포르노그래피를 포함시킨다(Williams 1991). 물론 영화의 영상이 가지는 "물리적인 충격효과"에 일찍부터 주목한 것은 벤야민이다(벤야민 2010: 331). 그는 영화에 대한 촉각적 수용을 회화에 대한 시각적 수용, 즉 관조와 구별한다. 하지만 수용방식에 주목한 그가 영화 내의 장르적 차이까지 고려하고 있는 것은 아니다. 바디 장르에 대해서는 김선아(2006)와 이윤종(2013)을, 촉지적 영화(haptic cinema)에 대해서는 로라 막스(Marks 2000)와 이효정(2015)을 참고하라.

임낙평 2007: 280) 오후에 시내로 진출한 군인들이 시위하는 학생이 아니라 평범한 시민들까지도 사냥하듯 추격하여 짓이기고 총검으로 찌르는 모습에 노인들은 "주먹을 불끈 쥐고 몸을 덜덜 떨었고"(같은 책 286) 앞서가던 행인의 머리를 곤봉으로 강타하고 쓰러진 몸뚱이까지 짓밟는 모습에 뒤따르던 사람은 "온몸이 빳빳하게 굳어버렸다."(임철우 1997a: 337)

　홍희담의 「깃발」에 등장하는 순분은 진압 장면의 충격에 대한 신체적 반응이 두드러지는 예이다. 집으로 돌아오다가 공용터미널에서 군중들을 폭행하고 잡아가는 공수부대의 모습을 보고 "순분은 온몸이 얼어붙어 있었다." 집에 돌아온 그는 "온몸에 신열이 났다. 헛소리를 하며 이불을 뒤집어쓰고 벌벌 떨었다. 헛것이 보였다. (…) 이틀을 그렇게 비몽사몽 헤맸다. (…) 숨쉬는 것마저 힘겨웠다. 육체는 넋이 빠져 로봇 같았다."(홍희담 2012: 127~28) 항쟁 첫날인 18일만 해도 수많은 사람이 맞고 끌려갔는데, 부서지고 터지는 이들의 몸을 본 사람들은 일그러진 얼굴로 울음을 터뜨리거나 몸을 떨면서 발을 동동 굴렀지만, 제자리에서 움직이지 못하고 굳어 있었다.

　공수부대의 무자비한 진압으로 사망자가 생겨나자 주검을 목격하는 사람도 많아졌는데, 참혹한 모습의 주검을 본 몸의 반응은 더욱 두드러진다. 21일 새벽 광주역에서 발견되어 금남로까지 사람들의 행진을 이끌며 리어카에 실려 온 두구의 시신은 수많은 시민들에게 보여졌는데, 이 주검을 목격한 순간의 충격은 다음과 같이 묘사된다.

이때 정현은 이상한 전율로 온몸이 사시나무처럼 떨렸다. 가슴은 거대한 바위덩이가 누르는 듯 숨을 쉴 수가 없었다. 저 하얀 몸뚱이 위에 엉켜 있는 마른 피. 정현의 시선은 겁에 질려 있었다. 그러나 눈을 부릅떴다. 시체가 까치고개를 넘어 갈 때까지 응시하고 있었다. 그 짚차가 언덕을 넘어 사라지자 정현의 눈시울엔 눈물이 그득히 흘러내렸다. 고개를 숙이고 흐느꼈다. 시민들 모두가 숙연해져서 할 말을 잃고 망연히 서 있었다.(홍인표 1990: 96)

계엄군이 퇴각한 뒤 도청 안마당에는 뭉개지고 찢어지고 부패한 시신이 피 묻은 거적만 덮은 채 아무렇게나 널브러져 있었는데, 가족과 친지를 찾는 이들이 와서 일일이 시체를 확인하곤 했다. 이 과정에서 시신의 처참한 상태를 목격한 이들은 놀라서 "손이나 손수건으로 입을 막았다. 오열을 하다가 그대로 기절해버린 부인들도 있었다."(홍희담 2012: 146) 이러한 참상을 보고서 나이깨나 먹은 남자들도 "건물 모퉁이 오동나무 밑에 쭈그리고 앉아 창자에서 신물이 나올 정도로" 토를 하였으며, 그러고 나서는 "주체할 수가 없을 정도로 눈물이 펑펑 쏟아졌다. (…) 그는 이를 응등물고 온몸을 부르르 떨면서 눈물을 흘렸다."(문순태 2012: 394) 시신을 관리하면서 방문자에게 확인시켜주던 봉사자들은 총격에 즉사했거나 이제 막 숨이 끊어진 시신을 인수하고 나서는 그 "형상이 너무 생생해, 끝없이 쏟아져 나오는 반투명한 창자들을 뱃속에 집어넣다 말고 (…) 밖으로 뛰어나가 토하곤" 했다(한강 2014: 20).

학살과 주검의 참상을 직접 본 사람들이 아니라 재현을 통해 접한 사람들이 느낀 충격 역시 비슷한 반응으로 나타난다. 광주라는 '폭력극장' 밖에서는 1980년 5월에 벌어진 죽음의 장면을 쉽게 접할 수 없었는데, 이런 상황에서 1985년 출간된 후 금지에도 불구하고 급속히 유통된 『죽음을 넘어 시대의 어둠을 넘어』와 1980년대 후반 암암리에 상영되기 시작한 '광주 비디오'가 가져온 충격은 엄청났다. 최정운은 유학 시절 처음으로 『죽음을 넘어 시대의 어둠을 넘어』와 '광주 비디오'를 접했을 때의 충격을 다음과 같이 『오월의 사회과학』 머리말에 기록해두었다.

> 아마 1985년이었을 것이다. 누군가 서울에서 황석영의 『죽음을 넘어 시대의 어둠을 넘어』를 어렵게 입수해 왔다. 동네 친구들이 책 한 권을 돌아가며 모두 읽었다. 그 책을 처음 읽던 때를 잊을 수 없다. 손이 떨리고, 숨이 가빠왔다. 가끔씩 머릿속을 정리하기 위해 눈을 감고 생각에 잠겨 있어야만 했다. 한참 동안 머릿속에 그려진 모습들을 떨쳐버릴 수가 없었다. (…) 얼마 뒤 시카고 시내에서 5·18 필름 상영회가 있었다. 극장이 꽉 찰 정도로 수많은 사람들이 모였고 너무나 진지한 분위기였다. 필름이 상영되기 시작할 때부터 끝나고 집에 올 때까지 아무도 서로 대화하는 사람들이 없었다. (최정운 2012: 12~13)

영화 〈1987〉에서 광주시민들이 곤봉으로 두들겨 맞고 옷이 벗겨진 채 끌려가고 숨이 끊겨 널브러져 있는 장면을 본 연희의 즉각적인 반응 역시 눈물을 흘리고 입술을 떨다가 결국 영상을 끝까지 보지 못하고 밖으로 뛰쳐나가 오열하는 것이었다.

이처럼 죽어가는 몸의 이미지 또는 죽어 있는 몸의 이미지는 그것을 바라보는 몸에 다양한 양상의 반응을 불러일으킨다. 이미지로 나타나는 몸과 그것을 바라보는 몸 사이에서 일어나는 신체적(physical) 상호작용에 관하여 참조할 수 있는 고전적 논의 중 하나는 스피노자의 철학이다. 스피노자는 정신과 신체, 관념과 물질을 구분하는 데카르트적 이분법에 반대하면서 정신의 활동 역시 자연의 인과관계 속에서 설명하고자 했다. 이러한 스피노자의 철학은 상상, 신체, 정서, 대중, 윤리의 관계를 다루는 현대의 정치철학 및 문화이론의 중요한 자원이 된다. 그는 『윤리학』 2부 정리 17의 주석에서 이미지와 상상을 다음과 같이 정의한다.

> 그것의 관념들(ideas)이 외부의 물체들(bodies)을 우리에게 현전해 있는(present) 것처럼 제시하는(present) 인간 신체의 변용들(affections)을 우리는 사물의 이미지라고 부를 터인데, 이것들이 사물의 형상(figures)을 재생산하지 않는다 하더라도 그렇다. 그리고 정신이 신체를 이러한 방식으로 여길 때 우리는 정신이 상상한다고(imagines) 말할 것이다.(Spinoza 1994: 130)

이러한 정의에 따르면 이미지란 신체의 변용이며, 상상이란 그러한 신체의 변용(이미지)에 대한 관념이다. 이를테면 살집이 벌어져서 내장이 드러난 채 누워 있는 몸은 시각기관인 눈을 변용하여 우리에게 주검의 이미지를 남긴다. 그리고 이러한 이미지에 대하여 우리 정신이 가지는 관념이 바로 상상이다. 그러니까 죽음의 스펙터클에서 나타나는 민의 몸 이미지는 그것을 바라보는 이들의 정신뿐만 아니라 몸에도 작용하는 것이며, 이미지와 상상은 단지 심리적인 현상에 불과한 것이 아니라 신체와 결부된 물질적 과정이기도 한 것이다.•

이처럼 상상이 신체의 변용을 동반하는 경우, "한번 인간의 신체를 변용한 외부의 신체가 [더는] 존재하거나 현존하지 않더라도 정신은 그것들이 현존하는 것으로 간주할 수" 있다(같은 책 129). 이는 총에 맞아 금남로에 쓰러져 있는 몸뚱이의 모습이 "수십년이 흘러도 지워지지 않을 악몽"으로 남는 이유를 설명해준다(권여선 2012: 348). 이러한 영상은 사건이 발생한 자리로부터 멀리 떠나도 "눈앞에 선연하게 흔들거리면서 달라붙"고(최윤 1992: 282), 아무리 오랜 시간이 지나도 "뇌리에 화면을 붉게 물들이는 영화 장면들처럼 생생하게" 떠오른다(김중태 1987: 160). 이러한 장면들은 "잠자는 동안에도 쉬지 않는 영사기처럼 철컥철컥 돌아가면서" 춤추고(최윤 1992: 216), 평온한 일상을 찢으며 "소리도 없이 불현듯 튀어나오는" 그런 이미지들이다(박선욱 「광주 5」). 그리하여 역설적이

• 인간의 신체는 그것과 마찬가지로 연장을 가진 물체에 의해서 변용된다. 따라서 어떤 영상이 관객의 몸을 변용시켰다면 그 영상은 하나의 물체로서 그렇게 한 것이다. 이와 관련하여 스피노자는 『윤리학』 2부 정리13에서 다음과 같이 말한다. "인간 정신을 구성하는 관념의 대상은 신체 또는 실제로 존재하는 연장의 어떤 양태이지 다른 어떤 것이 아니다."(Spinoza 1994: 123) 또한 2부 정리13과 정리14 사이에서 전개되는 이른바 '자연학 소론'의 보조정리7 요청3에서는 다음과 같은 전제를 제시한다. "인간의 신체를 구성하는 개체들, 나아가 인간의 신체 자체는 외부의 물체들(bodies)에 의해 매우 다양한 방식으로 변용된다."(같은 책 128)

게도 "죽음은 죽은 자에게는 사건이 아니다. 그 죽음은 남아 있는 사람에게만 혹독하게 생생한 사건이 된다."(최윤 1992: 285) 실제로 우리는 민주화운동 과정에서 충격적인 죽음의 장면을 목격한 사람들이 평생에 걸쳐 그 고통으로부터 벗어나지 못하는 경우를 접하곤 한다. 이들은 다음과 같이 말한다.

> 어떤 기억은 아물지 않습니다. 시간이 흘러 기억이 흐릿해지는 게 아니라, 오히려 그 기억만 남기고 다른 모든 것이 서서히 마모됩니다. 색 전구가 하나씩 나가듯 세계가 어두워집니다.(한강 2014: 134)

죽음의 스펙터클로 나타나는 끔찍한 몸의 이미지가 시공을 초월하여 "눈앞에 있는 것처럼 선명하게" 떠오른다면, 그것은 그들의 몸 이미지가 말 그대로 "도려낼 수도 없는 내 눈꺼풀 안쪽에 박혀" 있기 때문이다(같은 책 146). 이처럼 죽은 자의 몸은 산 자의 몸에, 보이는 몸은 보는 몸에 지워지지 않는 흔적을 남긴다.

이처럼 죽음의 스펙터클을 목격한 충격이 다양한 몸의 반응으로 나타날 때 그것은 단순히 놀라움에 불과한 것이 아니라 다양한 정서와 결부되어 있다. 놀라움(wonder)이란 일종의 "정신의 변용"(affection of the mind)으로서 상상의 차원에 머무르지만(Spinoza 1994: 181), 정서(affect)는 기본적으로 신체의 변용을 전제로 하기 때문이다. 이때 정서란 "신체의 활동력을 증대시키거나 감퇴시키고, 촉진하거나 억제하는 신체의 변용들(affections), 그리고 동시에 그러한 변용에 대한 관념들(ideas)"이다(같은 책 154). 스피노자에 따르면 다른 모든 정서를 파생시키는 세가지 기본 정서는 기쁨, 슬픔, 욕망으로, 신체의 활동력이 증대할 때는 기쁨을, 신체의 활동력이 감소할 때는 슬픔을 느낀다. 앞서 확인한 것처럼 죽음의 스펙터클이 민의 신체적 활동력을 감소시키는 변용들로 이어졌다면, 이는 그것이 두려움(fear)이나 경악(consternation) 등 슬픔으로부터 파생된 다양한 정서와 결부되어 있기 때문이다.

이처럼 죽음이 가한 충격은 복잡한 정서적 역동과 결부되어 있으며 이는 몸을 굳게 만드는 신체적 반응으로 나타난다. 사실 "모든 감정은 신체적(somatic) 경험"이어서 "나의 마음은 슬플 때 아프고 공감으로 따뜻해지며, 사랑이나 환희가 나를 충만케 하는 드문 순간에는 활짝 열린다. 비슷한 신체적 감각이 화, 분노, 질시 및 여타의 정서들(affects)로 나를 사로잡는다."(Arendt 1978: 32~33) 이렇게 정서가 몸을 통해 나타날 때 그것은 가시적인 대상이 되며, 그리하여 민주주의의 상상계에는 한낱 몸뚱이로 전락하여 죽어가거나 죽은 민의 모습뿐만 아니라 그로부터 충격과 공포를 느끼는 민의 모습 또한 나타나는 것이다.

이렇게 죽음으로부터 충격을 받고 정서적 동요에 사로잡힌 민의 모습은 그것을 바라보는 이에게 다시 정서적 파장을 불러일으킨다. 실제로 우리는 죽음의 스펙터클과 같은 끔찍한 장면뿐만 아니라 그 장면을 보고 충격을 받은 사람들의 모습에 의해 감정이 증폭되는 경험을 한다. 이를테면 난폭한 진압 장면보다도, 끌려가는 청년들을 보면서 "아이고, 저걸 어쩌까아. 저 아까운 젊은 사람들 죽네에!" 하고 소리치며 발을 동동 구르는 행인의 모습이 감정에 파문을 일으킬 수도 있다(임철우 1997a: 338). 정서는 개인 내부에서 유래하는 고유하고 자발적인 현상이 아니라 상호모방을 통해 형성되는 것이기 때문이다.* 스피노자에 따르면 "우리가 우리와 비슷한, 그리고 그것에 대해 아무런 정서도 갖고 있지 않은 어떤 것이 어떤 정서에 의해 변용되는 것을 상상하게 되면, 우리는 그것 때문에 비슷한 정서에 의해 변용된다."(Spinoza 1994: 168) 우리는 일면식도 없는, 하지만 우리와 마찬가지로 민의 일원인 누군가가 슬퍼하거나 격정에 휩싸인 모습을 보고 비슷한 감정에 빠져들곤 한다. 1980년 5월 21일 아침, 시신 두구가 리어카에 실려 금남로에 도착했을 때 실제로 주검을 볼 수 없었던 대열의 뒤쪽까지도 "시체를 둘러싸고 퍼져나가는 사람들의 비명, 욕설, 통곡의 파문"이 전해졌다(권여선 2012: 342~43). 그리고 이 정서적 파문은 광주시민 전체에게, 나아가 1980년대 한국의 민 모두에게 전해졌다. 1980년 광주에서의 죽음이 1987년의 전국적 봉기가 되기 위해서는 죽음이 발산하는 이 울분과 무력감을 민이 간직하면서도, 거기에 머물지 않고 일어나 움직일 수 있어야 했다.

말의 상실

  도로에는 무서운 정적이 흘렀다. 수많은 사람들의 함성과 구호가, 지축을 흔들던 군홧발 소리가, 모든 소음이 집중사격 뒤 일시에 사라

---

* 스피노자 철학에서 정서모방에 대해서는 진태원(2022: 8장)을 참고하라.

졌다. 흡사 진공상태, 고요의 바다에 빠져버린 느낌이었다. 창밖 푸른 플라타너스 가로수에 앉은 참새소리가 "짹짹짹" 들려왔다. 정적을 깨는 유일한 소리였다.(홍성표·안길정 2020: 120)

1980년 5월 21일 오후 1시 20분경, 금남로에 있던 광주관광호텔 영업과장 홍성표가 공수부대의 집중사격이 멎은 뒤 2층 창밖으로 보았던 풍경이다. 죽음의 스펙터클은 사방을 일순 침묵과 정적으로 몰아넣는다. 한동안 "침묵과도 같은 무음의 상태가 지속"된다(권여선 2012: 347). 이 잠깐의 시간이 지나가면 다시 말과 소리가 스멀스멀 피어오른다. 죽음의 스펙터클을 목격한 관객은 이 과정을 거치며 어떤 모습으로 나타나는가?

죽음의 스펙터클을 접한 자가 보이는 가장 즉각적인 반응은 경악이다. 그리고 앞서 살펴본 것처럼 충격적인 장면이 눈앞에 펼쳐지는 순간 그의 몸은 정신이나 의식에 앞서 즉각적으로 반응한다. 하지만 몸이 경련을 일으키고 호흡에 곤란을 겪는 시간은 정신이 사유 능력을 정비하기에 결코 충분한 시간이 아니다. 그래서 죽음의 스펙터클과 대면한 사람은 신체의 활동 능력뿐만 아니라 정신의 사유 능력에도 심각한 교란을 겪게 된다. 듣지도 보지도 상상하지도 못했던 장면이 주는 충격 속에서 그는 가치판단이나 이해득실의 고려, 대응방침의 모색에 나설 경황이 없으며, 그저 눈앞에 펼쳐지고 있는 장면의 생생함, 이미 벌어져 있는 사태의 돌이킬 수 없는 사실성 자체에 매몰된다. 각각 시민군과 외신기자로 광주항쟁을 경험한 이들이 죽음을 목격한 순간의 충격을 회고하는 방식을 보라.

> 전일빌딩 옆에서 조준사격을 하는데, '핑' 소리 나더만 사람이 맞는 거야. 쓰러져. 보니까 피가 나. 정말 태어나서 처음으로 총에 맞아 사람이 죽어가는구나.(강상우 2020: 101~102)

> 막 쏟아져 나온 생생한 피가 줄기를 이루어 경사진 도로를 따라 흘러 도랑 속으로 떨어지고 있었다. 아침 햇살에 믿기지 않을 만큼 붉어 선명하기 이를 데 없는 선홍색의 페인트 같았다. 내가 살해당한 사람을 직접 본 것은 이번이 처음이었다. 이 사내는 달아나고 있었던 것일까? 그는 얼굴을 아래로 하고 엎어진 채 사지를 큰댓자로 뻗고 있었다.(한국기자협회 외 1997: 49~50)

이들의 진술은 어떠한 해석이나 판단도 개입시키지 않고 그 당시 자신의 눈으로 들어와서 저장되어 있던 영상을 그대로 불러온 것처럼 읽힌다. 죽음의 스펙터클을 이루는 처참하고 섬뜩한 몸을 보면 "우리의 정신은 그것에 대한 상상속에 고착"되며, "다른 것을 생각해내지 못하고 계속해서 그 사악함(evil)만을 주시하도록" 붙들리게 된다(Spinoza 1994: 189, 181). 그래서 얼떨결에 시위대에 섞여서 도망치다가 별안간 공수부대가 누군가의 어깨를 베는 장면을 보았을 때, 그는 "마음을 가다듬고 생각이란 걸 해보려고 노력했지만 아무 생각도 할 수" 없는 것이다(권여선 2012: 321~22). 다시 말해, 죽음의 스펙터클에 대한 반응은 신체에 대한 자기통제가 어려워지고 동작이 경직되는 것뿐만 아니라 사고가 멈추는 경험들도 포함한다.

충격적인 영상들이 뿜어내는 스펙터클 앞에서 관객은 사태를 전체적으로 조망할 안전한 지대, 비평적 거리, 시간적 여유를 확보하지 못하며, 인식과 판단의 주체로서가 아니라 소용돌이치는 장면들 속으로 빨려들어갈 위험에 노출된 객체로서 존재한다. 이처럼 죽음의 스펙터클을 목격하고 그 충격으로 인해 자신이 보유한 사유의 권능이 마비된 관객은 말문이 막힌 실어상태에 빠져 있는 모습으로 나타난다. 이를테면 옆에 있던 사람이 주변의 건물 옥상에 배치된 저격병의 총알에 맞아서 쓰러지고 핏구덩이가 그의 몸을 감싸는 것을 보았을 때, 함께 있던 사람들은 "아무도 말하지 않았다. 머리가 벗어진 아저씨가 입을 막으며 소리 없이 떨었다."(한강 2014: 31~32)

비슷한 예로, 1986년 10월 31일 아침 9시, 건국대 본관에서 농성 중이던 학생들이 건물에 진입한 백골단에 쫓겨서 옥상 문을 열었을 때 그들은 "잠시 넋을 잃고 멍하니 그 참혹한 풍경들을 바라보고만 있었다."(심산 1994: 88~89) 헬기에서는 최루탄을, 고가사다리차에서는 물을 쏴댔고 옥상에는 최루가스 분말이 둥둥 떠다니는 물이 정강이까지 차 있었다. 더는 도망갈 곳이 없었던 학생들은 피를 흘리며 나뒹굴고 있었다. 스펙터클이 뿜어내는 감각적 초과와 잉여 앞에서 관객은 자신에게 쏟아지는 영상들을 상징적으로 처리하지 못하며 말을 잇지 못한다.

스펙터클의 영상적 충격이 관객을 타격하고 난 뒤에 반사적으로 튀어나오는 소리는 아직 언어라고 할 수 없는 것들이다. 그것은 "오메오메", "죽일 놈들" 하는 탄식이거나, "야 이 개백정놈들아" 따위의 욕설, "야, 우리 모두 나가서 죽어불자" 하는 의분 섞인 외침, "전두환 자폭하라"는 저주가 뒤섞인 것들이다. 계엄군이 철수한 바로 다음 날인 5월 22일 도청 앞 광장에서는 "자연발생적으로 궐기대회"가 열렸는데(광주민주화운동기념사업회 2017: 286), 여기 모인 사람들이 외쳤던 구호와 대회 종료 후 비를 맞으며 이뤄진 시위행진에서 사용된 플래카드, 대자보, 삐라는 대부분 "살인마 전두환을 찢어 죽이자"는 것이었다(한국기자협회 외 1997: 232~34). 스펙터클을 목격한 이들의 "언어는 거의 함성과 느낌표(!)의 연속이었고 이전의 세련된 '민주주의' 등의 언어는 잊혀져버렸다."(최정운 2012: 47)*

이러한 말은 분명히 말이지만 말로 여겨지지 않는 말이다. 그것은 스펙터클에 대한 공통의 경험이나 공감을 전제로 하지 않고서는 소통되지 않는 말, 그러니까 보편적으로 인정되지 않는 말이다. 사건을 경험하지 못했거나 그로부터 일정한 거리에 떨어져서 냉정한 태도를 유지하고 있는 이들에게는 이처럼 사태의 충격 속에서 발화되어 정념으로 범벅된 말들이 무질서와 비이성의 징표로 여겨질 것이며, 이때 말은 소통의 가능성이 아니라 소통의 불가능성을 입증하는 것으로 보일 것이다. 그리고 이렇게 울부짖고 절규하는 이들은 말다운 말을 하지 못하는 사람들, 즉 대화

* 광주항쟁 당시의 구호와 표어 등 '언어시위'에 대해서는 천유철(2016: 114~17)을 참고하라.

의 상대가 될 수 없는 사람들로 여겨질 것이다. 하지만 죽음의 스펙터클이 생산해내는 말이란 이처럼 "담론이 되지 못하는 담론" 뿐이다(김홍중 2016: 77). 그리고 스펙터클의 충격에 강타당한 사람들로서는 이러한 말 같지 않은 말이 아니고서는 자신의 폭발하는 감정을 표현할 수가 없다. 광주항쟁 기간 중 발행을 중단했다가 항쟁 직후인 1980년 6월 2일 속간한 『전남매일신문』 1면에 실린 김준태의 시 「아아 광주여! 우리나라의 십자가여!」를 보라. 이른바 '오월 문학'의 대표작으로 여겨지는* 이 작품은 영탄과 호곡으로 일관하고 있으며 감히 "비평의 대상을 삼지" 못하는, 통상적인 담론체계 외부에 위치한다(문병란 1988: 71).

스펙터클과 조우하며 반사적으로 튀어나온 동물적인 절규와 울부짖음 이후에야 비로소 민은 사회적 교신의 가능성을 모색한다. "자신이 보고 겪은 것들을 증언해야" 한다는 것이다(권여선 2012: 323). 물론 이러한 시도는 검열과 통제에 의해 일차적으로 가로막히고 침묵을 강요받는다.** 하지만 스펙터클을 목격한 이들

* 김준태의 이 시는 5·18기념재단에서 펴낸 『5월문학총서』 제1권의 가장 처음에 수록되어 있는 작품이다(5월문학총서간행위원회 2012a).
** 특히 목격자이고 관찰자인 동시에 직업적인 보고자(reporter)인 기자들은 자신들이 죽음을 무릅쓰고 취재한 내용이 검열에 가로막혀 전혀 보도되지 못하는 현실에 직면하곤 한다. 이들이 왜곡과 침묵 사이의 양자택일을 강요받게 되면 어떤 쪽을 택하든 그것은 이해가 아니라 오해를 낳을 수밖에 없다. 이때 침묵도 왜곡도 아닌 가능한 유일한 말은 말을 할 수 없다는 말뿐이다. 잘 알려진 사례로 1980년 5월 20일 『전남매일신문』 기자들은 취재한 기사가 검열로 인해 발행이 가로막히자 다음과 같은 내용의 공동사직서를 제출하고 약 2만장을 인쇄하여 광주 시내에 뿌렸다. "우리는 보았다. 사람이 개 끌리듯 끌려가 죽어가는 것을 두 눈으로 똑똑히 보았다. 그러나 신문에는 단 한줄도 싣지 못했다. 이에 우리는 부끄러워 붓을 놓는다." 또한 『부산일

은 갖가지 억제와는 별개로 자신이 본 광경을 언어로 표현하는 데 어려움을 겪는다. 말은 스펙터클을 온전히 담아내지 못하기 때문이다. 죽음의 참상을 목격한 민은 말로는 형용할 수 없는, 필설로 다 할 수 없는, 말 그대로 언어도단의 사태를 언어로 표현해야 하는 궁지에 놓여 있다.* 만약 언어가 현실이나 관념 어느 쪽에든 '존재하는' 무언가를 지시하는 것이라면, "본 적도 들은 적도 상상한 적도" 없는 광경에 상응하는 언어는 아직 존재하지 않을 것이다(권여선 2012: 322). 자신이 본 참상을 전하려는 이는 언어의 한계에 직면할 수밖에 없으며 언어를 짜내거나 새롭게 만들어내기까지 하는 과업을 감당해야만 한다. 하지만 "그들이 겪은 현실에 비해 언어는 너무나 싱겁고 왜소"해서 오히려 입을 연 것에 대한 후회를 불러일으키곤 한다(최정운 2012: 38). 그래서 죽음의 참상을 겪고서 그것의 진실에 대해 증언해주기를 요구받는 당사자들은 혀가 잘리고 말을 잃어버린 모습으로 나타나기도 한다.

보』는 5월 23일 1면에 "계엄당국의 조치로 광주사태 보도 못 하오니 독자 여러분의 양지" 바란다는 사고(社告)를 내기도 했다(한국기자협회 외 1997: 256). 이밖에도 죽음의 스펙터클을 목격한 이에게 침묵이 강요된 대표적 사례로는 남영동 대공분실에 불려가 박종철의 주검과 물이 흥건한 조사실을 확인한 의사 오연상을 꼽을 수 있다. 남영동에 호출된 날부터 그에겐 조사관들이 따라붙었고, 신문기자와의 인터뷰 뒤엔 협박전화가 걸려왔다(김윤영 2006: 19, 63).

• 이승철은 트라우마적 경험의 재현불가능성을 보여주는 사례로 영화 〈꽃잎〉을 언급한다. 이 영화에서 소녀가 학살 장면을 통해 "서사를 구성하려는 시도는 모호한 이미지와 환영에 의해" 방해되며, 그가 목격한 죽음의 장면은 상징적 질서로 적절히 통합되지 못한다(Lee 2021: 229~30).

그때 그들은 똑똑히 보았던 것이다. 아이의 목구멍 속에 또아리를 틀고 앉은 그 짙은 어둠을.

「없다! 없어! 혀가 잘라져 버렸어.」

아이의 입안엔 뭉툭하니 뭉쳐진 살덩이의 흔적만 남아 있을 뿐이었다. 아직 까맣게 피멍울이 맺힌 그 끝은 분명히 누군가에 의해 잘려진 듯했다.(임철우 1985: 189)

아이는 연신 입술을 붕어처럼 폈다 오므렸다 하면서 어브브브… 소리만 토해놓고 있었다. 아이의 얼굴은 극도의 고통으로 점점 이그러지기 시작하고, 충혈된 두 눈에는 형언하기 어려운 죽음의 공포와 핏빛 분노, 그리고 미칠 듯한 증오가 한덩어리로 범벅이 된 채, 금방이라도 폭발할 것만 같이 이글거리고 있었다.(임철우 1985: 200) •

• 김홍겸은 마찬가지로 잘린 혀의 비유를 사용하면서도 이를 역사의 희생자들이 감당하는 실어의 고통으로서가 아니라, 이를 방관한 신의 무책임을 추궁하는 수단으로 활용했다. "주여, 당신의 뜻이 무엇입니까? 당신의 뜻을 우리는 더이상 이 땅에서 실현할 자신이 없습니다. 아니 힘들어서 못 해먹겠습니다. 우리보고 회개하라고요? 우리가 죄인이라고요? 정말 울며불며 회개해야 할 것은 당신이고 죄인 중의 죄인은 바로 당신입니다. (…) 그런 당신은 무엇을 했습니까? 독재자가 백주 대낮에 수천명을 학살하는 광주에서 당신은 무엇을 했냐고요?"(김홍겸 1997: 271) '민중의 아버지' '늙으신 아버지' '우리들에게 응답하소서' 등 다양한 제목으로 구전된, 그가 지은 〈혀 짤린 하나님〉의 가사는 다음과 같다. "우리들에게 응답하소서/ 혀 짤린 하나님/ 우리 기도를 들으소서/귀먹은 하나님/얼굴을 돌리시는/화상당한 하나님/그래도 내게는 하나뿐인/민중의 아버지/하나님 당신은 죽어버렸나/어두운 골목에서 울고 있을까/쓰레기 더미에 묻혀버렸나/가엾은 하나님/얼굴을 돌리시는/화상당한 하나님/ 그래도 내게는 하나뿐인/민중의 아버지." 김홍겸(1997; 2007)을 참고하라.

설령 자신이 본 장면을 가까스로 표현해낸다 해도 그것이 곧 소통의 성공을 보장하는 것은 아니다. 그것은 너무나 끔찍하고 상식을 뛰어넘는 이야기여서 듣는 이들로서는 도저히 믿을 수가 없다. 실제로 광주항쟁의 참상을 경험한 이들이 줄곧 주장해왔던 것은 '진실'이었다. 좀처럼 믿을 수 없는 그런 일이 실제로 있었다는 것이다. 그리고 이러한 주장을 뒷받침해온 가장 큰 근거는 이들이 그 지옥과 같은 참상을 직접 '보았다'는 것이다.• 하지만 이들이 전하는 장면은 대부분의 사람들에게는 "터무니없는 것이었고 그 내용은 차마 입에 담기 힘든, (…) 엽기적인 것"으로서 '유언비어' 취급을 받기 십상이었다(최정운 2012: 36). "당최 거짓말 같아서 못 믿겠다는" 것이다(임철우 2000: 248). 이를테면 항쟁의 현장에서 참상을 목격한 기자들에게는

> 소문을 듣고 시외전화로 물어오는 외지의 친지들도 많았다. 야당의 국회의원도 있었고, 교수, 수배 중인 사회운동가, 그리고 본사의 기자들까지도. 그들은 하나같이 이렇게 되물었다. "그게 정말요? 진짜

• 단적인 예로, 5·18기념재단에서는 『오월, 우리는 보았다』라는 제목의 사진집을 펴내기도 했다(5·18기념재단 2004). 시각매체는 말과 글이 보장해주지 못하는 진실성을 확보해준다는 강점을 가지는데, 광주항쟁에 대한 기억투쟁이 1980년대 초반에는 시, 노래, 판화 등을 통해 "사건을 감성적으로 각인시키는" 데 집중했다면, 1980년대 중반 이후부터는 기억의 사실성을 보증하기 위해 사진, 영상기록, 다큐멘터리 등을 활용하는 방식이 모색되었다(정근식 2013: 354~55). 하지만 사건이 주는 강렬한 자극에 대해서만 호기심을 가진 이들에게는 언어적 재현뿐만 아니라 사진 등 영상적 재현 역시도 "기대했던 것보다는 막상 별것도" 아닌 것으로 여겨진다(임철우 1987: 288).

로 그렇게 심각합니까…" 그렇게 되물어올 때마다 그는 분통이 터졌다.(임철우 1997c: 17)

그러니까 "진실을 말해도 안 믿는 세상"이었다(조비오 1994). 사람들이 기억해달라고, 이야기를 들려달라고, "직면하고 증언해달라고" 요청할 때 '그'는 생각한다. "그러나 그것이 어떻게 가능한가."(한강 2014: 166) 그리고 이렇게 묻는다. "도대체 우리는 무슨 말을 할 수 있는가/써야 될 진실이 남아 있단 말인가"(이영진 「단 한 줄의 시도 쓸 수가 없다」). 결국, 말은 소통의 수단이 아니라 소외의 증거가 되며, 언어를 통해서 타인과의 이해를 넓혀가려는 시도가 단념되었을 때 이들은 그저 '무등산은 알고 있다'는 주문으로 위안을 삼으며 입을 다물고 침묵 속으로 들어가기를 택한다.•

타인과의 사회적 소통 가능성과는 별개로 죽음의 스펙터클과 대면한 민은 자신이 목격한 사태에 대한 이해를 시도하기도 한다. 짧은 시간에 한꺼번에 육박해온 장면들을 하나하나 복기하면서 사건의 전체적인 퍼즐을 맞추어보기도 하고, 자신이 보았던 죽음과 그 죽음을 본 자신의 삶에 어떤 의미를 부여해야 할지 고민하기도 한다.•• "도대체 왜 광기로 번뜩이는 살육파티가 벌어

• 항쟁 직후인 6월 2일자 『전남일보』 3면에는 "민주시민의 矜持…無等山은 알고 있다"라는 헤드라인 아래 광주 시내를 굽어보는 무등산 사진이 실렸다.
•• 민주화운동 희생자 명예회복 및 의문사 진상규명 법안을 요구하는 전국민족민주유가족협의회(유가협)의 농성을 담은 다큐멘터리 영화 〈민들레〉(1999)에는 다음과 같은 장면이 나온다. 1999년 3월 29일 광화문 정부종합청사 앞에서는 의문사 진상규명 특별법 마련을 요구하는 유가협 회원들의 삭발식이 열렸다. 앰프에서는 "더이상

지는지 이해할 수 없었"던 이들은 끊임없이 질문을 던지기도 한 다(광주민주화운동기념사업회 2017: 118). "왜 쏘았지 왜 찔렀지 트럭에 실려 어디 갔지" 하는 설의적 노랫말은 죽음의 스펙터클을 체험한 이들이 간절히 구하고자 했던 것이 '말도 안 되는' 사태에 대한 납득할 만한 설명이었음을 압축적으로 보여준다(〈오월1〉).• 그리고 이러한 의문은 살아가는 내내, 그리고 죽은 혼이 되어 자기 자신을 바라보면서도 사라지지 않고 계속 제기된다.

> 나는 죽었어요…… 그들은/왜 나의 목숨을 빼앗아 갔을까요(김준태 「아아 광주여! 우리나라의 십자가여!」)

> 누가 나를 죽였을까, 누가 누나를 죽였을까, 왜 죽였을까.(한강 2014: 51)

> 아, 내 생명은 무엇이었던가?/아, 내가 죽어야 할 이유는 무엇이었

죽이지 마라"며 〈일어나라, 열사여〉가 정태춘의 목소리로 울려 퍼지는 가운데, 흰머리가 희끗희끗한 아버지들이 삭발에 임했고 故정경식의 어머니 김을선이 사람들의 만류를 뿌리치며 자기도 동참하겠다고 나선다. 곁에서 이런 광경을 보는 동료 회원들이 흐느끼고, 그중 한명은 "왜 이렇게 살아야 돼, 왜 이렇게 살아야 돼"를 연발하며 통곡한다. 자식의 죽음을 경험하고 인생이 뒤바뀌어서 오랜 세월 싸워온 이들을 단지 스펙터클의 '관객'이라고 표현할 수는 없을 것이다. 하지만 자식의 주검을 눈으로 본 같은 처지의 나이 든 동지들이 이제는 머리까지 밀어야 하는 광경을 바라보며 내뱉는 말에는 자신이 보아온 삶과 죽음의 의미에 대한 오랜 의문이 담겨 있다.

• 〈오월의 노래 2〉로 널리 알려진 이 노래의 해당 대목은 "왜 쏘았지 왜 찔렀지 트럭에 싣고 어딜 갔지"라는 가사로 불리기도 했으나, 이 책에서 자료로 삼고 있는 민중가요 악보 모음집 『노래는 멀리멀리』에 수록된 제목과 가사를 따른다.

던가?(문병란 「亡靈의 노래」)

하지만 이러한 질문에 대한 답은 적절히 언어화되지 못한 채 "끝끝내 알 수 없는 죄명"으로 남는 경우도 많다(문병란 「亡靈의 노래」).•

죽음의 스펙터클은 말로 표현할 수 없을 정도로 끔찍하거나 우리의 상식과 일상적 감각을 초과하는 몸의 이미지들로 가득 차 있다. 그것이 유발하는 정서적 동요는 보는 이들의 말문을 막히게 하고, 논리적이고 이성적인 판단에 앞서 신체적이고 생리적인 반응을 먼저 끌어낸다. 그래서 스펙터클과의 대면은 몸으로 하는 경험, 즉 체험에 가깝다.•• 민은 자신이 목격한 장면을 이해해보려고 시도하고, 그것에 의미를 부여하며 이를 다른 사람과 공유하고자 한다. 하지만 기존의 상징체계를 초과하는 스펙터클을

- 1991년 5월의 '분신정국'을 지켜본 사람들도 자신이 본 끔찍한 광경을 충분히 이해할 수 없었다. "정말이지 모르겠다. 자신의 몸에 불을 지른 또래들은, 전태일 열사처럼, 어떠한 방법도 찾아낼 수 없을 만큼 절박했단 말인가. 답답했다. 왜 이런 일이 일어나고 있는지 알 수가 없었다. 머리로 이해할 수는 있었지만, 가슴이 받아들이지를 못했다."(김종광 2002: 88)
- • 여기서 체험은 경험 일반 가운데서 몸의 자극과 반응을 동반하는 감정적이고 정서적인 경험을 가리킨다. 이러한 용법은 경험(Erfahrung)과 체험(Erlebnis)에 대한 벤야민(2010; 2012)의 개념적 구별보다는, 1991년 5월투쟁에 대한 한 소설가의 『개인적 체험』에 빚지고 있다. 이를테면 다음과 같은 대목을 보라. "나는 경험하고자 원했으나 다만 체험했다. 지성과 언어와 습관에 의해 치밀하게 구성된 경험을 기꺼이 받아들일 자격도 기력도 없이, 나는 어디서고 완전히 놓여 있지 못했다." "종로는, 명동은, 백병원과 을지로는 언제까지고 내게 기억과 체험의 공간이다. (…) 어쩌면 나는 지금 그대로의 모습으로 십년 전으로 돌아간다 하더라도, 그때와 다름없는 체험을 기꺼이 선택했을 것이다."(김별아 1999: 199, 200)

설명할 적절한 언어를 찾기는 쉽지 않다. 또한 가까스로 꺼낸 말은 자신이 보았던 장면을 온전히 담아내지 못하는 것이거나 귀담아들어주는 이가 없는 말이다. 이렇게 볼 때 스펙터클을 겪은 민의 모습은 언어로부터 소외된 자의 형상으로 나타난다. 그는 말을 잃어버린 자, 말을 더듬는 자, 말하기가 금지된 자, 말을 통해서 자신의 경험이 표현되지 않는 자, 누구도 그의 말을 진지한 말로 들어주지 않는 자이다. 이들은 말을 상실한 침묵과 정적 상태에 놓여 있다. 한국의 민주화운동은 이 침묵이 가열찬 외침으로, 정적이 거대한 함성으로 바뀌어가는 과정이기도 했다.

은신(隱身)과 피신(避身)

죽음을 접하는 순간 일어나는 몸의 경직, 사고의 정지, 실어의 체험 뒤에 민은 비로소 겨우 몸을 움직일 수 있고 생각을 하고 입을 벌릴 수 있게 된다. 하지만 눈으로 목격한 죽음의 공포는 너무나 압도적인 것이었고, 충격과 공포에 짓눌린 민의 몸은 아직 보이지 않거나 납작하게 눌려 있다.

광주항쟁 당시 전옥주와 함께 가두방송을 했던 차명숙은 21일 낮 도청 앞 집단발포가 일어났을 때 피신했다가 5시 반이 넘어 6시가 가까워질 무렵 금남로에 돌아와서 본 적막한 풍경을 다음과 같이 회고한다.

> 제 그림자가 이렇게 쭈욱 비치는데, 아 그 많은 사람이 한명도 없고 저하고 그림자 둘이밖에 없더라구요. 글쎄요. 그 어쨌든 그 많고 많았

던 사람이 이 사람들이 다 죽었는지 그 소식도 모르겠고 군인들은 어디로 갔고 그 많은 사람들은 어디로 가서 다 죽었을까 어쨌을까? 나와서 나 혼자밖에 없었다는 거 너무너무 외톨이가 된 느낌.[8]

물론 이 시간은 공수부대가 도청을 빠져나가고 퇴각을 하던 시점이며, 여전히 일부 시민들은 강진, 해남, 보성, 함평, 담양 등에서 시위를 벌이거나 무기를 습득하는 중이었다. 그리고 무엇보다도 이때는 다음 날부터 5일간 이어질 이른바 '해방광주'의 목전이었다. 그럼에도 불구하고 차명숙이 회고한 공백과 정적 그리고 고독을 개인의 제한적인 경험에 근거한 일시적 감상이라고만 치부할 수는 없다. 시민을 상대로 한 집단발포라는 믿을 수 없는 사태, 그리고 그것이 눈앞에 펼쳐놓은 아수라장의 충격은 그 많은 인파가 종적을 감추게 할 정도로 엄청난 것이었다. 시민들이 힘으로 계엄군을 물리쳤다는 승리의 감격과 국가권력이 철수한 진공의 상태를 시민들의 자율적인 질서로 채워가는 코뮌의 경험은 물론 너무나 소중한 것이지만, 우리에게 총을 쐈던 그 공수부대가 언제 다시 올지 모른다는 공포가 완전히 사라진 것은 아니었으며 오히려 그 공포는 날이 갈수록 점점 커졌다. 해방의 경험은 계엄이라는 예외상태로부터 잠시 벗어난 예외상태, 그러니까 예외상태의 예외에 불과했는지도 모른다.

계엄군의 살육과 난사 이후 5일간의 해방공간이 열렸고, 도시는 일시적으로 활력을 되찾았다. 하지만 이미 경험한 죽음의 공포는 시민들 각자의 몸속 깊이 각인되어 있었다. 그래서 다시 죽음을 예감할 수 있게 되었을 때 시민들은 자신의 몸이 해방 속에 펼쳐져 있는 것이 아니라 여전히 죽음의 영향 아래에 짓눌려 있음을 깨닫게 되었으며, 이들의 몸은 어느새 움츠러들고 있었다.

5월 23일부터 매일 한차례씩 열려 시민들이 모이는 공론장 역할을 했던 민주수호 범시민궐기대회가 26일에는 오전과 오후에 각각 한번씩 두차례 개최되었다. 제2차 대회가 있었던 24일에 10만의 인파가 몰렸던 것에 반해, 26일 오후 3시에 개최된 제5차 대회에 모인 사람들은 5000명으로 줄어 있었다. 광장에 몸을 이끌고 나온 이들의 수는 확연히 감소했다. 궐기대회가 마무리될 무렵 항쟁 지도부는 그날 밤 계엄군이 공격해올 가능성이 크다고 공식 발표했다. 이 순간 광장의 풍경을 임철우는 다음과 같이 묘사하고 있다.

모든 협상은 결렬되었고 오늘 밤 자정을 기해 계엄군이 마침내 공격해올 것 같다는 말에, 광장은 일순 물을 끼얹은 듯 가라앉았다. 시민들은 바야흐로 자신들의 눈앞으로 새까맣게 덮쳐오고 있는 산더미 같은 죽음의 공포를 보았다. 싸움의 전망은 불을 보듯 뻔했다. 설마설마 했던 운명의 순간이 마침내 눈앞에 닥쳐온 것이다. (…) 구호를 외치며 행렬은 중심가를 돌았다. 하지만 그들의 목소리는 갈수록 힘이 빠져가는 듯했다. 거리에서 행렬을 지켜보는 시민들의 표정에도 어느덧 불안과 체념, 두려움과 피곤에 지친 흔적이 역력했다. (…) 세시간에 걸친 시가행진이 끝난 후, 도청 앞 광장엔 이삼백명의 시민들만이 남아 있었다. (…) 짙어가는 어둠 속에서 사람들은 비로소 저마다 등

뒤로 엄습해오는 죽음의 그림자를 확인하고 있었다. 그들은 머뭇거렸다. 죽음·공포·배신·비겁함·용기·가족·목숨… 따위의 말들이 짧은 순간 그들 저마다의 뇌리에서 어수선하게 떠올랐다 지워지곤 했다. (…) 사람들이 하나둘 돌아서고 있었다. 고개를 숙인 채, 축 처진 어깨들을 하고 그들은 저마다 광장을 빠져나갔다. 마지막까지 남은 사람은 백오십명 정도였다."(임철우 1998b: 336~38)

이러한 반응은 죽음을 목전에 두었기 때문이기도 하지만 이미 죽음이 어떤 것인지 알기 때문, 즉 죽음을 목격한 이후이기 때문이기도 하다. 죽음의 공포가 어떤 것인지 이미 눈으로 목격한 민은 몸을 드러내기보다는 숨겼고, 소리를 내기보다는 입을 다물었다. 차명숙이 회고한 21일 발포 이후 텅 비었던 금남로의 풍경은 26일 밤 텅 빈 광주 시내의 모습과 연결된다. 누구라도 그렇게 하지 않기란 어려웠겠지만, 26일 밤 대부분의 광주시민들은 문을 닫고 불을 끄고 커튼이 쳐진 방 속에서 입을 틀어막은 채 몸을 숨길 수밖에 없었다.

죽음으로 시작하여 죽음으로 끝난 광주에서의 열흘 이후 민이 몸을 드러내고 활동할 수 있는 공간은 지극히 협소했다. 윤상원은 계엄확대와 동시에 실시된 예비검속 대상이었던 박관현에게 "너는 (…) 절대 드러나면 안 돼. 일단 은신하면서 사태의 추이를 지켜보자"고 말했다(최유정 2012: 190). 전남대 정정희 교수 집에 잠시 머무르던 박관현은 학생 시위대가 해산되었고 공수부대가 광주 시내를 완전히 장악했다는 소식을 접한 18일 오후 4시경 광주를 떠났다. 이후 그는 여수 돌산, 암태도, 초란도, 서울 공릉동, 삼양동 등을 전전했으며, 박건욱이라는 이름으로 둔갑한 채 도피생활을 하다가 23개월 만인 1982년 4월 5일 동료 직원의 신고로 체포되었다. 부산 미문화원 방화 사건으로 당국이 수배자 검거에 더욱 혈안이 되어 있던 시기였다.

박관현과 마찬가지로 5·17 수배자 명단에 올라 오랜 도피생활을 했던 소준섭의 회고에 따르면 이 시기엔 "아무도 목소리 높이는 사람이 없었고, 모두 '고개 숙인' 사람들뿐이었다." 모두가 공포로 몸을 떨었으며, "분노로 가득 찼던 우리의 동료들도 이제 그 목소리를 죽였다. 침묵만이 흐르던 시대였다."(소준섭 1995: 68, 79) 수배된 이들은 거처를 옮겨 다니며 피신생활을 했고, 더러는 손학규나 서경석처럼 외국으로 떠나는 이들도 있었다. 한곳에 몸을 두고 활동하기란 거의 불가능했다.

누구도 몸을 드러내지 않고 목소리를 내지 않을 때 몸을 드러내고 목소리를 내면 어떻게 그 몸이 사라지는지 보여주는 사례가 있다. 1980년 5월 어느 날 황지우는 그의 형으로부터 광주의 소식을 전해 듣고, 5월 30일 "공포에 질려 침묵에 싸여 있는 서울의 한가운데 종로로" 나가서 「땅아 통곡하라」라는 유인물을 뿌린다(황지우 1995: 157). 그의 시 「44」에는 아마도 그가 청량리역에서 체포되어 끌려가며 외쳤을 구호가 적혀 있다.

주주의는 죽어가고 있습니다, 여러분!
움시다, 최후의 일인까지!

이 대목에서 '민'과 '싸'라는 글자가 들어가 있어야 할 두자리는 공백으로 비워져 있다. 싸워서 민주주의를 살려내야 할 '민'의 모습은 보이지 않았고 사람들은 그저 숨어서 울고 있거나 그를 "힐끗힐끗 쳐다만 보았다." 체포된 그는 계엄사합동수사본부가 지휘하는 지옥의 밀실로 들어갔는데, 그곳에서 "몸이 없어지는 것을 나는 경험했다."(황지우「44」)

그와 같은 날 김의기는 「동포에게 드리는 글」을 쓰고 종로5가 기독교회관에서 투신하여 광주항쟁을 가장 먼저 세상에 알렸다. 그는 1980년 5월 19일 열릴 예정이었던 '함평 고구마 농민투쟁 승리 기념식'에 참석하기 위해 하루 전 광주로 향했다가 도착하자마자 "대규모 시위의 흔적"과 "피의 흔적"을 목격했다. 우연히 만난 지인들로부터 반드시 광주를 빠져나가 실상을 알리라는 당부를 들은 그는 23일까지 광주에 머물면서 전해 받은 자동카메라의 셔터를 누르다가도 "자신이 찍는 장면의 잔혹함을 견디지 못해 카메라를 내려놓고 몇번이나 오열했다."(정화진 2020: 161~72) "동포여 우리는 지금 무엇을 하고 있는가" 하고 외치며 던져진 그의 몸은 공교롭게도 기독교회관 정문을 봉쇄하고 있던 두대의 장갑차 사이에 떨어지며 사람들의 시야로부터 가려졌다.

광주에서의 학살 이후 신군부가 정국을 주도한 1980년대 초반의 억압적 정세에서는 학생운동 역시 '언더'와 '지하'에서 비공개적으로 활동을 해나갈 수밖에 없었다(은수미 2003: 220). 1980년 '반제반파쇼 학우투쟁선언' 사건을 계기로 경찰이 서울대 학생운동 조직을 대대적으로 검거하면서, 이들이 마치 안개 속에 감추어져 있는 것 같다고 하여 '무림(霧林)'이라 명명한 것은 상징적이다. 당시 학생운동의 주류였던 이들은 시위만능주의를 지양하고 장기적인 역량 강화에 주력하자는 입장이었다. 학생운동의 선도적 역할을 두고 벌어진 무림과 학림 사이의 견해 차이는 이후 1980년대 학생운동의 논쟁 구도를 규정했다. 그런데 적어도 1984년까지는 이러한 논쟁 자체가 저자도 알 수 없는 팸플릿에 의해 전개되었다는 점은 비공개적일 수밖에 없었던 당대 학생운동의 존재양식을 보여준다.

이 시기 민의 잠행과 은신은 두려움과 공포로부터 제 한 몸 지키겠다는 보신의 전략만은 아니었다. 여기에는 수치심과 부끄러움, 무력함과 막막함이 복합적으로 작용하고 있었다. 김영현은 자신의 소설에서 광주항쟁 이후의 답답한 분위기를 다음과 같이 묘사하고 있다.

> 팔공년의 대반란 이후, 우리 친구들은 다시 저마다 무거운 가슴을 떠안은 채 현장으로, 혹은 직업전선으로 떠나가거나, 혹은 실업자로 떠돌아다니지 않으면 안 되었다. 주머니도 텅텅 비어 있었고, 가슴도 텅텅 비어 있었다. 모두들 서로의 눈빛이 마주 부딪히는 걸 두려워했고, 고통스러워했다. 선배는 후배들을 나무랐고, 후배는 선배들을 추궁했고, 동료들 사이에서는 서로 가슴을 쪼아대는 말로 피를 흘려댔다. 아무런 희망도 없이 긴 시간이 흘러가고 있었다.(김영현 1995: 102)

그리고는 80년대가 시작된 것이었다. 우리는 서로 한동안 소식조차 알지 못한 채 각자 낮은 포복으로 기면서 살아가지 않을 수 없었다.(같은 책 171)

죽음으로부터 느낀 본능적인 두려움, 그 공포에 움츠러들었다는 죄책감과 수치심이 행동을 위한 동기로 전이되기까지는 이와 같은 은신과 피신, 잠행의 시간이 필요했다.

죽은 몸이 있는 곳으로

죽음의 스펙터클을 목격한 이후 충격으로 몸이 경직된 채 침묵 속에 숨었던 민은 자신이 목격한 민의 죽은 몸이 있는 곳으로 이동하면서 움직임을 시작한다. 2장에서 살펴본 바와 같이 민의 신체는 국가가 행사하는 폭력이 가해지는 지점이다. 그런데 그런 폭력의 결과로 빚어진 죽음 이후에도 망자의 신체는 여전히 권력의 영향 속에 놓여 있다. 죽음으로 향해가는 과정에서 물리적으로 훼손되고 파괴되어왔던 민의 몸은 죽음 이후에도 물리적인 경합의 중심에 위치하는데, 이때 민의 몸은 말 그대로 쟁취하거나 사수해야 할 대상이 된다.

주검은 생물학적 의미에서는 생명이 없는 하나의 사물일 뿐이지만 사회적으로는 분명한 효력을 발휘한다. 이를테면 변사 사건에서 시신은 사인이나 사망 당시의 정황을 보여주는 가장 확실한 증거이며, 그것은 법적·정치적 책임의 소재를 결정한다. 따라서 이러한 죽음에 직간접적으로 개입한 자나 세력에게는 망자의 시신이야말로 사망에 대한 책임을 면하기 위해 인멸해야 할 최우선적인 증거물이다. 또한 망자에 대한 애도가 커지는 것을 도덕적·정치적으로 부담스러워하는 세력 역시 유기, 소각, 화장, 암매장 등 어떤 방식으로든 시신을 신속히 처리하여 주검의 사회적 영향력을 최소화하고자 한다. 광주항쟁 당시 많은 희생자들의 시신이 이런 식으로 다루어졌다. 계엄군과 정부에 의해 제대로 수습되지 않은 시신들은 "방치된 채 길 옆에서 썩어가거나 어딘가에 가매장, 혹은 암매장되었다."(광주민주화운동기념사업회 2017: 453)* 심지어 당시 광주에는 헬기를 이용하여 서해에 시신을 유기한다는 소문도 파다했다(김상윤·정현애·김상집 2019: 175~76; 김상집 2021: 247~48). 또한 계엄군의 도청 점령 이후 상무관에 안치되어 있던 129구의 시신이 5월 29일 청소차에 실려 신속히 망월동에 매장되었음은 잘 알려진 이야기이다.

민의 주검은 그것을 생산해낸 국가에게는 그저 은폐하거나 신속히 처리해야 할 위협으로 여겨졌지만, 유족과 동료를 비롯하여 공동체 구성원들에게는 몸과 마음을 불러 모으는 도덕적 구심의 역할을 한다. 따라서 유족과 동료 들에게 "고인의 시신은 동물의

---

* 광주교도소 인근은 희생자들의 시신이 매장된 곳으로 꾸준히 지목되어왔으며 실제로 몇구의 시신이 그곳에서 발견되기도 했다. 김하기의 「노역장 이야기」와 홍인표의 「부활의 도시」는 교도소를 배경으로 한 소설들로, 시신 암매장 정황이 직간접적으로 제시되어 있다(김하기 1990: 270; 홍인표 1990: 101~105).

사체처럼 여겨지지 않는다. 시신은 정해진 방식대로 돌보고 올바르게 매장해야 한다. 단지 위생적 조치로서가 아니라 도덕적 의무로서 그렇게 해야 한다."(에르츠 2021: 9) 죽음의 스펙터클이 가져온 충격으로 일순간 몸이 굳고 말을 잃은 채 자취를 감추었던 민이지만 정신을 차리고서 자신의 가족과 동료가 쓰러졌음을 알게 되면 곧장 몸을 이끌고 죽은 몸이 있는 곳으로 향해 간다.

생사를 알 수 없는 가족과 친지의 주검이라도 찾기 위해 도처를 찾아 헤매는 이들의 모습은 광주항쟁에 대한 묘사에 빈번히 등장하는 장면이다. 가족의 행방이 묘연해진 이들은 "경운기 얻어 타고 (…) 군인들 안 지키는 산길을 겨우겨우 넘어갖고"(한강 2014: 43), "혹시나 하는 마음으로 전남대병원을 찾아"가기도 하고(백성우 2012: 347), "후미진 하수구며, 광주천의 다리 밑, (…) 관광호텔 부근과 사람이 많이 죽었다는 형무소 근처의 잡목숲속이며, 무등산의 깊고 얕은 여러 골짜기를 날마다 헤집고 다녔었다." 그러다가 시체들을 발견하면 토악질을 하면서도 "일일이 시체의 얼굴을 확인하는 것이었다."(문순태 1987: 23, 50) 상무관에 안치된 시신을 확인하러 찾아온 가족들이 "몇번씩 까무라치고 극심한 현기증을 이기면서 벼라별 형체의 주검들을 다 뒤져보았지만 아들의 몸뚱이는" 찾지 못하는 경우도 있었다(김중태 1987: 163). 이처럼 "피붙이 잠든 곳 몰라" 시신조차 찾지 못하는 원한은(고규태 「무명전사의 넋」), "트럭에 실려 어디 갔지" 하는 가사에 압축적으로 표현되어 있다(〈오월1〉).

국가와 가족이 주검을 대하는 상반된 태도는 광주항쟁에서뿐만 아니라 이후의 민주화운동 과정에서 반복해서 발견된다. 물론 이러한 대립은 크레온과 안티고네의 대립에서 보듯 국가의 일원이면서도 가족의 일원이기도 한 민의 양가적인 위치를 보여주는 것이기도 하다. 한편으로 시신에 대한 유가족의 권리는 마치 "신들의 변함없는 불문율"처럼 당연하게 여겨진다. 한마디로 그들의 주장은 (권력자를 포함한) 그 누구도 "나를 내 가족에게서 떼어놓을 권리"를 갖고 있지 않다는 것이다(소포클레스 2008: 113, 97). 그래서 광주항쟁의 유가족 가운데는 죽은 가족과 떨어지지 않기 위해서 입관한 "아들 또는 사위의 시신과 함께 하루도 빠짐없이 온밤을 철야하면서 상무관을" 지켰던 이들도 있었다(나간채 2013: 67). 그런데 죽은 민의 몸에 대하여 관할권을 행사하고자 하는 국가의 의지 또한 집요하다. 1981년 서울대 도서관에서 김태훈이 투신했을 때 "기관에서는 화장을 하라고 압력을 가하고 차를 세번씩이나 바꾸어 타게 하면서 장례를 방해하였다." 또한 1983년 서울대 도서관에서 추락한 황정하의 "시신은 사망한 지 불과 6시간 만에 욕된 손들에 의해 벽제화장터에서 한줌의 재로 변해 가족들에게 돌아왔다."(서울대 민주열사 추모사업위원회 1984: 70~71, 138)

한국의 민주주의는 국가폭력에 대항하다가 사망한 민의 죽음으로부터 촉발되었고, 그 죽음은 "몸과 마음을 바쳐 충성을"* 다해야 할 의무를 어긴 자를 배제하려는 국가와 그를 기억하고 애도하면서 혈육의 품으로 다시 끌어안으려는 가족 사이의 경합을

• 1972년부터 2007년까지 시행된 '국기에 대한 맹세' 문구.

일으켰다. 이 과정에서 '유가족'은 폭력적인 국가에 맞서 민주주의를 주장하는 민의 맹아적 형태로 등장하여 민주화운동의 도덕적·정신적 지주로 자리매김하게 되었다. 그리하여 한국에서 민주주의의 주체인 민은 이들 '유가족'을 중심으로 하여 수많은 부모, 자녀, 형제자매로 이루어진 일종의 혈연집단으로 상상된다. 노동자와 민중의 어머니 이소선, 광주 오월의 어머니들, "유월의 아버지" 박정기(송기역 2015), 열사들의 어머니이자 유월의 어머니 배은심, 유가협의 그 많은 어머니들과 아버지들, 그리고 이들을 따르면서 얼굴 한번 본 적 없어도 종철이, 한열이, 경대, 귀정이로 애틋하게 이름을 불렀던 수많은 형제자매들은 생물학적인 혈연을 넘어 상징적 차원에서는 모두가 유가족이었다. 이들을 중심으로 하여 펼쳐진 한국의 민주화운동은 민주주의 원리에 대한 충실한 신념 이전에 혈육의 목숨을 앗아 가고 인간적 도리마저 부정하는 국가의 비정함과 무도함에 대한 분노에 기초한 것이었다.

 이처럼 죽은 자의 몸은 그것의 흔적을 지워버리려는 힘과 그것을 지키고 보존하려는 힘 사이에 놓이곤 하는데, 두 힘의 충돌은 시신을 가운데 두고 몸과 몸이 맞부딪치는 육박전으로 나타난다. 이러한 육박전은 두가지 유형이다. 죽음이 예견되는 때부터 준비되어 죽음의 순간과 함께 벌어지는 시신탈취 시도와 시신사수 투쟁 사이의 경합이 한가지이고, 다른 하나는 죽은 자의 몸이 매장된 이후 참배를 금지하는 명령과 그것을 뚫고 참배를 강행하려는 노력 사이의 충돌이다.

 첫번째 유형부터 살펴보자. 한국에서 공권력에 의한 시신탈취는 오랜 내력을 가지고 있지만, 우리의 관심 대상인 1980년대의 사례만 나열해보더라도 다음과 같다. 1982년 옥중 단식투쟁 후 전남대병원에서 사망한 박관현의 시신이 경찰에 의해 탈취되어 강제 부검된 후 고향인 전남 영광군 불갑면 원불교당으로 강제 운구되었다. 1983년 시위 도중 서울대 도서관에서 추락한 황정하의 시신은 사망 후 불과 6시간 만에 벽제화장터에서 화장되었다. 1985년 금남로에서 분신 후 전남대병원에서 사망한 홍기일의 시신은 미리 준비된 관에 넣어진 후 "염습의 과정도, 성복의 절차도 없이" 전남 화순에 매장되었다.[9] 1986년 사측과의 임금인상투쟁 과정에서 분신한 박영진의 시신은 경찰에 의해 탈취되어 벽제화장터에서 화장된 후 벽제 뒷산에 뿌려졌다. 1987년 3월 6일 내각제 개헌 반대 등을 주장하며 분신한 표정두의 시신은 산소호흡기가 제거된 직후 전경의 통제하에 영안실로 옮겨졌고, 다음날 화장된 후 고향 광주에 안치하러 가던 도중 금강에 뿌려졌다. 1987년 5월 4일 철거지역의 방치된 건물이 무너지며 사망한 오동근(당시 9세)의 시신은 주민 약 150명의 경비에도 불구하고 영안실에 진입한 무장전경 중대에 의해 탈취되었다.*

* 1980년대 이전의 대표적인 사례를 두가지만 적어보자면 다음과 같다. 1960년 4월 11일 마산 앞바다에서 최루탄이 눈에 박힌 채 발견되어 4·19의 도화선이 된 김주열의 시신은 시청 쓰레기차에 실려 도립마산병원에 안치되었는데, 4월 13일 밤 장대비가 쏟아지는 틈에 경찰에 의해 뒷문을 통해 탈취된 후 고향인 남원 선산에 장례도 없이 묻혔다. 1975년 이른바 '인혁당' 사건 피해자들의 시신은 응암동성당에서 장례미사라도 지내려는 가족들을 뿌리치고 크레인으로 영구차를 견인한 끝에 벽제화장터에서 화장된 후 유족들에게 돌아왔다. 1987년 6월항쟁 이후에도 여러 사례가 있다. 1987년 8월 22일 시위 도중 경찰의 직격 최루탄을 맞고 사망한 이석규의 시

이러한 사례들 가운데 시신탈취를 면하고 그나마 가족 측 입회 하에 부검이 이루어진 것은 1987년의 박종철과 이한열, 1991년의 김귀정 정도일 것이다. 박종철의 시신은 경찰에 의해 무단으로 화장될 뻔했으나 부검을 주장한 검찰에 의해 저지되었고, 이한열

신은 노제를 마치고 망월동 묘지로 향하던 중 잠복해 있던 2500여명의 전경과 백골단에 의해 탈취되어 남원 선산에 매장되었다. 1987년 12월 5일 군정 종식을 위한 대선후보 단일화를 주장하며 분신한 박응수의 시신은 최루탄과 사과탄을 동원한 경찰에 의해 탈취되었고, 강력히 저항하던 그의 가족은 강제 연행되었다. 1988년 4월 25일 부당해고와 어용노조에 항의하며 분신한 노동자 최윤범의 시신은 전경과 백골단이 영안실로 진입하여 농성자 45명을 무차별 구타하고 전경차로 외지에 실어나른 사이에 탈취되었다. 1988년 7월 14일 시위 도중 경운기에서 추락해 사망한 농민 이재열의 시신은 강제 탈취된 후 매장되었는데, 그의 아내와 영문도 모르고 끌려온 장녀만이 매장 현장을 지켜볼 수 있었다. 1990년대 이후에도 사례가 누적되어 왔다. 1990년 5월 3일 노동탄압에 분개하여 분신한 노동자 이영일의 시신은 병원 뒷문으로 진입한 백골단이 유리창을 깨고 영안실로 들어와 동료들의 저항에도 불구하고 탈취해 갔다. 1990년 8월 30일 사측에 대한 농성 중 공권력 투입에 항의하며 원태조와 함께 분신한 박성호의 시신은 쇠파이프를 휘두르며 영안실에 난입한 백골단과 전경에 의해 탈취되었다. 1991년 5월 6일 병원 밖 시멘트 바닥에서 사망한 채 발견된 박창수의 시신은 영안실 벽을 뚫고 들어온 백골단에 의해 탈취되어 강제 부검이 실시되었다. 1992년 11월 3일 부산 장림동 철거 현장에서 경찰 및 용역의 폭행으로 사망한 김선호의 시신은 경찰 병력에 의해 침탈되어 부검되었다. 1995년 3월 8일 서초구청에서 노점 단속에 항의하며 분신한 최정환의 시신은 장례를 위해 연세대로 옮겨지던 도중 장례식 및 노제를 불허한 경찰에 의해 탈취되었다가 반환되었고, 곧장 용인가톨릭묘지로 향하여 안장되었다. 철거에 항의하다가 1995년 11월 28일 인천 앞바다에서 변사체로 발견된 아암도의 장애인 노점상 이덕인의 시신은 새벽 4시 30분경 천여명의 전경과 백골단이 영안실에 진입하여 탈취해 갔다. 2000년대 이후에도 유사한 시도는 사라지지 않았다. 2009년 1월 20일 발생한 '용산참사' 희생자들의 시신은 신원 확인이라는 명분으로 유가족의 동의와 참관 없이 경찰에 의해 긴급 부검이 실시되었다. 2014년 5월 17일 강릉의 해안도로에서 숨진 채 발견된 금속노조 삼성전자서비스지회 양산분회장 염호석의 장례는 노조장을 희망했던 고인의 유언과는 달리 사측의 회유에 의해 가족장으로 치러졌는데, 그의 시신이 강릉에서 서울, 부산을 거쳐 밀양의 화장장으로 옮겨지는 과정에 경찰이 개입했다.

의 시신에 대한 압수수색영장 집행은 여론의 저항 속에 단념되었으며, 김귀정의 시신 역시 유가족과 시민·학생의 강력한 반대로 압수수색이 저지되었다가 검찰과 대책위 측의 합의로 사망 2주 만에 공동으로 부검이 이루어졌다. 박종철의 경우에는 검경 사이의 알력관계가, 이한열의 경우에는 6·29 선언 이후의 특수한 정세가, 김귀정의 경우에는 (강경대의 시신 운구 당시 벌어진 '운암대첩'과 영안실 벽을 뚫고 이뤄진 박창수의 시신탈취 등) '분신정국'의 격앙된 분위기가 작용하지 않았다면 시신의 행방이 달라졌을지도 모른다.•

앞에서 나열한 다양한 시신탈취 기도의 사례들을 살펴볼 때 그에 맞서 시신사수의 움직임이 벌어지는 구체적인 장소는 대개 병원이다. 집회나 시위 중에 누군가 쓰러져서 생명이 위중한 상태로 병원에 실려 오면, 소식을 들은 시민과 학생 들은 경찰의 시신탈취에 대비하기 위해 병원으로 모인다. 이들은 각목이나 화염병 등 방위를 위한 각종 장비를 갖추고, 출입자의 신원을 철저히 확인하는 등 나름의 규율을 갖춘다. 이한열이 입원해 있던 병동 경

• 하지만 시신탈취를 막아낸 것을 결코 승리라고 할 수는 없었으며 그것 역시 다른 방식의 패배였다. 김귀정의 부검 소식을 다룬 다음 장면을 보라. "신문을 보니 퇴계로에서 죽은 그 여학생의 부검이 어제 기어코 실행되었다고 했다. 부검은 가슴, 복부, 머리, 목, 다리 순으로 진행되었는데 부검의사들은 당초 예상과는 달리 시신이 꽁꽁 얼어붙어 있는 바람에 이를 녹이고 절단하면서 부검하느라 애를 먹었다는 보도였다. 성태는 스물다섯, 풀꽃 같은 젊은 여학생이 빨가벗겨져 톱으로 잘리고 칼로 나누어지는 장면을 상상하고는 몸서리를 쳤다. (…) 성태는 밑을 알 수 없는 절망감이, 오랫동안 자신들을 괴롭혀왔던 패배감이 갑자기 목을 죄는 것을 느꼈다."(김영현 1995: 128)

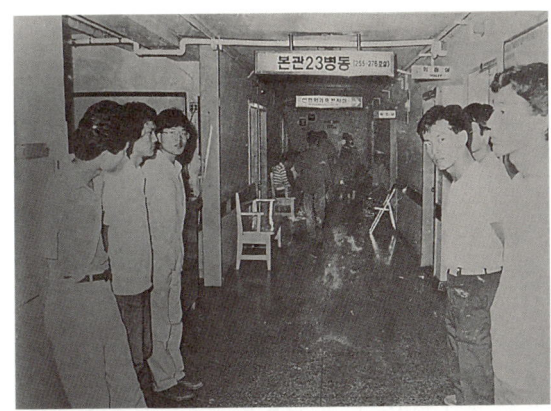

3-1. 이한열이 입원한 병동을 지키는 학생들

3-2. 이한열이 입원한 병원을 둘러싼 전경들

비에 참가했던 학생은 "낮에 시위를 나갔다가 밤에 병원에 돌아와 경비를 서고 있을 때 어디서 조금만 소란스런 소리가 들려도 혹시 경찰이 침입했나 싶은 생각에 모두 화들짝 놀라며 긴장"했다고 당시의 삼엄한 분위기를 기억한다(김정희 2017: 78). 이처럼 긴장된 대치 상태는 짧게는 며칠, 길게는 몇주씩 이어지기도 한다.

그러다가 "열사의 운명이 임박해지자 수천명의 경찰이 대학병원을 겹겹으로" 포위하고,[10] "일제히 박자에 맞춰 발을 구르며 위협적인 분위기를 조성"한다(김정희 2017: 157). 얼마 후 의사의 사망선고가 내려지고 환자에게 흰 천을 덮는 순간, 가족과 친지들은 울음을 터뜨리거나 정신을 잃고 쓰러진다. 그런데 가족에게는 모든 것이 끝난 것처럼 느껴지는 바로 이 순간부터 곧바로 새로운 국면이 시작된다. 사망선고가 경찰에게는 작전개시 신호와도 같다. 시신이 병실에서 영안실로 이동하기까지의 짧은 시간 동안 가장 긴박한 상황이 전개된다. "유해가 승강기로 가기도 전에 전경들이 몰려들어 복도를 꽉" 메우고, 지휘관은 영장을 내세우며 시신 인도를 요구한다(안재성 2009: 373). 시신을 지키던 동료, 시민들이 강력히 반발하고 가족은 절규한다.

> "어떤 놈이 내 아들 시체를 뺏아 간단 말이냐 차라리 나를 죽여라 죽여 (…) 죽은 사람 또 배를 가르려고 하느냐 이 천인공노할 놈들아 죽어도 내 아들 시체는 못 뺏아 간다."[11]

한동안 대치가 계속되다가 영장집행이 개시되면 "백골단은 사람으로 꽉 찬 비좁은 통로에 쐐기질을 하듯 곧바로 밀고" 들어오며 시민과 경찰은 "앞뒤가 없이 뒤섞인 채 치열한 육박전에 돌입"한다(안재성 2009: 375, 376). 학생과 시민 들은 "영구를 에워싸는 한편 조화의 다리 등 각목을 들고 포위망을 좁혀오는 경찰들과" 맞선다(임낙평 1987: 173). 하지만 이 물리적인 경합에서 시민들이 잘 훈련된 공권력에 효과적으로 대항하기란 사실상 불가능하다. 가족과 동료, 함께 자리한 민주인사들이 끌려 나오거나 연행되고 일부는 실신하기도 한다. 이렇게 해서 탈취된 시신은 부검이나 화장을 거침으로써 고인의 죽음에 대한 책임이 정부에 있지 않으며 그의 죽음에 대한 절차가 마무리되었다는 것을 입증하는 데 동원된다.

한국의 민주화가 전개되는 과정에서 정치적 대립의 구도는 이처럼 병원에서 몸과 몸을 마주하고 있는 두 진영의 모습으로 나타나곤 한다. 그리고 그 중심에는 시신 한구가 있다. 이들이 쟁탈하거나 사수하고자 하는 것은 바로 이 몸뚱이 하나이다. 장구한 사상적 전통을 가진 민주주의는 그것의 발전 과정에서 다양한 이념과 노선이 끊임없이 각축을 벌여왔으며, 이를 분석하기 위한 이론도 계속해서 정교화되고 있는 고도로 복잡한 문화적 실천이다. 하지만 한국에서 민주주의란 민의 몸에 대한 권리를 누가 갖느냐 하는 차원의, 놀랍도록 원초적이고 단순한 문제와 결부되어 있기도 하다. 이런 의미에서 민주화운동은 민이 자신의 몸에 대한 권리를 탈환하고 지켜내기 위한 투쟁이었다.* 민을 죽게 한 이들에 의해 그 시신마저 빼앗기는 아연한 상황에서** '우리는 결

---

* 이러한 싸움은 시신을 두고서만 벌어진 것이 아니라, 신체의 극히 일부 또는 부속을 두고서도 벌어졌다. 남영동을 나와 구치소에 들어간 김근태는 고문 과정에서 뭉개진 발뒤꿈치의 상처가 아물면서 생긴 딱지를 재판부에 제출하기 위한 증거로 보관해왔다. 그는 자신을 접견하러 온 변호사들에게 그 딱지를 증거물로 제출해달라고 요청했으나 교도관들에 의해 제지되었고, 구치소 측은 접견시간이 끝나자 그의 강력한 항의에도 불구하고 검방, 검신을 통해 이를 탈취해 갔다(김근태 2012: 141~47).
** 분신한 노동자 박영진을 소재로 한 소설 『파업』의 2009년 개정판 서문에서 안재성은 이 소설의 첫 출간 당시 진보문학계의 대표적인 평론가가 '분신한 노동자의 시신

코 너를 빼앗길 수 없다'는 말은 '열사'를 기억하고 그 정신을 계승하겠다는 다짐이기 전에,* 문자 그대로 그 시신이라도 지켜야 한다는 결연함의 표현이기도 하다.

주검을 두고 벌어지는 육박전의 또다른 유형은 참배투쟁이다. 누군가의 죽음 이후 "집합적 행위의 대상이자 의례의 대상이 되는 것은 당연히 죽은 자의 몸이다."(에르츠 2021: 67) 하지만 죽은 자의 몸을 중심으로 모여서 애도의 의례를 행할 권리는 민이 죽어 그 몸이 땅에 묻힌 이후에도 보장되지 않았다. 그래서 죽은 민의 몸을 위하여 살아 있는 민이 벌이는 몸의 투쟁은 병원뿐만 아니라 묘지에서 벌어지기도 했다. 청소차로 운반된 광주항쟁 희생자들의 시신이 인부들에 의해 매장된 망월동 묘역은 한동안 유족의 추모조차 허용되지 않은 공간이었다.** 하지만 유족과 시민 들은

을 경찰에게 뺏기다니 이런 비현실적인 설정이 어디 있느냐'고 혹평한 바 있음을 밝혔다. 작가는 이를 노동문제에 대한 사회적 무관심을 보여주는 사례라고 지적했지만, 다른 한편으로는 시신탈취라는 사건이 일반적인 시선에서 보았을 때 얼마나 비개연적인 것인지 드러내는 것이기도 하다(안재성 2009: 12).

* 「우리는 결코 너를 빼앗길 수 없다」는 박종철이 속해 있던 서울대 언어학과의 1년 선배인 장지희가 쓴 조시로, 1987년 1월 20일 서울대 학생회관 2층에서 거행된 추모제에서 1년 후배인 이현주가 낭독했다(김윤영 2006: 139~43; 김정남 2007: 11~16; 정덕환 2007: 79).

** 김유택의 소설 「목부 이야기」에는 망월동 묘역에 동원된 인부 박씨가 등장한다. 매장 작업에 대한 그의 진술은 다음과 같다. "공원 관리자가 망월서 총동원을 했다네. 딱 백오십구 팠네. 지산면 가는 길 밑으로 판디 물이 나와 시에서 안 된다고 그래. 그래서 그 위로 썼어. 거기가 서향받이여. 좋데! 야밤도 허고 한 일주일 했네. (…) 못헐 일이제… 피차… 형체는 관에 넣어 오니 알 수 없고, 더러 피가 나오는데… 선산에 모신다고 도로 시신을 가져가기도 허고… 노래를 부르는 사람들도 있었고… 못 묵고 못 입고 요리 가르쳤더니 요리 죽어야고 울고… 세상 허망한 것이여."(김유택 1987: 268)

애도의 권리를 행사하기 위하여 국가의 금지를 위반하면서 시신이 묻힌 곳으로 몸을 이끌고 찾아갔으며, 이로 인한 물리적 충돌이 발생하기도 했다.[●] 다음은 망월동에서 금지된 참배를 강행하는 과정을 묘사하는 작품의 한 대목이다.

> 어느 해 오늘이었던가/참배객들을 때려잡는디 워매 독한 짓거리/구둣발길에 어찌나 세게 채었간디/내 앞 이빨 여섯 대가 왕창 날아갔 응께/그러고도 모자라 굴비 엮듯 줄줄이 엮어/총 끝으로 몰고 갔제에
>
> (이기형 「오월제곡五月祭哭」)

1980년 이후 망월동 묘역에서는 매년 5월 18일마다 추모제를 시도하려는 유족 및 학생과 이를 금지하려는 당국 사이의 갈등과 투쟁이 벌어졌다. 1주기인 1981년 5월 18일 망월동 묘역은 엄격히 통제되었고 유족회의 추모제 역시 정부의 회유와 압력으로 무산되어 일부 회원들만 참석한 채 약식으로 진행되었다. 구속 인사들은 아직 석방되지 않은 상태였고 대학생과 시민 들은 산길을 통해 몰래 묘역으로 진입했다. 2주기인 1982년에는 1주기 때와 달리 합동위령제가 망월동에서 거행되었다. 하지만 경찰은 진입로를 차단하여 추모제에는 100여명 또는 수십명의 유족만이 참

● 광주항쟁의 의례투쟁은 비합법적 '5월투쟁'(1981~87), 반합법적 '5월행사'(1988~95), 의례화된 합법적 기념행사(1996년 이후)의 세 시기로 구분된다(정호기 2002: cxxxiv). 추모와 애도의 의례 자체가 '비합법'으로 규정되었던 첫번째 시기 중에서도 1983년까지는 망월동 묘역에서의 추모식 자체가 기본적으로 금지되었다. 망월동 묘역에서는 1984년이 되어서야 처음으로 집단적인 추모행사가 개최되었다.

3장 민의 운동과 재활

석했고, 이틀 전 결성된 '새광주건설추진도민협의회' 주관의 군중대회가 약 20여만명의 시민을 동원하여 추모제 참석을 막았다. 이해 3월에는 부산 미문화원 방화 사건, 4월에는 박관현의 체포가 있어서 5월에는 긴장이 고조된 상태였다. 이때부터 "꽃잎처럼 금남로에 뿌려진 너의 붉은 피" 하는 노래가 불렸고, 이는 그해 10월 윤상원과 박기순의 영혼결혼식에서 불린 〈임을 위한 행진곡〉으로 이어졌다. 3주기인 1983년에 경찰은 유족들을 연금하고 망월동 묘역으로 가는 도로를 차단했다. 이에 대비하여 유족들은 이른 새벽부터 산길로 망월동에 도착하여 추모제를 준비했다. 행사는 위령제로 끝났으며 망월동 묘지 이장 기획과 유족회 분열 위기가 겹쳐 어수선한 분위기였다. 4주기인 1984년에야 비로소 유족, 시민, 학생 등 3000여명이 참석한 위령제가 거행되었다. 교내에서 시위하던 전남대 학생 3000여명은 사복형사들에 의해 시내버스를 통한 망월동행이 좌절되자 10킬로미터 거리를 걸어서 추모행사장으로 향했는데, 그 행렬이 3킬로미터에 달했다고 한다. 위령제 후에는 도청 앞에서 시위가 벌어졌는데, 1980년 도청에서 죽은 이들이 망월동으로 향했다면 이제 망월동의 망자들이 해방광주를 상징하는 공간으로 향하며 부활하는 의미였다. 특히 이해에는 부상자회가 공식적으로 처음 추모제에 참석했는데, 이들의 참석은 망가진 몸을 공개적으로 내보임으로써 국가폭력을 공적으로 가시화하는 효과가 있었다. 부상자들의 몸은 망월동 묘역의 존재와 함께 국가가 은폐해왔던 폭력의 과거를 폭로하고 이를 추궁하는 것이었다.•

이상에서 살펴본 바와 같이 한국 민주주의의 상상계에서 병원과 묘지는 치유와 안식의 공간이 아니라, 정치적 대립의 최전선으로서 몸과 몸의 충돌이 벌어지기도 하는 공간이다. 그리고 이러한 대립과 충돌의 중심에는 시신이 놓여 있다. 정치가 "공동체 안에서 발생하는 죽음을 처리하고 죽음과 싸우고 다스리는 일"이라면(천정환 2021: 6), 생과 사를 가르는 공간인 병원, 그리고 산 자와 죽은 자가 만나는 묘지가 정치의 장이 되는 것은 당연하게 여겨질 수도 있다. 하지만 "시신을 모신 관을 운구하며 상심한 유가족들과 함께 공권력과 대립하는 풍경은 비감과 분노를 증폭"시키며(김정한 2015: 657), "끄실린 시신마저 못 지키는 이 울분의 현실"은 도저히 현실이라고는 믿을 수 없는 초현실적인 체험을 제공한다(문병란「타오르는 불꽃」).

죽은 몸을 거두고 그 몸이 누워 있는 곳을 찾아가 추모하는 것은 인지상정이지만, 국가는 그 통상적인 인간의 정을 금지하였으며, 국가의 금지에도 불구하고 행하는 애도와 추모는 그 자체가 민주화운동이었다. 그런데 "애도의 금지는 아이러니하게도 애도를 금지하는 권력에 대한 저항을" 낳았으며, 마치 안티고네가 그러하였듯 민의 죽음을 애도하는 이를 다시 국가에 대항하는 민으로 성립시켰다(이현재 2009: 233). 하지만 "죽음마저 억압하는 억압

* 망월동 묘역의 5월 18일 추모제와 관련된 이 문단의 서술은 광주민주화운동기념사업회(2017: 476); 전남사회운동협의회(1985: 251~54); 나간채(2012: 82~87); 김상윤·정현애·김상집(2019: 307); 정근식(2003); 정호기(2002: cxxxv~cxxxvii); 정현애(2018: 115); 김하야나(2020)를 참고하여 정리한 것이다.

3장 민의 운동과 재활

에 대해, 또한 애도 자체를 불온시하는 억압에 대해 저항할 마땅한 방법이 없었던" 까닭에 저항은 억압과 마찬가지로 몸으로 막고 몸으로 뚫는 방식으로 이루어졌다(천정환 2021: 84). 그리고 이러한 몸에 의한 정치는 시신, 즉 죽은 민의 몸이 만들어낸 무대에서 이루어진다. 몸은 정치의 수단이자 목표이자 장소였으며 이렇게 몸을 움직이면서 민은 재활을 시작한다.

Ready, Action!

1983년 말 학원자율화 조치는 대학의 풍경에 가시적인 변화를 가져왔다. 단적으로 그것은 보이던 몸이 사라지고 보이지 않던 몸이 보이기 시작하는 것이었다. 학원자율화 조치 이후 대학에 상주하던 경찰 병력이 철수하였고, 100명 가까운 해직교수와 1300여명의 제적생이 복직·복학하여 캠퍼스로 돌아왔다(강준만 2003b: 171~72). 1984년 9월에 발생한 소위 '서울대 프락치' 사건은 학원에 상주하던 경찰이 학생들의 동향을 감시하고 활동을 단속하던 이전까지의 캠퍼스 풍경이 기묘하게 전도된 꼴이었다. 각 학교에서는 학원자율화추진위원회, 즉 학자추가 결성되고 총학생회 부활이 시도되었으며, 학생운동세력은 이제 보이지 않는 '언더'에서가 아니라 학회와 학생회 등 대중적으로 열린 공간에서 성장했다. 1984년 이전의 학생운동체계가 소수의 '운동권 문화'를 만들어왔다면 1984년 '유화국면' 이후부터는 일반 학우대

중과 공유하는 '학생운동 문화'를 만들기 시작한 것이다(허은 2013: 203). 집회와 시위도 단발성에서 벗어나 보다 안정적으로 기획할 수 있게 되었다. 더이상 주동자가 밧줄에 몸을 매달고 고공에서 시간을 끌 필요가 없었으며, 많은 사람이 모이는 토론회 형식의 집회가 확산되었다(같은 글 204). 아무도 모르게 사라져서는 어느 날 갑자기 시신으로 나타나게 만들었던 강제징집 역시 1984년 말 중단되었다. 한편 1985년 2·12 총선에서는 직선제 개헌을 공약으로 내세운 신민당이 돌풍을 일으켰고 전체 야권 지지가 민정당 지지를 압도함으로써 민심의 윤곽이 드러났다. 같은 해 5월에는 『죽음을 넘어 시대의 어둠을 넘어』가 발간됨으로써 1980년 광주에서 민이 몸으로 겪었던 죽음의 장면이 보다 구체적으로 전해졌다. 민의 존재가 다양한 층위에서 가시화되기 시작한 것이다.

이처럼 변화된 상황 속에서 민의 모습과 움직임이 어떻게 달라졌는지 보여주는 상징적인 사건이 바로 서울 미문화원 점거농성 사건이다. 보통 이 사건은 한국의 반미운동에 불을 붙인 계기로 기억되곤 하지만 우리의 관점에서는 광주에서의 죽음 이후 침묵과 은신의 시간을 보내왔던 민의 움직임이 본격화되는 기점으로 나타난다. 여기에서는 점거시위에 참여한 학생들을 중심으로 민의 이미지를 살펴보도록 할 것이다.

1985년 5월 23일 정오가 막 지난 시각, 73명의 대학생이 을지로에 위치한 서울 미문화원에 진입하여 농성을 시작했다. 점거에 가담한 학생들은 서울대, 연세대, 고려대, 서강대, 성균관대 등 5개 대학 소속으로, 행동 개시 직전까지 근방 수십 미터 이내의 위치에서 학교별로 대기하다가 수신호와 함께 일시에 몰려들어 입구를 지키던 전경을 밀치고 건물에 진입했다. 2층 도서관으로 올라간 이들은 직원들과 도서관 이용객들을 내보내고 입구에 바리케이드를 설치하면서 점거농성을 시작했다. 이들은 갑자기 나타나서 순식간에 건물 속으로 들어갔으며, 그 전에 이들이 어디에서부터 어떤 경로로 이동하여 이곳에 이르게 되었는지는 잘 알려져 있지 않다. 다만, 17일부터 맞은편인 롯데호텔에서 미문화원 쪽을 살피며 점거농성을 준비했다고 한다(신준영 1990: 168).

역설적이게도 이들은 건물 속으로 몸을 들임으로써 그 존재가 드러날 수 있었다. 미문화원은 그리 크지 않은 4층짜리 건물이었지만 연락을 받고 모여든 취재진뿐만 아니라 길을 지나던 행인들 역시 멈춰 서면서 그 앞에 적지 않은 사람들의 몸이 모이게 되었다. 하지만 아직은 창문 안쪽에서 이리저리 움직이거나 바깥을 내다보는 농성 참가자 수십명의 머리를 볼 수 있었을 뿐이었다. 얼마 지나지 않아 이들은 "광주학살 책임지고 미국은 공개사과하라" 등의 구호를 적은 종이를 창문에 붙이고 주한미국대사와의 면담을 요구했다. 이들의 출현과 거사가 광주에서의 죽음으로부터 유래한 것임을, 그리고 미문화원을 목표지점으로 삼은 이유를 알 수 있는 대목이었다. 민이 자신의 모습을 드러내고 다른 민의 이목을 집중시키기 위해서는 미국이라는 정치체(body politic)의 한 기관(organ) 내지는 조직(organization) 속으로 몸을 들이밀어야 했고, 이는 그 자체로 미국에 대한 종속성을 폭로하는 것이면서도 그것을 이용하는 것이었다.

미국문화원은 미국대사관과는 달리 일반 시민들의 출입에 제한이 없었고, 미국의 요청 없이는 경찰 병력을 투입할 수 없는 곳이었다. 정부 당국은 신속한 진압을 위하여 경찰 투입 의사를 미국 측에 밝혔으나, 이미 외신을 통해 전세계적으로 이목이 집중되어 있는 상황에서 강경한 대응을 허용하기는 쉽지 않았다. 학생들 역시 경찰을 투입할 경우 음독, 투신, 방화 등 죽음을 불사할 것이라고 경고했다. 미국은 자국의 주권시설 내에서 한국의 공권력이 행사되거나 인명 피해가 발생하는 일이 없이 사태를 처리하고자 했으며, 최대한 학생들을 설득해서 내보내려는 입장이었다. 한국 정부에게 미문화원은 치외법권이자 일종의 성소 같은 곳이었고, 대외적으로 민주주의와 인권의 가치를 표방하는 미국의 입장에서는 독재정권에 대한 지원을 중단하라고 주장하는 학생들을 공개적으로 물리치기가 어려웠다. 게다가 광주학살의 배후로 미국을 지목하고 있는 이들에 대한 한국 정부의 진압 의사를 승인한다는 것은 그러한 가설을 긍정하는 꼴이 될 수도 있었다. 점거농성에 돌입한 학생들은 손을 댈 수 없는 몸이 되어 있었다.

 73명의 농성단은 많은 사람들의 시선 앞에 놓여 있었지만, 정작 그들의 모습은 아직 잘 보이지 않았다. 모여든 취재진과 자녀의 안부가 걱정되어 쫓아온 부모들은 건물 2층의 창문 안쪽에 있는 이들의 모습을 보기 위해서 고개를 들고 올려다보아야 했으며, 그마저도 구호와 메시지를 써 붙여놓은 종이들 때문에 잘 보이지 않았다. 밖에서 볼 때 이들의 모습은 종이를 붙이고 남은 유리면 여백에 다닥다닥 모여든 얼굴들이거나 그 너머로 비치는 실

3-3. 미문화원 창문 너머로 보이는 점거농성 참여 학생들의 모습

루엣일 뿐이었다(3-3).

 미문화원 건물 전면의 대형 유리창은 개폐가 불가능하게 되어 있어서 고개를 밖으로 내밀 수도 없었고 육성으로 의사소통을 할 수도 없었다. 노래를 합창하는 소리조차 밖으로 전해지지 않아서 학생들은 자신들이 부르고 있는 노래를 종이에 써서 창밖으로 알리곤 했다. 이들은 당국에 의해 폭도로 규정될 빌미를 주지 않기 위해서 유리창을 파괴하지는 않았다(신준영 1990: 169). 점거에 참여한 이들은 몸짓과 표정 또는 육성이 아니라 주로 필담으로 바깥세계와 소통하였고 취재진 등은 이들의 메시지를 확인하기 위해 망원경을 동원하기도 했다.

 이들의 몸짓과 육성이 밖으로 나타나거나 들릴 수 있는 통로가 전혀 없었던 것은 아니었다. 그곳은 건물 뒤쪽 2층 화장실 창문이었다. 그들은 몸속의 노폐물을 배출하는 장소로 가서 묵혀둔 목소리를 방출했고, 미국이라는 커다란 나라의 작은 기관에 몸을 밀어 넣고서 그 장기의 가장 작은 구멍을 통해 자신의 몸을 내밀어보려 했다. 함운경이나 이정훈 등 농성 참가자들은 이 창문으로 현수막을 내걸거나 유인물을 뿌렸고, 몸을 내밀어 쪼그려 앉은 채 성명서를 낭독하기도 했다. 때로는 창문과 외벽의 함몰부가 형성한 좁은 공간에 올라서서 창틀을 잡고 연설을 하거나 〈우리 승리하리라〉 같은 노래를 부르기도 했다.* 이제야 비로소 학생들의 몸이 보였고 목소리를 들을 수 있었다. 하지만 건물 뒤편은 취재진과 일반 시민의 출입이 제한된 공간이어서 근거리에서의 대화나 접촉은 불가능했다. 창문의 위치와 구조 때문에 이들의 자세는 옹색하거나 위태로웠다(QR 참조). 그렇지만 이들의 몸짓에는 주저함이 없었고 목소리는 카랑카랑했다. 광주항쟁 이후 움츠러들어 있었던 민의 몸은 좁은 틈을 비집고 모습을 드러냈고 자신의 목소리를, 그것도 미국을 향해서까지 낼 수 있었다.

1985년의 서울 미문화원 점거농성은 유사한 여러 사례들과 비교해보았을 때 흥미로운 독특성을 지닌다. 미문화원을 대상으로 한 시위로는 1980년 12월 9일 1차 광주 미문화원 방화 사건, 1982년 3월 18일 부산 미문화원 방화 사건, 1982년 11월 20일 2차

* 미문화원 점거농성 사건에 대한 영상자료로는 2002년 4월 14일 MBC에서 방영된 〈이제는 말할 수 있다〉 56회 '73인의 외침 ― 미문화원 점거농성 사건'과, 민주화운동기념사업회의 유튜브 채널에 게시된 '서울 미문화원 점거농성 사건'을 참고하라.

3장 민의 운동과 재활

광주 미문화원 방화 사건, 1983년 9월 22일 대구 미문화원 폭발 사건, 1985년 12월 2일 광주 미문화원 점거농성 등이 있었다.* 이 가운데 점거농성은 1985년의 광주 미문화원 사건만 해당하는데, 이는 수입개방 철폐를 요구조건으로 하는 것이어서 서울 미문화원 점거농성과 의제의 성격이 달랐다. 광주 미문화원 점거농성을 제외하고 몇해 앞서 벌어진 방화 및 폭발 사건들은 일정하게 1980년 5월 광주와의 관련성 및 반미에의 지향을 드러내고 있으나 그 형식에 있어서 점거농성과는 차이가 있다. 방화와 폭발은 강렬한 시각적 효과를 산출하지만, 정치적 주체로서 행위와 발언에 나서는 민의 모습은 잘 드러나지 않는다.** 반면, 점거는 기본적으로 어떤 공간을 신체적·물리적으로 점유함으로써 이루어지는 시위 형식으로, 몸을 필수적인 수단으로 삼을 뿐만 아니라 시위 과정에서 시위자의 몸이 드러나는 것이 필연적이다.

* 서울 미문화원 점거농성 참가자들은 이전에 발생했던 미문화원 대상 시위를 잘 알고 있었던 것으로 보인다. 이들은 창문에 (부산 미문화원 방화 사건의 주동자였던) "'문부식' 부친께, 큼이 석방되어 진실이 역사 앞에 밝혀지기를 바랍니다"라는 메시지를 적어 보이기도 했다(민주화운동기념사업회 오픈아카이브 등록번호 00735765 사진 참고).
** 일례로, 1980년 광주 미문화원에서 화재가 발생했을 때 경찰에서는 방화의 주체를 특정하지 않고 '원인을 알 수 없는 불이 났다'고 언론에 알렸다. 당시 사건을 주도한 임종수는 광주를 시작으로 서울, 부산 등 대도시마다 있는 미문화원에 후속 방화를 범할 구상을 가지고 있었는데, 이러한 연쇄 방화로 이목을 끈 후 마지막에 입장을 발표하기 위하여 일부러 유인물을 만들지 않았다고 한다. 또한 미문화원 방화라는 발상은 이란혁명 당시 미대사관 점거 사건이 일으킨 엄청난 반향으로부터 떠올린 것으로, 공개적으로 의사를 표출하기보다는 선동적 효과에 방점이 찍힌 기획이었다(민주화운동기념사업회 오픈아카이브 구술컬렉션 중 광주 미문화원 방화 사건 임종수 인터뷰 참조).

1980년대에 벌어진 주요 점거 사건으로는 서울 미문화원 점거 농성 외에 1984년 11월 14일 민정당사 점거농성, 1985년 11월 4일 새마을운동중앙본부 점거농성, 미상공회의소 점거농성, 1985년 11월 18일 민정당 중앙정치연수원 점거농성, 1986년 10월 28일 건국대 점거농성 등이 있다. 이 사건들은 대체로 점거시간이 십수 시간 이내로 상대적으로 짧았으며, 약 66시간 동안 농성이 지속된 건대항쟁은 사실상 점거라기보다는 의도치 않은 고립에 가까웠다. 서울 미문화원 점거농성의 선례가 되는 것은 민정당사 점거농성이었는데, 이때 점거농성에 참가한 학생들은 건물 진입 후 약 12시간, 경찰 진압 시작 후 약 20분 만에 모두 체포되었다(강준만 2003b: 214~15). 이러한 선례를 인지하고 있었기 때문에 서울 미문화원 점거에 나선 학생들은 점거 시도 직후 체포될 것을 예상했으며,[12] 식량과 물품 조달 등 농성 장기화에 대한 준비를 전혀 하지 않고 들어갔다.

미문화원이라는 점거 장소의 특수성 때문에 경찰 투입이 이루어지지 않고, 점거 학생과 미국 측의 협상이 원활히 진행되지 않으면서 농성이 길어지자 학생들의 건강문제가 제기되었다. 취재 기자들은 필담을 통해 부상 여부와 현재 건강상태를 묻기도 했다. 미국 측은 시종일관 음식물 제공이나 반입을 거부했다. 5월 23일 이후 단식을 유지하던 학생들은 정신력으로 버티고 있다고 밝히면서도, 최소한의 식량 반입을 위해 노력했다.* 민주화추진

* 이들은 최소한의 체력 유지를 위하여 설탕과 초콜릿 반입 가능성을 타진했으나 미국 측에 의해 가로막혔음을 알리기도 했다. 민주화운동기념사업회 유튜브 채널에

협의회 인권옹호위원장이었던 박찬종 변호사는 25일 미문화원 뒤쪽 창문에 매달린 함운경과 20분 정도 대화한 후 경비원을 통해 80명분의 김밥과 보리차를 전달했다(박찬종 1986: 18~19). 계훈제, 임채정, 이부영 등 민통련 인사들도 학생들에게 식사를 전달하기 위해 방문하였고, 생수통이나 배달가방을 든 사람들이 후문으로 들어가는 장면이 포착되기도 했으나 이것들이 학생들에게 전해지기 위한 것이었는지는 밝혀지지 않았다.* 반입되지 못한 음식이 미문화원 앞 도로 위에 가지런히 놓여 있는 장면도 포착되었다. 농성 사흘째인 25일부터는 탈진하는 학생들이 나타난 것으로 보인다. 농성단은 5월 26일 새벽, 자신들의 점거 행위가 하루 뒤인 27일로 예정된 남북적십자회담에 이용당할 것을 우려하여 농성해제를 발표한다.** 26일 낮 12시 5분 자진 해산한 농성단은 서울시청 버스 두대에 분승하여 동부병원과 강남병원에 입원하여 응급진단을 받았다.[13]

점거와 농성 과정에서 창문 너머로 혹은 창문 사이로 처음 모습을 드러냈던 이들의 몸이 가장 역동적으로 나타나고 이들의 목

게시된 '서울 미문화원 점거농성 사건' 영상 참고.
* 민주화운동기념사업회 오픈아카이브 등록번호 00735814, 00735757 사진 참고. 당시 민통련 인사들이 창문을 통해서 빵과 음료를 전달했다는 기술도 있다(김민석 1992: 267). 한편 〈강철대오: 구국의 철가방〉(2012)은 우연히 미문화원 점거농성에 참여하게 된 중식당 배달원을 주인공으로 한 영화이다.
** 이러한 결정은 학생들의 독자적인 판단이었다기보다는 주변의 여러 의견을 청취한 결과로 보인다. 5월 25일 함운경과 대화를 나눈 박찬종 변호사는 남북대화 이전에 농성을 중단할 것을 강조했고, 함운경 역시 이를 명심하겠다고 응답했다(박찬종 1986: 18).

3-4. 미문화원 밖으로 나와 구호를 외치고 있는 학생들

소리가 가장 우렁차게 들린 것은 역설적이게도 이들의 체력이 가장 저하되어 있었을 농성해제 시점에서였다. 26일 정오경 이들은 자체 제작한 태극기를 앞세워서 "독재타도" 구호를 연발하고 유인물을 뿌리며 건물 밖으로 나온다. 이들은 창문에 내걸었던 현수막을 찢어 3인을 한 조로 하여 서로 손목을 묶고 있었다. 다닥다닥 붙어서 한걸음씩 앞으로 이동하며 모습을 드러낸 농성 참가자들은 외형적으로 그리 대단할 것이 없었다. 전체적으로 키가 크지 않았고 마른 체형들이었으며 앳된 얼굴도 많이 보였다(3-4). 하지만 몸짓에는 결연함이 있었다. 구호를 외치며 흔드는 팔들의 움직임에는 절도가 있었고, 유인물을 뿌리는 동작도 날렵했다. 건물 출입구 앞은 취재진과 사복경찰이 에워싸고 있었고, 도로에는 이들을 수송할 버스가 대기 중이었으며, 농성을 풀고 나오는 학생들의 모습이 건너편에서 보이지 않도록 전경이 좁은 간격으로

도열해 있었다. 또한 중앙선과 롯데호텔 측 보도에도 약 50센티미터 간격으로 전경이 배치되어 시민들의 출입을 막았다.[14] 건물 밖으로 나선 학생들은 시민들의 시야를 차단하기 위하여 형성된 이 좁은 공간을 일종의 무대로 활용하면서 한동안 "광주학살 책임지고 전두환은 물러가라"는 구호를 외칠 수 있었다. 3열종대로 이루어진 이들 대오의 선두가 조금씩 앞으로 이동하면서 주위를 둘러싸고 있는 사람들 쪽으로 이동하자 대오의 후미에 있던 이들도 건물 밖으로 나올 수 있었다. 조금 더 전진하며 '무대'를 한바퀴 돌 듯 좌측으로 회전하며 구호를 외치고 바닥에 떨어진 유인물을 주워서 다시 던지기도 했다. 이어서 노래가 시작되었다. "꽃잎처럼 금남로에 뿌려진 너의 붉은 피 두부처럼 잘려나간 어여쁜 너의"까지 불렀을 때 양복을 입고 앉아 있던 경찰들이 서서히 일어나더니 한명이 선두의 함운경에게 돌진했고 그 순간 다 같이 무리를 에워싸면서 대기 중이던 버스 쪽으로 몰기 시작했다. 그 와중에도 노래는 계속되었는데 "오월 그날이 다시 오면" 하는 대목에서는 굉장히 날카로운 고음이 터져 나왔다. 농성을 시작하며 창문에 써 붙인 메시지를 통해 그리고 농성을 마치면서 외친 구호와 노래를 통해 이들은 자신들의 행위가 광주에서의 죽음으로부터 촉발된 것임을 분명히 했다. 이들이 광주에 대해 보고 듣고 떠올린 민의 몸은 국가의 폭력에 무참히 짓밟힌 모습이었지만, 이들의 몸은 이제 공권력의 허점을 노려 일사불란하게 침투할 만큼 규율이 잡혀 있었고, 서로의 몸을 묶어 하나로 만드는 등 조직에도 눈을 뜨기 시작했다.

72시간 동안 지속된 시위 과정에서 이들의 몸이 가장 역동적으로 드러난 순간은 이들이 퇴장하는 시점이었다. 이들은 몰려든 사복경찰에 의해 버스 출입문 안쪽으로 몸이 밀리는 과정에서도 끝까지 저항하면서 차량 밖으로 몸을 빼고 팔을 뻗어 구호를 외쳤다. 특히 함께 손목을 묶은 함운경과 이정훈은 버스 출입문으로 밀려들어가면서도 차체에 반동을 주면서 탑승 전까지 수차례 구호를 외치고 저항의 제스처를 연출할 수 있었다(QR 참조). 떠나가는 버스 안에서도 이들은 다 함께 팔을 뻗으며 구호를 외쳤다. 농성해제 과정까지도 하나의 연극으로 연출해낸 이들은 죄인이나 패배자가 아니라 "승자의 모습으로 그렇게 현장을 떠났다."[15]

이들은 이후의 재판 또한 자신들의 주장을 알리는 무대로 활용했다. 제1심 공판이 열렸던 1985년 7월 15일 이들은 호송용 버스에서 내리는 순간부터 계호 담당 교도관들을 뿌리치면서 격렬하게 몸부림치고 구호를 외쳤다(3-5). 차량에서 내리는 순간부터 입장하기까지 취재진의 카메라와 사람들의 시야에 노출되는 수초 가량의 시간 동안 이들은 자신들 앞에 놓인 온갖 법적 절차와 그것이 유지하고 있는 당대의 상황 전체를 인정할 의사가 전혀 없음을 온몸으로 보여주었다. 이어지는 재판에 임하면서도 이들은 구호를 외치고 노래를 부르고 재판거부 선언을 하는 등 순순히 절차에 응하지 않았으며,• 법정 소란을 진정시키는 과정에서 몸

• 이들은 수동적인 느낌을 주는 '재판에 응한다'는 표현보다는 주체성을 드러내는 '재판에 임한다'는 표현을 의식적으로 사용했다(박찬종 1986: 54).

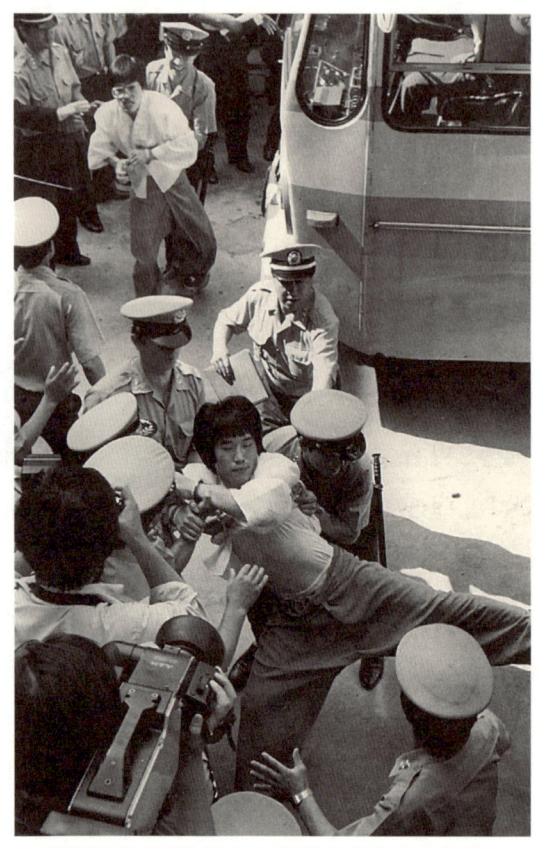
3-5. 미문화원 점거농성에 참여하여 구속된 학생이 재판을 거부하며 저항하는 모습

싸움이 벌어지기도 했다. 이들의 몸은 결코 '유순한 신체'가 아니게 되었으며 이들은 모든 것을 거부할 준비가 되어 있었다. 맞고 떨고 숨고 피하던 민은 어느새 국가와 정권이 쉽게 통제할 수 없는 몸을 갖게 되었다. 그리고 다음 해인 1986년의 사건들에서 볼 수 있듯 이들의 에너지는 자기 자신조차도 적절히 다스릴 수 없

을 정도로 커가고 있었다.

불타오르는 몸, 떨어지는 몸

부처님오신날이었던 1980년 5월 21일 오후 1시 전남도청 스피커에서 〈애국가〉가 울려 퍼지면서 시작된 공수부대의 집단발포가 잠시 멈추자 대여섯명의 젊은이들이 도로 한복판으로 뛰쳐나갔다. 그들은 대형 태극기를 흔들며 "전두환 물러가라. 계엄령 해제하라"며 구호를 외쳤다. 그 순간 주변 건물에 배치된 저격수들의 사격이 이루어졌고, 쓰러진 청년들의 머리, 가슴, 다리에서 피가 쏟아졌다. 총성이 멎자 인도에 있던 청년들이 달려가 시신과 부상자 들을 들쳐 업고 나온다. 이어 다른 청년들이 다시 차도로 뛰어들어가 피 묻은 태극기를 흔들며 구호를 외친다. 다시 총성이 울리고 그들도 피를 뿜으며 고꾸라진다. 또 사람들이 부상자와 시신을 끌고 돌아온다. 그러자 다른 청년들 서넛이 또 대로에 뛰어들어 소리친다. "이 개새끼들아 광주사람 다 죽여라!" 또다시 사격이 가해지고 몸뚱이가 길바닥에 쓰러진다. 이렇게 하기를 대여섯차례. 금남로에 있던 사람들은 벽 뒤에 숨어서 또는 건물의 창가 너머로 이 충격적인 '자살적 저항'의 몸짓이 반복되는 것을 지켜보았다(광주민주화운동기념사업회 2017: 201~202; 임철우 1998a: 68~70).

앞서 2장에서 살펴보았듯이 한국 민주주의의 상상계에서 민은 국가폭력의 대상이 되어 훼손되는 몸의 모습으로 등장한다. 이후 은신과 잠행, 운동의 과정을 통해 민의 활력이 회복되어가면서 저항의 계기들이 나타나는데, 이때 저항의 수단이 되는 것은 역시 몸이다. 하지만 이것은 국가가 행사하는 물리적 폭력에 맞서 몸으로 싸운다는 의미에서의 대항폭력(counter-violence)이 저항의 기본적인 방식이라는 의미가 아니다.* 죽음을 목격한 직후보다는 민의 몸이 활력을 회복했다고 하더라도 조직적이고 체계적으로 훈련된 국가의 공권력과 비교할 수는 없는 열세에 놓여 있다. 이 압도적인 힘의 격차를 전복할 수 있는 전략은 물리적인 것이 아니라 상징적인 것인데, 상징의 차원을 염두에 두고 벌어지는 이러한 저항은 강렬한 시각적 체험을 매개로 이루어진다. 상징(Sinnbild)이란 말 그대로 의미(Sinn)가 담긴 이미지(Bild)이기 때문이다.

  2장에서 살펴본 것처럼 국가가 행사하는 폭력은 생물학적 존재로서 인간의 원초적인 제약과 한계를 겨냥하는 것이었으며 민이 한낱 유기체에 불과함을 적나라한 장면들로 보여주었다. 이러

---

* 물론 국가가 행하는 물리적 폭력에 대하여 민 역시 투석, 화염병 투척, 무기 사용 등 대항폭력으로 저항하는 경우도 있었다. 특히 총으로 무장한 시민군의 모습은 학생운동을 비롯하여 1980년대 사회운동에 일종의 전범을 제공하기도 했다(김정한 2021: 7장). 이러한 모델은 '투사', '열사', '전사' 등의 주체로 재현되기도 했으며, 폭풍대(서울대), 시월대(부산대), 한열대(연세대), 의혈대(중앙대), 황소대(건국대), 강철대(한신대), 행당불패(한양대), 오월대(전남대), 녹두대(조선대), 한별대(광주대), 애국대(목포대), 지리산결사대(경상대), 천마결사대(영남대) 등 각 대학에 사수대 내지는 전투조가 편성되었던 것에서 알 수 있듯 조직적이고 체계적인 양상으로 나타나기도 했다.

한 국가에 저항하는 민은 국가가 만들어내는 참상에 필적할 만큼 강렬한 이미지로 등장하는데, 이때 민은 국가의 물리력이 공략 대상으로 삼았던 자신의 몸을 스스로 파괴하고 죽음으로 몰아감으로써 또다른 경악을 불러일으킨다. 그리하여 목숨을 위협하면서 겁박하는 이들에게 죽음이 두렵지 않다는 광기의 메시지를 전하는 한편, 생명을 걸고서라도 지키고 주장하려는 가치가 있음을 선언한다. 이 자기파괴적인 몸짓과 그것이 만들어내는 충격적인 몸의 이미지는 한국 민주주의의 상상계에 등재되어 있는 가장 극단적인 민의 모습 가운데 한 유형일 것이다.

자신의 몸을 희생함으로써 이루어지는 저항은 계엄군의 "진지를 향한 시민들의 맨몸의 투신"이 그러했듯 극단적인 한계 상황에서 즉각적이고 반사적으로 출현하기도 하지만(박호재 1987: 77), 오랜 숙고를 거친 "완전에 가까운 결단"에 의해 실행되기도 한다(조영래 2001: 238). 이러한 결단이 가장 강렬한 시각적 충격을 불러일으키며 감행되는 유형은 분신(焚身)이다. 전태일 이래로• 분신은 "변화를 추구하는 강력한 열망에도 불구하고 지배권력의 압도적인 폭력성으로 인하여 이를 실현할 수단을 갖지 못할 때, 약자가 최대한의 도덕적 힘을 발휘할 수 있는 가장 치열한 무기로써 선택되어왔다."(최장집 1993: 243) 그런데 이 최후의 수단이 한국의

• 분신이 저항적 자살의 한 방식으로 정착한 것 역시 전태일 이후인 것으로 보인다. 마나베 유코는 1927년의 자살 통계에서는 분신이 전혀 발견되지 않는 데 반하여, 1970년에서 1992년 중반까지의 통계에서는 사회적 항의를 위해 자살한 156건의 사례 가운데 분신이 49건을 차지하고 있음을 지적하고 있다. 한국에서 분신은 전통적인 자살의 방법이 아니었다는 것이다(마나베 2015: 34~37).

민주화 과정에서는 드물지 않게 선택되었다.* 특히 광주항쟁부터 1991년 5월투쟁에 이르기까지의 약 10여년은 민주화운동이 가장 활발했던 시기이자 자신의 몸에 기름을 붓고 연소해간 이들이 집중적으로 출현했던 시기이다.**

이들의 사례를 간략히 나열해보면 다음과 같다. 1980년 6월 9일 광주에서의 학살 소식을 듣고 "내 혼도 함께 피 흘리며 아우성치지 않고는/도저히 이 세상 노동자일 수 없겠기에" 신촌사거리에서 분신한 성남의 노동자 김종태(하종오 「김종태」), 1985년 8월 15일 「8·15를 맞이하는 뜨거움의 무등산이여!」라는 제목의 자필선언문을 시민들에게 배포하고 광주 전일빌딩 앞에서 몸에 휘발유를 끼얹어 분신한 노동자 홍기일, 1985년 9월 17일 "광주학살 책임지고 전두환은 물러가라! 학원악법 철폐하고 독재정권 물러가라!"는 구호를 외치고 분신한 경원대생 송광영, 1986년 3월 17일 사측의 부당노동행위에 항의하며 분신한 신흥정밀 노동자 박영진, 1986년 4월 28일 전방입소훈련 거부투쟁에서 "반전반핵 양키고홈"을 외치며 분신한 서울대생 김세진과 이재호, 1986년 5월 20일 서울대학교 오월제에서 문익환 목사의 연설 도중 몸에 불을 붙이

* 1987년 1월 14일 저녁, 박종철의 집에 갑자기 경찰들이 찾아와 아버지를 데려가자 누나인 박은숙이 불안한 마음에 가장 먼저 떠올렸던 것이 "'분신'이라는 단어"였을 만큼 당시 상황에서 분신은 충분히 개연적인(probable) 선택이었다(김윤영 2006: 35).
** 민족민주열사·희생자 추모(기념)단체 연대회의에서 합동추모하는 열사 중 1980년에서 2012년 사이에 자살한 사례를 대상으로 한 임미리의 연구에 따르면 전체 133건 가운데 분신은 84건으로 63.2퍼센트를 차지한다. 그 가운데 54건이 전두환, 노태우 집권기에 발생했다(임미리 2017: 45).

고 맞은편 학생회관 옥상에서 뛰어내린 서울대생 이동수, 1986년 6월 26일 직선제 개헌과 5·18 진상규명을 주장하며 분신한 사회운동가 강상철, 1986년 10월 31일 건대항쟁 진압에 항의하고 학생들의 궐기를 촉구하며 분신한 부산산업대생 진성일, 1987년 3월 6일 광주항쟁 참가자이자 대학생 출신으로 노동현장에 투신한 일명 '학출' 활동가로 미국대사관 앞에서 분신한 표정두, 1987년 5월 17일 몸에 불을 붙이고 달리면서 "독재타도, 민주헌법 쟁취"를 외친 노동자 황보영국 등이다. 이에 더하여 1987년 6월항쟁 이후에도 이석구, 김수배, 박응수, 박태영, 최윤범, 최덕수, 박래전, 김윤기, 남태현, 김종수, 강현중, 김종하 등이 분신했고, 1991년 5월에는 박승희, 김영균, 천세용, 김기설, 윤용하, 이정순, 김철수, 정상순이 분신했다(전재호 2002: 203~205; 허상수 2002: 276~77; 임미리 2017: 98~142). 이처럼 자신의 몸에 불을 붙인 이들의 기나긴 명단은 그 자체로 하나의 스펙터클을 이룬다. 그중에서도 홍기일, 송광영, 박영진, 김세진, 이재호, 이동수, 강상철, 진성일 등이 분신한 1985년과 1986년에 사건이 집중되어 있는데, 이 시기에는 "택시기사가 제 몸 불살라 쓰러지고", "대학생이 분신자결 산화"하는 등 시적 과장을 덧붙여 말하자면 "분신반 몇십 명이 줄줄이 나서고" 있었다(고은 「5월이 가면」).

분신이 발휘하는 정치적 효과는 무엇보다도 죽음의 시각화에 근거한다. 분신은 "제 몸에 석유를 부은 후 성냥을 그어, 순식간에 발끝에서 머리끝으로 번지는 불의 갈기에 용틀임치며, 제 의지를 벗어난 육체의 고통의 춤으로 추락하는, 그 순간의 그 친구의 그 죽음의 어떤 생생한 동작"으로 나타난다(이인성 1995: 144). 그것이 실제 상황이건 이를 재현한 것이건 일단 분신 장면을 접하게 되면 "몸을 태우던 불꽃"과 "쓰러진 그의 몸에 붙은 불길이 눈 속에 박혀" 떨어지지 않게 된다(이인휘 2016: 150).* 앞서 나열한 것과 같이 한국 민주주의의 역사에는 사람들의 눈에 이 뜨거운 화인(火印)을 남기기 위하여 자신의 몸에 불을 붙인 사람들이 있었다. "불덩이가 된 채 건물의 옥상과 지상 사이에 멈추어 있는 그의 몸뚱이를 찍은 사진"은 물리적 폭력에 의해 터져나가는 몸보다도 강렬한 이미지로 한국 민주주의의 상상계에 영사된다(공지영 1994b: 187).**

* 한국에서 분신 장면의 영상적 재현으로 가장 널리 알려진 것은 전태일을 소재로 한 영화 〈아름다운 청년 전태일〉(1995)이다. 이 영화에서 전태일 역을 맡은 배우 홍경인은 분신 장면을 직접 연기하여 화제가 되었다. 또한 영화 〈황무지〉(1988)에도 광주항쟁 당시 한 소녀를 사살하고 탈영한 병사 김의기가 죄책감에 분신하는 장면이 나온다. 이 장면은 배우 조선묵의 몸에 시너를 뿌려서 촬영한 것으로, 촬영장소는 망월동 구묘역이었다고 한다(「"세상 무서운 줄 알았으면 못 했을 것… 연기는 애증의 대상"」, 『세계일보』 2020. 6. 16). 영화 주인공 이름도 광주항쟁을 목격한 후 1980년 5월 30일 투신한 김의기에게서 따온 것이다. 한편 분신은 그것이 발생한 시공간적 배경이나 감행 의도와 관계없이, 몸이 불타오르는 장면 자체를 매개로 하여 다양한 사건들을 함께 연상시킨다. 이를테면 김세진과 이재호의 분신 사건을 소재로 한 다큐멘터리영화 〈과거는 낯선 나라다〉(2008)는 승려로 보이는 누군가의 분신 장면으로 시작된다. 도입부에 삽입된 이 장면과 영화가 다루고 있는 사건 사이에는 불타오르는 몸의 모습 외에는 어떤 관련성도 없다. 또한 이 영화가 일종의 전거로 사용된 정찬의 소설 「새의 시선」에서 주인공 민우의 죽음은 용산참사 당시 불타는 망루에 진입하여 목격한 광경과 관련되어 있다(정찬 2018b).
** 〈과거는 낯선 나라다〉(2008)는 이처럼 한 사람의 눈 속에 박힌 분신 장면으로부터 만들어진 영화라고 할 수도 있다. 영화는 사건과 관계된 사람들을 접촉하며 집요하게 당시의 정황을 캐묻는 영상 및 음성 인터뷰로 구성되어 있는데, 그중에는 자신의 뇌리에 남은 기억을 힘겹게 끄집어내는 이도 있고, 인터뷰에 응하지 않는 이도 있으

3-6. 서울대학교 학생회관에서 분신 후 추락하는 이동수

문익환은 1986년 5월 20일 오후 자신의 서울대학교 강연 중에 한 학생이 몸에 불을 붙이고 뛰어내리는 것을 목격한다. 이전에

며, 인터뷰에 응하지만 아무 말도 하지 못하는 경우(이재호의 아버지)도 있다. 이 가운데 마지막에 등장하는 진술자 김웅수는 1986년 3월부터 4월 28일 사이에 자신이 보고 겪었던 일들을 매우 생생하게 진술하는데, 그가 바로 이 영화의 감독이다. 한편, 첫번째로 영상에 등장하는 김희제는 이재호의 정치학과 후배인데, 그는 이재호와의 일상적인 일들은 파편적으로만 기억나는 반면 "그때 그 순간"은 잊을 수가 없다고 답한다. 왜 작은 것들이 기억이 안 난다고 생각하느냐는 추가 질문에 그는 "너무 강렬한 불빛이 있으면 주변이 전부 희미해지는 것"과 같은 이유라고 답하며 분신이라는 사건이 준 충격을 강한 시각적 자극에 비유한다.

도 분신 소식을 듣거나 병상의 모습을 본 적은 많았지만 "활활 타오르는 불덩이가 뛰어내리는 장면을 본 것은 처음이었다."(김형수 2018: 508) 서울대 이동수 군 분신의 배후로 지목된 그는 같은 해 10월 7일 재판을 받게 되는데 모두(冒頭)의 진술에서 자신이 목격한 분신 장면의 충격에 대해 다음과 같이 말한다.

"제 생애의 최대의 충격은 지난 5월 20일 서울대학교 강연에서 젊은 학도가 국가를 위해 자기 몸에 불을 지르고 떨어져 죽는 엄숙한 경험이었습니다. 이 일은 제가 죽어 무덤에 가더라도 제 망막에 남아 있을 것입니다. 지금도 그 불덩어리가 보입니다."(같은 책 513)

자살은 스스로 자신의 삶을 마감하는 고독한 결단이기만 한 것이 아니라 남아 있는 자들에게 간절한 메시지를 전하고자 하는 소통 지향적 행위이기도 하다(박형민 2010). 이때 자살의 방법은 자살자가 품고 있는 의도나 목적과 무관하지 않은데 다양한 유형의 자살 가운데서도 이처럼 강렬한 시각적 충격을 동반하는 분신은 "최고의 볼거리를 연출하고자 한 의향의 발현"이며 "사회를 향해 마련된 무대(=시위)에서의 '대화'를 위한 연출"이다(마나베 2015: 136~37).• 분신이라는 자살 형태의 가장 큰 특징은 공개성으

• 실행 방법을 기준으로 자살을 분류하고 각 유형에 따라 자살자의 의향(Meinung)을 탐구하는 시도는 사회학에서 자살현상에 접근하는 전통적인 방식과는 구별되는 것이다. 사회학적 자살 연구의 강력한 패러다임을 구축해낸 에밀 뒤르켐의 견해에 따르면 개인은 사회의 "작품"(handiwork)이기 때문에 그를 자살로 이끄는 것은 다름 아닌 "사회의 무게"이다(Durkheim 2002: 172, 178). 따라서 그는 자살 연구에 있어

로서(노성환 1995: 431~32), 이를 감행하는 자는 자신의 몸을 시선 집중의 수단으로 하여 적과 동지를 막론한 모든 이를 관객 삼아 최대한의 주목을 요구하고 응축된 메시지를 전하고자 한다. 그리하여 불길에 휩싸여 꿈틀대는 자의 영상 속에는 언제나 "온몸에 기름을 끼얹는 뜻"이 담겨 있으며 "자기를 죽여 저 잠든 가슴을 일깨우는 뜻"이 담겨 있다(이승철 「당신은 한 줌 재로 불타고, 우린 이렇게 살아남아」). 몸을 감싼 화염이 내뿜는 "빛은 [그 장면을 목격할] 눈을 기다리고" 있는데 궁극적으로는 그것이 발신하는 메시지를 수신할 "영혼을 기다리고" 있는 것이다. 그리고 불은 바로 그 "영혼 속에 알을 낳는다."(바슐라르 2007: 193, 37) 이렇게 분신 장면을 목격하고 그 불이 전하는 알을 영혼 속에 품은 이들은 "그 자신 종종 뜨거운 불길에의 예감을 느끼곤" 했다(공선옥 2000: 53).

그런데 분신 장면의 시각적 특징은 그것이 발산하는 불길의 광휘에만 있는 것이 아니다. 분신이라는 자살방식의 또다른 특징은 그 시간성에 있다. 자살의 방식 중 대개 음독이나 익사 또는 액사(縊死)는 고독하게 수행되어 그 결과로서 시신만이 사후적으로 발견되는 반면, 분신은 죽음에 이르는 모든 과정을 보여준다는 점에서 사진보다는 영화에 가깝다. 그것은 조금 전까지 살아

서 사회학자의 관심은 개인의 자살행위와 그 내적 의미가 아니라 집단적 현상으로서의 자살률에 한정되어야 하며, 자살의 분류 역시 형태론적으로가 아니라 원인론적으로, 다시 말해 그것의 기술된 특성에 의해서가 아니라 그것을 발생시키는 사회적 원인에 따라 이루어져야 한다고 보았다(같은 책 li, 99). 이와 같은 접근에서는 저항적 자살이라는 범주 내에 존재하는 분신, 투신, 할복 등의 유형 차이는 무차별적인(indifferent) 것으로서, 관심의 대상이 되지 못한다.

서 구호를 외치던 사람이 숯덩이로 변하는 과정, 몸에 불이 붙은 채로 꿈틀대거나 바닥으로 낙하하는 과정을 모두 보여준다. 설령 그것이 물리적으로는 길지 않은 시간일지라도 바라보는 이들에게는 대단히 길게 체험될 수도 있다. 김세진, 이재호의 분신을 목격한 김응수는 자신이 연출한 영화 〈과거는 낯선 나라다〉에 출연하여 몸에 불이 붙은 채 구호를 외치는 두 사람을 바라보던 순간의 상념들을 다음과 같이 진술한다.

"저는 멍한 상태에서 그 상황을 바라보면서, 쓸데없이, '사람들이 불이 붙은 상태에서도 저렇게 오래 살 수 있구나, 생명이 붙어 있구나'라는 그런 생각을 했었고, 어리석게도, '사람이 불에 탄다면 그 온도는 얼마나 되고 그것은 어떻게 뜨거울까… 어떻게 뜨거울까' 그런 이상한 생각을 했습니다. '얼마나 뜨거울까?' 어렸을 적 불에 데었던, 화상을 입었던 기억이 나면서 '그보다 몇천배는 뜨겁겠지? 저렇게 휩싸여 있으니까' 그런 생각을 했었고, 굉장히 오랫동안 구호를 외쳤었던 그런 생각이 납니다. 마치 정지된 시간처럼."

분신에 더하여 투신까지 이루어지더라도 그의 죽음은 "옥상에서 아래로 슬로비디오처럼 천천히 떨어지는 불덩이"이자(오수연 1994: 48), "이 세상에서 저세상으로 아득히 떨어지며 마지막 몸부림을 치는 불덩어리"이다(이인성 1995: 141). 분신을 감행하는 자는 보는 사람으로서도 길게 느껴지는 이 시간 동안 엄청난 고통을 홀로 감내해야만 한다. 1986년 9월 3일 퇴근시간인 6시 10분경 광화문에서 "군사독재 타도하고 민주정부 수립하자", "민중이 각성하여 민족 쓰레기 처단하자", "노동3권 쟁취하여 인간답게 살아보자", "광주사태 책임지고 현 내각은 물러가라" 등의 구호를 외치며 분신한 후 생존한 백종수는 그 고통을 이렇게 기술한다.

> 아! 그 고통! 죽음과 같은 고통이었다. 생전에 당해보지 못한 고통이었다. 내가 분신을 각오한 뒤 여러가지 상상속에서 그려본, 불길을 통하여 죽음에 이르는 처절한 고통은 어디까지나 상상속의 고통에 지나지 않음을 확인했다. 참지 못하는 고통, 그 고통과 싸우는 본능에서 나는 구호를 계속 외쳐댔다. 그러나 그것은 외침이 아니었다. 그냥 괴성이었다. 누워 딩굴며 질러대는 괴성, 이대로 누워 있을 수는 없었다. 다시 일어났다. 역시 불길이었다. 불길이 앞을 가로막았다. 나는 불길을 헤치기 위해서도 뛰었다. 또 뛰었다. 숨이 막혀왔다. 숨길을 트기 위해서도 괴성을 질러야 했다. 괴성의 구호. 나는 계속 구호를 외쳐댔다. 또 쓰러졌다. 다시 일어났다. 그러나 더 뛸 수 없었다. 몸이 말을 듣지 않는다. 자! 이제는 가는 것이다… 정신이 몽롱해졌다. 몸도 추스를 수 없었다. 그 자리에 쓰러졌다. 시야 가득히 밀려오는 하늘, 그 공해에 그슬린 하늘을 뭉게뭉게 검은 연기가 핥으며 검정을 칠하고 있고, 내 몽롱한 시야에서 불길이 천천히 사위어들 때 경찰관이 소화기를 뿌렸다. 검은 연기가 흰 연기로 바뀌면서 몸이 시원해져오는 것을 느꼈다…(박용수 1989: 162)

이러한 분신의 고통은 지켜보는 사람들로서는 경험해본 적 없는 차원의 것이어서, 불타오르는 몸의 시각적 이미지를 통해서만이 아니라 청각, 후각, 촉각 등 다양한 감각을 통해서 단지 상상할 수 있을 뿐이다.˙ 여기에는 "불꽃이 목을 타고 들어오는 고통"(안재성 2009: 363), 그렇게 익어가는 성대로부터 뽑아내 듣는 이의 마음에 "화살로 꽂히는 동지의 외침"(〈또다시 불로 타 오는 그대는〉), 그리고 "봄날 개 그을리는 듯한 냄새"(이인휘 2016: 149)까지도 포함된다. 기나긴 몇초가 지난 후의 모습은 처참하다. 자신의 친구인 박영진의 분신을 소재로 한 안재성의 『파업』은 이 장면을 다음과 같이 묘사한다.

> 머리칼과 눈썹은 다 타 없어지고 눈꺼풀과 입술마저 말려 올라가 허연 눈자위와 뻐드렁니가 드러난 상태였다. 몸을 둘러싼 옷도 완전히 재가 되어 너덜너덜한 사이로 익어버린 살이 허옇게 드러났다. 오직 혁대의 버클만이 검게 그을린 채 형태를 유지하고 있을 뿐, 모든 것이 타버렸다. 새까만 몸뚱이에서는 오래도록 향연 같은 연기가 피어났고 기름 냄새와 살 타는 냄새, 그리고 피비린내가 진동했다.(안재성 2009: 364)

• 스피노자에 따르면 상상과 이미지는 시각에 국한되지 않는 다양한 신체적 변용을 포괄한다. "그것의 관념들이 외부의 신체를 우리에게 현존하는 것처럼 제시하는 인간 신체의 변용들(affections)을 우리는 사물의 이미지(images)라고 부를 터인데, 이것들이 사물의 형상(figures)을 재생산하지 않는다 하더라도 그렇다. 그리고 정신이 신체를 이러한 방식으로 여길 때 우리는 정신이 상상한다고(imagines) 말할 것이다."(Spinoza 1994: 130)

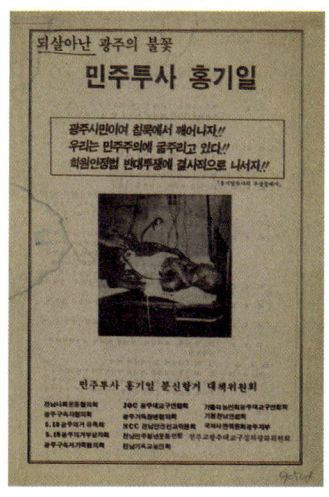

3-7. 병상에 누워 있는 홍기일의 모습이 인쇄된 모금유인물

몸에 붙은 불이 꺼졌다 하더라도 모두 끝난 것이 아니다. 분신은 감행에서 사망에 이르기까지의 시간이 가장 긴 자살방식으로, 분신을 행한 자는 병원에 이송된 후에도 며칠 내지는 몇주간 고통을 받으며 죽어간다. 머리카락은 가장 먼저 불에 녹아 없어져서 머리는 벗어져 있고, 얼굴과 온몸 곳곳의 피부가 허옇게 벗겨져 있거나 옷과 함께 엉겨 붙은 상태로 산소호흡기를 꽂은 채 병상에 누워 있는 모습은 대자보나 소식지 등을 통해 사람들에게 전해지기도 한다(3-7).

분신 장면을 바라보며 느끼는 경악과 경외감은 온몸을 휘감는 불길의 열기에 대한 상상에 근거한다. "열은 실체의 풍부함과 영속성을 말해주는 대표적인 증거다. 그것만이 생의 강도, 존재의 강도에 직접적인 의미를 부여한다. 내적인 불의 강도에 비하면 그밖에 다른 감각적 강도들은 얼마나 느슨하고 무기력하고 정태적이고 치열하지 않은가!"(바슐라르 2007: 200) 이를테면 "금남로 뜨거운 아스팔트 위를/불구덩 몸살로/달리는 아픔"에 비한다면 시민들의 사랑과 용기, 시인의 예술, 교수의 학문은 시시한 "빈 껍질"에 불과한 것이다(김희수「아아 無等의 아들 홍기일!」).* 불태워지는 것의 가치가 클수록 그 불이 바쳐지는 대상은 더욱 돋보이게 되는데, 불살라지는 그것이 자신의 몸과 목숨일 때 그의 행위는 더욱 순수하고 신성한 것으로 여겨진다. 그래서 '나'도 "무엇인가 할 수 있다는, 무엇인가 오욕의 세월을 씻어낼 수 있는 일을 해야 한다는" 충동은 "'분신'에의 꿈"으로 이어지기도 한다(공선옥 2000: 23). 널리 알려진 운동가요 또는 민중가요 중에는 분신을 소재로 한 것이 많은데, 이와 같은 "불의 이미지들의 그 엄청난 시적 생산"은 분신이 "진정성의 정점에 존재하는 절대적 자기파괴의 행위"라는 점을 염두에 두어야 이해할 수 있다(바슐라르 2007: 200; 김홍중 2009: 20).**

* 분신을 비롯하여 '몸'을 통한 투쟁은 지식계층의 '말'에 대한 (민중의) 경멸과 불신을 다분히 의식하고 있었고 종종 그러한 견해를 피력하는 데 동원되기도 했다. "즈이들이 진심으로 나라를 사랑하고 세상을 확실히 바꿔보겠다고 한달 것 같으면, 지지부진 허구헌 날 오리새끼들처럼 꽥꽥거려 될 일이 아니라 이거야. 막말로 피를 뿌려라 이거지. 왜 토마스 제퍼슨인가 하는 사람의 말 중에 이런 게 있지 자유의 나무는 때때로 피로 북돋아져야 한다. 그것은 그 나무의 자연스런 밑거름이다. 한날한시에 대충 열명만 광화문 앞에 모여 서로 얼싸안고 분신 같은 걸 해봐. 이놈의 세상이 무너지나 안 무너지나."(박원식 1990: 242) "말이란 입을 통해서가 아니라/온몸으로" 와야 한다는 것이다(이영진「무덤은 큰 입이다」).
** 〈그날이 오면〉은 전태일의 생애를 그린 노래극 〈불꽃〉을 위해 만들어진 곡이고, 윤선애의 목소리로 널리 알려진 〈벗이여 해방이 온다〉는 김세진, 이재호의 분신을 소

분신 외에 자기 신체를 파괴하는 장면을 연출하여 저항의 수단으로 활용하는 또다른 방식으로는 투신이 있다.* 투신은 낙하하는 자신의 몸무게를 이용하여 공권력이 행사하는 물리력 이상의 충격을 자기 자신에게 가하는 것이다. 분신하는 몸이 일정한 시간 동안 전시되면서 지속적 고통 속에 놓인다면, 투신하는 몸은 "하나의 섬광"처럼 나타나서 허공에 "가는 금 긋고 없어"진다(고은 1988: 90, 93). 그것은 "그들이 살아온 모든 과거와 살아갈 수 있었던 모든 미래가 한점으로 압축되어 블랙홀처럼 절대의 비중을 가진 영점으로 화하는" 짧은 시간이다(김명인 2017: 36). 이처럼 순간적인 파괴력을 이용하는 투신의 시각적 충격은 추락 직후 나타나

재로 하여 이성지(본명 이창학)가 작곡한 곡이다. 앞서 본문에서도 짧게 인용한 〈또다시 불로 타 오르는 그대는〉은 박영진의 추모곡이며, 노조탄압과 부당해고에 항의하며 분신한 택시기사 박종만의 장례식에서 발표된 〈동트는 그날까지〉도 잘 알려져 있다. 분신을 소재로 하거나 분신한 이를 기리는 경우가 아니더라도, 불의 이미지를 차용하여 만들어진 시와 노래는 무수히 많다. 〈타는 진달래〉는 『창작과비평』 1975년 가을호에 발표된 정희성의 시 「진달래」에 음을 붙여 노래로 만든 것인데, 원래 이 시는 1975년 4월 11일 서울대학교 자유성토대회에서 양심선언문을 읽다가 할복한 김상진을 기리며 쓴 것이다. 노래의 1절 가사는 다음과 같다. "잘 탄다 진아/너는 불 가운데 눕고/너를 태운 불길로/진달래 핀다/죽어서 살아 있는/불타는 산천으로/흙가슴으로/사랑으로/함성으로." 또한 윤선애가 1984년 서울대 총학생회 발대식에서 불러 유명해진 〈민주〉는 신경림의 시 「민주의 죽음을 함께 슬퍼하며」에 안혜경이 곡을 입힌 것으로, 2절 가사는 다음과 같다. "너는 불꽃 불꽃이었다/갈수록 어두운 세월/스러지는 불길에 새 불 부르고/언덕에 온고을에 불을 질렀다." 신경림의 시는 원래 사고로 세상을 떠난 지인의 딸을 기리며 쓴 것인데, 그 딸의 이름이 민주였다고 한다.

* 1980년에서 2012년까지의 저항적 자살 133건 중 투신은 17건으로 전체의 12.8퍼센트를 차지했다(임미리 2017: 45). 1960년대부터 김영삼 정권까지 살펴봤을 때는 12건으로 집계된다(김원 2011: 318~19).

는, 지면과 충돌하여 터지고 깨지고 부서진 시신의 모습에서 온다. 국가의 공권력은 이러한 장면을 은폐하기 위하여 몰려드는 사람을 차단하고, 투신자의 웃옷을 벗겨 "피가 솟아나는 머리를 감싸 숨기려고만" 하거나, 아직 숨이 붙은 채 "붉은 피를 쏟아내며 차가운 시멘트 바닥에 뒹구는" 몸 위에 최루탄을 발사하기도 한다(서울대 민주열사 추모사업위원회 1984: 138, 70). 이러한 장면은 보는 이로 하여금 민주주의라는 것이 "장난이 아니며, 목숨이 걸린 '큰 일'임을" 실감하게 만든다(최영미 2014: 123).

분신이나 투신 외에도 몸의 파괴를 통해 저항의 의미가 표출되는 장면으로는 단식과 할복이 있다. 스스로 배를 갈라 피와 내장을 몸 밖으로 쏟아내기도 하는 할복은 시각적으로 강한 충격을 주는 사건임에 분명하나 실행 사례가 드물고, 특히 이 연구에서 주목하는 1980~87년 사이의 기간에는 상징적인 사건으로서 널리 알려진 예가 존재하지 않는다.* 한편, 단식은 그 역시 고통스러운 과정이긴 하나 몸의 파괴가 점진적이며 그만큼 "타협의 가능성을 깔고 진행되는 것"이어서 죽음에까지 이르는 경우는 많지 않다(김광억 1995: 158). 하지만 단식은 점차 야위어가는 몸의 변화와 건강상태가 언론이나 대자보 등을 통해 전파되며, 이를 지켜보는 관객의 호응과 지지를 확보하기 위하여 다양한 의례를 동원하는 등 '사회적 드라마'의 성격을 띤다(터너 2018). 단식을 통해 죽음에

* 한국에서 사회적으로 기억되는 할복 사건으로는 1975년의 김상진, 1988년의 조성만(할복 후 투신), 그리고 2003년 이경해의 경우를 들 수 있다. 노성환(2002)은 한국의 분신과 일본의 할복을 각국의 특징적인 자살 수단으로서 비교하고 있다.

이른 상징적인 사례로는 박관현이 존재한다. 하지만 옥중에서 이루어진 그의 단식은 극적인 효과를 수반하기 어려웠는데, 1982년 9월 15일 그의 결심공판에 참석한 이들을 통해서야 그의 단식 소식이 교도소 밖으로 전해졌다. 이튿날 광주교도소 측이 단식투쟁자 및 지역 성직자와 면담을 하고 재소자들의 요구를 수용하겠다고 약속했지만 근본적인 변화는 이루어지지 않았다. 박관현은 3차에 걸친 단식 끝에 1982년 10월 12일 사망했다(최유정 2012).

죽음의 스펙터클이 가져온 충격으로부터 조금씩 몸을 회복한 민은 이제 자신의 에너지를 주체할 수 없는 지경에 이르렀다. 몸을 움직여 항의하고 저항하기 시작한 민은 이제 가눌 길 없는 분노를 표출하기 위하여 자기 자신을 파괴해나가고 있었다. 그런데 자기의 몸을 파괴하고 훼손하는 행위는 대단히 상징적인 장면들을 산출하였지만, 그것은 또다른 죽음의 스펙터클이었다. 그것은 폭력으로 제압하려는 자와, 폭력에 의해 억눌리면서도 그에 저항하는 자를 포함하는 모든 관객을 경악시켰다. 그리고 이처럼 물리적 폭력을 상징적으로 전복하는 저항의 과정에서 민의 몸은 다시 한번 수난을 겪게 된다. 이전에는 민이 폭력의 대상이자 참상의 소품이었다면 이번에는 자기 스스로 자신의 몸을 파괴하기로 결단을 내리고 실행에 옮겼다는 점이 차이일 뿐이었다.

죽음의 스펙터클을 목격하고서 받은 충격으로부터 힘겹게 힘을 회복해온 민은 스스로를 파괴하거나 그런 동료의 죽음을 목격하고서 다시 한번 충격을 받아야 했다. 왜 또다시 '우리'가 죽어야 하는가 하는 깊은 의문과 좌절. 어떻게 해야 하는가? 무엇을 해야 하는가? "어떻게 살아야 할 것인가, 논바닥같이 갈라진 부모님 얼굴을 눈물로 패게 하면서 우리는 떠나야 하는가, 대체 이 역사를, 이 비뚤어짐을 어쩌란 말인가."(공지영 1994b: 186) 가족과 운동 사이에서, "자신에 대한 의심과 두려움 속에서" 갈등하던 박혜정 역시 이런 죽음을 목격했다.[16] 김세진, 이재호의 분신이 있고 채 한달도 지나지 않은 5월 20일, 그는 분신한 채로 투신하는 이동수를 목격한다. 충격적인 자기파괴의 몸짓을 목격한 그는 다음 날 한강에 투신한다. "한강변에 나가 강물이 아름답다고 느끼는 것도 죄스러운 시절이었다."(같은 책 186) 그가 남긴 유서에는 이렇게 적혀 있다. "아파하면서 살아갈 용기 없는 자, 부끄럽게 죽을 것." 이제 민은 죽음의 스펙터클이 가져온 충격으로부터는 기운을 되찾았지만, 그렇게 회복한 활력으로 살아 있는 이들을 "영원한 부끄러움의 연옥 속에"(김명인 2021: 184) 가두면서 자기 자신을 파괴하고야 마는 이 수난이자 열정(passion)을 어찌해야 할 것인지 고민하는 단계에 들어섰다.

죽은 자의 귀환

민이 운동과 재활을 거치며 몸을 회복하는 사이 죽은 자들도 다시 산 자들 곁으로 돌아와 힘을 보탠다. 죽은 이들은 다시 그 얼굴을 찾고 그들의 영혼은 산 자들의 눈에 어른거리며 무언가 중얼중얼 말을 하는 듯도 하다.

3-8. 노찾사 2집 앨범 재킷

얼굴의 상실과 회복

1989년에 발매된 노찾사(노래를 찾는 사람들)의 2집 앨범은 진보적 색채의 민중가요를 수록하고 있으면서도 대중적으로 커다란 호응을 얻었다. 한국 대중음악사의 명반으로도 꾸준히 꼽히는 이 앨범의 재킷 사진은 어느 초등학교 졸업사진을 구해서 활용한 것인데, 군데군데 하얗게 지워진 얼굴들은 산화한 열사로, 의문사한 사람들로 해석되면서 음반에 수록된 비장한 곡들에 분위기를 더해주었다(3-8).● 하지만 그렇게 지워진 자리는 공백으로 남아 있는 것이 아니라 "하얀 공장 하얀 불빛 새하얀 얼굴들"(〈사계〉), "내 형제 그리운 얼굴들"(〈그날이 오면〉), 그리고 "서러운 벗들"(〈마른 잎

● 1집부터 4집까지 노찾사의 모든 정규앨범은 초등학교 졸업사진을 재킷 사진으로 활용했다. 이 가운데 지워진 얼굴을 테마로 한 것은 2집과 3집이다. 처음 이 사진을 삽입한 1집 당시의 의도는 "익명의 대중 누구나 무수한 군중 속에 숨어 있는 하나의 노찾사"임을 표현하는 것이었다고 한다(최규성 「시대의 아픔 달래던 민중의 대변자들」, 『월간중앙』 2009년 6월호).

다시 살아나〉)의 얼굴로 상상된다. 3집에 가서 이 자리는 "기나긴 죽음의 시절 꿈도 없이 누웠다가 신새벽 안개 속에"(〈청산이 소리쳐 부르거든〉) 떠난 자, "울며 떠난 이 죽어 떠난 이"(〈사랑 노래〉) 등의 얼굴로 채워진다. 노찾사의 노래에서는 죽은 이들, 사라진 이들이 말소된 채로 망각되는 것이 아니라 그들의 구체적인 얼굴로 다시 떠오른다. 이처럼 노찾사의 노래가 얼굴을 찾는 작업이기도 했다면, 단 몇년의 짧은 기간일 뿐이었지만 민주화 직후 이들이 받았던 열렬한 호응은* 사람들이 기대했던 민주주의라는 것이 곁에 있던 서로의 얼굴을 비추고 바라보는 것이었음을 짐작하게 한다.

실제로 한국 민주주의의 역사는 부서지고 지워진 얼굴을 찾아가는 과정과 다르지 않았다. 왼쪽 눈에 직경 5센티미터, 길이 20센티미터의 최루탄이 박힌 채 마산 앞바다에 떠오른 김주열부터가 그러하지만, 한국에서 민주주의라는 드라마는 죽음의 장면부터 시작했고 그것은 얼굴의 파괴와 상실로 나타났다. "가면같이 지워진 흰 얼굴들, 모두 죽은 자들이었다."(전경린 1997: 15) 특히 1980년대 민주화 과정에서의 죽음은 얼굴이 상실, 삭제, 파괴되는 이미지로 나타난다. 1980년 5월 21일 오후 1시 전남도청 앞에서의 집단발포 상황을 연상시키는 다음의 장면을 보라.

---

* 노찾사의 공연활동이 본격적으로 시작된 것은 1987년이며, 2집 음반의 성공 후 가장 활발한 활동을 펼친 것은 1989년부터 1990년대 중반 정도까지이다. 노찾사는 1980년대 말부터 1990년대 초까지 대중의 강력한 지지를 받다가 1990년대 중반 이후 점차 쇠퇴했다(김창남 2005: 80).

내 머리 뒤에서 합창하는 그 수많은 얼굴들. 잊어버릴 수 없는 얼굴들.

갑자기 아우성이 터졌어. 저 앞에서 무슨 일이 일어나고 있었던 거야. 그리고 그 거대한 물살이 뿔뿔이 흩어지기 시작했어. 그 빛나던 얼굴이 일그러지고 찢겨지고 젖혀지면서 무더기로 바닥에 나동그라졌어. 그래 그 얼굴들을 똑같이 물들이고 있었던, 피, 피. 빨간 피. (…) 꺾이는 얼굴, 일그러진 얼굴, 얼굴들. 빛을 모두 잃은, 순식간에 비어버리는 얼굴들. (…) 쓰러지는 얼굴, 일어서다가 다시 억 하고 쓰러지는 얼굴, 신음하고 다시 일어서다가 소리도 없이 풀썩 쓰러지는 얼굴, 잠시 땅바닥에 내던져진 붕어처럼 팔딱거리며 경련하다가 소리 지를 시간이 없이, 고통스러워할 시간도 없이 굳어져버리는 얼굴들, 영원히 굳어져버린 얼굴들. 깔린 얼굴, 얼굴 없는 얼굴.(최윤 1992: 280~81)

광장에 모여 합창하던 잊지 못할 수많은 얼굴들은 순식간에 같은 색깔 피로 물들어버리고, 꺾이고, 일그러지고, 빛을 잃고, 비어버리고, 굳어버리고, 결국에는 지워져버린다. "어느 순간 얼굴들이 둥둥 떠오르고" 당시의 상황이 스쳐 갈 수도 있겠지만, 그때도 우리는 "모든 얼굴들을 두서없이, 선택 없이" 한꺼번에 "핏속에 용해해서 녹음해가지고 있을지도 모른다."(같은 책 225) 얼굴은 죽음과 함께 없어지며 죽음은 얼굴의 상실을 의미한다.

죽음이 얼굴의 상실임을 나타내는 가장 직접적인 이미지는 1980년 5월 광주에서 사망한 시신들의 얼굴이다. 이를테면 1987년 발간된 광주항쟁 관련 최초의 사진집 『오월 그날이 다시 오면』에는 공수부대의 진압으로 사망한 시신들의 얼굴을 클로즈업해서 촬영한 사진들이 컬러로 인쇄되어 있다. 지인들조차 알아볼 수 없을 정도로 심하게 훼손되어 있거나 피로 범벅이 된 이들의 얼굴 사진에는 사망 및 발견 전후의 정황에 대한 최소한의 설명도 제시되어 있지 않다. 단지 얼굴이 훼손되었다는 하나의 사실만을 공유하며 나란히 인쇄된 사진들 옆에 적힌, "아아"하며 절규하는 김준태의 시구는 김정환의 시 제목 그대로 '몸통에서 분리된 모가지의 노래'가 된다. 또한 "頭部가 없으므로 관을 개봉할 수 없"다거나(박정열 「5월 25일 도청 안에서」), "공수에게 대검으로 목이 잘린 것 같음" 같은 "붉은 매직 글씨"와 함께 "상반신은 관 뚜껑으로 가리고/하반신만 남은 고교생 교련복 시체"(김희수 「오늘은 꽃잎으로 누울지라도」), "얼굴마저 없어진 어린것들의"(이영진 「단 한 줄의 시도 쓸 수가 없다」) 이미지는 죽음이 얼굴의 부재임을 잘 드러낸다. "얼굴에 페인트칠을 당하고"(고정희 「넋이여, 망월동에 잠든 넋이여」) 누워 있는 시신들 역시 죽음이 얼굴의 소멸이나 상실로 나타날 수 있음을 보여준다.

죽음은 얼굴의 파괴나 상실이라는 결과로 나타날 수도 있지만, 애초에 그 죽음은 얼굴의 부재를 조건으로 해서 발생한 것이기도 하다. 누군가를 죽음에까지 이르게 하는 폭력은 그를 얼굴을 가진 존재가 아니라 사물로 여길 때 가능하기 때문이다.* 이를테면

---

* 일본의 정신의학자 노다 마사아키는 패전 후 전쟁에서 돌아온 전범들과의 대화를 통해 일본의 죄의식을 분석한다. 그는 중대장 출신으로 산둥성에서 행한 '토끼사냥' 등 학살의 과오를 고백하는 고지마 다카오와의 대화에서 죄의식을 추궁하듯 다음

3-9. 안창홍 〈80년대 인물도〉(1982)

공수부대원들이 노인, 여성, 아이 가리지 않고 무차별적으로 폭행을 가했으며, 그들의 눈빛은 약을 한 것 같았다는 증언은 그들이 상대를 얼굴을 가진 존재로 바라보지 않았음을 말해준다. 이처럼 생사여탈권을 가진 국가와 직접 대면하고 있던 민에게는 언제나 죽음의 그림자가 드리워져 있었으며 이들의 얼굴은 구멍이 뻥 뚫린 공허한 이미지로 나타난다(3-9).

이처럼 죽음의 이미지는 얼굴의 부재, 상실, 파괴로 나타나지만

과 같이 문답을 이어간다. "지금 말씀하시는 걸 듣고 있으면 살해당한 사람이 추상화되어버려서 얼굴을 느낄 수가 없어요. 살해당하는 사람의 얼굴은 기억이 안 나요?"/"얼굴은 생각나지 않는군요. 그냥 찌른 부분만…"/"그렇다면, 역시 물체로밖에 인식하지 않은 거네요."/(…)/"글쎄요… 그것은 말하고 싶지 않아서, 가족에게도 말한 적이 없어요."(노다 2023: 184~86) 이 대목에서 노다는 전쟁에 투입된 일본군이 자신이 죽인 이들을 얼굴을 가진 인간으로 바라볼 능력이 있었는지 물으면서 이들이 가진 죄의식의 피상성을 추궁하고 있다.

죽은 자에 대한 기억과 회상에서까지 그의 얼굴이 지워지는 것은 아니다. 오히려 죽은 자에 대한 기억은 그의 얼굴을 통해서 살아난다. 계엄군의 도청 진입 전날 시민군 대변인 윤상원을 만났던 외신기자의 다음과 같은 회고를 보라.

> 내 마음의 눈에 또렷이 살아 있는 광주 희생자 한명이 있으니, 그날 이십육일에 기자회견을 했던 대변인 학생이다.
> 나는 광주에 있는 전남도청 건물 안 한 방에 응접탁자를 사이에 두고 바로 그 사람 건너편에 앉아서 이 사람 머지않아 죽게 될지도 모른다는 생각을 했다. 그 눈길이 내 눈에 비칠 때에 나는 그 사람이 자기가 죽을 줄을 스스로 알고 있다는 생각도 했다. 나는 그 사람이, 한국인에게는 드문 그 곱슬머리를 한 것을 보았고, 그 사람보다 훨씬 더 젊은 듯하던 그 무장한 동료들의 히스테리에 가까운 설치는 모습과는 대조되게 조용한 몸가짐을 하는 것을 보았다. 그때에 나는 그 사람이 죽을 것 같다는 예감을 또렷이 느꼈던 것이다. 그 사람은 눈길이 젖다웠고 내 보기에는 체념한 듯이 침착했다. 그리고 눈길을 내 눈에서 딴 데로 돌리지 않다시피 했다. 그 대변인은 나이가 스물다섯살쯤인 듯했다. 굳세 뵈는 광대뼈, 똑똑한 모습을 하고 있었다. 그러나 내 마음을 사로잡은 것은 내 생각에는 틀림없이 다가오는 죽음의 인식이었던 것을 직면하고도 점잖고 상냥해 뵈던 그 사람의 눈길이었다. (마틴 1994: 72~73)

얼굴(face)이란 "남들의 인정을 받을 만한 사회적 자질을 지닌 존재로 스스로를 표현하는 자아 이미지"로서, 얼굴을 가진 사람 그리고 얼굴을 들 수 있는 사람은 "보통 자신감을 가지고 침착하게 반응한다."(고프먼 2013: 18, 20) 국가와 시민 사이의 관계에서 국가는 감정적 요소를 배제한 채 합리적이고 인격적으로 작동하는 군대와 같은 관료기구를 통해 민의 얼굴을 지우고 그를 죽음에 이르게 할 수 있었다. 하지만 시민과 시민 사이의 관계, 즉 민간(民間)의 사회적 관계는 인격에 근거해 있었으며 이때 얼굴은 지워지지 않고 서로의 "마음의 눈에 또렷이" 살아 있다. 얼굴은 인간의 "내적 인격을 직관할 수 있는" 장소이기 때문이다(짐멜 2005: 111).•

• 부끄러움 없는 희생자들이 얼굴이 뭉개진 채 죽어갔어도 그 얼굴이 영원한 생명력을 가지고서 다시 태어난다면, 이들을 죽음으로 몰고 간 가해자들은 멀쩡한 얼굴을 가지고 살지만 이를 떳떳하게 드러낼 수가 없다. 이순원의 「얼굴」은 이를 잘 보여주는 작품이다. 주인공 김주호는 광주에 투입되었던 공수부대 출신으로, 자신이 가담한 폭력에 죄책감을 느끼며 그 열흘간의 과거를 지우고 싶다. 하지만 주변 사람들 모두가 그의 과거를 알고 있는 것만 같다. "그 당시 저희를 때렸던 공수부대의 얼굴을 역력히 기억하고" 있다는 TV 영상 속 시민의 인터뷰가 머리에 맴돌고, 잠시 호감을 가졌던 여성이 광주 출신이며 그의 오빠가 마지막 날 도청에서 사망한 시민군이었다는 사실을 알고 나서는 인상을 바꾸기 위해 안경을 맞춰 쓴다. 출신 부대가 알려진 후 자신을 대하는 직장동료들의 태도도 그를 괴롭게 한다. 이 무렵부터 그는 밤마다 광주 관련 영상을 돌려 보면서 자신의 얼굴이 찍히지는 않았는지 전전긍긍한다. 그 어떤 영상에서도 자신의 얼굴은 찾을 수 없었다. 하지만 전원이 꺼진 텔레비전 화면 속에서는 베레모를 쓴 얼굴이 떠올라 자신을 향해 총구를 겨누고 있다(이순원 1993). 가해자는 자기 얼굴의 오점을 애써 감추려 해도 감춰지지 않는다. 한편, 감춰지지 않는 이 얼굴을 바라보며 괴로워하는 것과는 다른 대처방식도 있다. 문순태의 「최루중」에서 오치선은 13년 전 광주에서 착검한 총으로 젊은이를 겨누고 있는 자신을 찍은 사진사 오동섭을 찾아간다. 그 사진은 13년 뒤 세상에 공개되었는데, 얼굴이 드러남으로써 여러모로 자기 입장이 곤란해졌다는 것이다. 그는 나름대로 죄책감에 시달려왔음을 항변하면서, 사진 속 젊은이를 찌르지도 않았고 명령에 복

이처럼 얼굴은 체계와는 구별되는 생활세계에서의 사회적 관계로부터 자연스럽게 형성되는 표상일 수도 있지만, 적극적이고 의도적인 재현 활동의 산물이기도 하다. 특히 국가에 의해 얼굴 없이 죽은 이들에 대해서 그 얼굴을 되살려주는 실천이 이루어지는데, 한국에서 민주주의란 얼마간 이러한 얼굴 회복의 작업과 겹쳐지는 것이기도 했다. 다시 말해, 국가에 의한 민의 죽음이 얼굴의 상실로 나타나는 것이었다면, 민주화와 함께 전개된 기억 및 기념사업에서 핵심은 민의 얼굴을 재생시키고(revitalize) 새롭게 만들어나가는 것이었다. 이를테면 망월동 구묘역에는 유족들이 묘소마다 유리상자를 비치해두고 그 안에 영정 등의 기념품을 넣어두곤 했다. 이후 '문민정부' 시기인 1997년 조성되어 '국민의 정부' 시기인 2002년 국립묘지로 승격된 국립5·18민주묘지(신

종할 수밖에 없었던 처지였다며 책임을 부인한다. 그리고 그 젊은이의 생사를 확인해야 자신의 마음이 편할 것 같다며, 오동섭에게 신문에 실린 그 사진의 원본을 한 장 인화해주기를 요구한다. 오동섭은 그의 태도가 불만족스러웠지만, 용서와 화해의 장면을 기대하며 다음 날 만나기로 약속한다. 하지만 오치선은 결국 모습을 드러내지 않는다. 그의 얼굴은 이미 세상에 드러나 있는데, 사죄의 용기가 필요한 결정적인 순간에 그는 얼굴을 보이지 않고 숨어버린다(문순태, 2012). 또한 박원식의 「방패 뒤에서」에 나오는 오치일은 잘못을 인정하기는커녕, 자신이 행사한 폭압은 충정 어린 결단이었다며 정당화하고 오히려 피해자들에게 책임을 돌린다. 그는 마지막 심판의 순간에 구차하게 목숨을 구걸함으로써 자신이 연기하던 영웅주의의 얼굴을 감당하지 못한다(박원식 1990). 민은 죽음이라는 참상에 등장한 당사자로서는 자신의 얼굴을 잃었을지 모르나, 서로를 기억하고 바라보면서 얼굴을 회복하여 참상을 저지른 자의 은폐된 얼굴을 들추어낸다. 수많은 문학작품과 문건에 '찢어 죽이자'며 '×××'나 'ㅇㅇㅇ'으로 표시된 자가 누구를 가리키는 것이었는지 모두가 알고 있으며, 평생 사죄 한번 없이 두꺼운 낯으로 살다 간 그를 부르던 멸칭들은 그의 얼굴과 머리의 생김새에서 따온 것이다.

3-10. 국립5·18민주묘지의 유영봉안소(위 왼쪽)
3-11. 국립5·18민주묘지의 세라믹 도예사진(위 오른쪽)
3-12. 망월동 구묘역의 사진비석(아래)

묘역)에는 유영봉안소가 설치되어 사망자의 영정을 안치해두었으며(3-10), 2007년부터는 묘비 옆에 세라믹 도예사진을 설치할 수 있게 되었다(3-11). 한편 구묘역의 묘소에 비치된 유리상자 속 영정과 기념품 등이 시간의 흐름에 따라 변질되거나 훼손되는 문제가 있어• 2018년부터는 구묘역에 있는 5·18희생자의 가묘와 민족민

• 노순택은 망월동 구묘역에 놓인 영정사진이 시간의 흐름에 따라 갈라지고 바래가는 모습을 10여년에 걸쳐 촬영하면서 민주화 이후 망자를 기억하는 작업이 사실은 그를 망각하는 과정이 아니었는지 묻는다(노순택 2012). 그에 따르면 21세기의 망월동은 "망각의 스펙터클"이자 "폐허의 스펙터클"이다(노순택『망각기계』작업노트, http://suntag.net/forget/).

주열사의 묘에 커다란 사진비석이 설치되기 시작했다(3-12).•

묘비 곁에 놓인 영정은 묘역 특유의 경건하면서도 평화롭고 고즈넉한 분위기에 독특한 비감을 더한다. 또한 유영봉안소나 합동분향소에 나란히 걸려 있는 수많은 영정은 공간에 들어서는 이를 압도하며 숙연케 한다. 영정이 발휘하는 이러한 효과는 기본적으로 사진의 이미지가 그것이 재현한 대상인 인물을 물리적 지표로 하고 있다는 사실에 바탕을 둔다. 설령 사진 속 인물이 실제 인물의 평소 모습과는 다른 외양(격식을 갖춘 옷차림, 다소 어색한 표정 등)을 하고 있다고 하더라도 사진은 대상이 되는 그 인물이 실제로 존재했음을 지시한다. 사진은 "발자국이나 데스마스크와 같이 실재를 직접 찍어낸" 것이기 때문이다(Sontag 2005: 120). 이처럼 사진에는 "어떠한 회화작품에도 없는 강력한 신뢰성"이 부여되어 있으며, 우리는 사진으로 "재현된 (…) 대상의 존재를 믿지 않을 수 없다."(바쟁 2011: 191) 사진 이미지로서 영정이 가지는 이와 같은 특성은 이름도 얼굴도 알려지지 않은 채 죽어간 이들이 실제로 살아 있었다는 것을, 하지만 지금은 그렇지 않다는 사실을 지시함으로써 슬픔을 유발한다.

그런데 영정이 발휘하는 효과는 사진 이미지와 그 대상의 존재론적 차원에 관계된 것을 넘어, 인물의 형상이 갖는 특징으로 인한 것도 있다. 벤야민이 지적하듯 기술적 복제가 가능할 뿐만 아

• 구묘역에 사진비석이 설치된 데에는 국립5·18민주묘지의 묘소에 설치된 세라믹 도예사진이 일본식이라는 5·18유족회와 유가협의 문제 제기도 하나의 배경이 되었다고 한다. 이에 대해 설명해주신 광주전남추모연대 김순 집행위원장님께 감사드린다.

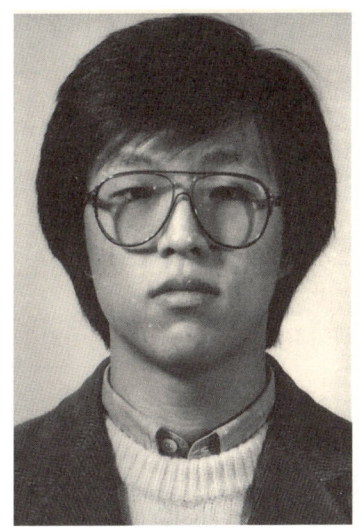 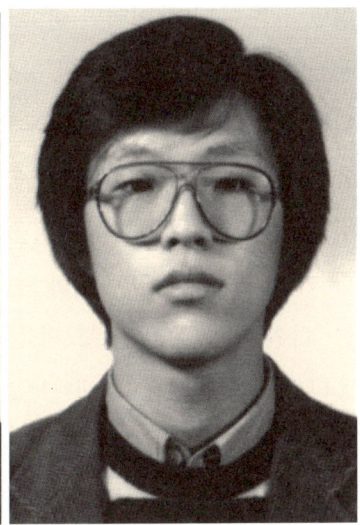

3-13. 박종철의 영정사진

니라 이를 의도하고 제작되는 사진은 진품성을 따지는 것이 무의미하며, 예술활동이 바탕을 두고 있던 사회적 기능, 즉 제의로부터도 해방된다. 하지만 벤야민 스스로 밝히고 있는 것처럼 소멸하는 제의가치가 구축하는 "최후의 보루"는 바로 얼굴이다(벤야민 2010: 301). 얼굴은 재현의 "모든 오브제들 중 가장 소중한 오브제"이며(오몽 2006: 28), 복제가 가능한 작품으로서 사진이 일말의 아우라를 가지고 있다면 그것은 "사람 얼굴의 순간적인 표정"으로부터 풍겨 나오는 것이다(벤야민 2010: 301). 한국 민주주의의 상상계에 등재된 표정 가운데 이와 같은 신성한 아우라를 간직하고 있는 가장 대표적인 예는 박종철의 얼굴이다(3-13).

위의 두 박종철 사진은* 처음부터 영정으로 사용하기 위해 촬영된 것은 아니다. 어쩌면 대학 입학 등을 위해 촬영하였을 증명사진 속에서 인물은 이제 막 청소년기를 지나 보낸 이 특유의 분위기를 발산하고 있다. 두차례의 증명사진을 촬영할 때마다 같은 셔츠와 재킷으로 일관한 수수한 차림, 맞이할 미래에 대한 긴장과 자신감이 공존하는 표정은 모두 이 청신함에 일조하고 있다. 게다가 그의 외양에 대한 여러 묘사에서 빠지지 않고 거론되는 "하얀 얼굴"은 그가 부모와 선생의 기대, 친구들의 인정이라는 울타리 바깥을 이제 막 내다보고 있음을 보여주는 듯하다(김윤영 2006: 162~63; 김태호·최인호 1998: 40).

하지만 그러한 단정함 속에 깃든 생명력이 밀실의 고통 속에 숨져갔음을, 부드럽게 다문 입술은 물을 받은 욕조에서도 열리지 않은 결기의 표현이었음을 아는 이들에게 그의 얼굴은 "스물한살, 대학교 3학년생이 갖는 청순한 이미지에서 오는 연민의 정"

- 현재 박종철의 영정으로 발견되는 이미지는 앞의 두가지이다. 외투 안에 흰색 니트를 입고 찍은 왼쪽 사진은 가족이 보관하고 있던 증명사진이고, 줄무늬 니트를 입고 찍은 오른쪽 사진은 학생증에 부착되어 있던 사진으로 추정된다. 두 사진 모두 1987년 당시에 사용되었다고 한다. 설명해주신 박종철센터 이현주 센터장님께 감사드린다. 다만, 필자가 각종 사진기록을 확인한 바에 따르면 1987년 당시 서울대 추모제(1월 20일), 명동성당 추모미사(1월 26일), 국민추도회(2월 7일) 등에서는 오른쪽 사진이 사용된 것으로 보인다. 당시 서울대 대학신문사에서 학생증에 붙어 있던 오른쪽 사진을 확대하여 사용하게 된 것으로 추정되는데, 그런 사정 때문인지 원본이나 공식 이미지가 존재하지 않으며 검색을 통해 발견되는 이미지도 많지 않다. 현재 각종 행사나 매체에서 사용되는 것은 주로 왼쪽 사진이다. 한 회고에 따르면 1월 17일에 있었던 언어학과 추모제에서는 학과에 있던 증명사진을 확대복사하여 영정사진을 마련했다고 한다(정덕환 2007: 77). 이런 이유 때문인지 학과 분향소 모습을 담은 사진들에서는 영정사진이 매우 흐릿하게만 나타난다(민주화운동기념사업회 오픈아카이브 등록번호 00739771, 00739772 사진 참고).

을 넘어서는 모종의 비극성을 담고 있는 것으로 여겨진다(김정남 2005: 565). 비극적인 것이란 "어떠한 파멸에도 굴하지 않는 영원한 생명을 표현"하는 것이다(니체 2007: 205). 그가 죽음으로 지켜낸 이, 그의 죽음을 세상에 알린 이들, 그의 죽음을 슬퍼했던 이들이 민주화 이후 제각기 다른 길로 나아가는 동안에도 "바뀌지 않은 것은 영정으로 우리에게 각인된 젊은 날의 그일 뿐"이다(김윤영 2006: 161). 그의 영정이 어떤 아우라를 발산한다면 그것은 이와 같은 대비 속에서이다. 박종철의 얼굴은 한국 민주주의의 상상계에서 생존과 대비되는 죽음, 변절과 대비되는 신념을 재현하는 도상(icon)으로 자리잡았다.

광주항쟁 희생자들의 경우에서 볼 수 있듯, 얼굴 없이 죽어간 민은 민주주의를 추구하고 실현하는 과정에서 다시 그 얼굴을 찾아간다. 또한 민주화운동은 박종철이나 이한열의 경우가 그러하듯 죽은 민의 얼굴에 강력한 상징을 부여하여 죽음 이후에 오히려 공적이고 사회적인 생명력을 불어넣기도 한다. 그런데 이처럼 죽은 이들의 얼굴 앞에서 살아 있는 민은 그것을 바라보는 주체이기만 한 것이 아니라, 되살아난 얼굴들 앞에 불려 세워져서 살아남은 자의 책임을 추궁하는 그들의 눈을 정면으로 바라볼 수 있는지 시험에 드는 대상이 된다. 얼굴은 그것을 마주하는 이에게 어떤 응답을 요구하는바(레비나스 2018: 338), 응답을 요구받는 이 수동성의 체험을 통해서 우리는 윤리적 주체로 거듭날 수 있게 된다.

물론 이러한 윤리적 주체되기의 과정은 단번에 완료되는 것

3-14. 장례식에서 사용된 이한열 영정

이 아니다. 죽은 자의 되살아난 얼굴은 계속해서 지워지고 사라지고 희미해지기 때문이다. 앞서 언급한 망월동 묘역의 유리상자 속 영정사진도 그러하지만, 이한열의 영정은 이러한 망각과 퇴색의 과정을 특히 잘 보여준다. 이한열의 영정은 그의 사망 직후 제작된 이래 수차례 훼손과 복원이 거듭되었다. 1987년 7월 9일 이한열의 장례식에서 사용된 그의 영정은 걸개그림 〈한열이를 살려내라!〉를 제작했던 최병수의 작품이다(3-14). 이 영정은 트럭에 장착된 채 연세대부터 시청을 거쳐 장지인 광주까지 운구행렬을 함께했는데, 그림 속에서 마치 "영험스러운 구름결"처럼 엉겨 있는 최루탄 연기를 뚫고 솟아 있는 이한열의 모습은 죽음도 꺾을 수 없었던 그의 강렬한 의지를 보여주는 듯했다(심산 1994: 279). 가로 180센티미터, 세로 240센티미터의 캔버스에 그려진 이 작품

3-15. 이한열 영정 훼손을 보도한 1988년 10월 3일자 『연세춘추』(위 왼쪽)
3-16. 2004년 훼손된 이한열 영정(위 오른쪽)
3-17. 2007년 20주기를 맞아 새로 제작된 이한열 영정(아래)

은 "옥외광고판만큼이나" 크게 잘 보이는 일종의 스펙터클로서 영결식에 참여한 군중들에게 선보여졌다(이솔 2012: 19~20). 그러

• 걸개그림 〈한열이를 살려내라!〉를 비롯한 최병수의 작품은 그것이 갖는 스펙터클로서의 특성 때문에 비판을 받기도 했다. 그의 걸개그림에서 보이는 "스펙터클한 관념적 형상 표현"은 "자기형성성의 부재에서 오는 한계"라는 지적이 있는가 하면(장경화 2012: 126), 그가 "대형그림을 그리면서 일종의 남근주의적인, 더 크고 더 거친 표현과 더 과격하고 더 빠른 행동으로 젖어들게 된 건 아닌가 하는" 의문이 제기되기

나 이듬해인 1988년 9월 26일 이한열의 영정은 누군가 검은색 스프레이를 뿌리고 사과탄을 터뜨려 훼손되었다(3-15). 이후 3~4주기 때 다시 그린 두번째 영정은 17주기 추모식이 끝난 다음 날인 2004년 6월 10일 예닐곱 군데가 칼로 찢긴 채 발견되었다(3-16).[17] 20주기인 2007년에는 원본보다 조금 작은 크기로 새로운 영정이 제작되었는데(3-17), 1987년의 영정이 강인함을 부각하려 했다면 새로운 영정은 실제 모습을 반영한 것이라고 한다.[18] 한편, 2004년에 커터칼로 훼손된 영정은 손상된 부분을 다시 붙여서 1987년 당시처럼 트럭에 실은 모습으로 2010년 광주비엔날레에 출품되기도 했다.[19] 하지만 이후 작가에게 지원이 끊기면서 적절히 보관되지 못하고 여수 백야도에 있는 작가의 작업실에 방치되었다.[20] 뒤통수에 최루탄을 맞고 피 흘리는 모습으로 처음 역사에 모습을 드러낸 이한열의 얼굴은 그의 죽음 이후에 거대한 생명력을 획득하여 한국 민주주의의 도덕적 원천으로 작용했지만, 여러차례의 훼손과 복원을 거듭하며 수난을 겪어왔다. 그는 죽음 이후에

도 한다(김진송·최병수 2006: 120). 이에 대해 최병수는 다음과 같이 답한다. "그게 없다고는 말할 수 없겠지. 그런 동기는 아마 〈한열이를 살려내라!〉를 걸개그림으로 그리면서였을 거야. 나는 그때 걸개그림이 뭔지도 몰랐지만 그걸 그리고 나서 느낀 거대한 충격과 감동 그런 것에 빠져들었다고 할 수 있지."(같은 책 120) 또한 그는 "뚜렷한 메시지"를 전하는 것보다는 "상황에 맞는 분위기"를 잡아주는 것이 "걸개그림의 기능"이라고 생각했다. 〈백두산〉(1988)을 그릴 당시 이러한 그의 견해에 동조하지 못하는 동료들을 그는 다음과 같이 설득하려 했다고 한다. "이게 크게 걸려 있다고 생각해봐라. 얼마나 근사하냐. 그림을 걸어놓고 그 앞에서 수난사도 얘기하고 풍물도 치고 연극도 하고 노래도 하면 그러면 그게 다 그림 아니냐. 백두산만 그려놓으면 나머지도 다 그림이 된다."(같은 책 114~15)

평안함을 누리지 못하고 산 자들과 함께 세태의 영욕을 겪어왔는데, 그려지고 더럽혀지고 다시 그려지고 망가지고 고쳐지고 다시 그려지고 방치되어온 내력을 담은 그의 얼굴은 죽은 자를 대하는 산 자들의 모습을 고스란히 비추고 있다.

죽은 자의 얼굴을 떠올리고 그려내고 바라보는 것은 그를 망각으로부터, 시간의 흐름으로부터 꺼내서 기억하는 것이다. 하지만 그 얼굴은 시간의 흐름 속에서 다시 지워지고 사라지게 마련이다. 한번의 복원과 재현으로 기억이 완료될 수 없는 이유이다. 죽음을 몇달 앞둔 1970년 4월 전태일은 자신의 결단을 암시하는 듯한 소설에서 주인공 J의 유서에 다음과 같이 쓴다.

> 부탁이 있네. 나를, 지금 이 순간의 나를 영원히 잊지 말아주게. (…) 그대들의 앉은 좌석에 보이지 않게 참석했네. (…) 테이블 중간에 나의 좌석을 마련하여주게.(전태일 1988: 151~52)

그가 잊지 말아달라며 "사랑하는 친우"들에게 부탁하였듯 기억한다는(remember) 것은 떠나간 사람을 시간의 흐름을 거슬러 다시 공동체의 구성원으로 불러들이는(re-member) 끊임없는 시도이다. 그렇다면 죽은 자에 대한 기억은 이미 과거에 떠난 그의 자리를 마련해두고 초대하여 함께 얼굴을 마주할 "미래의 관객"이 끊임없이 등장함으로써만 가능하다(강상우 2020: 261).

죽은 자의 얼굴은 과거로부터 그를 불러오지만 그것이 현세에서의 만남을 가능케 하는 것은 물론 아니다. 죽은 자의 얼굴을 상상하고 재현하는 것, 나아가 그를 기억하는 것이 실제로 그를 되살리는 것이 아님은 자명하다. 죽은 자와의 해후를 위해서는 내세를 기약해야만 한다. 이러한 이유로 과거에 죽은 자의 얼굴에 대한 상상은 내세에 대한 기원이나 미래에 대한 약속과 결부되기도 한다. 민주주의의 상상계에서 죽은 민의 얼굴은 그 자체로 시간성을 함축하는 것이다.•

망월동 묘역에 놓인 영정사진이 시간의 흐름 속에 풍화되어가는 과정을 찍으며 기억과 망각에 대한 질문을 던졌던 사진가 노순택은 전남 화순 운주사에서 찍은 사진들로 자신의 작품집을 마무리한다(노순택 2012). 그것은 목이 없거나, 얼굴의 이목구비가 닳아 없어진 불상의 사진들이다. 그가 전해 듣기로 광주항쟁의 유가족과 친구 들은 운주사에서 마음을 달래다 가곤 했는데, 그것은 고인의 극락왕생을 빌기 위함뿐만이 아니라, 머리 잘리고 얼굴 없는 운주사의 불상들을 보며 금남로에서 죽어간 가족과 친구를 떠올렸기 때문이라는 것이다. 이러한 사연에 깊은 인상을 받은 그는 운주사의 못생긴 불상을 민의 표상이자 미륵, 즉 미래에 오는 부처라 해석하는 견해를 접한다.•• 죽은 이들과 다시 만나기

• 이러한 특성을 잘 드러내고 있는 사례로, 낡은 시계에 광주항쟁 희생자의 사진을 붙이고 그 훼손된 얼굴 이미지에 새롭게 얼굴을 그려낸 미술가 흑표범의 작업 〈seven clocks〉(2012)를 보라(http://www.black-jaguar.com/11.html).

•• 여기에서 그가 전거로 삼고 있는 것은 요헨 힐트만의 『미륵』이다(힐트만 1997). 하지만 그보다 앞서 운주사의 미륵불과 대동세상을 향한 호남 민중의 꿈을 연결시켰던 것은 황석영이다. 대하소설 『장길산』의 마지막 장인 '운주 미륵'은 하룻밤 사이에 천불천탑을 세워 새로운 세상을 만들려 했던 후백제 유민들이 새 절을 세우고 못난 자기를 닮은 미륵을 바위에 새겨나가던 설화를 전하고 있다(황석영 2004: 291~98).

를 고대하며 운주사의 얼굴 없는 석불에서 그들의 얼굴을 발견하는 가족의 마음은, 아직은 오지 않은 미륵불이 오기를 기다리는 마음, 산비탈의 거꾸로 누운 석불이 바로 서도록 세상이 뒤집히기를 바라는 마음처럼 간절하고 아득하다. "마음은 돌 속에다가도 情을 들게" 하니 누운 불상이든 솟아 있는 석탑이든 "그게 다 마음 덩어리"이다(황지우 「구름바다 위 運舟寺」). 과연 그해 오월 머리가 깨지고 창자가 터져 죽은 이들의 핏물이 흘러가고 얼마 뒤 광주 극락강엔 "목 없는 돌부처들"이 홍수에 씻겨 올라왔다(황지우 「華嚴光州」). "사랑도 명예도 이름도 남김없이" 죽어간 이들의 얼굴을 보았거나 떠올린 수많은 이들이 새로운 세상으로 배를 띄우기(運舟) 위해 뒤를 따르겠다고 마음을 먹으니(《임을 위한 행진곡》), "광주에서 서울까지 고속버스로/건네는 데 0.3초도 안 걸리는" 이 강은 다만 "며칠 후 우리가 건널" 강이다(황지우 「극락강」). 죽은 자와 산 자의 마음이 다르지 않으니 재회할 날이 그리 멀지 않다.

영혼의 어른거림과 중얼거림

죽음에 대한 전통적인 관념에 따르면 객사, 요절, 비명횡사, 자살 등으로 죽음을 맞은 이들은 숭배의 대상인 조상이 되지 못하고, 그 혼이 이승에 남아 떠돌며 산 자들을 괴롭히기까지 한다(송현동 2010). 그렇지 않아도 영혼이 저세상으로 향하는 길은 순탄치 않은데, 공권력의 폭력에 의해 살해당하거나 분신, 투신 등으로 스스로 목숨을 끊은 이들의 원혼은 적절한 해원과 위무의 절차가 없다면 산 자들 사이를 떠돌 수밖에 없는 것으로 여겨졌을 것이다. 한국 사회운동의 각종 의례에서 불교나 무속의 흔적이 빈번히 발견되는 것은 국가에 대한 저항의 과정에서 유교적 상장례의 대상이 될 수 없는 죽음을 맞은 이들이 그토록 많았음을 의미하는 것이다(김광억 1991).

그런데 한국 민주주의의 상상계에서 죽은 자들의 영혼은 그 존재에 대한 막연한 믿음을 넘어, 산 자들의 눈에 보이는 어떤 이미지로 나타난다. "아직 천국으로도 지옥으로도 가지 못한 혼들은, 머물 곳을 찾고" 있는 것이다(장혜령 2019: 205). 이를테면 1980년 5월 이후 광주에서는 "땅마다 울음소리 가득하고/하늘마다 혼령들의 깃발이 펄럭"이는가 하면(이기형 「오월제곡五月祭哭」), "죽은 넋이 저 거리로 밤마다/걸어 나오고 기어 나오고" 있었다(김명식 「오월의 訊問」). 그리하여 "구천을 떠돌던 슬픈 넋들은 더러는 골목골목 쫓겨 다니고 더러는 무덤터를 서성거리며" 중얼거렸고(〈오월아리랑〉), 산 자들은 "아직도 눈을 감지 못한 채/머리통이 으깨져 피를 흘리며/떠도는 너의 모습을/진홍빛 산철쭉 핀 산천/여기저기에서 너를 다시 본다"(나종영 「5월, 광주여, 영원한 깃발이여!」). 이러한 혼령들의 모습은 민의 운동이 활발해지고 민의 몸이 활력을 되찾아갈수록 더욱 우리 주변에 어른거리며 모습을 드러낸다. 그리하여 거리에서 동료들과 함께 구호를 외치다보면 "박종철의 환영들이 손 뻗으면 닿을 것처럼 가깝게" 느껴지기도 하고(심산 1994: 108), 고개를 들어 하늘을 보면 이름 없이 죽어간 수없이 많은 "서러운 넋들이" 흘러가는 것도 볼 수 있었다(〈마른 잎 다시 살아나〉).

억울한 죽음에 대하여 종종 '원혼이 구천을 떠돈다'는 표현을 사용하기도 하지만, 한국 민주주의의 상상계에서 넋이나 혼 등은 마냥 비현실적인 존재가 아니었다. 그것은 분명 "어떤 가시성의 출몰이다." 물론 죽은 자들의 영혼이 산 자들과 똑같이 "살과 뼈를 가진 채로 제시되지는/현존하지는 않는다." 사실 그것은 "사람들이 상상하는 것, 사람들이 본다고 믿는 것, 사람들이 투사하는 것"으로서, "어떤 상상의 영사막"에 나타난다. 하지만 이들의 "출현은 무가 아니다. 그 출현은 아무것도 아닌 게 아니다." 이들은 "육체 없는 고유한 신체가 지닌, (…) 접촉할 수 있는 비접촉성"을 지니고 있다.• 죽은 자의 영혼이 가진 이와 같은 "초자연적이고 역설적인 현상성" 내지는 "비감각적인 감각성"이 가장 잘 드러나는 예는 한강의 소설 『소년이 온다』 2장 '검은 숨'이다. 여기서 그는 죽은 자의 혼이 나타내는 "비가시적인 것의 가시성"을 '어른거림'이라고 표현한다(데리다 2014: 27, 193, 201~203).

• 다음의 두가지 사례를 보라. 이한열의 장례가 있던 1987년 7월 9일, 서울에서 출발한 운구행렬의 도착이 늦어지면서 광주에서는 예정된 추도식을 먼저 시작했다. 그런데 홍남순 변호사가 대회사를 읽기 시작한 오후 5시 55분경 제단 앞 흰색 만장에 파랑새가 날아 앉았다. 그 새는 뒤이어 무대에 오른 전남대 총학생회장이 "이한열 열사의 넋이 이름 모를 파랑새가 되어 이곳에 날아왔다"고 말하는 동안에도 그대로 앉아 있었다. 사람들은 신기해하면서 죽은 이의 한을 파랑새에 투영하여 해석했다 (김정희 2017: 218; 서성란 2005: 168~70; 심산 1994: 289~90). 또한 명동성당에서 할복 후 투신한 조성만의 장례 기간에는 남산 쪽에서 매 한마리가 날아와 명동성당 본당 십자가 주위를 몇바퀴 돌고 가는 일이 두세차례 있었다. 한편, 생전 조성만과 함께 활동했던 김현순은 발인 전날 성당 근처 골목에서 조성만을 만났다. 김현순은 그를 보내고서야 뒤늦게 깨닫는다. "헛것을 본 것인지 돌이켜 생각해보았지만 그녀가 만난 사람은 조성만이었다. 믿을 수 없는 일이었다."(송기역 2011: 327)

3장 민의 운동과 재활

네 몸이 몸들의 탑 속에 끼여 있는지 찾고 싶었지만, 간밤에 어른어른 나를 어루만졌던 혼들 중에 네가 있었던 건지 확인하고 싶었지만, 자력에 붙들린 듯 내 몸에서 떨어질 수 없었어.(한강 2014: 50)

어디선가 누나의 혼도 어른거리고 있을 텐데, 그곳이 어딜까.(같은 책 51)

어른어른 서로의 언저리를 어루만지다 우리는 흩어졌어.(같은 책 52)

"손도 발도 얼굴도 혀도 없는" 이 혼들은 서로 볼 수도 느낄 수도 만날 수도 대화를 나눌 수도 없어서 그저 주변을 어른거리거나, "생각하고 생각하면 닿을 수 있을" 것도 같아서 온 힘으로 서로를 생각하다가 체념하기도 한다(같은 책 48, 52).

그런데 사실은 산 자들이 죽은 자들의 어른거리는 영혼을 발견하기 이전에 "환영 또는 망령, 유령이 먼저 우리를 본다." 그것은 "우리가 그를 보기 전에 아니 우리가 보는 행위를 시작하기 이전부터 우리를 바라본다. 우리는 무언가 출현하기 전부터 유령에 의해 주시되고 있다고, 감시되고 있다고 느낀다."(데리다 2014: 202) 그리하여 산 자들의 행위를 규율할 때에는 우리를 지켜보고 있는 죽은 자들의 시선이 종종 동원되곤 했다. 이를테면 총기 회수와 반납에 반대하며 최후의 일각까지 싸울 것을 주장하는 이들이 소환해냈던 것 역시 죽은 이들의 시선이었다. "너무 많은 피를 흘리지 않았습니까. 어떻게 그 피를 그냥 덮으란 말입니까. 먼저 가신 혼들이 눈을 뜨고 우릴 지켜보고 있습니다."(한강 2014: 22)

그런데 죽은 이들의 혼이 우리 산 자들을 지켜보고 있다는 것은 무슨 뜻인가? 산 자들이 자신을 바라보는 죽은 이들의 혼령 앞에 놓여 있다는 것은 어떤 의미인가? 그것은 단지 원한을 품은 억울한 혼령들의 노여움을 사지 않도록 주의해야 한다는 뜻이 아니다. 죽은 자들은 비위를 맞추지 않으면 해코지를 하는 단순하고 괴팍한 존재들이 아니다.• 대신에 이들은 산 자들에게 무언가를 "부과하고 짐 지우고 강제하고 빚지게 하고 추궁하고 할당하고 지령"한다(데리다 2014: 216).

그것은 어떤 목소리이다. 이들에게는 하고 싶은 이야기가 있다. "칠성판도 관도 없이 암장한 혼백들"에게는 "낮이면 땅끝 만리까지 엎드려 울고/밤이면 하늘끝 억만리까지/사무쳐 소리치는 사연"이 있다. "수백 수천의 비명횡사 원혼들이/(…)/애달프고 목

• 이와 관련하여 노순택은 자신의 『망각기계』 작업에 대하여 시인 다나베 아츠미와 나눈 서신 교환에서 흥미로운 이야기를 들려준다. "[망월동 묘역에 가서] 셔터를 열어놓고, 어둑어둑한 무덤가에 홀로 앉아 시간이 가기만을 기다리는데 이상하게도 무섭질 않았습니다. (…) 우습게 들릴지 모르겠지만, 그 무덤의 주인들이 나를 해코지하지 않을 거라는 막연한 믿음이 있었습니다. (…) 만약 그들이 한 맺힌 악령이 되었더라면, 가장 먼저 학살의 주범들이 무사하지 못했겠지요./무덤가에 앉아 광주 사는 친구가 들려준 얘기를 떠올리곤 했습니다. (…) 광주에서는 고민에 짓눌린 친구들이 찾았던 곳이 바로 망월동이었다고 합니다. 아침에 가보면, 술 취한 채 무덤가에 널브러진 사람들, 토악질해놓은 것들, 술병들, 필터까지 빨아 피운 담배꽁초 더미들을 발견하는 게 드문 일이 아니었다고 하더군요. (…) 아버지와 어머니, 삼촌과 이모, 형과 동생과 친구의 무덤가에서 술에 취해 흐느꼈던 이들이, 과연 한밤의 무덤가를 무서워했을까요?"(노순택 2012: 210)

메인 사연 보듬고/동서남북 산지사방에서 소리쳐" 운다(고정희 「넋이여, 망월동에 잠든 넋이여」). 산 자들이 죽은 자들의 시선 앞에 놓이게 되면 "유령의 중얼거림이 울려 퍼지며, 도처로 스며들어간 다."(데리다 2014: 263) 산 자들은 자신의 눈앞에 어른거리는 죽은 자들의 웅성거림을 듣고 그에 응답해야 한다.

우리 스스로에게 예전 사람들을 맴돌던 바람 한줄기가 스치고 있지 않은가? 우리가 귀를 기울여 듣는 목소리들 속에는 이제는 침묵해버린 목소리들의 메아리가 울리고 있지 않은가? (…) 만약 그렇다면 과거 세대의 사람들과 우리 사이에는 은밀한 약속이 있는 셈이다. 그렇다면 우리는 이 지상에서 기다려졌던 사람들이다. 그렇다면 우리에게는 우리 이전에 존재했던 모든 세대와 [마찬가지로] 희미한 메시아적 힘이 함께 주어져 있는 것이고, 과거는 이 힘을 요구하고 있는 것이다. 이 요구는 값싸게 처리해버릴 수 없다. 역사적 유물론자는 그것을 알고 있다.(벤야민 2008: 331~32)

벤야민이 말하듯 죽은 자들은 언제나 자신의 목소리를 들어줄 누군가를 기다려왔다. 이들의 목소리를 듣는 것은, 비록 미약할 지라도 메시아가 되는 것이며 우리 모두에게는 과거를 구제할 수 있는 그런 힘이 있다. 우리에게 이런 힘이, "그리고 생명이 더 많이 존재할수록 타자의 유령은 가중되며, 짐은 더 무거워진다. 살아 있는 것은 그만큼 더 많이 응답해야 한다. 죽은 이들을 위한 응답, 죽은 이들에 대한 응답을."(데리다 2014: 216~17) 더이상 살아 있지 않은 자들, 하지만 우리를 바라보고 있는 혼과 넋에 존중을 표하는 것이란 이들의 이야기에 귀를 기울이는 것이다.

하지만 죽은 자가 언제, 어떤 모습으로, 어떤 목소리로 찾아올지 산 자들은 알 수 없다. 산 자들로서 할 수 있는 것은 이들에 대한 "유보 없는 환대", 이들의 등장이 가져올 낯섦과 놀라움에 대한 "정당한 개방"뿐이다. 이러한 "메시아적 개방이야말로 유령성의 장소 그 자체"이며, "신들림과 교류"하고 "신들림을 감수"하는 것보다 "더 진지하고 더 참되고 더 정의로운/정확한 것은 없다."(같은 책 140, 217) 죽은 자에게 자신을 개방하고 신들림을 감수하는 자만이 "누구도 그것을 듣지 못하는", "거의 아무에게도 들리지 않는 목소리"를 "오직 자기 자신에게만 들리는 목소리"로 바꿀 수 있다(장혜령 2019: 19).

광주항쟁 기간 중 발행을 중단했다가 1980년 6월 2일 속간한 『전남매일신문』 1면에 실린 김준태의 시 「아아 광주여! 우리나라의 십자가여!」는 신들림을 통해 죽은 이의 목소리를 전한 대표적인 예이다. 그는 당시 편집부국장이었던 문순태로부터 신문 1면에 실릴 시의 집필을 의뢰받는다.

> "자네, 앞으로 오십분 이내로 광주 사람들이 겪은 아픔을 시로 써 올 수 있겠는가."
>
> "당장 쓰겠습니다. 그렇지 않아도 지금 심장이 폭발할 것만 같습니다. 저는 이번에 하느님을 보았습니다."(한승원 외 1987: 15)

애초에 200행이 넘는 장시였던 이 시는 집필에 착수한 이후 완성하기까지 1시간도 채 걸리지 않았다고 한다. 잘 알려진 것처럼 이 시에는 골목길 어귀에서 남편을 기다리다 공수부대의 조준사격으로 사망한 임산부 최미애의 사연이 담겨 있는데, 김준태는 자신의 몸속에 "5월에 죽은 사람들이 들어와"서 이 작품을 쓴 것이라고 밝혔다.•

임철우 역시 『봄날』 집필 과정에서 겪었던 신들림의 체험을 고백한 바 있다. 그는 도청에서의 마지막 밤에 윤상원이 과연 무슨 생각을 했고 무엇을 느꼈는지 쓰는 것이 가장 어려웠다고 밝히면서, 이 대목을 쓸 무렵 답답한 마음에 망월동 묘지를 찾았다고 한다. 조금 길지만 그의 말을 옮겨본다.

"망월동 묘지에 가니까 저녁이더라. (…) 그런데 윤상원 선배 묘를 막 찾는데 묘가 안 보인다. 비석이 안 보인다. 수없이 가본 곳인데 그 양반 비석이 눈에 안 띄더라. 그래서 하나하나 뒤져서 봤다. 그런데 정말 눈에 안 보인다. 내가 귀신에 씐 것처럼. 그래서 이게 말이 되냐. 한 20분을 내가, 너덧차례 서너차례 찾았다. 나중에는 막 울음이 났다. 그래서 나는 그런 생각을 했다. 이 양반들이 나를 안 받아주려는 모양이다. 나를 거부하나보다. 니가 뭔데 이런 것을 쓰겠다고 하느냐고. 그래

• 이 시의 집필 배경과 검열 및 전파 과정에 관해서는 문순태의 회고(한승원 외 1987: 13~15)와 천유철(2016: 84~97) 그리고 다음의 기사들을 참고하라(「'아아 광주여, 우리나라의 십자가여' 김준태 시인 "80년 5월 쓰러진 임산부 그의 넋이 빙의돼 시가 되어 나왔다"」, 『주간경향』 1329호, 2019. 6. 3; 「아아! 광주여, 무등산이여!」, 『오마이뉴스』 2019. 12. 7).

서 울음이 터졌다. 그래서 제발 나 좀 받아주라고 그리고 내 안으로 들어오시라고. 내가 그래야 되겠더라. 제발 내 안으로 들어오시라고 내가 무당들처럼 그랬다. 그래야만 쓸 수 있을 것 같더라. 그렇게 한참을 엉엉 울다가 보니까 세상에 그 묘가 있더라, 바로 내 앞에. 거기서 몇번을 지나쳐 왔다 갔다 했는데도 못 본 것이다. 그래서 귀신에 홀렸다는 생각도 들고. 그날 밤 우리 부모님이 광주 사시는데 연락도 않고 그냥 서울로 올라왔다. 그리고 일종의 자기 최면인데, 진짜 그분들이 내 안에 들어왔다고 내가 그렇게 생각을 했다. 진짜로 믿었다. 믿으니까 비로소 쓰겠더라. 그러니까 마지막에 윤상원 선배의 유언 같은 것은 그냥 막 모니터 앞에서 엉엉 울면서 썼다. 엉엉 울면서. 이 양반이 나한테, 내 안에 혼이 들어왔다, 당신이 이걸 내 몸을 빌려서 쓰는 것이다, 이런 식으로 내가 믿으니까 막 써지더라. 그렇게 해서 그 장면이 나온 것이다. (…) 지금도 제가 쓴 게 아니고 진짜 뭔가 들어온 게 있었다는, 접신한 게 아닌가, 그렇게밖에 생각이 안 된다."(최정운·임철우 2014: 364~66)

그런데 죽은 이들 앞에 서서 그들과 대면하고 그들의 모습을 보며 그들의 목소리를 들으려 했던 시도는 예술가에게만 국한된 실천이 아니었다. 한국에서 민주주의를 열망하고 실현하고자 했던 이들은 "군부독재에 의해 죽임을 당하거나 저항의 방법으로 죽음을 선택한 열사들의 들을 수 없는 목소리를 들으려 했고, 애도할 수 없는 정치적 상황에서 애도의 노래를 부르려 했으며, 애도할 수 없는 사람들에게 말을 건네려 했고, 끝내 애도가 불가능한 조건에서 열사들의 정신을 이어받아 스스로의 삶 자체를 버리는 죽음으로 나아가기도 했다."(김정한 2015: 647) 민이 민주주의의 주체로서 활력을 회복하고 자신의 몸을 드러내며 활동을 한다는 것은 한편으로는 이처럼 죽은 자들을 대면하여 그들의 목소리를 들을 수 있는 능력과 의지를 갖춘다는 의미이기도 했다.

죽은 자들에 대한 이러한 기다림과 환대 없이는 민주주의를 비롯한 "어떠한 정의도 (…) 가능하거나 사고 가능하지" 않다(데리다 2014: 13). 맑스가 말하듯 새로운 세대가 새로운 역사를 만들어나감에 있어서 죽은 자들의 조력이 필수적이기 때문이다.

> 살아 있는 세대들이 자기 자신과 사물을 변혁하고 지금껏 존재한 적이 없는 무언가를 만들어내는 데 몰두하고 있는 것처럼 보이는 바로 그때, 바로 그러한 혁명적 위기의 시기에, 그들은 노심초사하며 과거의 망령들을 주문으로 불러내어 자신에게 봉사케 하고, 그들에게서 이름과 전투 구호와 의상을 빌린다. 그러고는 이 유서 깊은 분장과 차용한 대사로 세계사의 새로운 장면을 연출한다.(맑스 1992: 287)

사실 한국의 민주화 과정에서 죽은 자들은 "살아 있는 이들의 살아 있는 머리를, 더 나아가 혁명가들의 머리를" 짓누르는 거대한 부담이었다(데리다 2014: 216). 결연히 죽음을 선택한 열사들에 비추어 보면 '아직' 살아 있는 자들의 삶은 "무언가 덜 진정하고 낭비적이며 부끄러운" 것으로 여겨졌던 것이다(김홍중 2009: 39).* 그럼에도 불구하고 혹은 바로 그러한 이유로 산 자들은 죽은 자들을 부담스러운 존재로 두기보다는 적극적으로 불러내서 그들의 힘을 전유하고자 했다. 죽은 이들을 초혼(招魂)하여 현재화하려는 시도는 한국 민주화운동에 널리 공유되어 있는 의례였다.

한국의 민주주의는 죽은 자와 산 자가 벌이는 끊임없는 호명과 응답, 부름과 등장을 통해 전개되었다. 그리고 이 과정에서 산 자와 죽은 자가 서로의 힘을 북돋우며 민이 점차 모습을 드러낸다. 죽음의 충격에서 서서히 벗어나 힘을 키워가는 민은 "하늘 가득히 어른거리는 저 부릅뜬 눈망울"을 바라보면서(이기형 「오월제곡 五月祭哭」) "밤마다 날 불러쌓는" 이들의 웅성거림에 귀 기울이고(공선옥 2000: 52), "어느 날에 오려느냐 고운 벗들아, 살몸 살넋으로

• 앞서 언급한 바 있지만, 1986년 5월 21일 한남대교에서 투신한 박혜정의 경우는 이를 잘 보여준다. 바로 전날 그는 서울대학교 오월제 행사에서 문익환 목사의 연설 도중 몸에 불을 붙이고 학생회관에서 뛰어내린 이동수를 목격했다. 그보다 약 한달 전인 4월 28일에는 김세진과 이재호의 분신이 있었다. 박혜정의 유서에는 다음과 같이 적혀 있다. "아파하면서 살아갈 용기 없는 자, 부끄럽게 죽을 것. 살아감의 아픔을 함께할 자신 없는 자, 부끄러운 삶일 뿐 아니라 죄지음이다. 절망과 무기력. 이 땅의 없는 자, 억눌린 자, 부당하게 빼앗김의 방관, 덧보태어 함께 빼앗음의 죄. 더이상 죄지음을 빚짐을 감당할 수 없다. 아름답게 살아가는 모든 이들에게 부끄럽다. 사랑하지 못했던 빚갚음일 뿐이다. 앞으로도 사랑할 수 없기에. 욕해주기를… 모든 관계의 방기의 죄. 제발 나를 욕해주기를, 욕하고 잊기를…"(「홀로 시대를 고민했던 박혜정 열사를 기억하다」, 『서울대저널』 135호, 2016. 3. 11) 한편, 그의 죽음을 가까이에서 겪었던 소설가 권여선에게 박혜정의 죽음은 또다른 부담이었다. 한 인터뷰에서 그는 이렇게 고백한다. "가장 힘들었을 때는 (…) 대학교 3, 4학년 때였다. 그때는 사람들이 많이 죽었다. 친한 친구였던 박혜정도 그때 죽었다. (…) 그렇게 친했던 나에게는 일언반구 없이, 그 전날 술 먹고 헤어지고 그다음 날 저녁때 한강에 투신했다. 그때가 김세진, 이재호 학형이 죽고 한달 있다가 이동수 학형이 아크로에서 분신한 날이었다. 시위도 있었고 축제 기간도 겹쳐서 사람들이랑 우르르 술 마셨는데, 내가 혜정이한테 모진 소리를 한마디했던 것 같다… 그건 혜정이한테라기보다는 나 자신에게 던진 가혹한 말이기도 했는데, 그게 계속 걸린다…"(권여선 2007: 305)

떠난 벗들아" 하고 죽은 자들을 불러내기 시작한다(〈다시 오월이 오고〉).

가슴속에 남 몰래 타오르는 넋들아/억울한 넋들아, (…)/몸 무거워 산천을 떠도는 넋들아/차라리 돌아오너라 찢어진 얼굴로 돌아와/(…)/사철나무 가지 사이로 돌아오거라, (…)/넋들이여 몸 무거워 잠들지 못하는 넋들이여/(…) 맞아 죽으면서 맞아 죽으면서 재가 되면서/제 육신의 집을 찾아 이 거리로 돌아오거라(이영진「招魂」)

무덤 열고 나오라 고운 넋들아(〈넘어가세〉)

죽은 자 가운데 일어나 일어나(〈무등산가〉)

여기저기 아직도 허공에 떠도는/젊은 넋들/모조리 부활하라/(…)/살아생전 매맞고 굶주린 이들/눈을 뜨고 모조리 부활하라/부활하라/피여 넋이여(양성우「오월제五月祭」)

비릿한 오월의 피내음 다 씻어가는 날/그대들 일어서려나 무덤 열고 나오려나(〈부활〉)

죽은 자들의 목소리에 응답한 산 자들이 다시 죽은 자들을 애타게 부르면 이제는 죽은 자들이 산 자들의 소환에 응하면서 "뿌려진 뼛가루의 젊은 혼들이 살아" 돌아오는 모습이 눈앞에 넘실

댄다(〈갯바람〉).

　온몸에 휘발유 끼얹고 죽은 혼백들/천지 사방 잠재우는 눈발로 내려온다(고정희 「넋이여, 망월동에 잠든 넋이여」)

　돌아오는구나/돌아오는구나/그대들의 꽃다운 혼,/못다 한 사랑 못다 한 꿈을 안고/죽음을 넘어 시대의 어둠을 넘어/부활의 노래로/맑은 사랑의 노래로/정녕 그대들 다시 돌아오는구나(문병란 「부활의 노래」)

　바람이 분다 저길 보아라/흐느끼는 사람들의 어깨 위/광풍이 분다 저길 보아라/죽은 자의 혼백으로 살아온다(〈일어나라, 열사여〉)

　여기오네 젊은 넋들 들판 가로질러 (…) 시민군 넋과 함께 여기 달려오네(〈전진하는 오월〉)

산 자들의 초혼으로 모습을 드러낸 이들은 이미 죽었지만 "결코 죽지 않으며, 항상 도래할 것으로, 다시 도래할 것으로 남아 있다."(데리다 2014: 198) 어쩌면 그들은 죽어서 멀리 다른 세상으로 떠난 것이 아니라 "잠시 눈감고 기다리고 있을 뿐"이었던 것이었는지도 모른다(문순태 1987: 51). 그리하여 가족과 동지를 잃고 절망에 빠진 이들이 평생의 소원으로 삼지만 결코 이루어질 수 없는 일, 아마도 꿈에서나 그도 아니면 다음 생에서나 있을 법한 일이 눈앞에 펼쳐진다. 죽은 이들이 다시 산 자들 곁으로 살아 돌아오는 이런 장면은 한국 민주주의의 상상계에서 가장 기적적이면서도 감동적인 장면 중 하나이다. 그것은 사랑하는 이와의 영원한 이별, 간절한 그리움, 이루어질 수 없는 만남 등 인간의 가장 근본적인 고통과 불안이 극복되는 순간이다. 간절한 소망이 어딘가에 닿아 이루어지는 장면, 삶과 죽음이 다르지 않고 이어져 있다는 심오한 진리가 구현되는 장면이 눈앞에 펼쳐진다. 이러한 기적적인 장면 앞에서 한국의 민주주의는 정치학이나 법학만으로는 온전히 다룰 수 없는, 종교와 예술의 영역에 속하는 것이 된다. 그리고 한국의 민은 이러한 민주주의를 사유하고 실행하면서 모종의 역사신학적 태도를 배양해낸다. 죽은 자는 산 자의 응답을 통해, 산 자는 죽은 자의 응원을 통해 구제될 수 있다는 것. 그리고 역사란 민이 산 자와 죽은 자의 이러한 상호구제를 통해서 결국엔 자기구제를 향해 나아가는 과정이기도 하다는 것. 한국에서 민주주의를 지향하고 구상하고 건설하고 지키는 일이란 이러한 거룩한 믿음을 창출하고 동원해내는 과정과 다르지 않았다.

물론 죽은 자들의 영상은 거대한 슬픔과 한스러움으로 휩싸여 있다. "그렇게도 많은 사람들이 죽어갔던가? 그렇게도 많은 사람들이 학살되었던가?"(심산 1994: 274~75) 눈앞에 어른거리는 수많은 넋을 보며 산 자들은 그 수에 압도될 수밖에 없다. 이 억울한 죽음들을 생산해낸 역사를 살아간다는 것은 "바람부는 묘지"의 "죽음의 밤"에 서 있는 것과 다르지 않다고 느낀다(《이 산하에》). 그러나 동시에 "가신님 하얀 혼으로 어둠을 밝히고" 이 질곡의 역사를 뒤집으리라 다짐하기도 한다(〈민주 너를 부르마〉). 인간은 스스로 자기 자신의 역사를 만들어가는 존재이긴 하지만, 그런 인간은 언제나 "자기 자신에게 낯선 자, 자신이 완전히 소유할 수 없는 힘들에 의해 구성된 자다."(이글턴 2018: 35) 죽음으로 점철된 역사를 바꾸는 것은 산 자이지만 역설적이게도 그런 산 자의 힘은 "죽은 타자, 하나 이상의 죽음, 한 세대의 죽음"으로부터 전유해오는 것이다(데리다 2014: 215). 그래서 밤이 깊은 "지금 이곳에서 우리가 할 수 있는 일은/그들의 혼을 가슴 깊이 들이켜고/우리의 입과 팔다리로 육화시키는 일이다."(김남주 「역사에 부치는 노래」) 한국의 민은 죽은 자들의 몸이 뒹굴고 그 넋이 떠도는, 묘지처럼 서러운 역사에 던져졌다. 하지만 "태양은 묘지 위에 붉게 타오르고"(〈아침이슬〉) 이제껏 죽어간 수많은 사람들의 혼은 그 뜨거운 태양 아래서 하나의 불길이 되어 뒤엉킨다(3-18). 산 자들은 죽은 이들의 혼을 연소하며 타오르는 이 횃불을 들고서 "서러움 모두 버리고" 광야로 가겠노라 노래한다(〈아침이슬〉).

1987년 6월 10일 오후 6시, (7년 전 5월 30일 김의기가 투신하여 광주에서의 학살을 처음 알리기도 한 곳인) 종로5가 기독교회관의 312호 민주헌법쟁취국민운동본부 사무실 스피커에서는 "민주제단에 피 뿌린 민주영령들이 우리를 향도"하니 "국민들의 행진은 이제 거스를 수 없는 역사의 대세"임을 선포하는 6·10대회 선언문이 낭독되어 울려 퍼졌고,[21] 시민들은 "행동하는 국민 속에 박종철은 부활한다"라는 구호를 외치며 호응했다(서중석 2011: 284~85). 성공회대성당에서 〈애국가〉가 흘러나오던 바로 그 시각,

3-18. 신학철 〈한국현대사―초혼곡〉

사람들은 "앞서서 나가니 산 자여 따르라"는 '민중의 애국가'의 노랫말을 행동으로 옮기기 시작했다(〈임을 위한 행진곡〉). 산 자는 죽은 자를 불러내고 죽은 자는 산 자를 이끌면서 민주주의는 그렇게 시작되었다.

겹침의 스펙터클:
민의 집합적 신체

죽음의 스펙터클을 목격한 민은 운동을 통해 그 충격으로부터 벗어나 재활에 매진해왔다. 활력을 충전한데다 죽은 자들의 응원까지 더해진 민의 몸은 이제 개별적으로 떨어진 채 머물러 있는 것이 아니라 결집하여 거대한 하나의 신체를 이룬다. 죽음의 스펙터클이 가져온 충격으로 뿔뿔이 흩어졌던 민이 모여서 만들어 낸 거대한 집합적 신체는 한국 민주주의의 상상계에 강렬하게 새겨진 또 하나의 스펙터클이다. 죽음의 장면을 보면서 스펙터클을 체험했던 민은 이제 자기 자신이 그것의 일원이 되어 스펙터클을 수행한다.

집합적 신체의 물리학

모여드는 몸: 집합적 신체의 형성

1980년 5월 광주를 비롯한 민의 죽음은, 죽지 않고 살아서 그것을 보는 민에게 엄청난 충격을 준다. 이를테면 화순에서 태어나 광주에서 자랐음에도 대학에 들어온 뒤에야 "눈으로 목격한 80년 5월 광주와 시위는 한열의 마음을 뒤흔들어놓았다."(서성란 2005: 34) 누군가의 부당한 죽음이 폭로하는 이 세상의 폭력성과 부당함에 대한 인식, 그들의 죽음과 대비되는 '나'의 생존이 환기하는 죄의식과 부채감은 민이 운동(movement)에 나서게 하는 동기(motivation)가 된다. "'운동'은 고통의 목격으로부터 시발"하는 것이다(천정환 2021: 79).

하지만 동기가 반드시 운동으로 이어지는 것은 아니며, 선과 악에 대한 인식이 곧바로 불의에 대항하는 실천으로 연결되는 것도 아니다. 죽음과 고통이 불러일으키는 정서적 동요에도 불구하고 여전히 움직이지 않는 다수의 사람들이 있다. 이들은 먼저 운동에 나선 이들의 주장과 활동에 심정적으로 동조하면서도 제반 조건의 제약과 기존의 관성에 붙들려 있다. 부모의 기대, 연인과의 사랑, 학업과 장래, 그리고 일상의 안정과 생활의 여러 욕구를 포기할 결의가 되어 있는가 하는 물음이 내적인 고뇌와 번민을 이룬다.• 이러한 망설임과 주저가 돌파되지 못하여 집단적 동원의 가

• 이 중에서도 부모의 기대 또는 연인과의 사랑 앞에서 번민하는 모습은 수많은 '열사'들의 유서와 일기, 그리고 여러 후일담 소설에 빈번하게 등장하는 소재였다. 그래

능성이 조성되어 있음에도 불구하고 그것이 단지 가능성으로만 남게 되면 거대한 패배감이나 무력감으로 이어질 수도 있다. 이를테면 1986년 후반부터 1987년 초반은 여전히 광주에서의 학살이 가져온 엄청난 충격의 자장에 속해 있었으며, 청년들의

서 효도와 혁명이, 그리고 사랑과 혁명이 궁극적으로는 구별되지 않고 결합되는 것이 하나의 이상으로 상상되곤 했다. 이를테면 전방입소훈련을 반대하며 분신한 김세진은 그 이틀 전인 4월 26일 다음과 같은 유서를 남겼다. "사랑합니다. 아버지 어머니. 해방된 조국의 땅에서 자랑스러운 아들임을 가슴 뿌듯하게 느낄 때가 반드시 올 것을 믿습니다. 그리고 저는 저의 투쟁 속에서 그날을 앞당길 것입니다." 또한 서로의 고민을 다독이며 나누는 대화 속에 담긴 다음과 같은 기대를 보라. "지금 우리들의 부모님은 우릴 이해하지 못하고 슬프게 하지만 언젠가는 자랑스럽게 여기실 날이 올 거야. 독재정권 타도하여 부모님께 효도하자는 구호도 있잖아."(김하기 1990: 116) 이처럼 부모에 대한 효도와 운동에의 투신이 최종적으로 합치되도록 만들 것이라는 의지를 압축적으로 보여주는 노래는 〈어머니〉이다. 여기서 "모순덩어리 억압과 착취"가 "저 붉은 태양에 녹아버리"는 해방의 날은 "어머님 해맑은 웃음의 그날"로 상정된다. 공개된 자리에서 부르는 등 이 노래에 대한 호감을 여러차례 표현한 노무현은 가사의 첫 구절 "사람 사는 세상"을 자신의 정치적 구호로 삼기도 했다. 사랑과 혁명의 일치를 꿈꾼 경우도 많다. 일례로 심산의 『사흘낮 사흘밤』에서는 두 남녀 대학생이 운동가로서 겪는 고난을 견디며 성장해감과 동시에 서로에 대한 이해와 사랑이 깊어지고, 6월항쟁 및 이한열 장례식에서의 한풀이로 반독재투쟁이 결실을 맺음과 함께 정신적·육체적 결합을 이룬다(심산 1994). 이처럼 "폭풍우 같은 독재의 암흑 속에서 아름다운 사랑 하나를 이루어낸다는 것"은 "인간의 모든 진실된 힘과 마음을 비웃고 있을지도 모르는 독재권력에 대한 또 하나의 저항"으로까지 여겨지기도 했는데, 김영현의 「등꽃」은 "단순한 남과 여의 만남이 아니라, 우리들의 만남이었고, 우리들 사랑의 승리이기도" 했던, 하객 모두가 일어나 〈아침이슬〉을 부르며 감격스러워했던 이들의 결혼이 끝난다는, 어쩌면 1980년대의 종말을 상징하는 '사건'을 소재로 하고 있다(김영현 1995: 95, 98). 민주화라는 공적 영역에서의 구조변동 이후 30대로 접어든 386세대가 직면한 과제는 사랑을 실험하고 새로운 가족의 형식을 구현하는, '친밀성의 구조변동'이었다(기든스 2001). 그런 1990년대 이래로 신경숙의 작품은 친밀성이라는 사회적 과제를 상징해온 '집'의 파멸을 보여주고 있다(김홍중 2016: 5장).

잇따른 분신과 투신, 그리고 박종철의 고문치사까지 더해지는 등 죽음으로부터 촉발된 정치적 동요의 계기가 누적되어 있었다. 하지만 이 시기는 "일련의 정치공세가 이어지고, 아시안게임도 기세등등하게 하고, 군부체제는 전혀 흔들림이 없는 것 같고, 그런 와중에 모두 좌절했던 시절"이었다(함세웅·한인섭 2018: 386). 1986년 10월 '건대 사태'로 큰 타격을 입은 학생운동은 박종철의 죽음에 대해서도 적극적으로 대응하지 못했으며, 1987년 2월 7일의 국민추도회와 3월 3일의 박종철 사십구재 및 고문추방 국민대행진에도 학생과 시민의 참여는 저조했다(서중석 2011: 217~25; 김원 2017: 77). 이러한 분위기 탓에 그의 죽음이 몇달 뒤 "역사의 물줄기를 돌리는 사건이 되리라고는 당시 아무도 예상하지 못했다."(정덕환 2007: 75) 연세대에서는 "이불 속에서 자주·민주·통일을 외치는 총학생회는 각성하라"는 대자보가 붙는 등 학생운동 지도부가 선도투쟁을 자제하는 분위기이기도 했으며(신준영 1990: 168), 그밖에도 "6·10 이전의 시위는 대부분 공권력의 성공적인 진압으로 끝났다."(김원 2017: 77) 민은 죽음을 비롯하여 무대 위에서 벌어지고 있는 온갖 참상을 바라보며 울분을 터트리고 있었지만, 아직 무대 위로 올라가 사태를 정리하지는 못하고 있었다. 무대 위에는 단지 소수의 배우(actor)만이 악의 무리에 맞서 수난을 감수하며 자신의 열정을 불사르고 있었고, 아직 대부분의 민은 객석에서 이를 악물고 발을 구르며 이러한 장면을 지켜보는 관객으로 남아 있었다.

그럼에도 불구하고 잠재되어 있는 민의 힘을 감지할 수 있는 단서들은 있었다. 박종철의 죽음과 2·7, 3·3 추모대회를 거치면서 민의 "분노는 나지막한 안개처럼 깔렸다."(소준섭 1995: 126) 서중석은 2·7 투쟁에 참여한 시민들의 표정에서 "민주화를 희구하는 모습이 역력했고 학생운동을 성원하는 모습도 뚜렷"했다는 점, 2월 26일 서울대 졸업식에서 졸업생들이 총장과 문교부장관에게 야유를 보낸 사건 등을 변화의 조짐으로 보았다(서중석 2011: 221~23). 김원 역시 2월 7일 남대문시장 앞에서 "그 전에 집회에서 볼 수 없었던 영세상인, 점원, 짐꾼 등 다양한 계층이 어울려 저녁 6시 반까지 농성을 같이" 했다는 사실로부터 잠재되어 있던 가능성을 읽어낸다(김원 2017: 77). 사실 민심이 전두환 정권에 등을 돌렸음은 1985년 2·12 총선과 1986년 상반기 KBS시청료거부운동을 통해서 이미 드러났는데(민주화운동기념사업회 한국민주주의연구소 2010: 294), 1986년 하반기 이후 정권의 탄압으로 이러한 분위기가 억눌려 있었을 뿐이다. 그러나 밑바닥에서부터 끓어오르는 이 힘을 "전두환이든 여권이든, 전두환 정권을 지지해온 언론인들이든 모두 다 전혀 예상치 못했"으며(서중석 2011: 283), 민 스스로도 이러한 힘을 진작에 감지하지 못하고 6월 10일에 이르러서야 "표피 그 밑에서 소용돌이치고 있는 긴장과 불안과 적의와 원시적 생명력의 터져 버릴 듯한 용틀임을" 실감할 수 있었다(심산 1994: 146).

몇차례의 충격에도 불구하고 좀처럼 움직이지 않던 민이 동원될 때에는 특정한 계기가 작용한다. 이를테면 1986년에 인천 5·3항쟁, 건대항쟁, 신길동 가투 등이 차례로 진압되면서 이어지던 억눌린 분위기가 극복되고 그간 잠잠하게 있던 각계각층의 민이 응축된 동력으로 쏟아져 나오는 결정적인 계기가 된 것은 4·13호헌조치였다. 호헌에 반대하는 민의 목소리는 발표 당일부터 터져 나와서(민주화운동기념사업회 한국민주주의연구소 2010: 295) 한 소설에서는 그 격화된 풍경을 다음과 같이 묘사하고 있다.

> 학생들이 연일 반대집회를 가진 것은 말할 것도 없고 전국 방방곡곡의 온갖 사회단체로부터 성명서와 단식기도회와 삭발시위가 줄을 이었다. 대한변협과 추기경과 신부들이 포문을 열자 대학교수들과 중고등학교 교사들이 똘똘 뭉쳐서 반대의사를 표명했고 문인들, 의사들, 약사들의 성토와 농성이 뒤따르더니 급기야는 밤무대에 서는 무명 가수들까지 규탄성명을 발표하기에 이르렀다.(심산 1994: 110~11)

여기에 더하여 "변호사, 치과의사, 심지어 공인중개사 들까지 4·13호헌철폐 서명운동에 나서게 되었다. (…) 이제 국민들의 민주화 열망은 거리로 쏟아져 나오기 시작했다."(소준섭 1995: 126) 지금까지 운동에 나서지 않았던 민의 집단적인 동원이 시작된 것이다.

일반적으로 동원(mobilization)이란 "어떤 집단이 수동적인 개인들의 집합체인 상태로부터 공공생활에 활발히 참여하는 상태로 움직여나가는 과정을 말한다."(틸리 1995: 95) 그런데 수동에서 능동으로, 개별에서 공적 참여로의 변화는 몸의 등장을 통해서 가장 분명하게 드러난다. 개별적으로는 번민과 고뇌를 거친 결단을 통해 운동에 참여하겠지만,* 동원의 과정에서 민은 하나의 집합적인 신체를 형성하면서 그 모습이 물질적인 형태로 더욱 선명하게 드러난다. 이전까지는 보이지 않는 여론으로, 흉흉한 민심으로, 면종복배의 전략으로, "적나라한 분노 대신에 수군거리는 냉소 조롱의 언어로써" 보이지 않게 암약해 있던 민은 동원이 이루어지면서 자신의 몸을 이끌고 나와서 공적으로 출현한다(현기영 2015: 248). 이제 민은 "그들의 음성화된 주장을 통해서만 만들어지는 것이 아니라 (…) 시각적인 영역 안에서도, 그리고 그들의 행동에 의해서도, 아울러 체현된 수행의 일부로서도 생성되는 것이다."(버틀러 2020: 31)

각자의 사적 영역에서 각자의 일상과 생활의 문제에 몰두하느라 보이지 않던 민은 갑자기 도처에서 나타나 목소리를 내기도 하고 한곳을 향해 꾸물거리며 이동하기도 한다. 보이지 않던 민이 공적으로 모습을 드러내는 이러한 현상은 마치 무에서 유가 창조되는 것 같은 착각을 불러일으킨다. 대체 그동안 이 많은 사람들이 어디에 있었단 말인가? 하지만 여러가지 성분이 투명하게 용해되어 있다고 하여 액체 속에 아무것도 없는 것이 아닌 것처럼, 보이지 않는다고 해서 민이 존재하지 않았던 것은 아니다. 그들은 이전에도 항상 있었다. 다만 출현(emergence)을, 나타남(appearance)을 수행하지 않았을 뿐이다.* 따라서 이전까지 보이지

---

* 1980년에도 본격적인 동원이 이루어지기 전인 "19일부터 20일 오전까지 광주의 공동체는 거리에서 싸우는 각 시민에게 내재해 있는 것이었다. 시민들이 시위에 가담하기로 결정한 것은 각자의 내면적 과정을 통한 결정이었고 전사들은 외로웠다."(최정운 2012: 171)

않던 수많은 민이 몸을 이끌고 거리로 나와 하나의 신체로 결집하며 가시적으로 등장하는 과정은 "무에서 유가 창조된 것이 아니라 유에서 유로 이행한 것"이라 해야 정확할 것이다(김정환 2019: 48). 그리고 이렇게 동원된 민이 발휘하는 힘은 현행적으로 존재하지 않았을 뿐 잠재적으로는 언제나 있었다.*

민(demos)의 힘(kratos)이라는 것이 실제로 존재하는지 아닌지, 이 힘이 계속해서 잠재적인 상태로만 머물 것인지 아니면 머지않아 현행화될 것인지, 그러니까 동원이 성공할 것인지 아닌지 등의 문제는 이론적이라기보다는 실천적인 문제이다. 다시 말해, 일상에서는 보이지 않는 민의 존재나 이들이 보유한 힘은 이론을 통해 논증되거나 논리적으로 연역되는 것이 아니라 실천을 통해 입증되어야 할 대상이라는 것이다.

> 천구백팔십칠년 유월 십일 오후 여섯시 직전의 사람들은 크게 두 부류로 나누어질 수 있었다. 한 부류는 호랑이는 멸종되어버렸으며 따라서 존재하지 않는다고 믿는 사람들이었다. 그들은 호랑이가 존재한다고는 믿고 싶지 않았다. 눈앞에 어슬렁거리고 있는 이 호랑이 형상의 짐승은 길들여지고 겁먹은 비루한 고양이 새끼일 뿐이라고 믿고 싶었다. 다른 한 부류는 호랑이가 실존한다고 믿었다. 실존할 뿐만 아니라 이제 곧 사나운 포효를 터뜨리며 세상을 뒤집어엎어버리리라 믿었다.(심산 1994: 146)

* 만약 "보이는 것, 드러나 있는 것만을 현실의 전부라고 여긴다면 이처럼 현실을 구성하고 있는 잠재적 힘과 운동을 인식하지 못할 것이다."(김정환 2019: 48)

민은 상자 속에서 모습이 드러나기 전까지는 그 생사 여부를 알 수 없는 슈뢰딩거의 고양이와 같은 존재일 수도 있고, 영화 〈전함 포템킨〉에서 생명이 없이 굳어 있다가도 결정적인 순간에 눈을 부릅뜨고 일어나 포효하는 오데사의 사자 석상과 같은 존재일 수도 있다. 먼저 운동에 나선 이들은 도래할 민의 존재를 "이론으로 믿는 것이 아니라 실천으로 증명"해내고자 하며(심산 1994: 146), 민이 자신의 힘을 자각하여 뚜껑을 박차고 상자 밖으로 나오도록 "앞장서서 지도해나가야 할 필요성"을 느낀다(이남희 2015: 39). 하지만 민은 자신이 가진 힘을 알게 될 때 움직이는 것이 아니라 자신의 몸을 움직일 때 비로소 자신이 가진 힘을 확인하게 된다. 사람들의 몸을 움직이는 것, 그리하여 사람들의 생각이 달라지게 할 새로운 경험을 조직해내는 것은 대중운동의 오랜, 그리고 궁극적인 과제이다.*

민이 하나의 신체로 결집하며 동원이 이루어지는 이 기적적인 현상은 사람들이 도시의 한 장소로 모여드는 장면에서 가장 직접적으로 드러난다. 같은 도시 내에서도 개별화된 몸으로서 각자의 리듬과 궤적과 동선에 따라 움직이며 엇갈리던 민은 물리적·신

* 이를테면 맑스의 「포이에르바하에 관한 테제들」은 거의 모두가 이러한 아포리아를 다루고 있다. 특히 제2번 테제를 보라. "대상적 진리가 인간의 사유에 들어오는가 않는가의 문제는—이론의 문제가 아니라 실천적 문제이다. 실천 속에서 인간은 진리를, 즉 현실성과 힘, 자신의 사유의 차안성을 증명해야 한다. 사유—실천으로부터 고립된—의 현실성이나 비현실성에 관한 논쟁은 순전히 스콜라주의적 문제이다."(맑스 1991: 185)

체적(physical) 동원이 이루어짐으로써 같은 시간에 같은 장소를 향하여 움직인다. 이를테면 1980년대 서울의 가두시위에서 진격 목표가 되었던 곳은 주로 시청 앞 광장과 명동이었다(김백영 2003: 373~75). 각자의 일상과 생활에 굳건히 뿌리내린 혹은 단단하게 결박되어 있던 민은 동원이 이루어지면 그로부터 풀려나와 하나의 신체를 이루며 모여든다.

하나의 신체로 결집하기 위해 모여드는 민은 갈가리 찢긴 몸의 조각들이 제자리를 찾아가기라도 하는 것처럼 본류에 합류하기 위해 흘러오는 지류의 모습으로 나타난다. 이를테면 1980년 5월 20일 오후 시내 곳곳에서 모여들어 이날 밤이면 공수부대에 맞서는 '절대공동체'를 형성하는 광주시민들의 모습을 보라. 이날 오후 2시가 넘어서부터는,

> 네거리를 중심으로 도로를 가득 채운 사람들의 물결이 일제히 시가지를 향해 출렁이기 시작했다. 거리는 어느새 작은 개울이 되었다. 수많은 집들과 골목마다에서 흘러나온 물살들은 하나둘 개울로 모여들어 점점 더 큰 물결을 이루었다. 물결은 앞으로 나아갈수록 놀랍도록 점점 더 빠르게 불어나고 있었다.(임철우 1997c: 134)

하지만 아직은 이러한 물결이 합류하여 온전히 하나로 융합된 신체를 이룬 것은 아니다. 물결의 흐름 속에서는 여전히 개개인의 구체적인 모습들이 발견된다. 그 속에서는 "유치원에나 다닐 법한 어린 꼬마의 손을 잡고 나온 할머니로부터 술집 여자로 보

이는 아가씨들, 점원, 학생, 봉투를 든 회사원, 가정주부, 요식업소의 종업원 등 전계층, 전시민이" 함께 움직이고 있었다(광주민주화운동기념사업회 2017: 141). 이처럼 동원의 흐름 속에 있는 민은 아직은 하나의 신체로 융합되어 있지 않기 때문에 각자의 얼굴을 식별할 수 있고, 서로의 존재를 확인함으로써 동원되어가는 각자의 힘을 고양시킬 수 있었다. 앞서 언급한 5월 20일 오후 광주에서 거리에 나온 시민들은 "서로가 서로를 바라보았다. 그들은 목숨을 걸고 공수부대와 멋지게 싸우는 아름다운 전사였다. 그들은 서로가 너무나 아름다웠고 위대했다."(최정운 2016: 491) 이렇게 동원의 과정에서 마주치는 서로를 바라보는 사람들의 모습은 이른바 "에로스 효과"가 시작되는 장면을 잘 보여준다(카치아피카스 2015: 289 이하).

> 한순간 무석은 그 낯모르는 사람들 모두를 와락 끌어안고 싶은 충동마저 느꼈다. 뜨거운 애정 같기도 하고 연민 같기도 한, 아니 어쩌면 벅찬 그리움 같기도 한 참으로 기이한 감정. 그 알 수 없는 불덩어리로 가슴이 뻑뻑하게 차올랐다. 그러다가 무석은 불현듯 그런 자신의 뜻밖의 반응을 깨닫고는 잠시 어리둥절해졌다.(임철우 1997c: 135)

동원의 흐름을 이룬 사람들은 서로의 모습을 보고 고무되지만 그런 흥분의 감정은 과도해지지 않도록 적절한 선에서 조절된다. 그것은 동원 과정의 민이 극도의 감정과 희열을 느끼기에는 아직 하나의 몸을 이루지 못했기 때문이기도 하지만, 동원의 과정 자체가 그런 강렬한 흥분 속에서 이루어지지 않기 때문이다. 오히려 동원은 막연한 기대와 호기심 속에서, 긴장이 이완된 상태에서 이루어진다. 임철우는 5월 20일 저녁에 자신이 직접 목격한 사람들의 모습을 다음과 같이 묘사한다.

> 사람들이 마치 소풍 가듯이 그러고 나온다. (…) 그때도 사람들이 일단 호기심에 어떻게 됐나 보려고 시내로 나오는 것이다. 다들 집에서 저녁을 먹고 나서. (…) 그런데 보면 애들도 있고 손잡고 가는 부모도 있고, 그런 상황이다. 그런 걸 보면 사람들이 별로 긴장을 안 하고 있다. 또 긴장을 안 하기 때문에 모인다. 그런 식으로 모인다. (…) 처음에 봤을 때는 그 현장이라는 게 마치 구동실내체육관이나 무등경기장에서 하는 서커스단 공연 같은 데 관중이 모이듯이, 오히려 그런 분위기에 가깝다.(최정운·임철우 2014: 354)

그리고 『봄날』에서는 이 장면을 다음과 같이 표현한다.

> 마치도 신비한 주술에 사로잡힌 사람들처럼, 시민들은 전혀 서두르지 않는 걸음으로 일제히 한 방향으로 밀려 나아가고 있다.(임철우 1997c: 135)

> 그것은 열기에 들뜬 한바탕 축제의 행렬 같기도 했다. 분명 이 순간 뭔가 강렬하고 불가사의한 힘이 그들을 지배하고 있었다. 놀랍게도 그 수많은 사람들의 얼굴엔 공포의 흔적은 거의 보이지 않았다. 구호

> 를 따라 외치고 손뼉을 치고, 노래를 부르고… 그러다가 와르르 웃음
> 을 터뜨리기도 하는 시민들의 모습에서는 어떤 여유 같은 것마저 보
> 인다.(같은 책 137)

　　죽음을 목격한 민이 슬픔과 공포의 정서 속에서 몸이 굳고 위축되었다면, 거리로 나와 한곳으로 향해 가는 서로의 얼굴을 바라보며 함께 동원의 흐름을 만들어내는 민은 희망(hope)과 확신(confidence), 환희(gladness) 등 기쁨의 정서 속에서 활동력이 증대된다(Spinoza 1994: 190~91). "가물어 갈라진 땅을 적시는 물이 고랑마다 흘러 다니듯 시위대는 거리거리를" 누빈다(부산민주운동사편찬위원회 1998: 544). 이와 같은 신명과 기쁨의 정서가 전염됨으로써 민은 인접한 이들까지도 그 속으로 휩쓸리게 하는 하나의 흐름을 형성하는 동시에, 그렇게 합류한 이들이 쉽게 흩어지지 않게 결속함으로써 집합적 신체를 형성해간다(이진경·조원광 2009: 134~44).

　　1987년 6월 10일 시내로 진출하는 대학생 시위대 역시 비슷한 경험을 한다. 일례로 "한양대는 전날에 학생들이 적게 모여 오전 일찍부터 출정식에 나오도록 독려했다. 처음에는 300명 정도밖에 안 되어 비관적인 생각이 들기도 했는데, 300명이 한줄로 늘어서서 교내를 돌자 무려 2000명 가까이 늘어났다."(서중석 2011: 286) 그렇게 모여드는 사람들은 서로의 얼굴을 확인하며 모종의 약속과 응원을 나눈다. 그중에는 물론 "집회와 시위 때마다 노상 보아오던 얼굴들"이 있었고 "그들과 눈길이 마주칠 때마다 뜨거운 눈인사들을 나누었다." 또한 "낯설고 의외여서 더욱 반가운 얼굴들"

도 있었는데, 더욱 "힘을 솟구치게 만드는 것은 다름 아닌 그들이었다."(심산 1994: 128~29) 그렇게 학교를 나서 도심을 가로질러 흘러가는 이들은 같은 방향으로 이동하는 다른 무리와 합류하기도 한다.

이날 늦은 오후, 서울역을 향하던 사람들은 그렇게 "같은 방향으로 걸어가고 있는 청년들이" 평소보다 많다는 사실을 알 수 있었다. 시위를 앞두고 있었지만 "거리는 겉으로 보자면 평온하고 사람들은 도무지 표정이 없었다. 하지만 여느 때의 행길과는 무언가가 다르다는 것을 누구나 다 실감하고 있는 것에 틀림없었다." 후암동 인근에는 골목마다 장갑차와 전경이 대기하고 있었지만 "행인들은 별로 전경들을 두려워하는 것이 아니었고 그들 앞을 스쳐 지나갈 적에도 경계하거나 긴장해하는 것도 아니었다." 서울역 광장에 도착해보니 "통행자들보다는 그냥 우두커니 서서 주위를 두리번거리는 자들이 태반"이었고 "전경들은 여차직하면 카니발이라도 벌이듯 다연발 최루탄에 직격탄을 쏘아붙일 만반의 태세"를 갖춘 상황이었다. 전날과 같이 "제2의 연세대생"이 얼마든지 나올 수도 있었지만 "광장에 들어차 있는 사람들 중 누구도 그런 사실을 염두에 두고 있는 것 같지는 않았다."(박태순 1988: 62~63)

이러한 장면들에서 민은 전시동원령으로 소집되어 가듯 자발성이 없는 상태에서 억지로 "모빌"되는 모습이 아니다(김원 2011: 56). 결집을 위해 모이는 이들은 두려움에 사로잡혀 있지 않으며, "어떤 신비로운 힘에 끌려가기라도 하는 듯"한 표정을 하고서 제발로 걸어 나온다(심산 1994: 132). 그리고 그런 서로의 얼굴을 바라보면서 혼자가 아님을 깨닫고 더욱 고양된 감정을 느낀다. 사람들은 "와서 모여 함께 하나가 되자/와서 모여 함께 하나가 되자"며 다함께 부르는 노래를 들으면서(⟨흔들리지 않게⟩)• 마치 "그리스 신화 속 사이렌에 홀린 뱃사람들처럼" 한곳으로 이끌려 간다(최강문 2020: 48).

이렇게 신비로운 힘에 이끌리듯 합류하는 개인들의 수가 증가하면서 민은 새로운 모습으로 등장하게 된다. 그것은 개별적인 몸의 동참과 이탈이 끊임없이 일어나고 단절과 합류가 반복되는 일종의 흐름인 동시에, 그런 과정을 거치면서도 해체되거나 소멸되지 않고 일정한 규모의 결집을 유지하는 하나의 신체이기도 하다. "하나의 거대한 덩어리로 뭉쳐" 있었으면서도 "이리 흐르고 저리 솟구치며" 결국에는 "제자리를 지키고" 있었던 1980년 5월 20일 저녁 금남로의 시민들이나(임철우 1997c: 193~94), 진출과 퇴각을 반복하며 숨바꼭질 시위를 벌이면서도 끝내 해체하지 않고 남

• 이 노래의 원곡은 흑인 구전가요 ⟨We shall not be moved⟩로 전해지는데, 조안 바에즈(Joan Baez)가 자신의 1974년 앨범에 삽입한 ⟨No nos moverán⟩으로 더 널리 알려졌다. 노래의 제목은 움직이지(흔들리지) 않겠다는 의지를 표현하지만, 노래의 형식이나 가사의 내용은 매우 동적이다. 짧은 도입부에 이어지는 후렴구가 반복되는 구조인데, 그 도입부 역시 두마디의 가사가 두번 반복되면서 굉장히 빠른 호흡으로 곡이 진행된다. 본문에 인용된 2절의 가사는 "와서 모여 함께 하나가 되자"며 적극적으로 움직임을 독려한다. 3절 이후에는 도입부의 가사를 "○○ 올 때까지 ○○ 외쳐라"로 정해두고 ○○에 민주, 해방, 통일, 평화 등을 자유롭게 넣어 부르면서 동적인 반복을 계속할 수 있다. 흔들리지 않는다는 것은 움직임 없이 정지해 있는 것이 아니라 약간의 변주는 있을지언정 현재의 움직임을 반복하는 것이다.

대문과 퇴계로, 회현동, 을지로 일대에 모여 있던 1987년 6월 10일 서울시민들의 모습이 그러했다. 이제 민은 "은빛 비늘을 무수히 반짝이며" 무리를 이룬 "살아 있는 고등어떼"와 같이(공지영 1994b: 207), 또는 그 형체는 끊임없이 변화하지만 흩어지지 않고 무리를 유지하며 군무를 추는 새들과 같이 하나의 집합적 신체로 등장한다.

사람의 덩어리(mass)와 민의 힘

작은 물길이 모여 강물을 이루고 강물이 합류하여 바다를 이루는 것처럼, 각처에서 발원하여 모인 민의 흐름은 말 그대로 거대한 인파(人波)를 이룬다. 광주항쟁 당시 그 유명한 차량시위가 있었던 5월 20일 저녁에는 "도청 앞 분수대로 통하는 모든 도로가 시위 군중으로 꽉 차 인산인해를 이루었다."(광주민주화운동기념사업회 2007: 155) 또한 1987년 6월 명동에 나타난, 결집한 민의 거대한 신체 "그것은 바다였다. 끓어오르는 민중의 바다였다."(심산 1994: 242) 이렇게 결집한 몸이 만들어내는 거대한 물결의 이미지는 한국 민주주의의 상상계에서 가장 극적인 장면을 이룬다. 광장과 거리가 인파로 가득 차서 넘실대는 바로 이 장면이야말로 한국 민주주의의 정점이자 이상적인 순간으로 기억되며, 한국 민주주의는 결국 이 장면을 향해 흘러가는 드라마로 여겨진다.

바다뿐만 아니라 강, 파도 등으로 비유되는 민의 결집은* 자연

* 서양의 정치적 상상에서 군중이나 대중을 조류, 대양, 바다, 파도 등 물의 이미지로 비유해왔던 전통에 대해서는 슈나프(2015: 45 이하)를 참조하라.

의 거대한 물이 그러하듯 그 자체로 하나의 스펙터클이 된다. 이를테면 차량시위가 있던 1980년 5월 20일 저녁 유동사거리에서 금남로를 따라 밀려드는 대형트럭과 버스, 그리고 200여대 택시의 행렬은 "실로 장관이었다. 그 거대한 차량 대열은 금남로 4가를 거쳐 3가로 천천히 진입해오고 있었다. 그것은 강이었다. 불의 강. 불빛의 강. 도도하게 흘러내리는, 뜨겁고도 찬란한 불꽃의 강이었다."(임철우 1997c: 197) 또한 1987년 6월 10일 "남산3호터널과 신세계로터리에서 롯데쇼핑 앞에 이르는 대로는 인산인해"였는데, 여기서 "2만여 시위대가 계속해서 '호헌철폐', '독재타도'를 외치는 모습은 그야말로 장관이었다."(서중석 2011: 293) 그리고 1987년 6월항쟁 당시 서울뿐만 아니라 전국 각지에 동시다발적으로 등장한 인파는 벌떼처럼 일어난 민의 물결이 들불처럼 퍼지는, 그야말로 전민항쟁의 꿈이 실현된 듯한 모습이었다(4-1, 4-2, 4-3, 4-4).

이 거대한 인파가 이루는 장관(spectacle)에는 그것을 보는 사람(spectator)도 합류한다. 민의 바다라는 스펙터클을 보고 사로잡힌 사람들이 결합하여 그 스펙터클의 일부가 된다. 거리를 따라 흐르는 인파는 "능동적이고 참여적인 주체의 형성과 새로운 대중적 거리 스펙터클의 창출을 제안"하는 것이다(김백영 2003: 376). 사람들은 계속 모여들고 바다는 점점 커진다. 대하나 대양과 같이 큰물에는 계속해서 물이 흘러들어와 마르지 않는다. 계엄군 앞에 또는 전경 앞에 대치하고 있는 결집된 민의 바다에도 계속해서 새로운 몸이 흘러들어온다. 이제 불어난 물살은 그것을 가로막는

4-1. 1980년 5월 20일 저녁 차량시위대가 금남로를 따라 행진하는 모습(위)
4-2. 1987년 6월 10일 남산3호터널 방면에서 전경들을 향해 투석전을 벌이는 시위대(아래)

4-3. 1987년 6월 20일 부산진시장 네거리에서 거리시위에 나선 시민들(위)
4-4. 1987년 6월 26일 전주 팔달로에서 국민평화대행진에 나선 시민들(아래)

장애물을 향해 거침없이 밀고 들어간다.

> 사방의 수로에서 밀어닥치는 물살들은 지금 좁은 수문을 향해 거센 소용돌이를 이루며 무서운 힘으로 솟구쳐 흐르고 있다. 수문은 오직 하나. 계엄군은 그 수문을 안간힘으로 막아내려 하고 있다. 그러나 물살은 갈수록 불어나고, 수위는 더더욱 격렬하게 상승하고 있었다. 수문은 곧 함몰되고 말 것이다. 시민들은 그 사실을 확신하고 있었다.(임철우 1997c: 189)

집합적 신체를 형성한 민의 거대한 크기는 진압을 위해 배치된 병력의 규모를 압도한다. 일설에 따르면 1980년 5월 21일 오전 금남로를 채우고 도청을 포위한 시위대는 거의 30만명에 육박했다고 하는데(윤재걸 1987: 109), 이는 당시 80만명이던 광주시 인구의 거의 절반에 해당하는 수이다. 쉬이 믿을 수 없는 수치이지만, 이처럼 거대한 질량(mass)으로 이루어진 민의 집합적 신체는 계엄군의 공격에도 흩어지거나 흔들리지 않는다. 물론 오후 1시 도청 앞에서 집단발포가 시작되었을 때 마치 썰물이 지나간 것처럼 "거리는 어느 틈에 텅 비어버렸다."(임철우 1998a: 66) 정적 속에서 신음과 비명과 울음소리가 피어오르고, 뒤이어 욕설과 절규와 고함이 터져 나왔다. 하지만 이내 시위대는 하나둘씩 차도로 내려와서 다시 거리를 채웠고 다 같이 〈애국가〉를 부르기 시작한다. "동해물과 백두산이 마르고 닳도록…"

일절이 끝나고 다시 똑같은 노래가 반복되는 사이, 숨어 있던 시민들이 하나둘 거리로 몰려나와 대열에 합류하고 있었다. 골목과 골목, 건물 입구와 계단마다 시민들이 천천히 걸어 나왔다. 대열은 오백명, 칠백명, 천오백명… 어느새 수천명으로 불어나가기 시작했다. 썰물이 지나고 밀물이 개펄을 소리 없이 채워가듯이 그렇게, 텅 비었던 차도와 인도마다 시민들의 물결이 다시금 넘쳐흐르고 있었다. 그것은 마치도 어떤 종교 의식의 신성하고도 엄숙한 절차처럼 보였다. 수천명의 사람들이 입을 모아 합창하는 노랫소리는 느리면서도 장중하게 이어지고 있었다.(같은 책 68)

다시 사격이 시작된다. 한 청년이 웃통을 벗은 채 장갑차에 올라타서 도청 쪽으로 질주한다. 저격병들의 집중사격이 이루어진다. 청년의 머리가 꺾이고 장갑차는 광장을 돌아 빠져나간다. 사람들이 다시 흩어진다.

…그때마다 바위에 찢긴 파도가 갈라지듯/사람의 숲은 일시에 갈라졌다가는/총소리도 아랑곳없이 이내 다시 달려들어/완강한 바다를 이루어 버렸다/다시 장갑차 위로 깃발이 담긴 가슴을 내밀고/나아가던 소년의 목이 하나 더 떨어졌다/사람들은 쓸쓸한 섬처럼/선지피 낭자한 소년 하나만 남긴 채/다시 뿔뿔이 흩어졌다/그러다가는 얼마 안가 다시 장갑차에/깃발을 든 새로운 소년이 오르고/분노로 벌건 얼굴들이/죽은 소년의 일가처럼 바다를 이루었다/죽음의 공포도 사람들을 더이상 갈라놓지는 못했다/바닷물은 어디서 몰려드는지 몰라보게

불어났다…"(박몽구「금남로 탈환의 대낮—십자가의 꿈 5」)•

계속해서 총격이 이루어지지만 이미 거대한 물을 이룬 사람들은 흩어졌다가도 금세 다시 모인다. 이제 민은 "퍼내도 퍼내도 마르지 않는 바다가 되었다"(박몽구「금남로 탈환의 대낮—십자가의 꿈 5」). 동해물이 마르지 않고 백두산이 닳지 않는 것처럼 인산인해를 이룬 사람들도 줄어들지 않는다.

진압하는 군경 측에서는 이처럼 도망쳤다가 되돌아오고 흩어졌다가 다시 모여드는 민의 모습을 "쥐새끼들" 또는 "바퀴떼"라고 부른다(임철우 1998a: 42; 현기영 2015: 247). 이러한 이미지는 결집되어 있는 민의 저항이 끈질기고 집요함을 나타내는 것인 동시에 이들을 모아놓고 일망타진할 수 있는 가능성과도 연결된다(현기

• 이 시는 5월 21일 도청 앞 집단발포 전후의 상황을 소재로 삼고 있지만, 실제의 역사적 사실에 완전히 부합하지는 않는다. 이 시에는 장갑차를 탄 소년이 공수부대의 진영으로 돌진하다가 사망하는 장면이 세차례 등장한다. 하지만 당시 금남로에 시민군이 보유하고 있던 장갑차는 2대로, 피아트사의 모델을 아세아자동차에서 생산한 것이었다. 이 가운데 1대는 발포 직전인 12시 59분 공수부대 방향으로 돌진했고, 이를 피하려 후진하던 계엄군 장갑차의 무한궤도에 깔려 병사 1명이 사망했다. 『죽음을 넘어 시대의 어둠을 넘어』에서는 이 시위대의 장갑차가 "분수대 왼편으로 방향을 꺾어 도청 앞을 우회전하며 빙 돌아 전남대 의대 방향으로 빠져나갔다"라고 서술하는데(광주민주화운동기념사업회 2017: 200), 홍성표는 이 장갑차가 분수대 앞의 시계탑을 왼쪽으로 끼고서 돌아왔다고 증언한다(홍성표·안길정 2020: 117~20). 『봄날』에서는 이 장면을 공수부대 장갑차에 병사 2명이 깔려 죽고 시위대 장갑차는 우회전하여 학동 쪽 도로로 달아난 것으로 묘사한다(임철우 1998a: 63). 이후 13시 30분경 웃옷을 벗은 청년이 시민군의 다른 장갑차 1대를 몰고 공수부대가 있는 도청 방향으로 돌진했는데, 저격병의 집중사격으로 머리가 꺾이는 장면을 많은 사람들이 목격했다고 한다(광주민주화운동기념사업회 2017: 203~204).

영 2015: 247, 251).* 하지만 커다란 물은 몇번을 퍼낸다고 마르는 것도 아니고, 그물을 친다고 걸려드는 것도 아니다. 불어난 물이 그러하듯 모여든 민 역시 끊임없이 흔들리고 출렁이기도 하지만 살점이 떨어져 나가거나 덩어리가 쪼개지지는 않는다. 외부로부터 충격이 있을 때마다 "힘이 된 것은 그들이 앞장서서 이뤄낸 일체감이었다." 이들은 이미 "자기 하나만, 제 몸뚱이 하나만 생각할 순 없는" 하나의 몸이 되었다. 그렇게 "사람들은 다시 공포를 잊었다."(김남일 1988: 182, 185)

물이 복수(複數)가 아닌 것처럼 결집된 민은 단순히 다수 개인들의 집합이 아니다. "절대공동체는 절대 단수(單數)"인 것이다(최정운 2012: 279). 한곳에 모여든 인파는 물론 수많은 사람들로 이루어져 있었지만 "사람들은 그러나 모두 한몸이었다/100만 광주시민은/400만 전라도민은 모두 한몸이었다"(김준태「광주땅 5월 생목숨들 상사디여!」). 수천수만의 개별 신체는 함께 모인 "사람들의, 함성의, 냄새의 홍수에 실려 그 물살에 뼈가 녹을 때까지" 섞여버린다. 뒤섞인 인파 속에서 사람들은 자신의 몸을 자신의 의지대로 움직일 수 없다. 그들은 거대한 흐름에 따라 "앞으로 앞으로 나갔

* 일례로 건대항쟁이 전개된 과정을 살펴보면 "고의로 집회를 방관하여 학생들을 일망타진하려는 정부의 의도를 의심하게 한다."(김석 2016: 27) 애학투련 결성식이 예고되어 있던 10월 28일 새벽 건국대 캠퍼스로 진입하는 의장단에 대한 검문검색은 전혀 없었던 데 반해, 건대 주변에는 대규모의 전투경찰이 배치되어 있었다는 것이다. 실제로 건대항쟁은 총 1525명이 연행되고 1288명이 구속되어 단일 사건으로 최다 구속자를 기록했다. 이에 당시 공안당국 관계자가 건대항쟁으로 조직에 특히 큰 타격을 입은 "서울대 학생운동은 향후 10년 동안 재기하지 못할 것"이라고 말했을 정도이다(김병식 2007: 185).

다가는 밀물처럼" 밀려오기를 반복할 수밖에 없다(최윤 1992: 280). 그래서 집단발포가 일어나기 직전인 5월 21일 낮 도청을 향하는 최일선의 시민들이 어느 선에서 전진을 멈추려 했을 때도 뒤의 물결은 그들을 공수부대 5미터 앞까지 밀어 올린 것이었다(윤재걸 1987: 50; 임철우 1998a: 60).

강이나 바다가 낱개의 물방울들로 이루어진 것이 아니라 하나의 거대한 물로 존재하는 것처럼, 결집한 민은 각각의 신체들로 존재하는 것이 아니라 하나의 거대한 몸을 이룬다. 마치 그리스도가 "몸은 하나이지만 많은 지체를 가지고 있고 몸에 딸린 지체는 많지만 그 모두가 한몸을 이루는 것처럼" 민 역시 그러하다 (「고린도전서」 12:12). 그것은 리바이어던과는 대비되는 "공화국의 육신"이다(홍윤기 2004). 이 거룩하고 거대한 신체 속에서 "나는 너다./만세, 만세/너는 나다. 우리는 全體다."(황지우 「1」) 그리고 "나는 너니까. 우리는 自己야."(황지우 「503」) 민은 나와 너가 한데 모여서 만들어낸 하나의 몸이고 그 안에서 나와 너는 구별되지 않는 하나의 전체를 이룬다. 따라서 민은 나와 너로 이루어진 우리가 아니라, 너와 나의 구별이 없는 나와 나, 즉 자기 자신이다.•

• '너'와 '나' 사이의 개체적 구별을 지양하고 이들을 전체로서의 성격을 나누어 가진 동질적이고 동등한 존재로 파악하는 사상의 자생적 형태는 전태일에게서 발견된다. 그에게 "노동판"에서 자신과 함께 삽질을 하며 흙을 퍼 올리는 노동자는 "나의 전체의 일부"이자 이 사회 "전체의 일부"이며, 고된 노동에 혹사당하는 어린 여공들은 근로감독관을 비롯한 우리 모두의 사랑스러운 "전체의 일부"이다. 또한 그는 그를 아는 또는 그를 모르는 모든 친우들을 "나의 나인 그대들"이라 호명하면서 "그대들이 아는 그대들의 전체의 일부인 나"의 뜻을 이어주기를 부탁하며 자신의 결심을 굳혀간다(전태일 1988: 120, 139, 151, 152).

이렇게 하나의 몸으로 결집한 민은 이제 (각자의 생김새로 빚어져 있고 개별적인 정체를 드러내는) 서로의 얼굴을 확인하는 것이 아니라 거대하게 불어난 자기 자신의 몸집을 보려고 한다. 까치발을 들어 자신의 앞뒤로 얼마나 많은 인파가 모여 있는지, 자신의 몸이 얼마나 커졌는지 확인하고자 한다.

> 윤상현은 금남로 1가, 2가, 3가, 4가를 거쳐 유동 수창초등학교 앞에서 걸음을 멈추었다. 그리고 돌아서서, 자신이 거슬러온 금남로 거리를 바라보았다. 맨 반대편의 도청 앞 광장까지, 2킬로미터 가까운 거리의 도로가 인파로 거의 완전히 메워져 있었다.
> 어느 사이엔가 윤상현은 눈앞이 아득해져왔다. 그는 지금 이 순간 거대한 바다 한가운데에 자신이 서 있음을 느꼈다. 그것은 불의 바다였다. 끝도 가도 없이 퍼져나간 드넓은 불의 바다. 수만, 수십만개 불꽃들의 물결. 물결. 이 순간 그 불의 바다를 이루고 있는 것은 바로 저 이름 없는 사람들의 가슴에서 타오르고 있는 저마다의 작은 불씨, 그 하나하나였다.(임철우 1998a: 30~31)

민의 몸은 그것을 바라보는 자기 자신도 놀랄 만큼 거대해져 있다. 이제 민은 스펙터클을 바라보는 자(spectator)이면서도 그 자신이 스펙터클이 된 것이다. 그는 더이상 "게임 구경하며 박수나 치는 관객이 아니"었다. 그는 "무대의 엑스트라가 아니라 주인공으로서 무대의 정면에 나타났다."(현기영 2015: 250, 248) 객석에서 죽음의 참상을 목격하고 경악했던 그는 이제 객석이 아니라 무대 위에서 거대한 민의 몸을 보고 경이로움을 느꼈고, 그 스펙터클이 바로 자기 자신의 모습임을 확인한다. 그를 놀라게 한 거대한 것, 숭고한 것, 장대한 것이 바로 자기 자신임을 확인할 때 "그 놀라움은 순식간에 굉장한 자신감"으로 전환되며, "두려움과 불안감을 현저하게 희석"시킨다(임철우 1997c: 185). 민에게는 힘이 주어져 있으며 그 사실을 자기 자신도 알게 되었다.

"폭우를 부르는 구름장처럼 거대한 덩어리"가 된 민의 신체는 자신이 보유한 막강한 힘을 쏟아부을 준비가 되어 있다(권여선 2012: 344). 끝을 알 수 없는 거대한 몸집을 하고서 밀려오는 민의 물결 앞에서는 국가의 물리력도 위축될 수밖에 없다. 그리하여 민이라는 "거대한 파도가 계엄군이라는 조각배를 금방 덮칠 것"처럼 밀려들자(윤재걸 1987: 44), 크기와 질량이라는 가장 원초적인 물리량으로 나타난 민 앞에서 계엄군은 "패배했다는 사실을" 직감했다(임철우 1998a: 40). 1979년 1만 6000여명 정도였던 전경은 1987년 6월항쟁 무렵에는 전·의경을 합쳐 5만 8000여명으로 증가했으며, 최루탄 사용도 1984년 9만 1000발, 1985년 20만 4000발, 1986년 1~9월 31만 3000발로 매년 급증하는 추세였다(홍석률 2017: 21, 35). 하지만 1987년 6월 10일 신세계백화점 앞에서 인파에 포위된 전경들은 "미처 최루탄을 발사하고 말고 할 틈서리조차 빼앗겨버린 채 고립무원의 상태에" 빠져 있었으며(박태순 1988: 71), 무장해제된 채 최루탄 상자와 함께 분수 안에 담가졌다(서중석·김덕련 2020: 160). 항쟁이 무르익으면서는 더이상 발사할 최루탄조차 남아 있지 않다고 할 정도로 경찰은 중과부적이었다. 6월항쟁 당

4-5. 6월항쟁 당시 부산 서면에서 전경과 대치하고 있는 시민들의 모습

시 서울보다도 더 격렬한 시위 양상을 보였던 부산의 '최루탄 추방의 날' 풍경은 이처럼 압도적인 힘의 격차를 잘 보여준다.

서면에는 이미 30여만명의 시위대가 운집해 있었다. 로터리를 중심으로 부산상고 앞 대로와 부전시장 방면, 그리고 범내골 일대의 큰길에는 인파로 가득하였다. 왕복 8차선의 5~6킬로미터가 시민들로 가득 찼던 것이다. 한동안 최루탄을 쏘아대던 경찰도 마침내 진압을 포기하고 말았다. 군중의 긴 대열은 꿈틀거리는 거대한 용처럼 물결쳤다. 정치집회를 주최하는 사람들이나 대열을 형성했던 사람들이나 모두가 상기된 표정이었다. 부산시민들은 부마 민주항쟁의 기억을 떠올리며 '우리가 움직이면 정권이 바뀐다'는 신념을 마음속으로 재확인하고 있었던 것이다.(부산민주운동사편찬위원회 1998: 548)

비로소 역사의 전면에 등장한 민이 아직 객석에 있었을 때 가장 먼저 목격했던 장면은 국가의 물리적 폭력에 의해 죽어가는 민의 몸이었다. 죽음의 충격을 목격하고 힘을 키워 무대로 뛰쳐나온 이들은 이제 자신의 몸으로 국가의 물리력을 제압한다. 죽어 있던 민의 몸은 거대한 위력을 가진 신체로 재탄생했으며, 객석에서 참상을 바라보던 민은 무대 위로 올라와 장관(壯觀)을 선보인다. 자신의 몸이 물리력의 대상이었던 민은 이제 물리력을 행사하는 몸의 주체가 되었다. 나아가 결집한 민의 몸은 자신을 가로막는 공권력을 밀어붙이는 힘일 뿐만 아니라, 역사 전체를 밀고 나가는 힘의 "구체적인 모습으로 저 거리에 나타나" 있는 것이다(현기영 2015: 235). 민의 집합적 신체는 이 힘의 드러남, 즉 역현(力顯, kratophany)에 다름 아니다. 민주주의(democracy)란 바로 이렇게 거대한 몸집을 가진 민(demos)이 발휘하는 힘(kratos)을 통해서 실현되었다.

집합적 신체의 생리학

결집을 통해 강대한 몸을 가지게 된 민은 과거 자신의 개별적 신체들을 유린하며 '화려한 휴가'를 보냈던 국가권력에 대한 응징에 성공한다. 민의 집합적 신체가 보유한 거대한 질량과 그것이 발휘하는 강력한 힘은 기본적으로 물리학적 현상이다. 이처럼 결집한 민의 모습은 대개 한곳에 모인 수십만이나 수백만명의 인파를 "내려다보며 찍은 부감 쇼트(high angle shot)"로 포착되어 하나의 스펙터클이 되곤 한다(양효실 2019: 391). 하지만 결집한 민에 대한 상상은 새의 시선(鳥瞰)으로부터만 이루어지는 것이 아니다. 이처럼 거대한 민의 신체는 외적으로 드러나는 물리학적 현상으로서만 볼 수 있는 것이 아니라, 그 안에서 벌어지는 생리학적 현상으로도 파악되어야 한다. 물리학적 사태로서의 거대한 신체를 유지하기 위해서는 내부의 생리학적 과정이 활발하게 이루어져야 하는 것이다. 이러한 내부의 생리학적 차원은 거대한 민의 신체 한 지점을 가르고 들어가서 단층촬영(tomography)을 한다거나, 거대한 몸의 외피를 뚫고 투시(see through)할 때, 또는 민의 몸속에 침투하여 그 일부가 되어 참여관찰을 하고 민족지(ethnography)를 작성하는 눈높이에서만 비로소 포착할 수 있다. 결집한 민의 거대한 신체를 유지하는 이러한 생리학적 과정 역시 또다른 스펙터클인데, 이 절에서는 그 두가지 양상으로서 카니발이 만들어내는 축제적 활력과, 장례에서 이루어지는 신진대사를 살펴볼 것이다.

카니발: 몸속에서 벌어지는 축제

결집한 민이 그 거대한 몸집을 유지하고 물리적인 힘을 발휘할 수 있도록 뒷받침하는 신체 내부의 생리적 작용 중 하나는 카니발이다. 앞서 개체로서의 민은 결집한 전체로서의 민 안에서 혼연일체가 되었다고 언급한 것과 같이 "광장이나 거리에 서 있는 민중 장터의 카니발 군중은 단순한 군중이 아니다. 이들은 자신들의 방식으로, 즉 민중의 방식으로 조직화된 전체로서의 민중이다." 특히 이들은 카니발을 벌임으로써 "자신이 집단에서 분리될 수 없는 부분임을, 민의 거대한 몸의 한 기관임을 느낀다. 이러한 전체 속에서, 개인의 몸은 얼마간 개별적이기를 멈춘다. 서로서로 몸을 바꿀 수 있으며, 새로워질 수 있는 것이다. 동시에, 민은 자신들의 구체적이며 감각적인 물질적·육체적 단일성과 전체성을 느낀다."(바흐찐 2001: 396~97) 이처럼 민의 몸이 개체로서가 아니라 결집된 전체로서 나타나는 것은 전혀 일상적인 상태가 아니다. 이러한 비상한 시공간 속에서는 새로운 질서가 형성되며, 이때 벌어지는 카니발은 "공식적 세계관의 지배로부터 의식을 해방"시키고 개인들로 하여금 "세계를 새롭게 보도록" 한다(같은 책 424). 마치 르네상스의 문화가 고딕의 진지함으로부터 탈피하는 과정에 민중 축제의 카니발적 측면이 기여했던 것처럼, 민의 결집된 신체 속에서 벌어지는 카니발의 다채로운 과정은 민이 개별적 신체로 살아갈 때와는 다른 질서를 발생시킨다. 그리고 민이 거대한 몸속의 요소가 되어 새로운 질서를 창출해내는 과정은 그 자체가 대단한 구경거리(spectacle)이기도 하다.

이러한 카니발의 양상 가운데 우선적으로 눈에 띄는 것은 기존의 사회질서를 유지하던 권위가 격하되고 무효화되는 것이다. 1987년 6월 10일 서울 신세계백화점 앞에서의 상황을 묘사하고 있는 다음의 장면은 다소 길지만 인용해둘 만하다.

몇 안 되는 전경들이 미처 도망가지 못하고 시민들에게 포위되어 곤욕을 치르고 있는 중이었다. (…) 이 새끼들이 덜덜 떨긴? 학생들 죽일려고 직격탄 쏴댈 때는 언제고… 일어나 이 새끼들아! 짓궂은 시민 하나가 도끼눈을 부라리며 소리를 질러대자 그들 모두는 흡사 불에라도 덴 듯 화들짝 놀라 벌떡 일어났다. 앉아! 그들은 잽싸게 앉았다. 일어나! 그들은 잽싸게 일어났다. 어이, 그만해두쇼. 애들이 무슨 잘못이 있다구. 점잖게 생긴 중년 사내 한명이 앞으로 나서며 분위기를 바로잡았다. 애들도 뭐 이거 하고 싶어서 이 짓 하겠소? 안 그래? 사내가 다정한 목소리로 포로들의 어깨를 툭 치자 그들은 또 잽싸게 고개를 끄덕거렸다. 죄송합니다… 저희는 그저 위에서 시킨 대로… 잘못했습니다… 용서해주십시오… 그들은 정말 당장에라도 울어버릴 것만 같은 목소리였다. 니들도 한참 젊은 나이에 이게 뭐냐? 이게 다 전두환이 독재정권 때문에 이렇게 된 거니까 엄밀하게 말해서 니들도 피해자지. 그런 뜻에서 구호나 한번 외쳐봐라. 그러면 놔줄게. 네? 전경들의 눈이 튀어나올 듯이 불거졌다. 이 새끼들아, 구호 외쳐보라니까 뭐가 네야 네는! 못 하겠어? 한번 뒈지게 맞아볼래? 포로를 둘러싸고 있는 시민들이 다시 한번 위악적인 으르렁거림을 토해내자 그들은 움찔 눈을 감았다. 실눈을 뜬 채 동료들의 눈치를 보던 전경 하나가 모깃소리를 냈다. 독, 재, 타, 도. 뭐야? 크게 해! 안 들려! 독, 재, 타, 도! 야 임마, 너는 왜 안 해? 이 새끼가 이거 완전히 독종이구만? 지목받은 전경마저 쭈뼛거리며 합세하자 그들의 함성은 제법 커졌다.

독, 재, 타, 도! 팔도 흔들어! 구호도 그것밖에 몰라? 호, 헌, 철, 폐! 독, 재, 타, 도! 분수대 앞 광장을 완전히 장악한 시민들은 통쾌한 웃음소리들을 터뜨리며 전경들의 선창을 따라 구호를 외치기 시작했다.(심산 1994: 151~52)

여기에서 드러나는 것은 권위의 전도이다. 2장에서 본 것처럼 괴물적(monstrous) 신체의 일부로 기능하면서 민의 몸을 위협하던 군인과 전경은 이제 결집된 민의 신체에 의해 그 공적인 권위가 박탈되어 젊고 철없는 애송이에 불과하게 된다. 국가권력의 말단이자 민의 몸에 작용하는 최일선의 권력이었던 전경은 민의 몸들로 에워싸여 농락당한다. 시민들을 죽일 듯 최루탄을 쏴대고 곤봉을 휘두르거나 제복 입고 완장 차고 위세를 부리던 공권력은 이제 처지가 바뀌어 기세등등한 시민들 앞에서 무서워 벌벌 떠는 몸뚱이가 된다. 시위대는 이들의 몸을 계속 붙잡아둘 수도 있고 적당히 겁을 준 후 보내줄 수도 있다. 다만 풀려나고 싶다면 자신들이 금지하고 단속해왔던 그 구호를 자신의 입으로 외쳐야 한다. 그저 명령에 복종했던 이들에겐 죄가 없다고 할 수 있겠지만 그렇게 무죄를 인정받기 위해서는 이전까지 자신들이 진압하려던 이들에게 복종하고 항복의사를 표명하며 불과 몇분 전의 자기 모습을 부정해야 한다.

이와 같은 권위의 전도는 역할의 전도를 통해서도 나타난다. 민중의 지팡이여야 할 경찰이 민중의 방망이로 복무해왔던 것이 그간의 전도된 상식이었다면, 항쟁 기간의 카니발 상황에서는 이

것이 다시 뒤집혀서 시민들이 전경의 안전을 보호하는 역할을 하기도 했다. 시위대는 분수대에 빠진 전경들을 꺼내주기도 했고 그들에게 폭력을 가하려는 동료 시민을 제지하기도 했다. 이와 같은 상황을 박태순은 다음과 같이 묘사한다.

> 깜짝 놀랄 만큼 충격적인 사건이었다. 상식에 위배되는 광경이었다. 상식은 어떻게 되어 있었던가. 수백 수천 수만명이 시위를 벌여봤다고 한들 별 수 없는 노릇인 것이었다. 수십 수백의 전경들이 최루탄을 발사해대면 견디지 못하여 '자진 해산'하는 것으로 되어 있었다. 그것이 누구나 다 환히 알아온 상식이었다. 그 상식이 바야흐로 무너지려 하는 중이었다. 서춘환은 어린애 문자로 어안벙벙되어 눈을 의심했다. "질서 질서, 비폭력 비폭력" 하고 외치는 시민들이 있었다. 어떤 청년이 두 발로 공중제비를 하며 전경을 구타하려는 중이었는데, 시민들이 전경의 편을 들어 비폭력을 외쳐대고 있었다. 이것도 상식적으로는 이상했다. 무언가가 한참 동안 거꾸로 되어버렸다. 그 전경은 구출을 받아 제 동료들 쪽으로 옮아갔고 그들은 차도 쪽으로 이동을 했다.(박태순 1988: 71~72)

권위와 역할의 전도를 보여주는 이러한 장면은 전경들에게는 상징적인 패배와 굴복을 의미하는 동시에 독재정권의 하수인이기를 그만두고 시민으로 다시 태어나기를 요구한다. 바흐찐이 라블레 소설의 구타, 출산, 즉위식, 축제 등 다양한 장면에서 발견하듯 격하와 동시에 상승시키고, 죽이는 동시에 탄생시키는 것은 카니발에서 특징적으로 나타나는 양면가치적 성격이다. 시민들이 전경을 구타하거나 그것을 말릴 때, 그리고 이들에게 자신들의 구호를 강요할 때 "넘실대고 있는 것은 분명 승리자의 포만감을 만끽하고 있는 축제의 분위기"이다(심산 1994: 152). 이 왁자지껄한 웃음과 함성을 통해 민은 생명력을 발산한다.

  결집한 민이 발휘하는 힘은 언어와 역할 질서의 상징적 전복을 통해서뿐만 아니라 물질적 파괴를 통해서 나타나기도 한다. 주로 파출소, 경찰차, 공공기관, 방송국 등이 그 표적이 되곤 하는데, 민이 보이는 이 "원초적 폭력성"은 공권력뿐만 아니라 국본이나 서대협 등 6월항쟁에서 지도적 역할을 수행한 조직들도 통제할 수 없었다(심산 1994: 247). 이러한 폭력의 카니발 중에서도 눈여겨볼 사례는 방화이다. 광주항쟁 당시 방송국과 세무서, 노동청 등이 불탔고, 시민들은 화염병을 제조하여 투척했으며, 6월항쟁에서도 시위대는 파출소 집기와 전경버스에 불을 질렀다(4-6, 4-7). 물론 이러한 방화가 애초에 축제를 벌이기 위한 목적이었다고 볼 수는 없으며 오히려 그것은 분노에 차서 이루어진 행위였다. 하지만 방화 주체의 의도나 화재의 발생 경위와는 별개로* 불은 대중을 흥분시키고 고양시키는 효과를 가지고 있었다. 방송국이 불타오르는 광경이 연상시킨 감상을 보라.

불. 지금 저 엄청난 불기둥을 이 도시의 시민들 대부분은 보고 있으

* 광주항쟁 당시 발생한 MBC 화재는 시민들이 아니라 공수부대에 의해 벌어진 것이라는 주장도 제기되어왔다(김상윤·정현애·김상집 2019: 90).

4-6. 1987년 6월 10일 퇴계로 인근 파출소의 집기에 불을 지르는 시위대(위)
4-7. 1987년 6월 18일 밤 시위대에 의해 불이 붙은 전경 수송용 버스(아래)

리라. 저렇듯 중심가의 모든 거리에 쏟아져 나와 있는 적극적인 시민들 말고도, 꽤 멀리 떨어진 외곽의 주택가에 남아 있는 수많은 시민들 역시 지금쯤 한길이며 집 앞 골목마다 나와서 저 붉은 불기둥과 검은 구름기둥을 똑같이 바라보고 있을 터이다. 그것은 마치 봉홧불을 연상시켰다. 전란의 폭풍이 이 땅을 휩쓸어올 때마다 변방의 높은 산봉우리나 해안의 산꼭대기 봉화대에서 들불처럼 일제히 피어올랐다던 불길.(임철우 1997c: 218)

물체를 연소시키면서 타오르는 불은 그것을 지켜보는 이들에게 커다란 정서적 자극을 불러일으킨다. 특히 "일몰이 가까운 시간, 석양이 비껴 비치는 허공에 잇달아 날아가는 주황색 불꼬리들, 전경들의 발밑에 확확 번지는 불길"은 하루의 투쟁에 지친 시위대에게 새로운 활력을 제공해준다(현기영 2015: 265). 그래서 화염병은 공격 수단으로서만이 아니라 시위대를 다시 결합시키는 선무의 수단으로 활용되기도 하며, 흩어지는 사람들을 다시 운집시킬 목적에 따라 의도적으로 황혼녘에 맞추어 사용되기도 한다(김상집 2021: 225; 김상윤·정현애·김상집 2019: 166~67).

방화가 가진 여러 현실적 위험을 감축하여 상징화하면서도 불이 가지고 있는 카니발적 효과를 의례를 통해 보존한 것이 화형식일 것이다. 그것은 실제로 인체가 훼손되고 파괴되는 그로테스크한 장면을 산출하지는 않지만, 그 대체물을 파괴하고 연소시킴으로써 역시 강렬한 정서적 효과를 낸다. 다음은 광주항쟁 당시 해방 기간 중인 5월 24일 제2차 범시민궐기대회에서 행해진 화형식 장면에 대한 묘사들이다.

> 대회가 끝날 즈음 전두환 화형식이 거행되었다. 들불야학을 졸업한 노동자 나명관이 허수아비에 점화했는데, 불꽃이 피어오르기도 전에 군중들은 "어서 죽어라, 어서 태워라" 소리치며 발을 구르고 함성을 질렀다.(박호재·임낙평 2007: 366~67)

> 광장은 숙연했다/당산나무 아래 신단을 차려 두고/그 옛날 원시인의 집회처럼/결의문을 낭독하고 애국가를 부르고/두 번째 범시민 민주수호 궐기대회//무조건 항복이란 있을 수 없다!/최후의 일인까지 최후의 일각까지/광주를 목숨으로 지킬 것이다!/절규가 끝나고 화형식 거행//돌을 던져라! 빨리 태워 버려라!/얼룩무늬 허수아비/저 반민주의 총잡이!/저 반민중의 망나니!(김희수「오늘은 꽃잎으로 누울지라도」)

> 도청 분수대 앞에 도착했을 때 막 허수아비에 불이 붙여지고 있었다. 붉은 글씨로 ×××살인마라고 써 있었다. 군중들은 돌을 던지며 "빨리 죽여라"하고 발을 굴렀다. 허수아비의 발끝에서부터 불이 붙어 삽시간에 온몸이 타오르자 군중들은 열광적으로 환호했다.(홍희담 2012: 144~45)

6월항쟁 중에도 명동성당 농성 이틀째인 6월 11일 아침 화형식이 진행되었다.

용기백배한 그들은 제웅의 불길이 저절로 사그라들 때까지도 기다릴 수가 없었다. 각목과 쇠파이프가 불붙은 괴뢰들의 몸뚱어리 위로 소나기처럼 쏟아져 내리기 시작했다. 저주에 가까운 증오가 야생동물의 희열과 뒤섞여 방언과도 같은 괴성이 되어 터져 나왔다. 죽여! 이 개새끼들, 다 때려 죽여! 그야말로 미친년처럼 각목을 휘둘러대는 예원의 코와 입에서는 단김이 훅훅 뿜어져 나왔다. 제웅은 더이상 제웅이 아니었다. 미제 놈들, 광주의 학살자들, 박종철의 살인자들이었다. (…) 거만하게 껄떡거리던 제웅들이 온통 시커멓게 그슬린 채로 갈가리 찢겨져 아스팔트 위로 널브러지자 또다시 함성이 일었다.(심산 1994: 220~21)

시위대는 양팔에 '전두환'과 '노태우' 그리고 '미·일제국주의'와 '레이건'이라고 적힌 현수막이 달린 두개의 허수아비를 제작하여 성당 입구에 세운 뒤 불태웠다. 허수아비는 구경꾼들의 함성과 욕설, 발길질과 투석 속에 불타올랐으며, 참가자들은 불에 탄 허수아비를 각목과 쇠파이프로 난타했다(4-8). 이를 지켜보는 시민들은 "출전을 앞둔 인디언처럼 괴성을 질러대고 박수를 보내며 환호"했다(같은 책 221). 이와 같이 민은 지배자를 상징하는 제작물을 불태우고 파괴하면서 이제까지 그들에 의해 죽임을 당했거나 그들에 맞서 제 몸을 불살라가며 싸우다 죽어갔던 이들에 대한 상징적 복수를 수행하고, 이러한 활동이 가져오는 희열을 통해 집단적인 결속과 활력을 재생산한다.

4-8. 1987년 6월 11일 아침 화형식 이후 전두환과 노태우의 허수아비를 부수고 있는 명동성당 시위대

　집합적 신체를 이룬 민의 생명력을 유지하는 카니발의 또다른 중요한 요소는 물질의 순환 및 공유이다. 결집한 민의 신체를 구성하는 수많은 몸이 하나의 물질 순환의 경로를 이루고 있다는 사실은 이들이 하나의 신체를 형성하고 있음을 보여주는 가장 직접적인 증거이다. 이러한 생리학적 순환을 가장 잘 나타내는 사례는 광주항쟁 당시에 자발적으로 이루어졌던 헌혈운동이다. 부상자, 특히 총상으로 인한 부상자가 늘면서 혈액이 부족해지자 시민들은 자발적으로 헌혈을 하기 위해 나섰다. 항쟁 당시 광주 시민들이 '피를 나눈 사이'였다는 것은 단순한 수사가 아니라 물질적 구체성을 가진 표현이었다. 이들의 몸에는 같은 피가 흐르고 있었고, 그런 의미에서 이들은 하나의 몸을 이루고 있었다.

　또한 광주항쟁에서 민의 신체는 치약과 약품과 물과 식품의 이동을 통해 연결되어 있었으며, 이러한 공유와 증여의 수행 과정에서 몸이 부대끼면서 발생하는 축제의 에너지로 충전되었다.

> 남녀 대학생들이 치약을 한웅큼씩 쥐고 다니며 나눠 주기도 하고 사람들의 손바닥에 짜주기도 한다. 너도 나도 치약을 얼굴과 목덜미에 문질러 바른다. 도로 부근 상점에선 바께쓰에 물을 가득가득 채워 밖에 내다놓았다. 아예 집 안에서부터 수도꼭지에 연결시킨 호스를 끌고 나온 사람도 있다. 그때마다 시민들이 몰려들어 물을 벌컥벌컥 들이켜고, 최루탄 분말로 시뻘겋게 부풀어 오른 살갗을 씻어내느라 야단들이다. 물은 금방 바닥나고, 주인들은 빈 바께쓰를 들고 다시금 부리나케 집 안으로 내달린다.
> 금남로 주변 일대 어디나 비슷한 풍경들. 금남로와 도청 앞 광장으로 이어지는 수많은 소로와 골목길 어귀는 어디나 마찬가지다. 구시청 골목에선 구멍가게와 슈퍼의 주인들이, 내려 닫았던 셔터를 활짝 열어젖히고 음료수, 우유, 빵, 소주 따위를 시민들에게 나눠 주었다. (…) 주인과 시민들은 큰 소리로 주고받으며 한순간 웃음을 터뜨리기도 한다. (…) 그것은 싸움이 아니라 얼핏 무슨 대규모 집단 운동회나 축제날의 풍경같이도 보인다."(임철우 1997c: 192~93)

공유와 증여가 만들어내는 이와 같은 축제적 생명력은 넘치다 못해 공수부대에까지 전해졌다. 하지만 이들은 이 생명의 흐름 속으로 편입되지 못했고 민이라는 하나의 신체로 통합되지 못했다.*
6월항쟁에서도 물품과 식량의 공유는 결집한 민의 활력을 북

돈는 데 큰 역할을 했다. 명동성당 인근에 위치한 계성여고의 학생들은 도시락을 걷어서 농성단으로 가져왔고, 근처의 빌딩에서는 빵, 우유, 속옷, 현금 등을 전해 주었다.

무언가 두툼한 비닐봉지들이 하늘로 두둥실 떠올랐다가 예원들의 머리 위로 떨어져 내렸다. 빵과 우유와 담배였다. 수건과 속옷과 짤막한 편지 들의 묶음이었다. 명동성당에서 농성이 계속 중이라는 소식을 들은 시민들이 농성자들을 위해 출근길에 사가지고 나온 지원물품들이었던 것이다. 떨어져 내리는 보따리들은 하나둘이 아니었다. 신탁은행 건물뿐 아니라 그 맞은편 건물에서도 또 그 옆 건물에서도 후드득후드득 우박처럼 쏟아져 내리고 있었다. 돌맹이 같은 물건도 하늘을 날았다. 꼬깃꼬깃 접어 동그랗게 만들어놓은 지폐 뭉치들이었다. 천원짜리 지폐도 있었고 만원짜리 지폐도 있었다. 무게중심 삼아 가운데 박아놓은 백원짜리 오백원짜리 은전들이 땅바닥에 부딪히면서 튕겨져나가 깨진 보도블록과 최루탄 파편들로 어지럽혀진 아스팔트 위를 짜르르 소리를 내며 굴러나가고 있었다.(심산 1994: 222)

하늘에서 떨어지는 것은 농성 참가자를 고통스럽게 하는 최루

- "시위대 앞에 있던 학생이 양동이를 들고 줄지어 선 공수부대 앞으로 걸어가 빵과 담배를 나누어 주었다. 공수부대가 아무 말 없이 굳은 듯 서 있자 강권하는 말이 따랐다. '어여 받아. 니들도 배고플 텐데 먹어야제.' 군인들이 한 손에 빵과 담배를 받아든 채 그대로 서 있었다. 받은 담배를 떨어뜨린 군인은 허리를 구부려 호주머니에 담았다. 손에 빵을 든 군인이 차마 입으로 가져가지 못하는 까닭은 그들 뒤에 서슬 퍼런 상관들이 도끼눈을 번뜩이고 있었기 때문이다."(홍성표·안길정 2020: 115)

4장 결집의 스펙터클: 민의 집합적 신체   287

탄 연기가 아니라 이들을 살리는 물품과 식량이었다. 사람들은 "살별떼처럼" 쏟아지는 휴지로 "매운 코도 풀어보고 빵 조각도 씹어본다. 벅찬 감동에 목이 멘다. 정말 이렇게 맵고 독하고 눈물 나고 가슴 뻐개지는 감동의 축제가 또 있을까."(현기영 2015: 253) 명동성당에서 농성에 돌입한 시위대는 반(半)고립 상태에 있었으나 성당 밖의 시민들이 물자로 연대를 표해준 덕분에 정문 밖에서 이들을 막고 있던 전경들이 오히려 안팎으로 포위된 셈이 되었다. 뿐만 아니라 시위대가 명동성당에 들어오기 전부터 이미 농성 중이었던 상계동 철거민들은 갑작스레 들이닥친 시위대에게 라면도 끓여주고 빨래도 해주었다. 싸우느라 땀 흘리며 소진한 에너지는 나누어 먹고 씻어내는 재생산 활동을 통하여 회복되며 이러한 일련의 순환 과정에 동참함으로써 개별적인 민의 신체는 하나의 몸으로 통합되고 통합된 몸은 생명력을 유지할 수 있게 된다.

하나의 결집된 신체로서의 민을 이루는 개인들의 연대가 물질적 수준의 연결에 바탕을 두고 있음을 보여주는 또 하나의 사례로는 화가 홍성담의 체험을 모티브로 한 다음의 시를 보라.

전라남도 광주라는 곳의 이름 있는 뒷골목에서 한 공수대원의 칼을 배 한복판에다가 느닷없이 맞고 만개해버린 어느 사내의 장에서 쭈루루 기어나온, 삭다만, 손톱보다 훨씬 작고 물컹한 보리밥의 알이라 했습니다 그것도 아주 환한 대낮의 골목 한가운데서 꽃같은 피와 함께 한순간에 터져버린 내장이 놀라 흘려놓은 그 밥알! 그 밥알을 순간적으로 그곳을 지나던 그가 한 알 주웠다는데 그때 그는 무슨 요량도 없었다 합디다 아니 무슨 생각인들 할 수는 있었겠습니까 처절하게 찢어진 꽃잎 다시 붙이듯이 그 보리밥알을 자기 목구멍에 그저 절박하게 밀어 넣었다고 보여집니다 그러니까 그게 바로 그가 붙인 아니 그가 삼킨 아니 아직도 그가 소화하지 못한 밥알이란 게 바로 그 밥알이란 말입니다(고희림 「그가 삼킨 밥알」) •

• 한 인터뷰에서 홍성담은 잊을 수 없는 광주 체험이 무엇인지 묻는 질문에 5월 21일 금남로에서의 발포를 언급하며 다음과 같이 답한다. "우리가 숨은 곳에서 얼마 떨어지지 않은 곳에서 총 맞은 사람이 꿈틀거리고 있었다. 계엄군에 빼앗기기 전에 데려가려고 두 사람이 낮은 포복으로 기어가 그를 데려왔다. 뻘건 핏덩어리가 함께 끌려왔다. 몸을 바로 눕히니 배에서 피가 콸콸 쏟아지고 있었다. 총알이 관통한 것이었다. 끌려오던 것은 창자였다. 목의 동맥을 만져보니 뛰지 않았다. 절명했던 것이다. 비가 온 후였기 때문에 유난히 햇빛이 찬란했다. 나는 작렬하는 태양빛 속에서 반짝거리는 물체를 발견했다. 아직 삭지 않은 보리밥알이 창자 속에 있었다. 절대 부잣집 자식은 아니었다. 어디 변두리 사람이었을 것이다. 아침에 어머니가 해준 밥을 먹고 민주화를 이루겠다고 나왔다가 분절된 것이다. 광주항쟁 하면 나는 그 보리밥알밖에 생각나지 않는다. 보석처럼 빛나던 보리밥알! 광주항쟁에 대한 내 모든 기억은 그 핏덩어리 속에 채 삭지 않고 보석처럼 빛나던 보리밥알이다. 난 그때 비겁했다. 너무 무서워 뒤돌아 집으로 돌아오면서 맹세했다. 저 시신을 거름 삼아 훌륭한 보리를 키워 황금 들녘을 이루고, 그걸 먹고 우리 후세들이 5월의 진실을 전국화해야 한다고 말이다. 한반도를 저 보리알로, 출렁이는 6월의 황금 들판으로 만들어야 한다고 결심했다. 그런 의미에서 나는 87년의 6월항쟁을 80년 5월항쟁의 일정한 완성으로 본다. 보리밥알을 통해 절대 고독 속에서 절대적으로 함께해야 하는 인간존재에 대한 존엄성, 그리고 그 생명의 사슬이 끊임없이 순환한다는 것, 죽는 것도 살아 있는 것도 없이 생명의 사슬이 우리 안에 떠돈다는 것을 경험했다. 밥알은 끊임없이 내 그림의 주제가 되었다."(지유철 2004: 78~79) 그가 실제로 보리밥알을 입에 넣고 삼켰는지는 알 수 없다. 하지만 보리밥알을 매개로 하여 생명의 사슬을 상상했다는 점, 개체 수준의 삶과 죽음을 넘어서는 생명의 순환 과정에 눈을 떴다는 점을 확인할 수 있다.

뒷골목의 사내는 죽었다. 하지만 한몸이 되어 싸웠던 그와의 결속을 그대로 끝내고 싶지는 않다. 그러나 그는 죽었으므로 같은 것을 함께 나누어 먹고 함께 피땀 흘려 싸우는 물질적 순환의 과정에 더이상 동참할 수 없다. 이에 그의 뱃속에서 튀어나온 밥알을 주워 삼키되 이를 소화시키지 않음으로써 그와의 생리학적 연결 상태를 지속시키고자 한다. 시신의 내장에서 흘러나온 밥알을 입속에 넣는 이 장면은 "몸에서 기어 나오고, 밀려 나오고, 솟아 나오는 모든 것, 몸의 경계들을 넘어서려 애쓰는 모든 것들"에 관심을 기울이며 그리하여 "결코 개별적인 육체라는 것을 가지지 않는" 그로테스크 이미지의 특성을 잘 보여준다(바흐찐 2001: 492, 494). 같은 밥을 먹고 같은 영양을 흡수하여 피의 성분을 같게 함으로써 생리학적 수준에서 일체를 이룬 민에게 음식의 공유는 결집과 통합을 유지하는 물질적·상징적 근원이다. 따라서 이러한 생리적 과정이 끊어지면 민의 결집 역시 허물어지며, 마찬가지로 민의 결집 약화는 음식의 공유와 순환 과정의 중단으로 나타난다. 한때는 피를 나눈 형제로서 해방광주에서 주먹밥을 함께 나눠 먹으며 "죽음에 대한 삶의 승리"를 기념하고 기원하던 '어제'의 시민군 동료들이 공수부대의 도청 진압 이후 상무대에 갇혀서는 밥알에 대해 어떤 모습을 보이는지 보라(같은 책 442).

김진수와 나는 여전히 식판 하나를 받아 한줌의 식사를 나눠 먹었습니다. 몇시간 전에 조사실에서 겪은 것들을 뒤로하고, 밥알 하나, 김치 한쪽을 두고 짐승처럼 싸우지 않기 위해 인내하며 묵묵히 숟가락

질을 했습니다. 실제로 어떤 사람들은 식판을 내려놓고 소리쳤습니다. 참을 만큼 참았어. 그렇게 네가 다 처먹으면 난 어쩌란 말이야. 으르렁거리는 그들 사이로 몸을 밀어 넣으며 한 남자애가 더듬더듬 말했습니다. 그, *그러지 마요*. 좀처럼 입을 떼지 않는, 늘 주눅 든 듯 조용한 아이였기에 나는 놀랐습니다.

우, 우리는… 주, 죽을 가, 각오를 했었잖아요.(한강 2014: 118~19, 강조는 원문)

죽을 각오를 한 자들 사이에서 이루어지는 음식의 공유가 거대한 몸의 생명력으로 발휘된다면, 살기 위해 애쓰는 이들이 밥알 몇톨을 두고 벌이는 경쟁은 민이 더이상 관대한 거인이 아니라 "굶주린 짐승 같은 몸뚱어리들"로 분열되었음을 보여준다(같은 책 119).

권위의 전복, 파괴, 물질의 공유와 더불어 민이 결집된 신체의 활력을 유지하기 위해 벌이는 카니발의 또다른 요소는 놀이이다. 함께 춤추고 노래하고 그림을 그리고 고함을 치고 나서서 이야기하는 모든 활동은 기존의 질서로부터 벗어나는 해방구를 창출한다. 집단적 놀이는 유토피아적 상상이 현실에서 구현되는 과정인 것이다.

명동은 시민들의 해방공간으로 변해가고 있었다. 커다란 삼태기에 콩을 잔뜩 담아 까불리기를 하고 있는 모습과 흡사하였다. 병신춤, 배꼽춤을 추듯이 하는 사람들. 문자 그대로 길길이 날뛰고들 있는 사람들. 독재타도 호헌철폐를 열나게 외쳐대고들 있는 청춘들. 더우기 처녀애들. 온 길바닥이 난장판이었다. 판화에 벽화에 소자보에 유인물에 지저분하기가 말로 다 표현할 수 없었다. 사람의 피, 그 혈서를 연상시킬 만큼 붉은 색깔로 무어라 무어라 써놓은 수건을 머리에 질끈 동여매놓고 싸돌아다니는 코메디안 같은 청년. 비싸게 사 입었을 남방샤쓰에 개발새발 과격구호를 그려놓고 있는 아가씨. 미친 듯이 호루라기를 불어대는 인간, 그런가 하면 빨주노초파남보 무지개 색깔 공부라도 하는 것일까, 형형색색의 헝겊 조각들을 기워서 만든 술을 달고 거드럭거리는 녀석, 그 모든 인종들이 살판났다고 설쳐대는 중이었다. 무슨 비상한 방법을 쓰든 간에 사람 눈에 이색적으로 뜨이게 하여 '독재타도, 호헌철폐'를 주장하고 싶은 자기의 뜻을 알려 보이기 위한 온갖 기묘한 아이디어들을 짜내고 있는 것 같았다. 그야말로 병신 꼴값들을 하는 것이었으며 놀랠 노자(字)의 한바탕 춤판이 벌어지고 있는 중이었다. 그러나 어쩔 것인가. 이 혼란, 무질서가 좋은 것, 아름다운 것, 사랑스러운 것으로 느껴지는 것이었다. 시간은 고장 난 것이 아니었다. 시간이 폭발한 것이었다. 그리하여 시간이 해방을 구가하고 있었다. 서춘환은 시간이 어떻게 지나가고 있는가를 정말이지 완전히 잊고 있었다.(박태순 1988: 72)

결집한 민을 이루는 개개인이 가두시위나 집회에서 느끼는 해방감은 일차적으로 평소에는 통행이 차단되어 있거나 점잖은 시민적 몸짓으로만 등장해야 했던 공간을 점거한다는 데서 비롯된다(김백영 2003: 362). 도로를 점거한 민의 등장은 그 자체로 이러한

4-9. 1987년 6월 11일 함께 춤을 추는 명동성당 농성 시위대

일상적 시간이 정지되었음을 의미한다. 결집한 민은 점거를 통해 일상적 시간을 정지시키는 데에서 그치지 않고 더욱 격렬하고 일탈적인 행동을 통해서 시간을 폭발시키거나 새로운 시간을 창출해낸다. 이때의 시간감각은 일상에서의 시간감각과 다르다. 공간을 점유하여 춤을 추고 소리를 지르며 해방감을 만끽하는 이들은 일상과 다른 세계를 살고 있으며, 그와 동시에 역사에 대해서 영원에 대해서 그리고 그 속에 놓여 있는 자기 자신에 대해 다른 감각을 가진다. 그리고 이 비현실적인 시간이 과연 언제 어떤 식으로 종결될 것인지, 그 이후에는 다시 일상이 펼쳐질 것인지 좀처럼 짐작이 되지 않는다. 이러한 놀이의 "진정한 주인공과 작자는 시간 그 자체이며, 바로 그 시간이 낡은 세계의 모든 것(낡은 권력, 낡은 진실)을 탈관(脫冠)하고, 우스꽝스럽게 만들며, 죽이고, 이와

동시에 새로운 것을 탄생시키는 것이다."(바흐찐 2001: 323) 물론 이 놀이의 시간은 오래 지속되지 않는다. 철거민과 농성대가 밥을 지어서 나누어 먹고 함께 춤을 추고 노래를 하던 명동성당에서는 바깥의 공간과는 다른 방식으로 시간이 흘러가고 있는 듯했지만(4-9), 그것은 "영원성의 양식이 아니라 축제의 양식으로 시간과 연계"되어 있었다(푸코 2023: 20~21). 축제는 계속될 수 없고 잔치는 언젠가 끝날 수밖에 없다. 민 역시 언제까지나 거대한 몸집으로 살아갈 수는 없다. 그러나 그렇게 커다란 몸으로 살아가는 동안 민은 이러한 축제가 생산해내는 에너지를 통해 자신의 활력을 유지할 수 있다.

결집된 민의 신체 내부에서 벌어지는 축제와 놀이의 과정에서는 이전까지 권력에 의해 승인받지 못했던 여러 형식들, 하지만 언젠가는 새로운 질서가 될지 모를 여러 형식들이 중구난방으로 튀어나온다. 하지만 그것이 완전한 카오스인 것은 아니다. 이를테면 해방광주의 첫날 도청 앞 광장 분수대에서는 "아무런 사전 계획이나 준비도 없이 자연발생적으로 궐기대회가" 열렸다. "일정한 형식이나 제약도 없이" 이루어졌고 "산만했지만" 참석한 사람들 사이에서는 "자연스럽게 커다란 공감의 영역이 형성"되었다(광주민주화운동기념사업회 2017: 286). 6월항쟁의 명동성당 농성에서 이루어진 자유발언 중에도 사람들은 "나름의 정견과 해학과 각오들을" 마음대로 토해냈는데, 그렇게 "모두들 제멋대로 마음껏 떠들어대고 있었으나 그곳엔 질서가 있었다."(심산 1994: 174, 180)

이러한 카니발의 과정을 거치면서 결집한 민 사이에서는 새로운 질서와 결속이 형성된다. 이전까지는 서로 접촉할 기회가 없었던 사람들이 나이, 지위, 직업 등을 가로질러 만나고 관계를 맺는다. 학생, 노동자, 성직자, 직장인이 만나서 서로에 대해 가졌던 선입견과 경계가 일시적으로 해제되고 이해가 시도된다. 그러니까 6월항쟁은 '마주침'의 계기였던 것이다(김예림 2016). 하지만 이 마주침은 말 그대로 마주침에 불과하여 일시적일 뿐인데, 카니발의 짧은 시간이 지나가면 이 연대는 금세 옅어지고 민의 결집 또한 해소되기 시작한다. 학생과 노동자, NL과 CA 등은 서로의 차이를 확인하고 다시 분열된다. 광장이 만남과 축제의 장소이기는 하지만 역사적 결과로 말하자면 1987년의 "6월과 7, 8월은 전혀 만나지" 않았다(황석영 1988: 87).

분리와 통합의 신진대사(metabolism)

신체적으로 결집한 민은 국가의 물리적 폭력을 저지할 정도로 거대한 힘을 발휘한다. 이러한 힘을 발휘하기 위하여 민은 서로 구별되는 개체로서가 아니라 동질적인 전체로서 통합되어 있어야 했다. 그런데 거대한 집합적 신체라는 스펙터클의 일원이 된 민 개개인이 자기 자신을 돌아보면서 발견하는 것은 그가 이전과는 다른 존재가 되었다는 것이다. 수많은 사람들이 몸을 맞대며 함성을 지르고 구호를 외치고 박수를 칠 때면 그 모두가 "새로워 보였고 나도 새로워지고 있다는 사실을 느낄 수 있었다."(5·18광주의거청년동지회 1987: 183) 그것은 또한 시간이 갱신되어 "자기도 젊은이라는 의식"이 생겨나는 느낌이며(이명한 1990: 84), "일생 동안 어떤 험난한 일을 당하더라도 참아낼 수 있을 것" 같은 충만함이다(홍희담 2012: 163). 이러한 경험은 너무나 강렬하여 죽음과도 맞바꿀 수 있을 것 같다고 표현된다.

> 군인들이 쏘아 죽인 사람들의 시신을 리어카에 실어 앞세우고 수십만의 사람들과 함께 총구 앞에 섰던 날, 느닷없이 발견한 내 안의 깨끗한 무엇에 나는 놀랐습니다. 더이상 두렵지 않다는 느낌, 지금 죽어도 좋다는 느낌, 수십만 사람들의 피가 모여 거대한 혈관을 이룬 것 같았던 생생한 느낌을 기억합니다. 그 혈관에 흐르며 고동치는, 세상에서 가장 거대하고 숭고한 심장의 맥박을 나는 느꼈습니다. 감히 내가 그것의 일부가 되었다고 느꼈습니다.(한강 2014: 114)

> 모든 사람이 기적처럼 자신의 껍데기 밖으로 걸어 나와 연한 맨살을 맞댄 것 같던 그 순간들 사이로, 세상에서 가장 거대하고 숭고한 심장이, 부서져 피 흘렸던 그 심장이 다시 온전해져 맥박 치는 걸 느꼈습니다. 나를 사로잡은 건 바로 그것이었습니다. 선생은 압니까, 자신이 완전하게 깨끗하고 선한 존재가 되었다는 느낌이 얼마나 강렬한 것인지. 양심이라는 눈부시게 깨끗한 보석이 내 이마에 들어와 박힌 것 같은 순간의 광휘를.
> 그날 도청에 남은 어린 친구들도 아마 비슷한 경험을 했을 겁니다. 그 양심의 보석을 죽음과 맞바꿔도 좋다고 판단했을 겁니다.(같은 책 115~16)

결국 전체로서의 민이 형성되는 과정은 개체로서의 민이 새로워지는 과정이기도 했으며, 민이 결집하는 과정은 그가 과거의 자신으로부터 해방되는 과정이기도 했다. 이처럼 민의 생명력은 전체로서의 민이 결집하고 개체로서의 민이 해소되는 과정이 교차하면서 형성된다. 마치 유기체 내에서 물질의 이화(catabolism)와 동화(anabolism) 작용이 이루어지면서 에너지가 출입하고 생명이 유지되는 것처럼, 민의 거대한 신체 내부에서도 산 자와 죽은 자, 몸과 영혼 사이에서 분리와 통합이 순환적으로 이루어지면서 생명력이 생산된다.

이러한 민의 생명력은 역설적이게도 죽음과 관련되어 있다. 애초에 민의 결집은 민의 죽음으로부터 유래한 것이며 만약 죽음이 보여준 민의 자연적 신체가 없었다면 민의 집합적 신체 역시 형성될 수 없었을 것이다. 집합적 신체의 생명력이 민의 죽음에 기초한다는 사실을 잘 보여주는 것은 민의 결집이 일종의 장례식의 성격을 가진다는 사실이다. 이를테면 1980년 5월 21일 오전 금남로에 모인 사람들은 지난 사흘간의 학살 및 리어카에 실린 채 행진했던 두구의 시신이 이끌어낸 것이었고, 1987년 6월 10일의 '고문살인 은폐 규탄 및 호헌철폐 국민대회'는 직접적으로 박종철의 죽음을 가리키고 있었으며, 7월 9일 이한열의 장례식은 그야말로 "민족민주운동 최대의 공개적 대중집회"였다(심산 1994: 249). 이밖에도 1980년대의 수많은 집회는 "장례와 투쟁의 결합이라는 기묘한 형식"으로 이루어지곤 했으며(김정한 2015: 656), 1980년대를 열어젖힌 사건인 광주항쟁은 온 "사회를 거대한 장례식장으로 만들

었다."(김은하 2018: 338 주6)

　장례식은 기본적으로 죽은 자를 떠나보내기 위해서 산 자들이 모이는 의례이다. 흔히 죽음은 신체와 영혼을 분리시키는 것으로 알려져 있지만, 이들의 분리는 그렇게 쉽게 이루어지지 않는다. 영혼은 죽음 이후에도 신체 주위에 머무르는데(Durkheim 1995: 245~46), 특히 억울한 죽음을 맞은 원혼은 자신의 "몸을 놓치지 않으려고 뺨에, 목덜미에 어른어른 매달려" 있다(한강 2014: 46). 이런 영혼이 신체를 완전히 떠나게 하기 위해서는 적절한 의례가 필요하다(Durkheim 1995: 246). 살아 있는 사람들이 몸을 이끌고 모이는 것은 이렇게 죽은 자의 몸으로부터 그의 영혼을 분리시키기 위함이다. 장례를 위해 모인 사람들은 같이 구호를 외치고 눈물을 흘리고 노래를 부르고 행진을 한다. 1987년 1월 20일 박종철의 교내 추모제에 참가한 학생들은 조시와 조사를 들으며 함께 울음을 터트렸고, 그가 생전에 즐겨 불렀다는 〈꽃상여 타고〉와 〈그날이 오면〉을 함께 부른 뒤 캠퍼스 내 아크로폴리스 광장에서 집회를 한 후 영정을 앞세우고 교문까지 행진했다(정덕환 2007). 이한열의 장례식에서는 참가자들이 〈애국가〉를 부르고 조시와 조사를 들으며 함께 통곡했다. 이러한 집단적 의례가 진행되면서 살아 있는 사람들은 점점 더 모여들고 이들의 몸은 더욱 가까워지며 집단적 일체감은 더욱 강력해진다. 동시에 죽은 자의 몸과 영혼은 점점 분리되어간다. 영정 속의 이한열은 "자신이 돌아가야만 할 길을 묵묵히 바라보고만 있었다."(심산 1994: 279)

　이러한 의례에서 표출되는 감정은 슬픔만이 아니다. 참가자들은 분노와 흥분을 억제하지 못하여 복수할 대상을 찾기도 하고, 가장 가까운 유족이 격정을 표출하면 참가자 모두가 그에 격하게 동조한다(Durkheim 1995: 397, 403). 이를테면 박종철의 서울대 추모제에서 낭독된 시 「우리는 결코 너를 빼앗길 수 없다」는 "오늘 우리는 뜨거운 눈물을 삼키며/솟아오르는 분노의 주먹을 쥔다"는 격정과 "이 땅의 착취/끝날 줄 모르는 억압/숨쉬는 것조차 틀어막는 모순 덩어리들/그 모든 찌꺼기들을/이제는 끝내 주리라"는 결의로 가득 차 있다. 또한 이한열의 장례식에서 배은심 여사는 예정에 없이 단상에 올라 "살인마들은 물러가거라! 현정부는 물러가거라! 물러가! (…) 살인마는 물러가라!"며 광기 어린 절규를 내뿜었고, 참석한 모든 사람은 "집단적인 몸부림과 통곡 속으로 빠져들었다."(심산 1994: 278) 이렇게 외치고 나서야 어머니는 "한열아, 한열아… 다 이제 풀고 가라, 다 이제 풀고 가"라며 아들을 보낼 수 있었다. 이러한 집단적 의례의 과정을 통해서야 죽은 자의 영혼은 자신의 몸으로부터 그리고 산 자들로부터 떠나갈 수 있게 된다.

이처럼 적절한 의례를 통해 신체의 수인(body's prisoner) 신세로부터 벗어난 영혼만이 '정신'으로 발돋움할 수 있으며, 몸으로부터 온전히 분리되지 않은 영혼은 이리저리 떠도는 유령(ghost)이 된다(Durkheim 1995: 276~77; Kwon 2014: 124). 신체로부터 비로소 자유로워진 영혼은 이제 날아올라 영혼들의 나라를 찾아갈 수 있으며(Durkheim 1995: 247), 먼저 세상을 떠난 수많은 열사들과 함께 호명될 수 있는 지위가 된다. 잘 알려진 사실이지만, 전날 출소한 문익환 목사는 이한열의 장례식에 참여하여 예정에 없던 조사를 맡았는데, 그의 조사는 광주 2000여 영령을 포함하여 지금까지 스러져간 열사들의 이름을 목놓아 부르는 것이었다. 그리고 그 기나긴 열사들의 명단 마지막에 이한열이 추가로 이름을 올리게 되었다.

전 나이 일흔살이나 먹은 노인입니다. 이젠 살 만큼 인생을 다 산 몸으로 어제 풀려나와 보니까 스물한살 젊은이의 장례식에 조사를 하라고 하는 부탁을 받았습니다. 아까 백기완 선생도 지난밤 한잠 못 잤다고 했지만, 저도 한잠 못 잤습니다. 너무너무 부끄러워서. 왜 나왔던가.

어제 저녁에 여기서 박수를 치는데 제가 거절을 했습니다. 내가 무슨 면목으로 당신들의 박수를 받을 것이냐? 밤을 꼴딱 새우면서 아무리 생각을 해도 할 말이 없었습니다. 그래서 이 자리에 이한열 열사를 비롯한 많은 열사들의 이름이나 목이 터지게 부르고 들어가려고 나왔습니다. 모두 사십여명 된다고 하는데, 제가 스물다섯 사람의 이름밖에는 몰라서 스물다섯 사람의 이름을 적어 가지고 나왔습니다. 빠진 이들이 있다고 하면 제가 다 부른 다음에 그 가운데서 누구나 일어나서 불러주세요.

전태일 열사여! 김상진 열사여! 장준하 열사여! 김태훈 열사여! 황정하 열사여! 김의기 열사여! 김세진 열사여! 이재호 열사여! 이동수 열사여! 김경숙 열사여! 진성일 열사여! 강상철 열사여! 송광영 열사여! 박영진 열사여! 광주 이천여 영령이여! 박용만 열사여! 김종태 열사여! 박혜정 열사여! 표정두 열사여! 황보영국 열사여! 박종만 열사여! 홍기일 열사여! 박종철 열사여! 오동근 열사여! 김용권 열사여!

이한열 열사여!"[22]

이제 막 출소하여 세상으로 돌아온 나이 일흔의 노인이 이제 막 세상을 떠난 스물하나 청년의 장례에서 영정에 절을 하고 열사들 한명 한명의 이름을 절규하듯 외쳤다. 기독교의 사제가 기꺼이 영매가 되어 죽은 이들을 불러내자 산 자들에게는 "죽어간 사람들의 영상이 눈앞에 뒤엉켜 악머구리 끓듯 몸부림을" 쳐댔고(심산 1994: 275), 이들이 목놓아 통곡하며 울부짖는 동안 아직 자신의 몸과 산 자들 곁에 남아 있던 이한열의 영혼은 선배들을 따라 올라가고 있었다. 그리고 이한열의 이름은 비로소 수많은 열사 목록에 등재될 수 있었다. 이렇게 열사들이 속한 '영혼의 나라', "네가 가버린 나라"는 산 자들은 "갈 수 없는 나라"이다(《갈 수 없는 나라》). 하지만 범접할 수 없는 대상으로서 집단적 존경의 대상이 되는 망자와 열사의 정신은 산 자들의 개별적 의식 속에서만 존재할 수 있는데, 그것이 바로 산 자들의 영혼이다(Durkheim 1995: 252). 거대한 집단적 이상의 조각들은 개개의 민에게 분유되어 있는 것이다.

장례와 같은 애도 의례는 누군가를 상실하고 떠나보내야 한다는 데서 비롯되는 쇠약한 감정을 바탕으로 한다. 그런데 바로 이러한 감정은 모여 있는 개인들을 서로 가까이 다가가서 함께 울게 하고 이러한 활동은 참가자들 사이에 영혼의 교감을 일으키며 집단이 같은 영혼을 가지게 만든다(같은 책 405). 그리고 참가자들은 교감 속에 함께 의례를 치르며 말과 몸짓을 통해 그간 겪어왔던 긴장과 공포, 불안과 우울 등 묵은 감정들을 모두 씻어낼 (catharsis) 수 있게 된다.

울고 나니까 그렇게 후련해졌을 수가 없어. 새로 힘이 막 솟아나는 것 같고… 그건 뭐랄까… 그렇게 찢겨지고 내버려졌던 자아의 조각조각들이 다시 돌아와 하나로 통합되어가는 것 같은 느낌? 이제야 비로소 내가 온전한 나 자신을 회복한 것 같고… 그래서 그 모든 것들을 자신 있게 끌어안을 수도 있을 것 같은… 아니야, 그 정도가 아니라 아예 전혀 새롭게 다시 태어난 듯한…"(심산 1994: 316)

죽은 자의 영혼이 그의 신체로부터 분리되는 동안에 산 자들의 몸은 점점 더 가까워지고, 죽은 자가 산 자들의 세계로부터 영영 떠나갈 때 산 자들의 영혼은 그들의 몸과 마찬가지로 일체를 이루며 통합된다. 이렇게 모두가 같은 영혼을 가지게 됨으로써 개인들은 서로가 하나의 정신으로부터 나온 분신임을 확인하게 된다(Durkheim 1995: 280). 이러한 일체감은 산 자들 사이에서만 공유되는 것이 아니라 죽은 민과 살아 있는 민이 동기간(同氣間)이라는 감각과도 연결된다.* 한명의 형제를 떠나보내는 장례식에서

• 월요일이었던 1987년 1월 26일 명동성당에서는 박종철의 죽음을 추모하기 위한 특별미사가 열렸다. 이날 미사 강론에서 김수환 추기경은 카인과 아벨의 이야기를 화두로 삼았다. "야훼 하느님께서 동생 아벨을 죽인 카인에게 '네 아우 아벨은 어디 있느냐?' 하고 물으시니 카인은 '제가 아우를 지키는 사람입니까?' 하고 잡아떼며 모른다고 대답합니다. 창세기의 이 물음이 오늘 우리에게 던져지고 있습니다. 지금 하느님께서는 우리에게 묻고 계십니다. '네 아들 네 제자, 네 젊은이, 네 국민의 한 사

남은 혈육들은 더욱 결속하게 되는 것이다.

결집한 민의 거대한 집합적 신체는 그 자체로 대단한 스펙터클이지만 그 속에서 벌어지는 다양한 애도의 의례 역시 또 하나의 장관을 이룬다. 함께 울고 노래하고 고함을 치고 몸짓을 하는 등의 공연이 이루어지는 과정에서 산 자와 죽은 자, 몸과 영혼 사이의 분리와 통합이 역동적으로 교차함을 경험한다. 이러한 이화와 동화의 과정을 통해서 전체로서의 민의 생명력이 활성화될 뿐만 아니라 집합적 신체의 구성요소인 개체로서의 민 역시 새로운 주체로 다시 태어나게 된다.

흩어지는 몸(解體)

6월항쟁의 정점이자 결말이었던 이한열의 장례는 1987년 7월 9일 민주국민장으로 거행되었다. 그 이름에 걸맞게 전국적으로

람인 박종철은 어디 있느냐?' '탕' 하고 책상을 치자 '억' 하고 쓰러졌으니 나는 모릅니다.' '수사관들의 의욕이 좀 지나쳐서 그렇게 되었는데 그까짓 것 가지고 뭘 그러십니까?' '국가를 위해 일을 하다 실수로 희생될 수도 있는 것 아니요?' '그것은 고문 경찰관 두 사람이 한 일이니 우리는 모르는 일입니다'라고 하면서 잡아떼고 있읍니다. 바로 카인의 대답입니다./그러나 (…) 우리 모두는 성령의 힘에 의해서 하나로 묶여 있으며, 같은 하느님의 피조물이요, 한 아버지의 자녀이기 때문에 책임을 회피할 수 없다는 것을 알아야 합니다. 이런 신앙을 떠나서라도 우리는 박종철 군과 한겨레요 한핏줄입니다. 위정자도 국민도, 여당도, 야당도, 부모도, 교사도, 종교인도 모두 한 젊은이의 참혹한 죽음 앞에 무릎을 꿇고 가슴을 치며 통곡하고 반성해야 합니다."(「박군 추모미사 중 김 추기경 강론(전문)」, 『가톨릭신문』 1987. 2. 1)

연인원 150만명이 결집하여 그의 죽음을 애도한 것으로 알려져 있다. 장례식에 모인 인파는 엄청난 스펙터클이었다. 연세대 본관 앞 광장에서 치러진 영결식을 마치고 이동을 시작한 운구행렬은 몰려든 인파 탓에 교문 앞까지 걸어가는 데만 한참이 걸렸다. 상여가 교문에 도착한 후 이애주 교수가 한풀이 춤을 추었다. 이후 운구행렬은 교문을 빠져나가 신촌로터리로 향했는데 연도에도 이미 사람들이 가득했다. 상여가 연세대 교정을 빠져나갈 때 "그 뒤는 민중의 바다였다. 그 옆과 그 앞도 민중의 바다였다./그것은 인산인해였다."(심산 1994: 279) 운구를 담당한 학생들은 혹시라도 있을지 모를 시신탈취에 대비하여 농민풍의 옷 속에 날 세운 낫을 품고 있었지만 수십만의 인파가 주변을 옹위하고 있어서 경찰은 접근조차 불가능할 정도였다(김정희 2017: 200~201). 이한열의 주검은 수많은 사람들을 응집시켰는데, 정치적 긴장관계에 있는 김영삼과 김대중 양 김씨 역시 장례행렬 가운데에서 나란히 걸어갔다(정성원 2007: 210). 시청 앞으로 이동하여 노제를 지내고 장지인 광주까지 이동하기 위해서 갈 길이 멀었지만 모여든 인파 탓에 행렬의 속도는 계속 지체되었고, 연세대에서 도보로 5분 거리인 신촌로터리까지 이동하는 데 1시간 정도가 소요되었다.

　행렬은 신촌로터리에서 유해를 상여에서 영구차로 옮겨 실은 후 〈아침이슬〉과 〈임을 위한 행진곡〉을 합창하는 정도로 간략하게 1차 노제를 지낸 후 시청 쪽으로 이동했다. 한 소설은 교문을 나서서 신촌로터리로, 신촌로터리에서 시청 쪽으로 향하는 운구행렬을 다음과 같이 묘사하고 있다.

석일은 주변을 둘러보았다. 모든 건물뿐 아니라 서 있는 차량의 지붕과 심지어 지하철역 지하통로 지붕까지 사람들로 빽빽했다. 대학 앞 철둑길에는 함박꽃이 핀 것처럼 사람들이 하얗게 앉아 있었다. 수십만의 인파가 한 대학생의 떠나감을 지켜보고 있었다.(양헌석 1988: 98)

석일은 이대(梨大) 앞 고개길에 올라서서 뒤를 돌아다보았다. 신촌 로타리까지 아득하게 사람들의 물결로 출렁거렸다. 그것은 거대한 강과도 같았다. 그 물결은 신촌로타리를 넘어 서해바다까지 또 그 너머까지도 흘러넘치고 있었다. 뜨거운 함성이 온 도시를 우렁우렁 뒤흔들고 있었다.(같은 책 102)

장의행렬이 아현 고가차도에 이르렀을 때 고가차도는 이미 1시간 전부터 사람들로 꽉 차 있었다. 행진 대열에는 민가협 소속 회원들과 어린아이를 등에 업은 주부, 노인 등도 포함되어 있었으며, 경찰버스를 타고 가던 전경대원이 손을 흔들기도 했다. "운구행렬은 마치 거사를 성공시킨 다음 권력을 접수하러 도심으로 진입해가고 있는 혁명군의 대열과도 같았다."(심산 1994: 280~81) 행렬은 약 11시 35분경 시청광장에 들어섰다.
시청광장에는 수십만의 인파가 모여 있었다. 죽음에 의해 하나가 된 산 자들의 거대한 집합적 신체는 자신들이 형성한 애도의 공동체에 주변 모두가 동참할 것을 강하게 요구했다. 시민들은 플라자호텔의 태극기를 보고 조기를 걸라는 구호를 외쳤다. 이내

호텔 측에서 국기를 반쯤 내려서 게양하자 시민들이 박수를 쳤다. 이어 일부 학생들이 게양된 국기들 가운데 일장기를 내려 찢어버렸고 시민들은 다시 박수를 보냈다. 주변의 건물들도 따라서 반기를 게양하기도 했다. 시민들은 시청 옥상의 태극기도 조기로 바꿔 달기 위해 옥상에 올라갔으나 경비원의 제지로 무산되었다.[23] 한양대 총학생회장 김병식 등 서대협 의장 이인영이 파견한 대표단이 시청 관계자들을 설득한 끝에 1시간 정도 후에야 시청에도 조기가 게양되었다.

애초에 시위의 지도부가 예상한 시나리오는 학생운동의 대오가 이한열의 영구차를 따라가면 경로상에 있는 을지로의 미문화원을 지나게 되고, 자연스럽게 관련된 문제 제기가 이루어지리라는 것이었다(이인영 1997). 하지만 신촌부터 시청에 이르는 모든 경로에 이미 인파가 들어차 있었던 탓에 이동은 느릴 수밖에 없었고 학생의 본대가 시청에 도착했을 때 영구차는 이미 을지로 방향으로 떠나버린 뒤였으며 운집한 수십만의 시민들은 구심을 잃어버린 채 우왕좌왕하고 있었다. 애도의 공동체로 성립한 거대한 신체는 애도 대상이었던 몸이 떠나버리자 정체성과 목적이 불명확해졌다.

수십만 인파가 응축하고 있던 에너지를 어느 방향으로든 이끌어야 했다. 시청 앞에서 벌어진 집회에는 서대협 지도부들뿐만 아니라 전태일 열사의 어머니인 이소선 여사까지도 나와서 연설을 하였지만, 시간이 지나면서 집회에 대한 집중력은 떨어졌고 군중에 대한 통제력은 약화되었다. 이 무렵 흥분한 시민들 사이에서 전두환 퇴진과 청와대 진격을 주장하는 구호가 나왔다. 서대협 의장이었던 이인영은 1980년 5월 서울역 회군의 실책을 떠올리며 이 구호를 받아 광장에 모인 수십만의 인파를 이끌고 광화문 방향으로 향했다.

광장에 머물러 있던 대규모 인파는 청와대행이 주는 흥분에 고취된 상태로 이동을 시작했다. 그런데 세종로사거리에서 대기하고 있던 경찰은 인파가 접근하자 일제히 수십발의 최루탄을 발사했다. 전진하던 군중은 최루탄의 발사 소리와 함께 일제히 방향을 바꾸어 뒤로 달렸고, 수십만의 인파는 뿔뿔이 흩어졌다. 전날 밤부터 작업을 시작하여 완성된 최민화의 대작〈이한열 부활도: 그대 뜬 눈으로〉도 파손되고 말았다(김정희 2017: 213). 결집된 신체를 이루고 있던 민은 순식간에 해체되어버렸고 고조되어 있던 열기도 금세 해소되어버렸다. 열흘 전 직선제를 쟁취해냈지만 이한열을 추모하러 나선 길거리엔 그의 목숨을 앗아 간 최루탄이 여전했다.

6월항쟁의 "진정한 대단원이자 냉혹한 결산표"였던 이한열의 장례식은 이렇게 허무하게 끝났다(심산 1994: 248). 화순에서 나고 광주에서 자랐지만 1980년에 외롭게 죽어간 이들을 모르고 살았던 이한열은 죽어서는 그들 곁 망월동에 묻히게 되었고, 그의 몸이 광주로 향하는 길에는 산 자들의 몸이 수없이 모여들어 외롭지 않았다. 1980년대를 열었던 광주에서의 죽음은 6월항쟁에 의해 어느 정도 만회되는 것처럼 보였으며, 그것은 이한열이 보여주었듯 고향을 떠나 살아가던 자가 고향에 묻혀 있는 죽은 자들

4-10. 1987년 7월 9일 청와대 방향으로 행진하는 인파(위)
4-11. 1987년 7월 9일 최루탄 발사에 흩어지는 인파(아래)

에게로 귀환하는 몸의 여정이었다. 산 자들에게 죽음은 엄청난 충격이기도 했지만, 이들이 몸을 움직이거나 모여서 들고 일어서게 하는 생명력의 원천이기도 했다. 산 자들의 생명력은 죽은 이들에게 크게 빚지고 있었다. 시청 앞에 모여든 사람들의 몸으로부터 이한열의 몸이 떠나간 이후 벌어진 민의 해체는 이를 드러내는 상징적인 장면처럼 보인다.

1980년 서울역 회군의 과오가 1987년 서울시청 진군의 실패로 반복된 것에 대해서 어느 정도는 집회 준비가 부족했던 지도부나 현장의 즉흥적 요구에 휩쓸려 순간적으로 판단착오를 일으킨 이인영 등의 책임을 물을 수도 있을 것이다(이인영 1999). 하지만 근본적으로는 한국 민주주의의 결정적인 순간에 등장했던 민의 집합적 신체가 터지고 부서지고 깨진 다른 민의 죽음에 의해 탄생했다는 점, 죽음으로부터 빚을 지고서야 활동할 수 있었다는 점을 고민해보아야 할 것이다. 죽은 자에게 빚을 갚는 애도의 행위를 통해서만 힘을 발휘할 수 있다면, 설령 그 힘이 대단히 강력한 것이었다 할지라도, 그것은 애도할 대상이 부재하거나 애도할 대상을 상실하게 되면 급속히 사라지고 마는 힘일지도 모른다.

주지하듯 1987년 6월항쟁은 직선제 개헌이라는 대단한 성취를 얻어냈다. 이 성취를 이루어낸 민은 수많은 죽음의 기억에 힘입어 거대한 몸으로 성립할 수 있었다. 그런데 "일단 혁명의 과제가 성취되고 나면, 필연적으로 기억상실이 뒤따른다. 기억상실은 이미 시대착오적인 프로그램 속에, '그 시대의 과제' 속에 들어 있었다. 시대착오는 망각을 실행하고 망각을 약속한다."(데리다 2014:

221) 6·29선언 직후에 치러진 이한열의 장례식은 문익환 목사의 조사가 보여주었듯이 수많은 열사들에 대한 초혼 의례를 겸함으로써, 이제 막 힘겹게 얻어낸 작은 승리가 누구에게서 상속받은 힘으로 이루어진 것인지, 그간의 싸움이 어떤 이들의 죽음 위에서 이루어진 것인지, 어떤 과제가 여전히 남아 있는지 기억할 수 있는 마지막 기회였다. 그것은 "6월 민주항쟁의 에필로그였다"는 식으로 간단하게 정리되어서는 안 되는 것이었다(유시민 2021: 250). '호헌철폐'와 '독재타도'를 공동의 구호로, 직선제 쟁취를 당면한 목표로 삼았고, 여전히 반독재 민주화를 시대의 과제로 삼는 우리의 민주주의는 1987년의 성취 이후 무엇을 망각하는 방향으로 흘러왔는지 돌아보아야 할 것이다.

한국 민주주의의 서사와

의미론

5

과거에 대한 기억이 되었든 미래에 대한 전망이 되었든 우리가 마음속에 품는 상상적 표현들은 "이미지와 이야기로 매개된다."(김홍중 2016: 209) 즉 상상계는 영상과 서사, 스펙터클과 내러티브의 두 차원으로 구성된다. 2장부터 4장에 이르기까지 민의 신체 이미지를 중심으로 한국 민주주의의 스펙터클을 살펴보았다면, 5장에서는 그러한 장면들의 배열을 통해 만들어지는 한국 민주주의의 서사는 무엇인지, 그리고 이를 통해서 확인할 수 있는 한국 민주주의의 의미론은 무엇인지 살펴볼 것이다. 한국의 민은, 그러니까 우리는 어떤 서사가 실현되었을 때 민주주의가 구현되었다고 생각하는가? 또는, 민주주의를 구현하기 위해 어떤 서사를 실현하고자 하는가? 그리고 민주주의라는 것을 어떤 의미로 소통하는가?

죽음-결집의 레퍼토리: 세월호에서 촛불집회까지

2장에서 4장까지 살펴본 것처럼 한국 민주주의라는 극은 두가지 스펙터클, 즉 죽임을 당하는 민의 자연적 신체 그리고 결집을 이루는 민의 집합적 신체를 양극으로 하여 펼쳐진다. 극의 도입부에서 민은 찢어지고 깨지며 피와 온갖 체액을 흘리다가 결국 만신창이 주검이 되는 자연적 신체로 등장하고, 다음 대목에서는 이러한 참상을 목격하고 충격을 받아 몸이 경직되고 무력화되는 모습으로 나타났다가, 두려움 때문에 또는 부끄러움 때문에 자신의 몸을 숨기고 피해 다니는 등 그 모습을 감추게 된다. 하지만 그 와중에도 유가족과 동료 들을 필두로 죽은 민의 몸에 대한 권리를 주장하며 시신사수투쟁과 참배투쟁을 벌이면서 모습을 드러내는 민이 있다. 이후 민은 다양한 전술적 활동을 수반하는 운동을 실행하면서 몸의 활력을 회복하고 자신의 모습을 드러낸다. 그렇게 운동을 통해 회복된 민의 에너지는 정권뿐만 아니라 자기 자신조차도 적절히 통제할 수 없는 수준에 이르는데, 이는 분신, 투신 등 자기의 몸을 파괴하는 극단적인 장면으로 나타나기도 한다. 이 과정에서 죽은 자들 역시 새로운 상징성과 생명력을 얻으며 얼굴을 회복하고 산 자들의 주변에 중얼거리면서 어른어른 모습을 드러내며, 산 자들은 이러한 망자들의 힘을 전유하여 발길을 내디딘다. 아직은 개별적이고 잠재적인 상태로 머물러 있던 민은 동원이 이루어져서 집합적 신체로 결집함으로써 그 모습이 물리적으로 가시화된다. 한덩어리가 된 민은 자기 몸의 거대한 질량이 만들어내는 엄청난 물리력과 내부의 활발한 생리학적 작용이 빚어내는 활력으로 민주주의를, 즉 민(demos)의 힘(kratos)을 실현한다.

그런데 한국의 민주주의는 특정한 시기에만, 이를테면 민주화 운동이 활발히 벌어졌으며 이제는 "민중의 시대"라는 칭호를 얻은 1980년대에만 이러한 서사를 따라 전개되었던 것이 아니다(박선영 2023). 여전히 한국의 민주주의는 죽음에서 결집으로 이행하는 서사로 상상되곤 하며 그 과정에서 민은 자연적 신체로부터 집합적 신체로 변모하며 등장한다. 이러한 죽음-결집의 서사가 여전히 유효할 뿐만 아니라, 한국 민주주의의 레퍼토리라는 것을 잘 보여주는 단적인 예로 2014년 세월호 참사부터 2016~17년 촛불집회와 탄핵 및 정권교체에 이르기까지의 과정을 살펴보도록 하자.

1987년 6월항쟁의 기원이 1980년 광주에서의 학살에 귀속될 수 있다면, 2016~17년의 촛불집회는 2014년의 세월호 참사로 거슬러 올라갈 수 있다. 국가가 적극적으로 폭력을 행사하여 시민들을 학살한 5·18과, 국가의 무능과 무책임으로 수많은 희생자가 발생한 세월호 참사는 사태 자체만 놓고 보면 근본적으로 성격이 다르다. 그럼에도 불구하고 세월호 참사 당시 두 사건을 동일선상에 놓고 비교하는 담론은 정서적으로 강력한 영향력을 발휘했다. 참사 1년 뒤 팽목항에 걸린 '5·18 엄마가 4·16 엄마에게'라는 제하의 '당신 원통함을 내가 아오 힘내소, 쓰러지지 마시오'라는 내

5-1. 세월호 참사 1주기인 2015년 4월 5·18 관련 단체 회원들이 팽목항 방파제에 내건 펼침막

용의 펼침막은 이러한 정서를 압축적으로 보여준다(5-1). 사람들은 마치 광주항쟁에 대해서 그러했듯 세월호 참사에서도 진실을 은폐하는 국가의 의도적인 악행과 거대한 음모를 찾고자 했으며, 세월호 참사는 5·18이 그러하듯 국가가 민을 죽게 한 사건으로 상상되었다.•

• 국가를 바라보는 이러한 관점은 광주항쟁 이후 정착되어 민의 죽음에 대한 저항과 비판의 목소리를 '진상규명, 책임자 처벌'이라는 구호로 집약시켰다. 이처럼 민을 억압하는 폭압적 기구로 국가를 간주하는 태도는 권력기관이나 권력자에 대한 시민사회의 저항성을 유지하는 데 기여했지만 시민사회 자신의 과오를 성찰하는 작업을 부차화하는 결과를 낳기도 했다. 이러한 관점에서 세월호 참사에 대한 사회적 성찰의 실패를 고찰한 주목할 만한 작업으로는 박상은(2022)을 보라. 한편, 막스 베버는 무언가를 행함뿐만 아니라 행하지 않음, 즉 부작위 역시 행위에 포함되는 것으로 정의했다(베버 1997: 118~19). 이러한 관점에 따르면 학살을 통해 민을 죽게 '만드는' 행위와 구조활동을 소홀히 함으로써 민을 죽게 '내버려두는' 행위 사이의 구별이 모

2014년 4월 16일 발생한 세월호 참사는 경기도 안산시 단원고 학생 250명을 포함한 304명의 사망자를 발생시켰다. 사고 당시 사람들은 언론 보도를 통해 배가 점점 물속으로 침몰해가는 과정을 시간대별로 볼 수 있었고, 선실에 갇힌 학생들이 온몸의 힘을 다해 창문을 두드리며 고통스럽게 최후의 몸부림을 치는 것을 보았으며, 결국에는 선실에 뒤엉켜 있던 사망자들의 주검이 한구씩 수습되어 올라온다는 소식을 접했다. 언론에서는 오랜 시간 물속에 잠겨 있던 사망자들의 시신이 어떤 상태였는지 직간접적으로 언급하며 불필요한 상상력을 자극했고, 이러한 상상은 희생자들을 어묵에 비유하며 비하하고 조롱하는 행태로 나타나기도 했다. 다른 한편, 진상규명을 호소하는 절박함을 드러내면서 청문회 발언 중 자식의 주검 사진을 공개한 아버지도 있었다. 국가에 의해 보호받지 못한 민의 모습은 적나라한 몸뚱이, 즉 자연적 신체의 이미지로 나타났다.
　수많은 생명이 졸지에 허무하게 목숨을 잃는 과정을 목도하면서 사람들은 거대한 우울과 무력감에 빠졌다. 하지만 그 가운데서도 유가족은 세월호 특별법 제정을 비롯한 진상규명 운동에 가장 선도적으로 나섰다. 이들은 온전한 시신 수습과 증거 보존을 위하여 팽목항과 동거차도 등 현장에 몸을 붙이고 망원렌즈로 자식이 물에 잠긴 바닷물을 하염없이 지켜보았으며, 십자가를 메고 도보순례를 하거나(이호진 2015), 때로는 방송국으로 때로는 청와호해지며, 국가 및 국가의 최고 권력자는 어떤 식으로든 권력을 행사한 것으로서 법적·정치적 책임을 물어야 할 대상으로 규정된다.

대로 향했다가 문전박대를 당하기도 했고, 유력 정치인을 찾아가 무릎을 꿇거나 경찰에 가로막혀 제자리에서 삼보일배 행진을 하기도 했다. 자식의 몸을 되찾기 위한 투쟁에서 이들의 몸은 번번이 가로막혔다. 유족들 가운데 유민 아빠 김영오 씨는 특별법 제정을 주장하며 46일간 목숨을 건 단식을 하기도 했는데, 단식 기간 중에 방한한 프란치스코 교황이 그의 손을 맞잡는 장면은 감동적이고 거룩하기까지 했다. 참사 희생자들을 기억하기 위한 다양한 실천은 문화예술인을 중심으로 이루어졌다. 영매를 자처한 이들의 작업 덕분에 아이들은 "그리워하면 언젠간 만나게" 될 거라며 끝나지 않는 이야기(〈Never Ending Story〉)를 부르던 부모에게 "엄마. 나야."하는 목소리로 돌아오기도 하고(곽수인 외 2015), 생전에 노래를 부르던 음성으로, 그림 속 얼굴로 환생하기도 했으며, 그도 아니면 빛이나 고래와 같은 상징으로 돌아오기도 했다. 그밖에도 민의 운동은 집회 참여, 현수막 게시, 자원봉사, 서명 동참, 노란 리본 달기 등 다양한 형태로 활성화되었다. 참사 다음 해인 2015년 11월에는 대규모 '민중총궐기' 대회가 있었는데, 이때 참가한 농민 백남기가 경찰의 물대포에 맞아 쓰러지는 사건이 발생했다. 317일간 중태에서 깨어나지 못한 그는 2016년 9월 25일 사망하였는데, 이를 전후하여 부검을 위해 시신을 탈취하려는 경찰과 이를 저지하고 시신을 지키려는 시민들이 서울대병원에 집결하여 대치하기도 했다. 이처럼 민은 다양한 움직임을 벌이면서 세월호 참사가 가져온 무력감으로부터 벗어나며 활력을 되찾아갔다.

세월호 참사와 농민 백남기의 사망 사건 외에도 다양한 사안을 겪으며 누적된 민의 분노는 결국 촛불집회로 이어졌다. 이른바 '태블릿 PC 보도'를 계기로 하여 촉발된 이 대규모 동원에는 약 6개월간 총 23차에 걸쳐 전국적으로 연인원 1685만 2000여명이 참여했다(박근혜정권퇴진비상국민행동 기록기념위원회 백서팀 2018). 사람들은 집회가 있는 주말이면 시청역으로 향하는 열차에서부터 이미 서로의 얼굴을 보며 모두가 같은 곳으로 향하고 있음을 알 수 있었다. 광화문과 청계천, 시청광장을 메운 인파는 거대한 덩어리를 이루었으며, 해가 저물면 촛불의 물결로 나타났다. 오늘은 과연 몇만이 모일 것인가 하는 점이 매주 관심의 대상이 되었는데, 참가자들은 자신이 속한 군중의 규모가 얼마나 큰지 확인하기 위해 까치발을 들고 앞뒤로 고개를 두리번거렸고, 매번의 집회마다 수많은 불빛으로 점묘된 거대한 집합적 신체의 이미지를 확인할 수 있었다(5-2).

　　집회가 끝나고 나서 꼬박꼬박 거리를 청소하거나 경찰버스에 붙였던 스티커를 떼는 등 다소 강박적으로 질서가 강조되기도 했지만, 촛불집회는 기발한 구호와 풍자가 넘쳐나는 카니발의 성격을 보였다. 집회 참가자들은 함께 노래를 부르기도 하고 청와대로 행진하며 일탈과 해방감을 맛보기도 했다. 주말에 연말의 분위기가 더해지면서 집회는 나들이와 송년회의 성격을 띠기도 했으며, 광장에서는 예상치 못한 해후와 조우가 이루어지기도 했다. 집회가 없는 평일에는 새로운 이슈를 따라잡으며 집회에 참여해야 할 이유를 축적하는 것이 새로운 일상의 리듬으로 자리잡

5-2. 2016년 12월 3일 열린 촛불집회 참가자의 인파가 광화문부터 서울시청 앞 광장까지 이어져 있다.

앉으며, 주말에는 수많은 이들이 촛불을 들고 함성을 외치는 광장에서 비현실적인 시간체험을 했다. 이렇게 결집한 민의 활력은 많은 경우 죽음으로부터 발원하는 것이기도 했다. 집회와 행진의 맨 앞줄에는 언제나 노란 옷을 입은 세월호 유가족들이 자리를 지키고 있었다. 참가자들은 '박근혜는 내려오고 세월호는 올라오라'는 구호를 주문처럼 외쳤으며,* 실제로 박근혜가 구속되던 날 세월호는 목포 신항에 도착했다. 트랙터를 몰고 상경하거나 박근혜 퇴진 상여를 메고 청와대까지 나아간 농민들의 흰옷에는 전봉준과 백남기를 비롯하여 이 땅을 일구며 살다 간 민의 풀뿌리 같은 생명력이 깃들어 있었다. 카니발 행렬에는 역시 거인이 빠질 수 없듯이(바흐찐 2001: 604) 갖가지 대형 조형물들이 등장했는데, 그중에서도 해 질 녘 등장한 '위안부' 소녀상 모양의 대형 풍선은 압도적인 아우라를 발산하면서 분노와 고통 속에 살다 간 이들이 보증하는 역사적 정당성이 이편에 있음을 상징하는 듯했다(5-3). 거대한 몸집으로 등장한 민은 청와대 코앞까지 진출했으며 국회와 헌법재판소 등 권력기관을 압박하여 결국엔 대통령을 몰아내는 데 성공했고, 사람들은 이를 민주주의의 회복 또는 탈환이라고 불렀다.

이상에서 살펴본 바와 같이 한국 민주주의라는 드라마는 죽음과 결집이라는 두개의 스펙터클을 시작과 끝으로 하는 서사적 단위를 반복하면서 전개되어왔다. 김주열의 죽음은 4·19의 기폭제

• 이는 세월호 참사 천일째인 2017년 1월 7일에 있었던 제11차 범국민행동집회의 구호였다.

5-3. 2016년 11월 12일 제3차 범국민행동 집회에 등장한 '위안부' 소녀상 모양의 대형 풍선

가 되었고, 근로기준법을 준수하라고 절규하며 분신한 전태일은 한국 노동운동뿐만 아니라 사회운동 전반에 근본적인 영향을 미쳤으며, YH무역 김경숙의 죽음은 부마항쟁으로까지 이어졌다. 1980년 5월 광주에서 계엄군을 몰아낸 시민들의 항쟁과 최후의 도청 사수는 학살당한 동료 시민들의 충격적인 죽음에 대한 자발적 응답이었으며, 이러한 광주의 희생은 다시 1980년대 이후 한국 사회운동의 도덕적 지표이자 원점이 되었다. 그리고 1980년대 민주화운동의 정점이었던 1987년 6월항쟁은 박종철과 이한열의 죽음이 결정적인 계기가 되었다. 1991년 5월투쟁은 강경대의 죽

음 이후 이어진 이른바 '분신정국' 속에서 전개되었으며, 학생운동의 분수령이 되었던 1996년 8월 '연대 사태'는 같은 해 3월 노수석의 죽음과 이어져 있다. 2002년에 벌어진 대규모 촛불집회는 미군 장갑차에 의해 두명의 여중생이 사망한 사건에 대한 직접적인 항의였으며, 2009년 노무현의 죽음은 집단적 추모를 불러일으키며 정치적 긴장을 조성하기도 했다. 대통령 탄핵을 가져온 2016~17년의 촛불집회에는 세월호 참사와 농민 백남기의 사망이 집단적 동원의 정서적 자원으로 작용했다.•

이처럼 죽음-결집의 서사로 기술되는 한국 민주주의의 상상계는 일종의 극으로 제시되거나 표상되는데, 그 구도를 그림 5-4와 같이 도식화할 수 있다. 한국 민주주의의 상상계의 첫번째 국면에서 민은 폭력의 대상으로 전락했거나 주검이 되어버린 자연적 신체의 이미지로서 무대 또는 스크린에 등장한다. 두번째 국면에서 민은 객석에서 이러한 참상을 목격하고 충격을 받은 후 나름의 각성과 회심을 거쳐 운동에 나서는 존재로 나타난다. 그리고 마지막 국면에서 민은 무대로 올라가 집합적 신체를 이루며 결집하는 모습으로 나타난다. 그러니까 한국의 민주주의라는 극은 그것이 행위를 통해 상연되는 경우이건 사유를 통해 표상되는 경우이건, 민이 다른 민의 죽음이라는 스펙터클을 목격하고 그

• 혹자는 고종의 인산일을 앞두고 벌어졌던 3·1운동과 순종의 인산일에 일어난 6·10만세운동을 이러한 '죽음-결집' 계보의 앞자리에 둘 수도 있을 것이다. 실제로 3·1운동 100주년인 2019년 즈음에는 이와 같은 문제의식 속에서 3·1운동부터 촛불집회까지 이어지는 민주주의의 서사를 구성해보려는 시도들이 나타나기도 했다(김동택 2019; 백영서 2019; 이기훈 외 2019; 신진욱 2020).

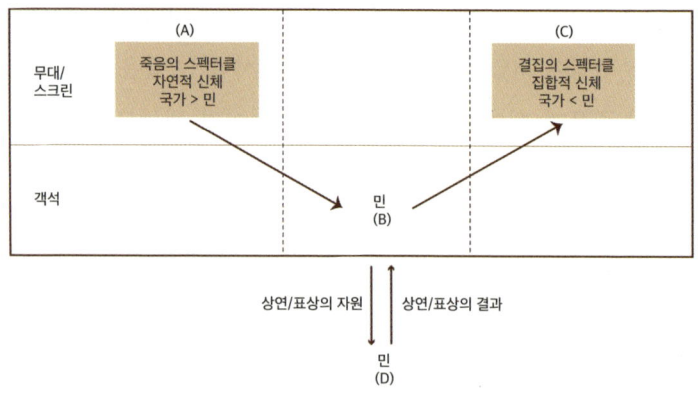

5-4. 한국 민주주의의 상상계

충격으로 새로운 주체로 거듭난 뒤 역사의 무대로 나가서 결집이라는 스펙터클을 만들어내는 서사에 따라 진행되어온 것이다.

그런데 한국 민주주의의 상상계는 죽음에서 결집에 이르는 단선적인 서사로만 이루어진 극이 아니라 미장아빔(mise en abyme)의 구조를 가진 극이다. 다시 말해 민은 보이면서도 보는 여러 겹의 주름 안과 밖에 계속해서 존재한다. 한편으로 민은 죽음이라는 스펙터클로서 등장하기도 하고(A), 그것을 보는 관객(spectator)으로 등장하기도 하며(B), 다시 집합적 신체의 일원으로서 스펙터클이 되어 보여지는 동시에 거대해진 자기 자신의 몸을 바라보기도 한다(C). 또한 민은 이처럼 죽음과 결집, 무대와 객석을 오가며 펼쳐지는 민주주의라는 극을 바라보거나 떠올리는 존재이기도 하다(D). 그리고 이렇게 민주주의라는 극을 바라보거나 떠올렸던 민은 자신이 살아가는 현실에서 죽음의 참상을 접하게 되면, 그가 보았거나 떠올렸던 극의 장면들을 사태 판단과 행동 방침의 자원으로 삼아 결집의 장관을 만들어내는 과정에 참여함으로써 동시대의 또는 뒷세대의 민이 바라보거나 기억하게 될 새로운 장면을 만들어내며, 다시 이러한 극을 본 민이 향후에 또다른 죽음의 참상으로부터 결집의 장관을 만들어내는 극에 참여하는 과정을 반복하게 된다. 그리하여 1980년 5월 광주에서 학살당한 민이 있는가 하면 그러한 참상을 목격한 민이 있고 이들이 결집하여 만들어낸 집합적 신체의 민이 있으며, 이러한 광주의 드라마를 뒤늦게 접한 이들은 박종철과 이한열로 상징되는, 민의 이름으로 죽어간 수많은 열사들의 죽음을 보고 광장으로 나가서 다시 한번 1987년 6월의 드라마를 만들어낸다. 이러한 드라마는 교과서의 공식 역사로 기록되기도 하고 세월호 참사나 촛불집회를 해석하는 자원으로 동원되기도 하며, 〈택시운전사〉나 〈1987〉 같은 영화로 재현되어 또다른 민에게 상연된다.

그러니까 한국 민주주의의 상상계는 죽음-결집의 서사로 이루어진 여러겹의 극으로 감싸진 드라마이다. 이러한 극에서 민은 자신을 드러내고 상연하는 존재이자 다른 민을 떠올리는 표상의 주체이며, 다른 민에 의해 재현되는 대상이기도 하고 이런 극이 상연되는 대상이기도 하다. 다시 말해 민은 민주주의라는 극을 상연하는 배우이자 그것의 상연 대상인 관객이며, 극을 표상하고 재현하는 작가이자 극을 통해 표상되고 재현되는 인물이다. 결국 민주주의란 민이 주체로서 민을 상연하고 표상하는 과정이자, 민이 객체로서 민에 의해 상연되고 재현되는 과정이다. 따라서 한국의 민주주의에 대해 성찰한다는 것은 우리가 민으로서 어떻게 우리 자신을 상연하고 표상해왔는지 검토하는 것과 다르지 않으며, 우리가 지금과는 다른 방식으로 우리 자신을 상연하고 표상하는, 다른 모습의 민으로 거듭날 수 있을지 모색하는 것을 의미한다.

우리에게 '민주'란 무엇이었나

한국의 민주주의가 특정한 상상계 속에서 구현된다는 것, 다시 말해 한국의 민주주의가 특정한 장면과 서사를 반복한다는 것은, 한국의 민이 특정한 방식으로 민주주의를 상연하고 표상한다는 것을 의미한다. 그리고 이것은 한국의 민이 민주주의란 어떠해야 한다고 규정하는, 민주주의인 것과 민주주의가 아닌 것을 가르는 특정한 의미론을 가지고 있다는 것을 뜻한다. 이 절에서는 서사적 차원에서 한국 민주주의를 규정하는 의미론을 살펴보고 그것이 가지는 함의를 비판적으로 검토할 것이다.

우선 한국의 민주주의는 민이 죽음으로부터 부활하는 또는 죽음의 충격으로부터 회복하는 이야기이다. 그것은 죽음에서 시작되어 결집으로 마무리되는 이야기로서, 누군가 죽지 않으면 시작되지 않고 다 같이 결집하지 않으면 마무리되지 않는 이야기이다. 민의 죽음이 민의 결집과 부활로 전환되는 이야기들이 한국 민주주의의 전형적인 레퍼토리였으며, 한국 민주주의의 역사에 등재된 대표적인 사건들은 이러한 서사에 따라 전개되거나 재현된다. 반대로 이러한 조건을 충족시키지 못하는 사건은 한국 민주주의의 역사에서 정당한 자리를 할당받지 못할 가능성이 크다. 이를테면 부마항쟁이나 2008년 촛불집회는 그것이 대통령의 피습과 유신 붕괴로 귀결될 만큼 격렬한 투쟁을 촉발시켰거나, 새로운 저항문화의 가능성을 보여주었음에도 불구하고 이러한 결집과 봉기에 상징적 의미를 부여해줄 죽음의 부재 탓에 그 의의가 상대적으로 낮게 평가되거나 급속한 망각의 과정을 밟아왔다. 누가 죽은 것도 아닌데 왜 그렇게까지 많은 사람들이 나서서 싸웠냐는 것이다. 또한 1991년 5월투쟁은 강경대와 박승희의 죽음으로부터 촉발되어 '제2의 6월항쟁'이라 불리며 6공 이후 최대 규모의 집회와 시위를 일으켰지만, 결집의 국면이 죽음의 국면과 구별되지 않았고 투쟁과 저항이 죽음과 결합되어 있었으며, 이른바 '유서 대필 조작 사건'으로 민의 죽음이 가지는 신성성이 훼손되었고, 정원식 총리의 '외대 사건'으로 민이 공권력의 희생자이기보다는 부도덕한 폭력의 가해자로 비난받는 등 죽음-결집의 서사에서 벗어남으로써 좀처럼 한국 민주주의의 역사에 편입되지 못하곤 한다.

이처럼 죽음과 부활(resurrection), 결집과 봉기(insurrection)라는 조건을 모두 충족시켜야 하므로 한국에서 민주주의는 민의 몸이 찢어졌다가 합쳐지는, 대단히 예외적이고 비일상적인 사건으로 여겨지게 된다. 이러한 조건을 충족시키면서 등장하는 민의 모습은 대단한 스펙터클로서 극적인 쾌감을 고조시키지만, 민주주의를 일상적인 실천을 통해 구현되고 확립되어야 할 원칙이라기보다는, 되찾아야 할, 회복해야 할, 탈환해야 할, 하지만 아직은 온전히 도달하지 못한 저 높은 곳에 머물러 있는 목표로 고립시킨다. 게다가 이러한 서사에서 모두의 몸이 하나가 되는 '성스러운' 결집의 경험은 누군가의 몸이 무참히 해체되는 엽기적이고 괴기스러운 경험을 수반하는 것으로서, 민주주의를 희구하면서 광장을 가득 메운 집합적 신체의 장관이 출현하기를 바라는 것은 '신성한 민주의 제단'에 바쳐질 누군가의 죽음을 의도치 않게 찬양하는 것이거나, 은밀히 그러한 희생을 요청하는 것인지도 모른다.

이처럼 저 먼 곳의 민주주의를 향한 도정은 민을 죽이려 하는 어떤 세력, 특히 국가에 의해 가로막혀 있다고 가정되며 민은 그에 굴하지 않고 맞서서 싸우는 존재일 것이 기대된다. 한국 민주주의라는 드라마에는 억압하는 국가와 저항하는 시민이라는 선명한 구도가 존재하는 것이다. 그리하여 〈상록수〉에서 노래하듯 "깨치고 나아가 끝내 이기리라"는 것을 보여주는 한국의 민주주의는 "악에 대한 선의, 악덕에 대한 미덕의, 어둠에 대한 빛의 승리"를 보여주는 전형적인 로맨스 서사를 취하고 있다(White 1975: 9). 한국에서 민주주의는 "어둠이 빛을 이겨본 적이 없다"는 「요한복음」의 말씀이 통용되는 성스러운 영역이며, 민은 죽음으로부터 부활하는 역동적이고 전능한 존재로 여겨진다. 실제로 민주화 이후 한국의 국가-시민사회 관계는 더이상 '강한 국가-약한 시민사회'의 도식으로 해석되지 않으며 오히려 한국 시민사회의 특징은 역동성에 있다고 여겨지곤 한다.

하지만 민의 결집이 만들어낸 경이로운 장면들이 누군가의 죽음 덕분에 가능했다는 점을 염두에 둔다면, 그리고 민의 등장은 죽음이라는 사건의 충격을 통해서 가능한 것이었다면, 한국의 민은 역동적이기보다는 정적이고, 기민하다기보다는 둔감하며, 적극적이기보다는 소극적이라고 해야 할지도 모른다. 한국 민주주의의 상상계에서 민은 개별적 존재로서 자신의 사적 영역에 뿔뿔이 흩어진 채 각자도생하다가 누군가의 죽음을 목격한 이후에야 비로소 등장하여 민주주의를 소생시킨 후 다시 사라지기를 반복해왔기 때문이다. 민은 절체절명의 순간에 민주주의를 구원하는 메시아로 또는 민주주의를 지키는 '최후의 보루'로 여겨지지만* 언제나 결정적인 순간 또는 마지막 순간이 되어서야 등장하지 않았는가? 민주주의를 마지막 순간에 지켜내는 것이 아니라 무너지지 않도록 미리미리 고치고 수선해나갈 수는 없는 것인가? 박근혜와 윤석열을 탄핵시키는 것이 아니라, 뽑지 않을 수는 없었던 것일까? 생명을 지키는 데 총체적 무능을 드러내고 선출되지 않은 자들이 국정을 농단하도록 방치한 정권을 심판하는 민의 역능은 엄청난 것이었지만, 그것은 사태가 그 지경이 되도록 정권을 제어하지 못한 시민사회의 무능, 과거의 정치적 이력을 통한 검증이나 선거 과정에서의 선별에 실패한 민의 실책 이후에 비로소 발휘된 것임을 염두에 두어야 한다. 음모론에 심취한 채 계엄

---

* "민주주의 최후의 보루는 깨어 있는 시민의 조직된 힘입니다"라는 노무현의 발언은 특히 그의 사후에 많은 이들에게 회자되었다(https://archives.knowhow.or.kr/m/president/story/view/978).

이라는 망상적 수단을 실행시킨 자를 진작에 걸러내지 못한 실책은 또 어떠한가? 이처럼 민의 책임을 말하는 것은 우리가 겪은 불안과 고통에 눈을 감자거나 내란을 획책한 자에 대한 응분의 비판과 처벌을 면제하자는 것이 아니다. 다만, 우리가 계속해서 민주주의를 탈환, 회복, 재건의 대상으로만 상상하고 그 성과에만 주목하여 자부심을 강화한다면, 그것은 필연적으로 민주주의의 상실, 훼손, 붕괴를 요청할 수밖에 없으며 이를 방관한 민의 나태를 용인하게 된다는 것이다.

또한 한국에서 민주주의란 객석의 관객(spectator)이었던 민이 무대 위로 올라가서 스펙터클이 되는 것을 의미한다. 5-4에서 볼 수 있듯이 한국 민주주의의 전개 과정에서 민은 다른 민이 죽어가거나 죽어 있는 장면을 보고 충격을 받은 후 각성과 회심을 거쳐 자신이 바라보던 극 속으로, 역사라는 무대 위로 진출하여 그 자신이 스펙터클이 된다. 요컨대 한국의 민주주의는 민이 무대의 주인공이 되는 이야기이며, 공교롭게도 '민주(主)주의'라는 번역어는 (그것이 성립되어 정착되기까지의 복잡한 개념사적 맥락과는 별개로) 이러한 의미와 잘 부합한다. 민주주의가 무대 위의 주인공 자리를 두고 벌어지는 경합으로 여겨짐으로써, 경합의 대상인 국가에 대한 저항과 투쟁이 아닌 다른 활동은 민주주의가 아니거나 부차적인 일로 여겨진다. 민주주의의 장소는 중앙의 무대이고 민주주의는 중앙의 무대에서 벌어지는 일로서, 객석에 있는 관객들 사이에서 그리고 극장 밖에 있는 관객 아닌 사람들 사이에서 발생하는 차별과 불평등, 경쟁과 배제의 문제는 민주주의의 당면한 과제라기보다는 무대의 주인공이 바뀌면 이어서 자연스럽게 해결될 일이라고 여겨진다. 그리하여 민주주의의 우선적인 과제는 무대 위의 주인공을 바꾸는 데 동참하는 것이며, 행위자로서 이러한 활동에 참여하지 않고 관찰자나 관객으로서 지켜보기만 하는 모습은 소극적이고 부정적인 것으로 폄하되거나 지양·극복되어야 할 태도로 여겨진다. 민주주의에서 민의 역할을 강조하는 수많은 담론은 이러한 참여/방관, 적극/소극, 능동/수동, 광장/밀실의 이분법에 기초해 있다. 일례로 '권위주의의 위협에 맞서기 위해서는 수동적인 관객민주주의(spectator democracy)로부터 능동적인 참여민주주의(participatory democracy)로 나아가야 한다'는 식의 주장은 여전히 별다른 의문 없이 받아들여지고 있다(Fromm 1997: 148). 하지만 여기서 말하는 참여란 각자 선 자리에서 벌어지는 다양한 문제들에 개입하여 이를 능동적으로 풀어나가는 것이 아니라 중앙의 무대에서 각축전을 벌이는 세력 중 한 편을 택하여 지지하는 것으로 귀착되며, 이런 식으로 돌아가는 한국의 정치는 마치 소용돌이와 같이 사회의 모든 쟁점을 여/야, 진보/보수, 민주/반민주, 민주화/산업화 같은 중앙무대의 전선으로 흡입한다(헨더슨 2013).

요컨대 한국의 민주주의는 민이 죽음으로부터 부활하는 이야기, 폭압적 국가에 맞서 싸우는 이야기, 그리하여 결국엔 무대의 주인공 자리를 되찾는 이야기로 여겨져왔다. 그간 한국의 민은, 그러니까 우리는 이런 서사를 보고 듣고 경험하며 대단한 감동과 자부심을 느껴왔다. 폭력과 죽음이 지배하는 그 암울하고 절망적인 나날들 속에서도 아름답고 순수한 사랑과 투쟁이 피어나서 결국엔 세상을 생명과 희망으로 물들인다는 이 기적적인 이야기 앞에 어떻게 무심할 수 있겠는가? 누구라도 이 감동을 거부하기는 어려울 것이다. 그런데, 이 감동을 위하여 우리는 앞으로도 계속 이런 이야기를 만들어나가야 할 것인가?

극장전: 민주주의 극장의 안과 밖

앞서 언급한 것처럼 한국 민주주의의 상상계는 극 속에 무대와 객석의 구도를 갖추고 있는, 극에 대한 극의 형식을 갖추고 있다 (5-4 참조). 여기서 민은 죽음의 참상을 맞이하는 스크린 속의 인물로, 그것을 바라보는 객석의 관객으로, 함께 무대를 점령하는 주역으로 등장하는가 하면, 동시에 그러한 극을 바라보는 극 바깥의 관객이기도 하다. 그런데 민은 한국 민주주의라는 극의 바깥에 있을 뿐만 아니라 그러한 극이 상영되는 극장의 바깥에도 존재한다. 이들은 그것이 참상이건 장관이건 한국 민주주의라는 극에 등장하는 스펙터클이나 그런 장면이 전개되어가는 방식에 크게 관심을 두지 않으면서 민주주의라는 드라마와는 거리를 두고서 살아가는, 정치적으로 주체화되지 않은 존재로 보이기도 한다. 민주주의라는 극이 펼쳐지는 극장의 안과 밖이라는 두개의 공간에서 살아가는 서로 다른 민에게 민주주의란 과연 무엇이었는가? 민주주의에 대한 이들의 경험은 각각 어떠했는지 살펴보자.

극장전(劇場傳): 극장 안에서

2017년 12월, 1987년 6월항쟁을 소재로 한 영화 〈1987〉이 개봉했다. 마침 촛불집회 1주년을 즈음하여 곳곳에서 광장의 감격이 소환되고 있었고, 영화는 이러한 정세와 무관하게 관람될 수 없었다. 극장을 찾은 이들은 영화의 관객인 동시에 자기 손으로 민주주의를 되찾았다는 자부심을 품고 있는 시민이었다. 영화는 전반적으로 호평을 받았다. 특히 "그런다고 세상이 바뀌"냐고 따져 묻던 연희가 신문에서 선배인 이한열의 피격사진을 보고 일종의 회심을 거쳐 광장으로 달려가서 "호헌철폐 독재타도"를 외치며 거대한 인파에 합류하는 장면은 극의 절정이자 대단원이었다. 이어서 에필로그로 삽입된 6월항쟁과 이한열 열사 장례식의 실제 영상들은 마침 30주년을 맞은 1987년을 바로 지난해의 촛불집회에 접속시킴으로써 우리가 한 세대에 걸쳐 민주화의 기나긴 여정을 헤쳐 왔다는 것을 상기시켰다. 게다가 배경음악은 "한밤의 꿈은 아니리 (…) 헛된 꿈이 아니었으리" 노래하는 〈그날이 오면〉이었다. 과거와 현재, 극과 현실은 이어져 있었고, 30년 전 염원하던 그날은 결국 이렇게 우리 곁에 왔으며, 그렇게 해서 자랑스러운 민주주의 드라마의 한 막이 비로소 마무리된 것 같았다.

갖은 우여곡절을 겪으면서 극적으로 전개되었으며 결국엔 사필귀정으로 마무리된 것처럼 보이는 한국 민주주의의 역사는 대단히 자랑스럽게 여겨진다. 한국 현대사 서술의 골간을 두고 벌어졌던 경합에서도 이제 민주화는 산업화와 함께 공식 역사의 지위에 올라선 것처럼 보인다. 일례로 촛불집회 이후 광장의 열기가 민주주의에 대한 새로운 기대로 변화해가던 무렵에 나온 대통령의 다음과 같은 연설은 매우 상징적이며 그 자체로 "절묘한 역사적 스펙터클"이었다(오혜진 2019: 145).

"저는 오늘 세계가 경탄하는 우리의 민주주의가 우리 국민 스스로 만들어낸 것이라는 사실이 무엇보다 자랑스럽습니다. 우리나라 민주주의의 시작은 해방과 함께 바깥으로부터 주어졌습니다. 그러나 오늘 우리의 민주주의를 이만큼 키운 것은 국민이었습니다. 그 길에 4·19혁명이 있었고, 부마항쟁이 있었고, 5·18민주화운동이 있었고, 6월 민주항쟁이 있었습니다. 그리고 그 길은 지난겨울 촛불혁명으로 이어졌습니다. 촛불은 한 세대에 걸쳐 성장한 6월 민주항쟁이 당당하게 피운 꽃이었습니다."(대통령비서실 2018: 103)•

• 제30주년 6·10민주항쟁 기념식 대통령 연설문의 일부이다. 2017년 5월에 임기를 시작한 문재인 정부는 출범과 함께 한국 민주주의의 중요한 기념일을 차례로 맞았다. 제37주년 5·18민주화운동 기념식, 노무현 대통령 서거 8주기 추도식(5. 23), 제62회 현충일 추념식, 제30주년 6·10민주항쟁 기념식, 6·15남북공동선언 17주년 기념식, 제72주년 광복절 경축식, 장준하 선생 서거 42주기(8. 17), 김대중 대통령 서거 8주기 추도식(8. 18) 등을 위해 준비된 대통령의 연설은 많은 관심과 화제의 대상이 되었으며, 그만큼 청와대 측에서도 공을 들인 흔적이 보였다. 특히 이 연설들에서는 기념 대상이 되는 사건 및 인물과 촛불집회의 연속성을 확인하고 문재인 정부가 이러한 민주주의의 역사를 계승한다고 천명하는 대목이 빠지지 않았다. 모든 정권이 정치적 정당성을 구하기 위해 역사 해석 및 기술에 공을 들이는 것은 자연스러운 일이지만, 당시 여론은 이러한 정치적 고려에 주목하기보다는 민족적·민주적 관점에서의 역사 서술이 공식화되었다는 사실을 환영하는 분위기가 강했다.

그런데 이처럼 극적이고 자랑스러운 역사가 그것을 만드는 데 참여하며 살아온 개인들에게는 어떤 의미였을까? 일례로 한국 민주주의의 극적인 역사를 온몸으로 겪어온 인물인 김대중은 사후에 공개된 말년의 일기 한 부분에 다음과 같이 썼다.

> 인생은 생각할수록 아름답고 역사는 앞으로 발전한다.(김대중 2009: 11)

하지만 삶과 역사가 상호 조응하며 진보해왔다고 회고할 수 있는 것은 누구에게나 허락되지 않았던 굉장한 행운이었을지도 모른다. 일렁이는 역사의 물결에 휩쓸리며 삶이 깎여나가던 이들은 냉소적으로 반문할 것이다.

> "너 정말 삶이 아름답다고 생각하냐? 네가 일기에 그렇게 썼대? 삶은 아름다운 거라고. 너 정말 그렇게 생각해?"•

과연 우리의 자랑스러운 민주주의의 역사는 그것을 만들고 겪

• 이창동 감독의 영화 〈박하사탕〉 중 김명호(설경구 분)의 대사이다. 시간순으로만 보자면 김대중의 2009년 1월 7일 일기는 이 반문에 대한 답변이라고 할 수 있을 것이다. 그가 대통령으로서 영상으로 축하 메시지를 보내기도 했던 제4회 부산국제영화제(1999) 개막작이었으며 2000년 1월 1일 0시에 개봉한 〈박하사탕〉은 그해 2월경 청와대에서 특별상영이 이루어지기도 한 것으로 보인다(손석희 2000: 65). 만약 그가 영화를 보았다면 영화 속의 저 질문을 그냥 흘려버리지 않았을 것이다. 김대중의 일기에서 "생각할수록"이라는 표현은 그가 살아오면서 자기 자신에게 이 질문을 여러 차례 던졌음을 짐작하게 한다.

으며 살아가는 개인들에게도 편안한 터전이었는가?(문부식 2002: 84; 최정운 2016: 18; Berman 2010: 33)* 그리하여 이 땅의 민주주의를 일구어낸 민은 이 자랑스러운 역사를 "다시 한번 살고 싶기를" 바랄 정도로 그 속에서 자신의 삶이 아름다웠노라고 기꺼이 긍정하며 만족하고 있는가?(니체 2005a: 297~98)**

현대성의 경험은 대단히 경이로운 것이면서도 경악과 소외를 불러일으키는 것이기도 하다. 민주주의라는 정치적 현대성 역시 유사한 경험을 제공했다. 광주에서의 학살은 경악을 불러일으키는 참상이었지만, 고립된 도시의 시민들이 만들어낸 '절대공동체'나 도청에서의 최후 항쟁은 신비롭고도 성스러운 사건이었다. 고문과 최루탄 피격으로 고통스럽게 숨져간 청년들이나 물에 잠기는 배에서 사투를 벌이던 학생들의 고독과 공포는 쉽게 가늠할 수 없는 것이었지만, 1987년의 그 뜨거웠던 여름과 2016~17년 겨울의 광장에 운집한 인파는 실로 경이로운 장관이었다. 살이 찢어지고 피가 흘러내리는 몸과 물속에서 서로 뒤엉킨 채 불어 있는 몸의 이미지는 살아 있는 사람들의 몸을 움직이게 했고 한곳

* 마샬 버먼은 "현대인들이 현대화의 객체만이 아니라 주체가 되기 위한 모든 시도, 현대세계를 파악하고 그 속에 보금자리를 마련하기(make themselves at home) 위한 모든 시도를 모더니즘이라 정의한다."(Berman 1988: 5)
** 잘 알려진 것처럼 니체가 이러한 물음을 본격적으로 제기하는 것은 1882년에 초판이 출간된 『즐거운 학문』 제4부 341절이다. "너는 이 삶을 다시 한번, 그리고 무수히 반복해서 다시 살기를 원하는가?"(니체 2005b: 315) 하지만 이것은 '그렇다면 대체 나의 삶을 어떻게 만들어나갈 것인가' 하는 윤리적 질문이기에 앞서, '삶에 대한 공과(功過)'를 기준으로 하여 역사를 평가하는 '반시대적 고찰'로서 먼저 제출된 것으로 보인다. 『반시대적 고찰』 제2편은 1874년에 출간되었다.

에 불러 모았다. 이들이 만들어낸 거대한 집합적 신체의 힘 덕분에 대통령을 뽑거나(직선제) 끌어내릴(탄핵) 수 있었고, 이는 한국 민주주의의 정점을 이루는 장면으로 상상되어왔다. 하지만 이 드라마가 절정으로 향하는 순간 최루탄에 맞아 숨진 아들은 영영 돌아오지 않는다. 이제는 역시 세상을 떠난 그의 어머니는 민주화 30주년이자 아들을 떠나보낸 후 30년에 즈음하여 이렇게 말한 바 있다.

"내 마음이 편해진 것은 없다. 내가 좋은 것은 없는데 주변 사람들이 좋아하니까 좋은 것일 뿐… 남들이 좋아하면 좋은 것이라는 생각으로 다닌다."[24]

"뭔가 알고 싶어서 거리에서 살아왔지만, 얻은 것은 하나도 없고, 뒤돌아보면 이 세상에서 둘도 없는 내 아들만 없어져버렸네요."[25]

"어딘가에서 이한열이 모습을 한번 찾아보고 싶어서 이한열이 살아 있으면은 어떤 세상을 살았을까를 내가 묻는 거예요. 이한열이 이렇게 안 죽고 살았으면은 어떤 삶을 살고 있었을까를 내가 생각해보면서 그 어린 나이에 모든 게 그냥 거기서 그냥 끝났단 말이에요. 그래서 내가 그냥 추상적으로 우리 한열이 이렇게 컸으면은 이런 세상을 살았을 거란 것을 그냥 내 몸으로 한열이를 한번 찾아볼라고 다닌 게 이렇게 30년이네요. (그래서 찾으셨습니까?) 없어요. 아무리 다녀도 없어요."[26]

5-5. 이한열과 어머니 배은심이 1983년 11월 광주 지산동 집에서 함께 찍은 사진

    이한열과 그의 모친인 배은심이 한국 민주주의라는 극에서 주역으로 활약한 위대한 배우였음에는 의심의 여지가 없다. 이들은 한국 민주주의의 가장 중요한 장면들 속에 등장하고, 한국의 민이라면 누구나 이들의 행적에 존경을 표하며, 이들의 참여를 통해 만들어진 민주주의라는 드라마에 자랑스러움을 느낀다. 하지만 누군가의 죽음을 보고 투사가 되어 극 속으로 뛰어든 이들 자신의 삶은 결코 평안한 것이 아니었다. 한국 민주주의라는 극은 온갖 끔찍한 참상과 장엄한 광경을 생산하여 선보여왔지만, 어머니와 아들이 다정하게 국화 앞에 앉아 있는 소박한 풍경은 영영 지워버릴 수밖에 없었다(5-5). 열사들의 어머니이자 모든 청년들의 어머니로 불렸던 배은심이지만 1987년 그날 이후 그는 정작

자신이 낳고 기른 아들로부터는 평생 어머니 소리를 들을 수 없었다. 이 책을 쓰기 위하여 찾아본 수많은 이미지 가운데서도 이 사진을 마주칠 때면 나는 항상 삶과 역사와 시간과 죽음에 대하여 종잡을 수 없는 생각과 감정에 빠져들 수밖에 없었다.

죽음에서 결집에 이르기까지 민주주의라는 극의 안팎을 넘나들며 살아온 민은 몸이 커지거나 작아지기도 하고, 몸이 터지거나 깨지기도 하였으며, 자식을 잃고 운명이 바뀌어 참척의 고통 속에 평생을 투사로 살아내기도 했다. 이들의 곁에 있는 사람들 역시 온전한 정신으로 살아가는 것이 쉽지 않았으며 가족과 불화를 겪거나 가계가 곤란해지는 등 고통스러운 삶을 이어가기도 했다. 그런데 그토록 감동적이고 자랑스러운 민주주의의 역사가 그것을 만들고 겪으며 살아온 이들에게 기쁨과 보람이 아닌 질곡과 고통이라면, 죽음과 결집을 반복하면서 "시대가 자랑스러워하는 역사적 교양"이 된 한국의 극적인 민주주의는 "시대의 폐해로, 질병과 결함으로" 재고되어야 할지도 모른다(니체 2005a: 288).

극장전(劇場前): 극장 밖에서

촛불집회의 기억을 1년 만에 되살렸던 영화 〈1987〉이 개봉한 뒤로 다시 1년이 지난 2018년 12월, 한국서부발전 태안화력발전소에서 하청업체 비정규직 노동자인 스물네살 청년 김용균이 컨베이어 설비 상태를 점검하던 중 벨트와 롤러 사이에 협착하여 사망하는 사고가 발생했다. 사고 발생 후 약 4시간이 지나서야 발견된 그의 시신은 머리와 몸통이 분리되어 있었고 등은 갈려서 타버린 상태였다. 그의 어머니 김미숙은 잠에서 깨기도 전인 이른 아침에 비보를 받고서 삶이 완전히 달라졌다. 1968년생인 그는 때맞춰 대학에 들어갔다면 영화 속 연희와 같은 87학번이었을 것이고 어쩌면 함께 광장에 나갔을지도 모른다. 그리고 한국의 민주주의에 자긍심을 가지는 시민이 되었을지도 모른다. 하지만 한 젊은 노동자의 어머니이기 이전에 그 자신이 평생 노동자로 살아온 그는 민주주의라는 극에 적극적으로 참여한 배우도 아니었고 벅찬 감격을 느끼며 민주주의의 드라마를 관람하는 관객도 아니었다. 그는 이렇게 고백한다.

"저도 가장으로서 내 할 일은, 열심히 돈 벌어서 우리 가족 잘 보살피고 앞길 잘 닦는 거라고 생각하고 살았어요. 그때는 그게 너무 당연했죠. 내가 정치를 외면했고 사람들이 이렇게 죽고 있다는 걸 모르고 살 수밖에 없었어요."[27]

그리고 그가 민주주의를 꿈꾸거나 기억하며 살아오지 않았던 것처럼 민주주의 역시 그를 대표해주지 않았다. 민주주의의 상상계를 만드는 데 동참하며 그 속에서 살아가는 이들에게 민주주의는 넘실대는 촛불의 영상으로 눈과 마음에 생생하게 각인되어 있었지만, 검은 탄가루로 앞이 보이지 않는 어두운 현장에서 일하는 노동자에게 민주주의는 극장의 문틈으로 어렴풋이 새어 나오는 소음 같은 것이었다. 그리고 민주주의의 장관이 펼쳐지는 극장 밖에서 살아온 김미숙이 목격한 것은 아들의 죽음이라는 참상이었다. 하나뿐인 아들을 잃은 그는 30년간 민주주의라는 극이 상연되는 극장 안에서 공유되어왔던 긍지와 자부심에 근본적인 의문을 던진다.

"어떻게 이런 일이 우리나라에서 일어날 수 있는지 답답할 따름입니다. (…) 세상이 어떻게 돌아가는지 모르겠습니다. (…) 저는 우리 정부가 이런 이상한 곳을 가지고 있다는 게 믿어지지 않습니다. (…) 우리나라를 바꾸고 싶다가도 우리나라를 저주합니다. 제 아들이 죽었는데, 바꿔서 뭐합니까. 제게는 아무것도 소용이 없습니다."[28]

"이런 나라에 아이를 낳아서 뭐합니까? 서민들은 아이들을 키워서 돈 있는 놈들 노예처럼 뒤치다꺼리하다가 언제 죽을지도 모르고 아무 책임 지지 않는 이 나라에선 아이를 낳지 않았어야 했습니다. 저는 이런 나라를 원망합니다. (…) 이게 무슨 민주주의 나라입니까?"[29]

"이것이 그동안 내가 믿고 살았던 민주주의였단 말인가?"[30]

1987년 6월의 기억을 소환하면서 민주주의에 대한 온갖 기대를 떠안았던 촛불집회는 한국의 민이 민주주의라고 상상해왔던 바를 그대로 또는 그 이상으로 실현했다. 하지만 그렇게 실현된 민주주의가 누군가에게는 여전히 환멸과 분노의 대상에 불과했다. 예나 지금이나 극장 안에서는 민이 죽음에서 결집으로 이행하는 과정으로서 민주주의가 상연되고 있으며 관객들은 이러한 극을 관람하다가 객석에서 일어나 무대를 탈환하는 것을 민주주의로 생각하며 이를 실천해왔다. 하지만 그와 같은 상상계를 공유하지 않고 극장 밖에 있던 이들은 자신들이 이러한 민주주의로부터 배제되어 있음을 직감적으로 간파하거나 사건적으로 체험한다. 극장 안에 있던 이들도 자신들을 감격하게 하고 움직이게 했던 민주주의가 모든 민을 만족시키는 것은 아니라는 당혹스러운 사실을 어렴풋이 감지할 수 있다. 하지만 극장 안에서 민주주의의 장관에 도취해 있던 민은, 자신들이 민주주의라는 극을 관람하며 그에 참여하는 동안 극장 밖에서 벌어졌던 참상에는 애써 고개를 돌리거나 그것이 다 민주주의에 눈감아왔던 대가라고, 애석하지만 무능한 탓에 맞이하게 된 비극 아니었겠냐고 선을 긋곤 한다. 한때는 민중이었고 언젠가부터는 서민이라고 불리는 이들의 삶(民生)이야말로 민주주의의 출발이자 목적이라고 말하는 데에는 주저함이 없었지만, 그 삶과 죽음이 문제가 되는 민은 극장 안에만 있는 것처럼 보이기도 한다. 민주주의는 극장 밖의 사람들을 위한 것이 아니었던 것이다. 만약 그렇다면 민주주의에 대한 신념으로 가득 찬 민이 실제로는 민주주의를 잘못 이해하고 있었던 것은 아닐까? 그러니까, 지금껏 민은 민주주의라는 영화를 잘못 봤던 것은 아닐까?

두개의 이야기가 묶여 일종의 액자식 구성을 취하고 있는 영화 〈극장전〉(2005)에서 동수(김상경 분)는 상원(이기우 분)과 영실(엄지원 분)이 등장하는 영화를 보고 극장 밖으로 나온 뒤 영화에서 영실을 연기했던 최영실(엄지원 분)을 만난다. 영화 속 영화의 뒤에 이어지는 영화에서는 영화 속 영화의 많은 상황과 소재가 약간의 차이 속에서 반복된다. 특히 동수는 영화 속 영화가 끝난 후 극장 밖에서 우연히 최영실을 만나서 자신들이 보고 나온 영화 속 영화에서 상원과 영실 사이에 있었던 일들을 모방하거나 재현하려고 시도하는 것처럼 보인다. 이런 우연에 최영실도 신기하다는 듯 맞장구치며 말한다. "영화네요, 그죠?" 동수와 영실은 영화 속 영화에서 상원과 영실이 그랬던 것처럼 같은 장소에서 마주치고, 저녁까지 기다렸다가 다시 만나서, 같은 노래(도원경의 〈다시 사랑한다면〉)를 부르고, 여관에서 정사를 나눈다. 그런데 "당신을 사랑"한다며 움직임을 시작하는 동수를 미심쩍게 여기면서도("정말?") 그에 응하는 영실의 반응은 영화 속 영화에 근거한 동수의 기대 또는 상상과는 달리 금세 악화된다("너무 좋아요" → "너무 좋고 싶어" → "좋게 해줘요" → "저한테 이러지 마세요"). 관계 후 먼저 떠나려는 영실을 동수가 붙잡으려 하자 영실이 말한다. "동수 씨는 영화를 정말 잘못 보신 것 같아요." 밖에서 다시 마주친 영실을 동수가 재차 붙잡으려 하자 영실은 이렇게 말한 뒤 택시를 타고 떠나간다. "자긴 이제 재미 봤죠? 그럼 이제 그만, 뚝!"

아무래도 이 영화가 한국의 민주주의에 대해 말하고 있는 영화는 아닐 것이다. 오히려 그것은 죽음과 시간에 대한 영화일지 모른다(정성일 2005). 하지만 한국의 민주주의야말로 시간 속에서 반복되는 죽음에 관한 극이었다. 이제까지 한국에서 민주주의를 추구해온 민은 자신이 보아온 민주주의라는 극의 특정한 장면들을 모방하고 재생산하여 또 하나의 극적인 역사를 만들어왔다. 하지만 그렇게 이루어낸 민주주의가 정작 극장 밖에 있는 이들을 결과적으로는 이용한 것이거나 고통스럽게 만들었던 것은 아닌가? 민주주의가 민에 속하는 이들과 속하지 못한 이들을 나누고 그중 누군가는 민주주의로부터 배반당하는 이러한 역설을 반복하지 않기 위해서는 우리가 지금까지 민주주의라는 영화를 잘못 봤던 것은 아닌지 돌아보아야 할 것이다. 그리고 극장 밖에 있는 사람들을 소외시키고 있으면서도 민주주의라는 영화 속 장면을 반복하여 극적인 역사를 재생산하는 것이 자신의 신념이자 진정성이라 여겨왔던 관행과 작별해야 할지도 모른다. 그리하여 중앙의 무대만을 바라보며 주인공 자리를 차지하기 위해 각축을 벌이는 대본에 따라 기존의 극을 되풀이하기를 멈추면, 극장 안팎의 경계를 허물어 모든 사람이 각자의 자리에서 배우로서 자신의 연기를 펼치면서도 서로를 바라보는 관객이 되는 그런 새로운 극을 만들어갈 수 있을 것이다.

민의 생명과 죽음

다시 생각하기

겨
ган

지금까지 상상계라는 개념을 통하여 한국 민주주의라는 극에서 반복되는 장면들을 살펴봤다. 민의 자연적 신체와 집합적 신체, 죽음과 결집을 양극으로 하는 이미지와 서사로 한국 민주주의의 상상계를 제시한 이 책의 기술에 동의하지 않는 독자도 물론 있을 것이다. 한국 민주주의의 상상계는 이 책에서 기술한 것보다 훨씬 더 방대할 것이며, 따라서 이 책과는 다른 방식으로 그것을 기술할 수 있을 것이다. 민주주의라고 하면 선거라거나 법치, 토의나 다수결을 연상하는 사람도 있을 것이고, 정당이나 국회를 떠올리는 사람도 있을 것이다. 그리고 이와 관련하여 펼쳐지는 상상계는 이 책에서 제시한 것과 사뭇 다를 것이다. 이러한 관념이나 이미지가 한국 민주주의의 상상계가 아니라고 기각할 이유도 없고 그러려는 의도도 없다. 다만 중요한 것은 한국 민주주의와 관련해 산재해 있는 방대한 이미지들 가운데 어떤 계열의 장면들을 뽑아내서 어떤 맥락에서 바라볼 것인가 하는 점이다. 막스 베버나 미셸 푸코의 용어로 말하자면 '가치연관'의 문제이자 '문제화'에 관한 것이다(베버 2021: 278~90; 2011: 144; Foucault 1984: 257). 1장에서 강조한 것과 같이 이 책에서 제시한 상상계는 한국 민주주의의 전개 과정에서 나타난 역사적 사실을 기술한 것이 아니고, 사람들이 민주주의에 대해 상상하는 바를 실증적으로 조사하여 정리한 것도 아니며, 한국 민주주의의 방대한 상상계 전체를 빠짐없이 그대로 재현한 것도 아니다. 그것은 오히려 상상계라는 것의 존재를 가정해볼 수 있다면 아마도 이러하지 않겠는가 하고 그려본 소설적 작업에 가깝다(김정환 2019). 그리고 이러한 작업을 통해서 내가 문제적이라 생각하는, 한국 민주주의의 상상계가 가질 수 있는 가능한 한가지 모습을 제시해 보이면서, 우리가 이런 방식으로 민주주의를 사고하고 실행해오면서 민주주의의 특정한 이미지를 재생산해오지 않았는지, 만약 그렇다면 계속 이런 식으로 민주주의를 생각하고 실천해나가도 괜찮은 것인지 질문하려 했다.

이 책에서 주장하는 바이지만, 우리의 상상계에서 한국의 민주주의는 죽음으로부터 결집에 이르는 극적인 과정을 반복하며 전개되어왔다. 이 과정에서 민은 무력하게 죽음을 맞이하는 존재이기도 했지만, 어느 순간 결집하여 강력한 힘을 뿜어내는 존재이기도 했다. 자신을 죽음으로 몰아가는 세력에 맞서 힘과 몸집을 키운 민을 만들어내는 과정이 곧 한국 민주주의의 역사였으며, 죽음에 직면했던 민을 다시 살려내서 힘을 불어넣는 작업이 민주화였다. 그리하여 한국에서 민주주의란 생과 사를 넘나드는 문제였으며, 이와 같은 죽음과 생명의 극적인 대비가 한국 민주주의의 강렬한 특징이라고 할 수 있다. 한국의 시민들이 민주주의에 대해 느끼는 자부심은 이처럼 죽음의 참상이 결집의 장관으로 반전되는 과정을 보고 듣고 배우고 겪으며 느낀 극적인 감동에 힘입은 바 크다.

그런데 이토록 극적이고 자랑스러운 민주주의는 자주 퇴행하였고 민은 재차 죽음의 참상을 목격하곤 했으며, 그에 뒤이어 민의 활력을 되찾아 민주주의를 복원하기 위한 험난한 과정이 반복되었다. 그리고 지난 2024년 겨울의 내란 획책 이후 우리가 목격해온 것처럼 그 퇴행의 깊이는 심해졌고 복원의 노력은 더 힘겨워졌다. 전진과 후퇴를 반복하는 한국 민주주의의 이러한 교착상태를 타개하기 위해서는 더 큰 민주주의, 더 강한 민주주의, 더 많은 민주주의가 필요하다는 주문이 꾸준히 제기되어왔다.* 민주주

---

* 더 큰 민주주의, 더 강한 민주주의, 더 많은 민주주의에 대한 논의로는 강병익(2004), 유시주·이희영(2007), 이광일(2007), 서규환(2010), 참여연대(2012), 김태호(2017), 김종철(2018: 115), 윤비 외(2021) 등을 참조할 수 있다. 하지만 '더 많은 민주주의를 감행하자(Wir wollen mehr Demokratie wagen)'는 것이 빌리 브란트의 총리 취임 일성이었던 것에서 알 수 있듯이 이러한 표현은 학술적인 담론이라기보다는 일종의 정치적 구호나 수사로 더 널리 사용되고 있으며, 엄밀하게 합의된 의미가 존재하는 것도 아니다. 다만 민주주의의 심화·확대를 주장하는 이러한 표현은 현재의 민주주의에 대한 전면적인 쇄신이나 방향전환, 발본적인 문제 제기와는 거리가 있어 보인다. 2014년 창당한 새정치민주연합은 2015년 '더불어민주당'으로 당명을 변경하였는데, 당시 홍보위원장이었던 손혜원은 당의 약칭으로 고려되고 '더민주당'의 '더'가 'The'일 수도 있고 'more'일 수도 있다고 설명했다(「'더불어민주당'… 새정치연합, 새 당명 낙점」, 『경향신문』 2015. 12. 28). 하지만 어느 쪽이 되었건 민주주

의가 아닌 것의 위협으로부터 공고히 유지될 수 있는 민주주의가 필요하다는 것이다. 하지만 한국 민주주의에 고질적으로 나타났던 교착상태가 더 크고 강하며 많은 민주주의를 추구하는 것으로 해소될 것인지는 의문이다.

일단 그것은 비개연적인 요구이다. 일례로 2016~17년 탄핵 국면에서는 주말마다 개최된 대규모 집회마다 수십만에서 100만에 이르는 인파가 광장을 메웠고, 이어서 치러진 조기 대선에서 시민들은 '민주'를 표방하는 정당의 후보를 직선제 실시 이후 최다 표차로 당선시켰으며, 임기 중 실시된 총선에서도 여당은 역대 최다 의석을 차지하며 여대야소 정국을 맞았다. 민주주의에 대하여 이와 같은 정도로 크고 강력한 기대와 전폭적인 지지가 형성되기란 결코 쉬운 일이 아니다. 그런데 민의 힘이 이처럼 예외적으로 강하게 표출되었고 정치권에는 거대한 민의가 위임되었음에도 불구하고 민주주의는 민의 기대에 부응하지 못했을 뿐만 아니라 급속히 허물어졌다. 기대가 컸던 만큼 실망도 컸고, 국정농단을 넘어서자 이번에는 내란이 터졌다. 다시 민주주의를 복원하기 위하여 이전보다 더 크고 강한 민주주의가 필요하다면 이제 민은 무엇을 어떻게 더 해야 하는가? 내란과 폭동마저도 옹호하고 그에 동조하는 이들과 정녕 내전에 돌입해야 하는가? 민주주의의 회복과 후퇴 사이를 오가는 진자운동의 진폭은 더욱 커지고

의란 정도와 수준의 차이가 있을 뿐 하나라는 것이 전제되어 있으며 기존과는 다른 민주주의, 새로운 민주주의에 대한 가능성은 담겨 있지 않다. 참고로 현재 더불어민주당의 약칭은 당헌 총칙에 따르면 '민주당' 또는 '더민주'이다.

있는 듯한데, 그렇다면 내란과 폭동 다음엔 무엇이 오는가? 그때 민은 또다시 민주주의의 이름으로 얼마나 더 많이 모여서 얼마나 더 크고 강해져야 하는가? 더 심하게 파괴되고 망가지는 민주주의를 회복하기 위하여 이전보다 더 크고 강한 민주주의가 필요하다고 주장하는 것은 그 자체로 비현실적인 요구일 뿐만 아니라, 민주주의를 어떻게 해도 도달하기 어려운 요원한 어떤 지점으로 상정하게 만드는 효과를 가진다.

또한 더 크고 강하며 많은 민주주의를 주장하는 것은 그것을 통해 대적하고 제압해야 할 '적'과의 관계 속에서 민주주의를 사고하게 한다. 민주주의의 적이 선명하고 강력할수록 민주주의의 부실한 성과에 대한 책임을 전가하거나 도덕적 흠결에 대한 비판을 희석시키는 것이 가능해지며, 이러한 '반민주'세력을 발견하고 지목하고 규탄하는 것이야말로 민주주의를 실천하는 활동의 거의 전부가 된다. 민주주의의 가장 노골적이고도 명백한 적이라면 민을 죽이는 세력일 텐데, 한국 민주주의의 상상계에서 그것은 많은 경우 군대, 경찰, 검찰 등 국가의 공권력이었다. 그래서 민주화 과정에서 중요하게 제기된 의제는 군의 정치적 중립, 최루탄 추방, 백골단 해체 등이었으며, 여전히 민주주의의 핵심 쟁점은 수사기관과 정보기관 등의 권한을 어떻게 제약하고 분산할 것인가 하는 점이다.

그런데 민을 죽음으로 몰아가는 세력으로부터 보호하는 것이 민주주의의 가장 기본적인 요건이라고 할 때, 지금 민을 죽이는 것은 누구인가? 여전히 국가인가? 세계적으로 엄청난 흥행에 성공한 K드라마 〈오징어 게임〉은 현대 한국사회에서 민의 생존과 죽음이 갈라지는 방식을 매우 사실적으로 묘사하고 있다. 드라마 속에서 사람들을 죽음으로 몰아붙이는 것은 함께 게임에 참여한 동료 참가자들이다. 각자 나름의 절박한 사연을 갖고서 게임에 참여한 이들은 다른 참가자들의 목숨값으로 적립되는 상금을 획득하기 위하여, 그리고 살아남기 위하여 자기 옆의 참가자들과 경쟁해서 승리해야만 한다. 관리자와 진행요원은 무기를 소지하고 있지만, 그것은 게임의 패배자들을 처리하거나 게임 운영을 방해하는 이들을 처벌할 때에만 사용되며, 이것은 규칙의 집행 이상의 의미를 띠지 않는다. 참가자들은 이 잔인한 게임에 임하도록 강제된 것이 아니라 초대되었으며, 자발적으로 초대에 응한 이들은 집단적 합의를 통해 게임을 중단할 권리도 가지고 있다. 하지만 참가자들은 마지막 한명이 남을 때까지 다른 참가자들을 꺾어야(=죽여야) 한다는 게임의 규칙에 동의하며 결국엔 거의 모든 참가자가 죽음을 맞이하게 된다.

이런 사회에서 국가는 서로를 죽음으로 몰아가는 냉혹한 게임의 규칙을 완화하는 것이 아니라 모두가 그 치열한 경쟁에 참여하도록 공정한 기회와 성공의 가능성에 대한 환상을 만들어내며, 게임이 차질 없이 진행되도록 관리하는 데 주력한다. 다시 말해 국가의 역할은 사람들에게 "욕구를 부과하는 것"이며, 그것의 통치전략에서는 "유혹이 억압을 대체"하게 된다(Bourdieu 2010: 150). 이제 국가는 개인을 억누르는 것이 아니라 누구나 꿈을 펼칠 수 있는 사회라는 간판을 내걸고 당신도 성공할 수 있다며 국가가 응원할 테니 최선을 다해보라며 꼬드긴다. 기꺼이 싸울 준비가 된 사람들이 국가에 요구하는 바 역시 이와 다르지 않다. 엄청난 생존압박 속에서 고통받으면서도 경쟁에서 승리하여 그에 따른 보상을 누리겠다는 열망을 가로막는 듯한 정책은 대대적인 '시민적' 저항에 직면한다. 비정규직을 정규직화한다거나, 사시를 폐지하고 로스쿨을 도입하는 것, 대입에서 정시를 축소하고 수시를 확대하는 것, 지역균형 선발을 도입하는 것, 양성평등채용목표제를 실시하는 것, 탈성매매 여성의 자활을 지원하는 것 등은 공정하지 못하다는 것이다. 우리는 기꺼이 저 진흙탕에 뛰어들어서 물고 뜯고 아귀다툼을 벌일 각오가 되어 있으니 국가는 괜히 나서지 말고 심판이나 잘 보라는 것이다.

한국사회에서는 누구든 이러한 생존투쟁에 나서도록 길러지고 전사로 살아가도록 독려되며 이 투쟁에 임할 준비가 되어 있다. 임신과 출산부터 시작되는 생애의 모든 과정은 이러한 게임에서의 승리에 맞춰져 있다. 산부인과나 사진관에서는 성별에 따라 아이를 왕자님 또는 공주님으로 부르는가 하면, 돌잔치에서는 판사봉과 청진기가 돌잡이 물건으로 오르고, 유치원 졸업식에서부터 아이들에게 학위모를 씌운다. 아직은 어린이들 자신이 본격적인 경쟁의 장에 진입하지는 않은 상태이지만 이들이 듣고 부르는 노래는 앞으로 이들이 싸워나가야 할 세상의 험난함을 예고하며 마음의 준비를 하도록 만든다.

'넌 할 수 있어'라고 말해주세요/그럼 우리는 무엇이든 할 수 있지

요/짜증나고 (짜증나고)/힘든 일도 (힘든 일도)/신나게 할 수 있는 (〈넌 할 수 있어라고 말해주세요〉)

꼬불꼬불 울퉁불퉁/험한 길도 두렵지 않아/어두컴컴 끝이 없는 긴 터널도/친구와 함께라면 언제나 즐거워(〈꼬마버스 타요〉)

귀여운 꼬마차는 친구와 함께/어렵고 험한 길 헤쳐나간다/희망과 사랑을 심어주면서(〈꼬마 자동차 붕붕〉)

밝고 경쾌한 멜로디에 맞춰 인생의 시련과 고난을 예비해야 하는 이런 노랫말이 다른 나라에도 있는지 모르겠다. 나는 이런 노래들을 K동요라고 부른다. 이런 유년기를 지나 맞이하는 학창시절은 엄청난 규율과 자발적/비자발적 금욕이 요구되는 본격적인 전사 양성 과정이자, 향후 인생의 행로를 결정하는 중요한 게임이 펼쳐지는 기간이다. 지난 몇년간 나는 여러 대학에서 강의를 하며 신입생들이 과제로 제출하는 자전적 에세이를 읽어볼 기회를 매 학기 가졌는데, 이들이 입시 과정에서 받은 엄청난 스트레스와 압박, 경쟁 속에서 망가진 교우관계, 부모의 기대와 닦달과 질책과 실망, 수차례 반복된 입시에서 소진된 자아, 입시 실패에 따른 자책과 우울, 친구들 사이에서 느끼는 위화감과 자격지심, 열패감으로 시작한 대학생활, '의치한약수' 등 소위 '메디컬'에 대한 여전한 미련을 적어내는 것을 보면서, 왜 스무살 안팎의 청(소)년들이 이런 문제로 고통을 겪어야 했는지 사회학자로서 생각하게 된다. 그리고 사회학자이기 이전에 한 인간으로서 세상이 이래서는 안 된다고, 내 아이들은 이런 고통을 겪지 않았으면 좋겠다고 바라게 된다. 이 시기의 청(소)년들이 심취하여 듣는 K-POP의 아이돌은 그야말로 혹독한 경쟁과 규율을 견뎌내고 생존한 이들인데, 가수와 팬은 각자의 자리에서 살아남기 위해 분투하며 서로 위로와 응원을 교환한다. 출생률이 낮다며 허구한 날 아이를 낳으라고 닦달하면서도 그렇게 태어난 이들이 삶이 힘겨워 스스로 목숨을 끊는 일이 제일 많이 벌어지는 이 나라에서 'K'라는 접두어는 사실상 죽음(kill)을 뜻하는 것이 아닐까?

계엄법에서 언급하는 "전시·사변 또는 이에 준하는 국가비상사태"가 있다면 바로 이런 것일 텐데, 문제는 한국의 시민사회에서 이런 사태는 비상이 아니라 일상이라는 점이다. 경쟁에서 살아남은 사람들은 로얄, 팰리스, 노블레스 등의 이름이 붙은 아파트에서 살아가며, 사장님, 변호사님, 교수님에 이어 작가님, 배우님, 시인님 등 '님'으로 불리는 직종도 점점 늘어나고 있다. 한국의 평등주의는 모두가 '씨'로서 평등한 공화국이 아니라 누구나 출세해서 '님'으로 불리며 떵떵거리고 살 수 있어야 한다는, 온 나라가 양반 되기, 전인민의 귀족화에 가깝다. 하다못해 지갑을 열어 돈이라도 쓰면서 '고객님'이 되어야 하는 것이다. 우리가 만들어온 한국의 근대란 이토록 중세적인데, 이런 봉건적 신분사회에서 민주주의는 좀처럼 깊게 뿌리를 내릴 수가 없다. 민주주의를 지지하고 옹호하는 많은 이들은 지난 2024년 12월 3일 밤의 비상계엄 선포에 크게 놀랐을 것이다. 어떻게 주권자의 대표기구인 국회에 군대를 보낼 수가 있는가? 공화국에서 주권자인 민에게 총부리를 들이미는 것은 군주제에서 왕에게 칼을 들이미는 것과 같은 반역행위 아닌가? 하지만 그 이상으로 경악스러웠던 것은 계엄이 터져도 놀라지 않은 사람들의 존재, 그게 뭐 대수냐며 둔감하게 반응하거나, 이참에 싹 뒤집어버리면 좋겠다고 생각하는 사람들의 존재였다. 그런데 계엄 이전에도 이미 사람들은 계속해서 죽어나가고 있었다.* 이 일상적 비상사태에서 살아가는 많은 이들에게 계엄이란 그리 놀라운 게 아니었는지도 모른다. 그리고 민의 생명이야말로 민주주의의 핵심이라 생각하는 이들이 이런 일상적 죽음에 대해 보이는 둔감함이야말로 더욱 기이하고 놀라운 것이다.

요컨대 지금과 같은 한국사회에서 민의 죽음은 국가의 폭력에 의한 것이라기보다는 커다란 보상이 주어지는 희소한 자리를 두고 벌어지는 민간(民間)의 경쟁과 투쟁에서 비롯되는 것으로 보인다. 민주주의를 추구하는 것이 민의 죽음을 막고 민을 살려내기 위함이었다면, 국가라는 시민사회 외부의 적을 제압하기 위하여 크고 강하고 많은 민주주의를 주장할 것이 아니라 '이러다가는 다 죽는' 민의 삶의 양식을 변화시킬 수 있어야 할 것이다. 이제 국가는 시민사회의 맞은편에서 적으로서 대립하고 있는 것이

---

* 이를 조금 더 실감하길 원한다면 한국산업안전보건공단 홈페이지에 들어가보라. 최상단에는 최근의 사고사망속보가 우에서 좌로 무심히 흐르고 있다. 사망사고 속보 페이지로 들어가보면 떨어짐, 깔림, 끼임 등으로 짧고 건조하게 기술된 죽음의 사례들이 하루에도 몇건씩 등록되고 있음을 확인할 수 있다. 이 페이지는 내가 운영하는 사회학 개론 수업의 중요한 교재 중 하나이다.

아니라, 경쟁자를 따돌리고 올라설 기회를 호시탐탐 엿보며 살아가는 시민들의 "관행 일체와 분리될 수 없기" 때문이다(Foucault 2007: 277). 이를테면 민주주의를 강조하는 정권마다 검찰을 비롯한 사정기관 개혁은 초미의 관심사가 되어왔으나 좀처럼 성공하지 못했고, 오히려 정권의 위기를 초래하기도 했다. 수많은 인사청문회에서 우리가 지켜보았듯 한국은 위장전입, 부동산투기, 탈세, 논문표절, 병역비리 등 편법과 위법과 탈법과 불법의 경계를 넘나들지 않으면 번듯한(decent) 삶을 살아가기 어려운 사회가 되었다. 한국의 민은 기회만 된다면 기꺼이 이러한 진흙탕에 뛰어들어 자신의 몸을 더럽히면서 다른 시민을 밟고 올라설 준비가 되어 있다. 이처럼 한국의 시민들은 누구든 털면 먼지가 나올 수밖에 없는 사회를 만들어왔고, 이는 검찰이나 국정원 등의 권력기관이 수사와 사찰을 통해 정치행위를 하고 조직의 위상을 확보해나가도록 하는 토양이 된다. 이는 검찰개혁이 필요 없다는 말이 아니며, 시민사회의 풍토 개선이 선행되어야 한다는 한가한 소리가 아니다. 그보다는, 이제는 국가와 시민사회가 분리되어 대립하는 것이 아니라 구별될 수 없는 한몸으로 들러붙어 있다는 것,* 더 정확히

---

* 2024년 12월 3일 밤 계엄이 성공하지 못한 중요한 요인 중 하나도 국회와 선관위 등 현장에 투입된 일선의 장병들이 부당한 지시와 명령에 소극적으로 임했다는 점이었다. 이들은 군대, 즉 국가에 배속된 몸이었지만 영외에 가족과 친지, 친구, 연인을 두고 있는 시민사회의 일원이기도 했다. 여전히 군대는 자신을 시민사회와 구별하며 '사회에서 뭐 하다 왔느냐'는 물음이 통용되는 공간이기도 하지만, 복무 기간 단축, 인터넷과 휴대폰 사용 등 다양한 요인으로 인하여 그 단절의 정도는 현격히 약화되고 있다.

말하면 국가가 시민사회를 장악하고 있다기보다는 오히려 국가가 시민사회의 관습과 생활양식 속에 깊이 파묻혀(embedded) 있다는 것,* 더이상 시민이 국가의 맞은편에 서서 국가에 대한 비판의 권한이나 정당성을 주장할 수 없다는 것, 그리하여 시민사회의 습속 변화가 병행되지 않는 국가권력 비판 또는 개혁이란 비개연적이라는 것, 국가를 견제하고 비판하기 위해서라도 시민이 다른 존재가 되어 다른 삶을 살고 다른 사회를 만들겠다는 단절과 전환이 필요하다는 것이다.

우리에게 민주주의란 민을 죽음에 이르게 한 국가의 힘에 맞서 민이 커다란 몸집을 구성하여 강력한 힘을 발휘하는 것으로 상연 또는 표상되어왔다. 그것은 너무나도 극적이었지만 많은 사람이 고통을 받은 과정이기도 했다. 한국의 민주주의는 누군가가 죽음으로써 가능한 민주주의였는데, 그렇게 성취한 민주주의에서도 여전히 많은 사람들이 죽어나갔다. 따라서 한국의 민주주의는 민의 안락한 터전이나 보금자리라고 할 수 없었다. 오히려 '민주주의는 피를 먹고 자란다'며 누군가의 희생은 필연적이고 불가피한 것으로 정당화되어왔다. 그렇다면 민주주의가 수많은 사람들의 삶을 부수고 무너뜨리면서까지 그토록 극적인 방식으로 전개되었어야 할 이유가 있을까? 덜 극적이고 덜 자랑스러운 것일지라도 모두가 덜 고통스러운 역사를 가질 수는 없었을까? 죽음으로

---

* 한국 시민사회의 일반적 욕망과 단절하기는커녕 이러한 사적 욕망을 충족하기 위하여 공적 지위를 동원하여 입시비리, 취업비리, 부정 축재, 성접대 등에 연루된 고위 공직자들의 면면을 떠올려보라.

부터 부활을 이루어내는 성스럽고 거룩한 민주주의가 아니라 일상적이고 세속적인 민주주의, 누군가의 몸이 난자당하는 오싹함을 느끼지 않아도 되고 모두의 몸을 뜨겁게 녹여서 하나로 만들지 않아도 되는 미지근한 민주주의는 불가능한가?* 민이 국가에 대해 승리하는 민주주의가 아니라 각자의 민이 서로에 대해 승리도 패배도 없이 평등하게 살아갈 수 있는 민주주의는 불가능한가?

이러한 전환을 위해서는 더 크고 강하고 많은 민주주의가 아니라 지금과는 다른 민주주의, 민주주의에 대한 새로운 정치적 상상이 필요할 것이며 그것은 이전과는 다른 방식으로 몸을 운용함으로써 새로운 장면을 만들어내는 실천을 요청할 것이다. 그것은 죽음의 참상이 가져오는 감각적, 정서적 동요에 몸을 맡기는 것이 아니라 이미 가까이에서 살아가고 있는 누군가의 삶을 이들이 죽기 전에 돌보는 것을 의미하는 것일지 모른다. 또한 그것은 죽음과 같이 예외적인 사건에 의해서만 각성하여 일시적으로 국가에 대항하는 강력한 몸을 형성하는 것이 아니라, 자신을 포함한 민의 삶과 생명에 대한 감수성을 일상적으로 유지하는 실천에 가까울 것이다. 이것은 한국 민주주의의 역사에서 죽음을 맞이한 수많은 이들에 대한 기억을 멈추고 지워버리자는 의미가 아니다. 누군가 죽어나가더라도 더는 신경 쓰지 말자는 의미도 아니다.

* 이 대목에 오면 5장에서 언급한 영화 〈극장전〉에서 수차례 흘러나오는 〈다시 사랑한다면〉의 가사가 새롭게 들린다. "다시 태어난다면/다시 사랑한다면/그때는 우리 이러지 말아요/조금 덜 만나고/조금 덜 기대하며/많은 약속 않기로 해요/(…)/이젠 알아요/너무 깊은 사랑은/외려 슬픈 마지막을/가져온다는 걸/그대여 빌게요/다음 번에 사랑은/우리 같지 않길/부디 아픔이 없이…"

오히려 그것은 죽음과 같이 예외적인 사건에 의해서만 각성하여 애도의 정치를 수행하고, 참혹한 죽음 이후에야 비로소 등장하여 민주주의를 구원하고 떠나버리는 메시아로서 민을 상상하고 수행하는 오랜 관행을 중단하자는 것에 가깝다. 민주주의를 예외적인 사건으로서 상연하고 재현·표상하는 이러한 관습에서 벗어나지 않는 한, 우리는 앞으로도 민주주의라는 극적인 체험을 할 수 있을 것이다. 하지만 민주주의라는 터전 속에서 평안하게 자신의 삶을 영위하는 주체로서 살아갈 수는 없을지도 모른다.

국가의 무능과 무책임으로 많은 사람이 목숨을 잃었던 지난 윤석열 정부에서는 민주주의의 후퇴와 위기를 우려하는 목소리가 유독 높았다. 민주주의를 회복하기 위하여 민이 주권자의 힘과 위엄을 보여줘야 하지 않겠느냐는 주장도 점차 고조되고 있었다. 그러던 2024년 12월 3일, 비상계엄 선포라는 황당하고 두려우면서도 괘씸한 사태에 직면했다. 이제는 정말로 민이 자신에게 총부리를 겨누는 정권에 맞서 결집하여 누가 힘을 가진 주권자인지 보여주어야 했다. 하지만 사태는 예상했던 혹은 기대했던 시나리오와는 조금 다르게 흘러갔다. 여차저차하여 국회의 대통령탄핵소추안까지는 가결이 되었으나, 이후 대통령 체포와 탄핵심판이 진행되는 과정에서 민은 국가의 폭력에 항의하며 민주주의를 추구하는 압도적인 전체로서 결집되지 않고 두덩어리로 쪼개지고 말았다. 계엄을 용인하고 내란을 옹호하고 탄핵을 반대하는 세력은 무시할 수 없는 수준을 넘어 때로는 더 우세한 것처럼 보일 정도였다. 많은 이들이 탄핵이 되더라도 민주주의가 더는 이전과 같은 방식으로 작동하지 않으리라고 예감했다. 어찌해야 할 것인가? 하지만 그렇다고 민주주의가 아닌 다른 대안을 선택할 수는 없지 않겠느냐는, 일단 내란에 가담한 세력은 일소하고 봐야 하지 않겠느냐는 반문 속에서 민주주의에 대한 기존의 관념은 일종의 당위이자 신념으로서 더욱 강화되는 것처럼 보였다.

물론 무대 위에서 난동을 부리는 빌런이 있다면 물리쳐야 할 것이다. 하지만 그다음엔? 악당을 끌어내리고 민이 무대의 주인공임을 재확인한 다음엔? 민주주의는 오랫동안 우리 정치의 화두이자 목표였다. 그런데 어렵게 달성한 민주주의, 되찾고 회복하여 공고하게 만든 민주주의로 우리는 무엇을 할 것인가? 군인과 독재자를 무대에서 끌어낸 뒤에 민은 어떤 삶을 어떻게 살아갈 것인가? 우리는 오랫동안 이 질문에 대한 답을 유예해왔다. 기실 민주주의(democracy)는 주의(-ism)나 이념이 아님에도 불구하고 한국사회에서 통용될 수 있는 유일한 '주의'로 통용되어왔다. 한국의 정치에서는 공산주의나 사회주의는 물론이고 사민주의나 공화주의조차도 본격적인 의제로 다루어진 내력이 없다. 모든 정당은 민주주이 이상(以上)을 주장한 적이 없었으며, 민주주의 앞에서 모든 정파의 분열과 갈등은 봉합되어야 했다. 정치적 노선의 차이와 관계없이 모든 정당은 민생(民生)을 살리겠다고 목청을 높였고, 민주주의를 근본적으로 무효화하는 것이 아니라면 민은 각자의 삶에 몰두하며 살아갔다. 그토록 힘겹게 달성한 민주주의를 가지고 어떤 사회를 만들 것인가 하는 논쟁은 찾아보기 힘들었으며, 여하한 논쟁은 민생을 외면한 '정쟁'으로 여겨졌다.

선거, 특히 대선이나 총선과 같이 큰 선거가 다가오면 각 정당은 '실용'이라는 명분으로 애초에도 희미했던 이념적 성향을 더욱 희석시켜 중도층 잡기에 골몰했다. 민주주의라는 이념 아닌 이념을 최대의 이념으로 설정해두고 이 '마지노선'만 위배하지 않으면 아무래도 상관없는 것이 정치였다(김윤철 2018).

우리는 앞으로도 이런 민주주의를 반복할 것인가? 민생이란 무엇인지, 민의 삶이란 무엇인지, 민이 저 멀리 무대 위에서가 아니라 지금 우리 곁에서 어떻게 죽어가고 있는지 살피고 돌보지 않으면 새로운 민주주의란 요원할 것이다. 아니, 지금까지 우리가 생각하고 실행해왔던 민주주의라는 것 역시 더는 지속될 수 없을지도 모른다. 민의 일상적인 삶과 죽음에 대해 다시 돌아보고 이를 새롭게 조직하려는 실천이 이루어지지 않으면 무대의 어느 한 구석에서 또는 무대를 탈환한 후 내려온 객석 어디에선가 새로운 빌런이 등장하거나 민주주의에 대한 불만과 실망이 스멀스멀 생겨날 수밖에 없으며, 민주주의를 회복하기 위해 같이 무대로 뛰쳐나가는 사람은 점차 줄어들게 될 것이다. 민주주의가 나의 삶을 위한 보금자리라고, 내가 민의 일원이라고 생각하는 사람이 더욱 많아질수록 계엄이든 내란이든 민주주의에 대한 위협에 맞서는 사람도 더 많아질 것이다. 이를 위해서는 무대를 키우고 그렇게 확대된 무대 위에 올라선 이들의 싸움에 몰입하여 그것을 바라보며 열광하는 것이 아니라, 우리가 살아가는 자리야말로 정치의 무대임을 깨닫고 이곳에 함께 사는 민 모두의 삶을 서로 북돋는 것이 민주주의라고 여기는 전환이 필요할 것이다.

그간 우리는 민주주의의 이름으로 무대 위의 싸움을 바라보며 얼마나 많이 열광하고 얼마나 많이 실망했던가? 멀게는 삼김의 합종연횡, 이들의 자리를 대체하려던 새로운 인물의 등장과 타락과 퇴장, 살아 있는 권력과 잠룡 사이의 알력 등 무대에서 벌어지는 흥미진진하면서도 자극적인 공방은 우리 이목을 사로잡고서 삶의 모든 이슈를 집어삼키는 스펙터클, 즉 구경거리였다. 그리고 오랫동안 우리의 정치평론은 스포츠나 바둑경기를 관전하듯 판세를 전망하고 수의 유불리를 따지는 수준에서 벗어나지 못하고 있다. 축구경기에서 심판과 선수가 기본적인 규칙을 무시하며 승부를 좌우하려 한다면 격분한 관중들은 경기장에 난입할 수밖에 없을 것이다. 마찬가지로 민을 참칭하는 자 또는 민을 부정하는 자가 무대를 점령하도록 내버려두지 않는 것, 빼앗긴 무대를 되찾는 것은 물론 중요한 일이다. 하지만 그것이 민주주의의 전부라고 할 수는 없을 것이다.

과연 한국의 민은, 즉 우리는 누군가 희생되는 장면을 바라보며 분노하다가 무대로 뛰쳐나가 스스로 스펙터클이 되어 악한을 퇴치하고 거대한 자신의 모습에 도취한 채 내려와 사라지기를 반복하는 것이 아닌 새로운 민주주의를 만들어낼 수 있을까? 이 질문에 긍정으로 답하기 위해서는 민주주의의 주체인 민, 즉 우리가 민주주의를 상연하고 표상하는 방식을 돌아보고 바꾸어나가면서 민주주의의 새로운 장면을 만들어낼 수 있어야 할 것이다.

민주주의에 대한 새로운 상상이 필요하다는 이 책의 주장이 가지는 의미는 사실 제한적이다. 다소 뻔하다고 여겨질 수도 있는 이런 주장을 구구절절 늘어놓는 글보다는 실제로 민주주의에 대한 다른 기억과 새로운 전망을 만들어내는 사람들의 실천이 훨씬 중요하다. 구체적으로 다른 어떤 민주주의가 가능한지 제시하기보다는 지금의 민주주의를 넘어서야 한다고 주장하는 이 책의 논지는 적극적이기보다는 소극적인 것이고, 건설적이기보다는 비판적인 것이며, 그마저도 많은 이들이 진작 고민해왔던 바임을 잘 알고 있다. 이미 낙후한 대상을 비판하고 있는 것일 수도 있다. 그럼에도 불구하고 이러한 작업이 약간의 의미를 가질 수 있다면, 그것은 민주주의에 대한 우리의 익숙한 관념과 관행이 여전히 쉽게 부정할 수 없는 실질적 힘으로 효력을 발휘하고 있다는 점, 분명히 감지되지만 아직은 도래하지 않은 새로운 민주주의에 대한 모색이 이 익숙한 것에 대한 애도를 통해 조금이나마 촉진될 수 있으리라는 점에서 찾을 수 있을 것이다.

무엇보다도 이 책은 이것을 쓰는 내 안에 여전히 남아 있는 모종의 낙후성과 온전히 결별하기 위한 노력이기도 하다. 나는 지난 2024년 12월 7일 여의도에서 열린 탄핵촉구 집회에 참가했다. 본격적인 집회 시작 전부터 국회 앞뿐만 아니라 일대의 대로와 골목에 사람이 가득했다. 이 정도 인파라면 무언가 할 수 있겠다는 자신감과 기대가 생겨났다. 모여든 사람들의 표정을 보건대 그것은 나만의 감정이 아니었다. 인파의 흐름 때문에 한곳에 서 있기 어려웠고 이리저리 밀리며 이동했는데, 다들 약간의 불편을 감수하면서도 다른 사람에겐 불편을 주지 않으려 노력했다. 평소엔 어울리지 않을 법한 다양한 정당과 단체에 속한 사람들이 바로 옆에 자리를 잡기도 했고, 북새통 속에서도 휠체어가 지나갈 수 있도록 통행로를 확보하기도 했다. 연단에서는 시민들의 발언이 이어졌는데, 한 페미니스트 활동가는 대통령 탄핵을 외치면서 여성혐오를 하지 말자고 주장했다. 그의 발언이 시작된 지 얼마 지나지 않아 내 뒤쪽에 있던 남성들 사이에서 고함이 터져 나왔다. 지금 그런 이야기를 할 때가 아닌데 이기적이라는 것이었다. (대통령이 아니라) 저 여자를 끌어내려야 한다고도 했다. 사실 그 활동가의 발언 내용은 무리 없이 수긍할 만한 것이었다. 하지만 그의 발언이 길어지자 나 역시 조금 불안해지기 시작했다. 사람들의 야유가 더 커지면 어쩌나, 어렵게 모인 이 많은 사람들이 갈라지면 어쩌나 하는 것이었다. 나는 내가 느낀 이 조마조마함을 반성한다. 이 마음이 상정하고 있던 민주주의란 과연 어떤 것이었던가? 이제 나는 민주주의는 대통령을 무대에서 끌어내림으로써가 아니라 누구라도 무대에 오를 수 있게 함으로써 완성된다는 것을, 스펙터클이 난무하는 무대 외에는 조명이 꺼져 있는 극장에 들어섬으로써가 아니라 누구나 고르게 햇살을 받는 광장에 나옴으로써 실현된다는 것을 지금이라도 다시 배우고 몸에 익히고자 한다.

주

1 2024헌나8 대통령(윤석열) 탄핵 (대통령에 대한 탄핵심판 사건) 결정문, 81쪽.
2 「부평대우차 폭력진압 현장 촬영한 이춘상씨」, 『동아일보』 2001. 4. 14; 「대우차 조합원 폭력진압 카메라에 담은 이춘상씨」, 『매일노동뉴스』 2001. 4. 18.
3 「쌍용차를 보며 80년 5월 광주를 떠올렸다」, 『오마이뉴스』 2009. 8. 6; 「"쌍용차 진압은 제2의 '광주 학살'이다"」, 『프레시안』 2009. 8. 5.
4 「1980년 남영동에 끌려갔던 유숙열씨가 이근안에게 쓴 편지」, 『경향신문』 2012. 1. 19.
5 같은 글.
6 「大學生 警察調査받다 死亡」, 『동아일보』 1987. 1. 16.
7 「수사警官 2명 檢察 소환방침」, 『동아일보』 1987. 1. 17.
8 2022년 5월 18일에 방송된 KBS 특집 다큐 〈5월 이야기〉 참고.
9 전남민주청년운동협의회·광주구속자협의회·5·18의거유족회·5·18의거부상자회 「순국열사의 죽음을 모독한 현 정권을 규탄한다」 (민주화운동기념사업회 오픈아카이브 등록번호 00961928).
10 같은 곳.
11 광주교도소 양심수 가족 일동 「박관현의 시체마저 탈취하다」, 1982. 10. 14 (민주화운동기념사업회 오픈아카이브 등록번호 00483925).
12 MBC 〈이제는 말할 수 있다〉 56회 '73인의 외침 ― 미문화원 점거농성 사건' (2002.

4. 14) 중 함운경 인터뷰 내용 참고.

13 「美文化院 농성 어제 자진解散」, 『경향신문』 1985. 5. 27; 「대학생 농성 풀어」, 『매일경제』 1985. 5. 27.

14 「현수막 찢어 머리띠·손목연결끈」, 『조선일보』 1985. 5. 26.

15 MBC 〈이제는 말할 수 있다〉 56회 '73인의 외침 — 미문화원 점거농성사건'(2002. 4. 14) 중 해당 장면의 내레이션.

16 이 문단에서 박혜정에 대한 내용은 다음의 기사를 참고했다. 「홀로 시대를 고민했던 박혜정 열사를 기억하다」, 『서울대저널』 135호, 2016. 3. 11.

17 「고(故) 이한열 열사 영정 훼손」, 『연세춘추』 2004. 7. 26.

18 이한열기념사업회 홈페이지의 설명 참조(http://www.leememorial.or.kr/index.php?tpf=board/view&board_code=2&code=5784).

19 당시에 전시된 작품사진은 다음의 기사들을 참조하라. 「새 흐름 둔하지만 성찰 주는 작품 곳곳 포진」, 『한겨레』 2010. 9. 14; 「광주비엔날레 D-7..전 세계 이미지 한자리에」, 『연합뉴스』 2010. 8. 26.

20 「'한열이를 살려내라' 그린 작가, "알고보니 블랙리스트였다"」, 『오마이뉴스』 2019. 6. 10.

21 민주헌법쟁취국민운동본부 「대회선언문: 국민합의 배신한 4·13 호헌조치는 무효임을 전 국민의 이름으로 선언한다!」(민주화운동기념사업회 오픈아카이브 등록번호 00861714).

22 늦봄 문익환 아카이브 홈페이지의 『월간 문익환』 연재물 중 '1987년 이한열 열사 장례식' 기사(https://archivecenter.net/tongilhouse/archive/collection/ArchiveCollectionView.do?con_id=1940) 참조.

23 「"한열아 우리 광주로 가자…"」, 『중앙일보』 1987. 7. 9.

24 「[오늘의 이한열을 사는 사람]① '엄마에서 투사로' 배은심 여사」, 『연합뉴스』 2017. 6. 7.

25 「눈물이 밥이에요, 눈물을 흘리면서도 밥은 먹으니까」, 『한겨레』 2017. 6. 9.

26 「22살 한열이의 유월」, 『뉴스타파』 2016. 6. 24.

27 은유 「'김용균들'을 위하여」, 『시사IN』 641호, 2019. 12. 30.

28 2018년 12월 14일 '故김용균 태안화력 사망사고 현장 조사 결과 공개 브리핑'에서의 발언. 발언 전문은 다음 기사 참고. 「"우리 아들이 왜 거기서 죽어야 했나요?"」, 『프레시안』 2018. 12. 14.

29 2019년 1월 15일 '발전소 비정규직 노동자 고 김용균 사회적 타살 진상규명위원회 역할과 과제' 간담회에서의 발언. 관련 기사 및 발언 영상은 다음을 참고. 「故 김용균 어머니 "'무전유죄' 나라에서 아이를 낳아야 하나"」, 『연합뉴스』 2019. 1. 15.
30 '김용균 특조위'의 결과보고서 발간 관련 기고문. 「돈에 미친 세상이 만든 비정규직, 정규직 전환해야 인간존중 사회」, 『매일노동뉴스』 2019. 9. 20.

참고문헌

국내문헌

5·18광주민중항쟁유족회 (편), 1989, 『광주민중항쟁비망록』, 남풍.

5·18광주의거청년동지회 (편), 1987, 『5·18 광주민중항쟁 증언록 I: 무등산 깃발』, 광주.

5·18기념재단 (편), 2004, 『오월, 우리는 보았다』, 5·18기념재단.

5월문학총서간행위원회 (편), 2012a, 『5월문학총서 1: 시』, 문학들.

_____, 2012b, 『5월문학총서 2: 소설』, 문학들.

강병익, 2004, 「더 많은 민주주의를 위한 운동과 제도의 정치과정: 87년 이후 한국의 정치민주화 평가와 전망」, 『노동사회』 88.

강상우, 2020, 『김군을 찾아서』, 후마니타스.

강준만, 2003a, 『한국 현대사 산책: 1980년대편 1』, 인물과사상사.

_____, 2003b, 『한국 현대사 산책: 1980년대편 2』, 인물과사상사.

경향신문 특별취재팀 (편), 2007, 『민주화 20년의 열망과 절망: 진보·개혁의 위기를 말하다』, 후마니타스.

고다르, 장-뤽·유세프 이샤그푸르, 2021, 『영화의 고고학: 20세기의 기억』, 김이석 옮김, 이모션북스.

고병권, 2011, 『민주주의란 무엇인가』, 그린비.

고은, 1988, 「이 죽음으로 해방이여 살아오라: 이 시대 민족·민주 烈士 詩篇」, 『창작과비평』 61.

고은 외, 1990, 『하늘이여 땅이여 아아, 光州여: 5·18광주민중항쟁 10주년 기념시집』, 황토.

고프먼, 어빙, 2013, 『상호작용 의례: 대면 행동에 관한 에세이』, 진수미 옮김, 아카넷.

공선옥, 2000, 「씨앗불」, 최인석·임철우 (편), 『밤꽃: 5·18 20주년 기념 소설집』, 이룸.

공지영, 1994a, 『인간에 대한 예의』, 창작과비평사.

_____, 1994b, 『고등어』, 웅진출판.

곽수인 외, 2015, 『엄마. 나야.』, 난다.

광주광역시 5·18사료편찬위원회 (편), 1997, 『5·18 광주 민주화운동자료 총서』, 광주광역시.

광주민주화운동기념사업회 (편), 2017, 『죽음을 넘어 시대의 어둠을 넘어: 광주 5월 민중항쟁의 기록』, 창비.

국가인권위원회, 2011, 『고문피해자 인권상황 실태조사』, 국가인권위원회.

권여선, 2007, 『푸르른 틈새』, 문학동네.

_____, 2012, 『레가토』, 창비.

권인숙, 1989, 『하나의 벽을 넘어서』, 거름.

기든스, 앤서니, 2001, 『현대사회의 성·사랑·에로티시즘: 친밀성의 구조 변동』, 배은경·황정미 옮김, 새물결.

김광억, 1991, 「저항문화와 무속의례: 현대한국의 정치적 맥락」, 『한국문화인류학』 23.

_____, 1995, 「단식과 몸의 정치학」, 『한국문화인류학』 28.

김근태, 1987, 『이제 다시 일어나』, 중원문화.

_____, 2012, 『남영동: 이제 다시 일어나』, 중원문화.

김남일, 1988, 「명동부루스」, 『실천문학』 9.

김남주·김준태, 1990, 『마침내 오고야 말 우리들의 세상』, 한마당.

김대중, 1980, 『民族魂과 더불어』, 김대중선생 비서실.

_____, 2009, 『인생은 아름답고 역사는 발전한다: 김대중 마지막 일기』, 故김대중前대통령국장장의위원회.

김동춘, 2013, 『전쟁정치: 한국정치의 메커니즘과 국가폭력』, 길.

김동택, 2019, 「3·1운동, 최초의 민주주의 혁명」, 『한국 민주주의, 100년의 혁명 1919~2019』, 한울.

김두식, 2012, 「고문 공간으로서의 남영동 대공분실과 그 이용자들: 1985년의 김근태 씨 고문 사건을 중심으로」, 『법과 사회』 43.

김명인, 2017, 『부끄러움의 깊이』, 빨간소금.

_____, 2021, 『폭력과 모독을 넘어서』, 소명출판.

김무경, 2007, 「상상력과 사회: 질베르 뒤랑의 심층사회학을 중심으로」, 『한국사회학』 41(2).

김민석, 1992, 「미문화원 점거농성과 서울대총학생회장 시절」, 『역사비평』 18.

김백영, 2003, 「가두정치의 공간학: 1980년대 서울시내 대학생 가두시위에 대한 공간적 분석」, 한국산업사회학회 (편), 『사회이론과 사회변혁』, 한울아카데미.

김별아, 1999, 『개인적 체험』, 실천문학사.

김병식, 2007, 「선봉장, 서대협 결성」, 『6월항쟁을 기록하다 3권』, ㈜6월민주항쟁계승사업회·민주화운동기념사업회.

김사인·임동확 (편), 2000, 『꿈, 어떤 맑은 날: 5·18 20주년 기념 시선집』, 이룸.

김상봉, 2015, 『철학의 헌정: 5·18을 생각함』, 길.

김상윤·정현애·김상집, 2019, 『녹두서점의 오월: 80년 광주, 항쟁의 기억』, 한겨레출판.

김상집, 2021, 『윤상원 평전』, 동녘.

김석, 2016, 「6월항쟁의 서곡, 10·28 건대항쟁」, 김석 외, 『학생운동, 1980: 10·28 건대항쟁을 중심으로』, 오월의봄.

김선아, 2006, 「몸의 장르와 미메시스 영화 관객성」, 『영상예술연구』 8.

김신운, 1990, 「낯선 귀향」, 한승원 외, 『부활의 도시: 광주민중항쟁 10주년 기념작품집』, 인동.

김영미, 2011, 「외교문서를 통해 본 김대중 납치사건과 한일 연대」, 『한국근현대사연구』 58.

김영현, 1995, 『그리고 아무 말도 하지 않았다』, 창작과비평사.

김예림, 2016, 「'마주침'에 대하여: 6월항쟁의 소설적 재현」, 『민족문학사연구』 61.

김원, 2011, 『잊혀진 것들에 대한 기억: 1980년대 대학의 하위문화와 대중정치』, 이매진.

_____, 2013, 「'장기 80년대' 주체에 대한 단상: 보편, 재현 그리고 윤리」, 『실천문학』 111.

_____, 2015, 「80년대에 대한 '기억'과 '장기 80년대': 지식인들의 80년대 해석을 중심으로」, 『한국학연구』 36.

_____, 2017, 『87년 6월 항쟁』, 책세상.

김유택, 1987, 「목부 이야기」, 한승원 외, 『일어서는 땅: '80년 5월 광주항쟁소설집』, 인동.

김윤식, 1994, 「살아있는 정신에게: 자유인의 표상에 부쳐」, 『대학신문』 1994. 3. 1.

김윤영, 2006, 『박종철: 유월의 전설』, 민주화운동기념사업회.

김윤철, 2018, 「2016-2017년 촛불집회의 역사적 맥락과 '마지노선 민주주의'」, 『21세기정치학회보』 28(1).

김은하, 2018, 「'살아남은 자'의 드라마: 여성 후일담의 이중적 자아 기획」, 권보드래 외, 『문학을 부수는 문학들: 페미니스트 시각으로 읽는 한국 현대문학사』, 민음사.

김정남, 2005, 『진실, 광장에 서다』, 창비.

_____, 2007, 『우리는 결코 너를 빼앗길 수 없다: 1987년 1월에서 6월까지』, 민주화운동기념사업회.

김정한, 2015, 「1980년대 운동사회의 감성: 애도의 정치와 멜랑콜리 주체」, 『백 년 동안의 진보』, 소명출판.

_____, 2021, 『1980 대중 봉기의 민주주의』, 후마니타스.

김정환, 2016, 「문화사회학과 실천의 문제: 실천적 전환을 중심으로」,

『문화와 사회』 20.

_____, 2019,「사회학의 소설적 전통」,『사회와 이론』 34.

김정희, 2017,『1987 이한열: 쓰러져 일으킨 그날의 이야기』, 사회평론.

김종광, 2002,『71년생 다인이』, 작가정신.

김종엽, 2015,「바꾸거나, 천천히 죽거나: 87년체제의 정치적 전환을 위해」,『창작과비평』 43(3).

김종철, 2018,「권력구조 개헌의 기본방향과 내용: 견제적·균형적 민주주의론을 토대로」,『법학평론』 8.

김중태, 1987,「모당」, 한승원 외,『일어서는 땅: '80년 5월 광주항쟁소설집』, 인동.

김진송·최병수, 2006,『목수, 화가에게 말 걸다』, 현문서가.

김창남, 2005,「"노래를 찾는 사람들"의 탄생과 사회적 의미」, 강민석 외,『노래를 찾는 사람들 지금 여기에서』, 호미.

김태호, 2017,「지방자치 주민직접참여와 더 많은 민주주의: 법제도 개선의 쟁점과 방향성」,『지방자치법연구』 17(4).

김태호·최인호, 1998,『박종철 평전』, 박종철출판사.

김하기, 1990,『완전한 만남』, 창작과비평사.

김하야나, 2020,「묘지에서 몸으로 만드는 민주주의: 군사 독재와 싸우는 광주항쟁의 '제사 액티비즘'」, 최정기 외,『5·18과 이후: 발생, 감응, 확장』, 전남대학교출판문화원.

김학재, 2018,「프로테스탄티즘과 민주주의 정신: WCC의 아시아 민주화운동 지원과 국제 연대」,『한국의 민주화운동과 국제 연대』, 한울.

김형석, 2018,「에로티시즘의 대명사: 〈애마부인〉 프랜차이즈 연대기

(1)」, KMDB 영화글 연재물 '80년대 한국영화, 카오스의 이색지대'(https://www.kmdb.or.kr/story/8/1348).

김형수, 2018, 『문익환 평전』, 다산책방.

김홍중, 2009, 『마음의 사회학』, 문학동네.

_____, 2016, 『사회학적 파상력』, 문학동네.

_____, 2024, 『서바이벌리스트 모더니티』, 이음.

김홍겸, 1997, 『낙골연가』, 바다출판사.

_____, 2007, 『아주 특별한 배웅: 김홍겸이 부르는 사랑과 노래』, 나눔사.

나간채, 2012, 『한국의 5월운동: 민주·정의·인권을 위한 17년의 항쟁사』, 한울.

_____, 2013, 『광주항쟁 부활의 역사 만들기: 끝나지 않은 5월운동』, 한울.

노다 마사아키, 2023, 『전쟁과 죄책: 일본 군국주의 전범들을 분석한 정신과 의사의 심층 보고서』, 서혜영 옮김, 또다른우주.

노성환, 1995, 「한국 분신의 상징적 의미」, 『비교민속학』 12.

_____, 2002, 「한국의 분신과 일본의 할복」, 『일본어문학』 12.

노순택, 2012, 『망각기계』, 청어람미디어.

노클린, 린다, 2001, 『절단된 신체와 모더니티』, 정연심 옮김, 조형교육.

니체, 프리드리히, 2005a, 『니체 전집 2: 비극의 탄생·반시대적 고찰』, 이진우 옮김, 책세상.

_____, 2005b, 『니체 전집 12: 즐거운 학문·메시나에서의 전원시·유고 (1881년 봄~1882년 여름)』, 안성찬·홍사현 옮김, 책세상.

_____, 2007, 『비극의 탄생』, 박찬국 옮김, 아카넷.

단턴, 로버트, 2014, 『책과 혁명: 프랑스혁명 이전의 금서와 베스트셀러』,

주명철 옮김, 알마.

_____, 2016, 『혁명 전야의 최면술사: 메스머주의와 프랑스 계몽주의의 종말』, 김지혜 옮김, 알마.

대통령비서실 (편), 2018, 『문재인 대통령 연설문집 제1권(상): 2017.5.10.~2017.10.31』, 대통령비서실.

데리다, 자크, 2014, 『마르크스의 유령들』, 진태원 옮김, 그린비.

도미야마 이치로, 2002, 『전장의 기억』, 임성모 옮김, 이산.

들뢰즈, 질, 2004, 『차이와 반복』, 김상환 옮김, 민음사.

레디, 윌리엄 M., 2016, 『감정의 항해: 감정 이론, 감정사, 프랑스혁명』, 김학이 옮김, 문학과지성사.

레비나스, 에마뉘엘, 2018, 『전체성과 무한: 외재성에 대한 에세이』, 김도형·문성원·손영창 옮김, 그린비.

르페브르, 조르주, 2002, 『1789년의 대공포』, 최갑수 옮김, 까치.

리쾨르, 폴·코르넬리우스 카스토리아디스, 2024, 『역사와 사회적 상상에 관한 대화』, 김한식 옮김, 문학과지성사.

마나베 유코, 2015, 『열사의 탄생: 한국민중운동에서의 한(恨)의 역학』, 김경남 옮김, 민속원.

마틴, 브래들리, 1994, 「윤상원: 광주 항쟁의 마지막 목숨」, 『샘이깊은물』 1994년 5월호.

맑스, 칼, 1991, 「포이에르바하에 관한 테제들」, 최인호 옮김, 『칼 맑스 프리드리히 엥겔스 저작 선집 1』, 박종철출판사.

_____, 1992, 「루이 보나빠르뜨의 브뤼메르 18일」, 최인호 옮김, 『칼 맑스 프리드리히 엥겔스 저작 선집 2』, 박종철출판사.

문병란, 1988, 「절규와 격정…객관적 관조가: 「5월문학」의 생성과 흐름」, 『예향』 44.

문병란·이영진 (편), 1987, 『누가 그대 큰 이름 지우랴: 5월광주항쟁시선집』, 인동.

문부식, 2002, 『잃어버린 기억을 찾아서: 광기의 시대를 생각함』, 삼인.

문순태, 1987, 「일어서는 땅」, 한승원 외, 『일어서는 땅: '80년 5월 광주항쟁소설집』, 인동.

＿＿＿, 2012, 「최루증」, 5월문학총서간행위원회 (편), 『5월문학총서 2: 소설』, 문학들.

민주화운동기념사업회 (편), 2006, 『노래는 멀리멀리: 1977~1986 민중가요 모음』.

＿＿＿, 2007, 『노래는 멀리멀리: 1987~1989 민중가요 모음』.

＿＿＿, 2008, 『노래는 멀리멀리: 1990~1992 민중가요 모음』.

민주화운동기념사업회 한국민주주의연구소 (편), 2010, 『한국민주화운동사 3』, 돌베개.

바디우, 알랭, 2001, 『윤리학: 악에 대한 의식에 관한 에세이』, 이종영 옮김, 동문선.

바슐라르, 가스통, 2007, 『불의 정신분석』, 김병욱 옮김, 이학사.

바쟁, 앙드레, 2011, 「사진적 이미지의 존재론」, 이윤영 편역, 『사유 속의 영화: 영화 이론 선집』, 문학과지성사.

바흐찐, 미하일, 2001, 『프랑수아 라블레의 작품과 중세 및 르네상스의 민중문화』, 이덕형·최건영 옮김, 아카넷.

박권일, 2020, 『축제와 탈진』, yeondoo.

박근혜정권퇴진비상국민행동 기록기념위원회 백서팀, 2018, 『박근혜정권 퇴진 촛불의 기록 1』 박근혜정권퇴진비상국민행동 기록기념위원회.

박상은, 2022, 『세월호, 우리가 묻지 못한 것: 재난 조사 실패의 기록』, 진실의힘.

박선영 (편), 2023, 『민중의 시대: 1980년대 한국 문화사 다시 쓰기』, 빨간소금.

박승관, 2011, 「한국 사회와 소통의 위기: 소통의 역설과 공동체의 위기」, 한국언론학회 (편), 『한국 사회의 소통 위기』, 커뮤니케이션북스.

박용수, 1989, 『민중의 길: 박용수 사진집』, 분도출판사.

박원순, 2006, 『야만시대의 기록 1~3』, 역사비평사.

박원식, 1990, 「방패 뒤에서」, 한승원 외, 『부활의 도시: 광주민중항쟁 10주년 기념작품집』, 인동.

박유희, 2019, 『한국영화 표상의 지도: 가족, 국가, 민주주의, 여성, 예술 다섯 가지 표상으로 읽는 한국영화사』, 책과함께.

박찬종, 1986, 『광주에서 양키까지』, 일월서각.

박태순, 1988, 「밤길의 사람들」, 채광석·김명인 (편), 『밤길의 사람들』, 풀빛.

박형민, 2010, 『자살, 차악의 선택: 자살의 성찰성과 소통 지향성』, 이학사.

박형숙, 2006, 『부치지 않은 편지』, 실천문학사.

박호재, 1987, 「다시 그 거리에 서면」, 한승원 외, 『일어서는 땅: '80년 5월 광주항쟁소설집』, 인동.

박호재·임낙평, 2007, 『윤상원 평전』, 풀빛.

배주연, 2020, 「5·18민주화운동의 영화적 재현: 광주 비디오를 넘어 다시, 광주로」, 『문학들』 59.

_____, 2021, 「민주화의 기억과 아시아 연대: 한국, 홍콩, 미얀마 민주화 시위의 이미지 참조와 순환」, 『민족문학사연구』 76.

백성우, 2012, 「불나방」, 5월문학총서간행위원회 (편), 『5월문학총서 2: 소설』, 문학들.

백영서 (편), 2019, 『백년의 변혁: 3·1에서 촛불까지』, 창비.

버틀러, 주디스, 2020, 『연대하는 신체들과 거리의 정치: 집회의 수행성 이론을 위한 노트』, 김응산·양효실 옮김, 창비.

베버, 막스, 1997, 『경제와 사회 1』, 박성환 옮김, 문학과지성사.

_____, 2008, 「세계종교와 경제윤리: 비교 종교사회학적 시도 ─ 서론」, 『막스 베버 종교사회학 선집』, 전성우 옮김, 나남.

_____, 2011, 「사회학 및 경제학에서 가치중립의 의미」, 『막스 베버 사회과학방법론 선집』, 전성우 옮김, 나남.

_____, 2021, 「사회과학적 및 사회정책적 인식의 '객관성'」, 『문화과학 및 사회과학의 논리와 방법론』, 김덕영 옮김, 길.

벤느, 폴, 2004, 『역사를 어떻게 쓰는가』, 이상길·김현경 옮김, 새물결.

벤야민, 발터, 2008, 『발터 벤야민 선집 5』, 최성만 옮김, 길.

_____, 2010, 「기술적 복제가 가능한 시대의 예술작품」, 김경식 옮김, 『크리티카』 4.

_____, 2012, 『발터 벤야민 선집 9: 서사·기억·비평의 자리』, 최성만 옮김, 길.

부산민주운동사편찬위원회 (편), 1998, 『부산민주운동사』, 부산광역시.

빌라, 다나, 2000, 『아렌트와 하이데거』, 서유경 옮김, 교보문고.
서규환, 2010, 『더 많은 민주주의와 비판시민사회』, 다인아트.
서동진, 2014, 「인민이여 안녕, 민주주의여 안녕」, 『변증법의 낮잠: 적대와 정치』, 꾸리에.
서성란, 2005, 『이한열: 나의 행동이 너를 부끄럽지 않게 하기를』, 민주화운동기념사업회.
서울대 민주열사 추모사업위원회 (편), 1984, 『산 자여 따르라』, 거름.
서중석, 2011, 『6월 항쟁: 1987년 민중운동의 장엄한 파노라마』, 돌베개.
서중석·김덕련, 2018, 『서중석의 현대사 이야기 15: 유신 체제 붕괴, 김재규는 배신자인가』, 오월의봄.
_____, 2020, 『서중석의 현대사 이야기 19: 6월항쟁의 전개, 현대사를 바꾼 최대 동시다발 시위』, 오월의봄.
소준섭, 1995, 『늑대별: 어느 운동가의 회상』, 웅진출판.
소포클레스, 2008, 『소포클레스 비극 전집』, 천병희 옮김, 숲.
손석희, 2000, 「그가 박하사탕이라는 '순수의 독'을 고통스럽게 찾아나선 이유」, 『참여사회』 39.
손아람, 2014, 『디 마이너스』, 자음과모음.
송기숙, 2012, 「우투리: 산자여 따르라1」, 5월문학총서간행위원회 (편), 『5월문학총서 2: 소설』, 문학들.
송기역, 2011, 『사랑 때문이다: 요셉 조성만 평전』, 오마이북.
_____, 2015, 『유월의 아버지: 박종철이 남긴 질문, 박정기가 답한 인생』, 후마니타스.
송정민·한선, 2006, 「5·18 신문사진의 의미구성: 전국화와 국지화 사이에서」, 정근식 외, 『항쟁의 기억과 문화적 재현』, 선인.

송현동, 2010, 「현대 한국 원혼의례의 양상과 특징」, 『종교연구』 61.

슈나프, 제프리 T., 2015, 「대중 포르노그래피」, 제프리 T. 슈나프·매슈 튜스 (편), 『대중들』, 양진비 옮김, 그린비.

스캐리, 일레인, 2018, 『고통받는 몸: 세계를 창조하기와 파괴하기』, 메이 옮김, 오월의봄.

신병현, 2011, 「민주노조운동의 전태일 애도와 재현」, 『역사연구』 20.

신준영, 1990, 「미문화원 투쟁에서 민정연수원 점거까지」, 『말』 48.

신진욱, 2004, 「근대와 폭력: 다원적 복합성과 역사적 불확정성의 사회이론」, 『한국사회학』 38(4).

_____, 2018, 「촛불집회와 한국 민주주의의 진자 운동, 1987-2017: 포스트권위주의와 포스트민주주의 문제의 동시성을 중심으로」, 『기억과 전망』 39.

_____, 2020, 「한국 저항문화의 전통과 변화: 3·1운동에서 촛불집회까지, 1919~2019」, 『한국 민주주의 100년, 가치와 문화』, 한울.

심산, 1994, 『사흘낮 사흘밤』, 풀빛.

_____, 2001, 「심산의 충무로작가열전 13 이문웅: '애마부인'의 아버지」, 『씨네21』 296호.

아감벤, 조르조, 2008, 『호모 사케르: 주권 권력과 벌거벗은 생명』, 박진우 옮김, 새물결.

아리스토텔레스, 2023, 『시학』, 이상인 옮김, 길.

안재성, 2009, 『파업』, 사회평론.

알튀세르, 루이, 1994, 「이데올로기와 이데올로기적 국가장치」, 『아미엥에서의 주장』, 김동수 옮김, 솔출판사.

_____, 2007, 『재생산에 대하여』, 김웅권 옮김, 동문선.

양헌석, 1988, 『태양은 묘지 위에 붉게 타오르고』, 민음사.

양효실, 2019, 「광장, 나타난 신체들, 예술의 정치」, 『국립현대미술관 50주년 기념전 '광장: 미술과 사회 1900-2019'』, 국립현대미술관.

에르츠, 로베르, 2021, 『죽음과 오른손』, 박정호 옮김, 문학동네.

엘리아스, 노르베르트, 1996, 『문명화과정 I』, 박미애 옮김, 한길사.

_____, 1999, 『문명화과정 II』, 박미애 옮김, 한길사.

_____, 2012, 『죽어가는 자의 고독』, 김수정 옮김, 문학동네.

_____, 2014, 「스포츠와 폭력에 관한 에세이」, 노르베르트 엘리아스·에릭 더닝, 『스포츠와 문명화: 즐거움에 대한 탐구』, 송해룡 옮김, 성균관대학교출판부.

오몽, 자크, 2006, 『영화 속의 얼굴』, 김호영 옮김, 마음산책.

오수연, 1994, 『난쟁이 나라의 국경일』, 현대문학.

오혜진, 2019, 「누가 민주주의를 노래하는가: 신자유주의시대 이후 한국 장편 남성서사의 문법과 정치적 임계」, 『지극히 문학적인 취향: 한국문학의 정상성을 묻다』, 오월의봄.

유시민, 2021, 『나의 한국현대사 1959-2020』, 돌베개.

유시주·이희영, 2007, 『우리는 더 많은 민주주의를 원한다』, 창비.

유채림, 1993, 『미네르바의 올빼미는 황혼녘에 날개를 편다』, 살림터.

윤비, 2018, 「오월의 나신, 나신의 공동체: 한국사회가 80년 광주를 기억하는 법」, 『민주주의와 인권』 18(4).

윤비 외, 2021, 『더 많은 민주주의를 향하여』, 시공사.

윤재걸 (편), 1987, 『작전명령 화려한 휴가: 광주 민중항쟁의 기록』, 실천문학사.

은수미, 2003, 「의식화조직, 사회운동, 그리고 대항이데올로기」, 김진균 (편), 『저항, 연대, 기억의 정치 1』, 문화과학사.

이광일, 2007, 「6월항쟁, '더 많은 민주주의'의 좌절」, 민주화운동기념사업회 학술토론회 '한국 민주주의운동의 의미, 평가, 전망' 자료집.

이글턴, 테리, 2018, 『유물론: 니체, 마르크스, 비트겐슈타인, 프로이트의 신체적 유물론』, 전대호 옮김, 갈마바람.

이기홍, 2008, 「사회연구에서 가추와 역행추론의 방법」, 『사회와 역사』 80.

이기훈 외, 2019, 『촛불의 눈으로 3·1운동을 보다』, 창비.

이남희, 2015, 『민중 만들기: 한국의 민주화운동과 재현의 정치학』, 이경희·유리 옮김, 후마니타스.

이명한, 1990, 「저격수」, 한승원 외, 『부활의 도시: 광주민중항쟁 10주년 기념작품집』, 인동.

이삼교, 1990, 「그대 고운 시간」, 한승원 외, 『부활의 도시: 광주민중항쟁 10주년 기념작품집』, 인동.

이솔 (편), 2012, 『마지막 혁명은 없다: 1980년 이후, 그 정치적 상상력의 예술』, 현실문화.

이순원, 1993, 「얼굴」, 『얼굴』, 문학과지성사.

이윤종, 2013, 「포르노그래피, 바디 장르, 그리고 페미니즘: 1980년대 한국 에로영화에 대한 페미니즘 논의를 중심으로」, 『문화과학』 75.

_____, 2023, 「진보와 퇴행 사이: 역진하는 영화, '에로방화'」, 박선영 (편), 『민중의 시대: 1980년대 한국 문화사 다시 쓰기』, 빨간소금.

이인성, 1995, 『미쳐버리고 싶은, 미쳐지지 않는』, 문학과지성사.

이인영, 1997, 「학생운동: 선도투쟁에서 대중성 강화로」, 『역사비평』 39.

_____, 1999, 「6월 항쟁과 부끄러운 세 번의 오판」, 『월간 말』 156.

이인휘, 2016, 「시인, 강이산」, 『폐허를 보다』, 실천문학사.

이정우 (편), 2012, 『광주, 여성: 그녀들의 가슴에 묻어 둔 5·18 이야기』, 후마니타스.

이진경·조원광, 2009, 「단절의 혁명, 무명의 혁명: 코뮌주의의 관점에서」, 조희연·정호기 (편), 『5·18 민중항쟁에 대한 새로운 성찰적 시선』, 한울.

이창성, 2008, 『28년 만의 약속: 5·18 광주항쟁과 특종의 순간들』, 눈빛.

이현재, 2009, 「죽음에 대한 우울증적 태도와 정치적 행위의 가능성」, 당대비평 기획위원회, 『아무도 기억하지 않는 자의 죽음』, 산책자.

이호진, 2015, 『인연: 내가 사랑한 그분』, 이파르.

이홍식 (편), 1988, 『사진으로 알아보는 광주학살의 진상』, 5·18광주민중항쟁단체연합.

이효정, 2015, 「촉지적 영화의 감각적 경험」, 『영상예술연구』 27.

이희은, 2011, 「문화연구의 방법론으로서 가추법이 갖는 유용성」, 『한국언론정보학보』 54.

임낙평, 1987, 『광주의 넋, 박관현: 그의 삶과 죽음』, 사계절.

임무택, 2001, 『광주 5·18당시 기록된 사진에 관한 연구』, 광주대학교 경상대학원 사진학과 석사학위논문.

임미리, 2017, 『열사, 분노와 슬픔의 정치학: 한국저항운동과 열사 호명 구조』, 오월의봄.

임철우, 1985, 『그리운 남쪽』, 문학과지성사.

_____, 1987, 「관광객들」, 한승원 외, 『일어서는 땅: '80년 5월 광주항쟁 소설집』, 인동.

_____, 1995, 「붉은 방」, 『1988 이상문학상 수상작품집』, 문학사상사.

_____, 1997a, 『봄날 1』, 문학과지성사.

_____, 1997b, 『봄날 2』, 문학과지성사.

_____, 1997c, 『봄날 3』, 문학과지성사.

_____, 1998a, 『봄날 4』, 문학과지성사.

_____, 1998b, 『봄날 5』, 문학과지성사.

_____, 2000, 「어떤 넋두리」, 최인석·임철우 (편), 『밤꽃: 5·18 20주년 기념 소설집』, 이룸.

_____, 2019, 「왜 소설을 쓰느냐구?」, 『아뇨, 문학은 그런 것입니다: 문학동네 100호 특별부록』, 문학동네.

장경화, 2012, 『오월의 미학, 뜨거운 가슴이 여는 새벽: 한국 리얼리즘 미술 30인』, 21세기북스.

장준하, 1960, 「民權戰線의 勇士들이여 편히 쉬시라」, 『思想界』 8(5).

장혜령, 2019, 『진주』, 문학동네.

전경린, 1997, 『아무 곳에도 없는 남자』, 문학동네.

전남사회운동협의회 (편), 1985, 『죽음을 넘어 시대의 어둠을 넘어: 광주 5월 민중항쟁의 기록』, 풀빛.

전재호, 2002, 「한국민주주의와 학생운동」, 조희연 (편), 『국가폭력, 민주주의 투쟁, 그리고 희생』, 함께읽는책.

전태일, 1988, 『내 죽음을 헛되이 말라』, 돌베개.

정근식, 1997, 「민주화와 5월운동, 집단적 망탈리테의 변화」, 나간채 (편), 『광주민중항쟁과 5월운동연구』, 금호문화.

_____, 2003, 「5월운동과 혁명적 축제」, 김진균 (편), 『저항, 연대, 기억의 정치 2』, 문화과학사.

_____, 2004, 「항쟁의 기억과 영상적 재현: 5·18다큐멘터리의 전개과정」, 나간채 외, 『기억 투쟁과 문화운동의 전개』, 역사비평사.

_____, 2013, 「한국에서의 사회적 기억 연구의 궤적: 다중적 이행과 지구사적 맥락에서」, 『민주주의와 인권』 13(2).

_____, 2016, 「임을 위한 행진곡의 세계화: 홍콩, 대만, 중국을 중심으로」, 5·18민중항쟁 제36주년 기념학술대회 '5·18과 역사를 둘러싼 정치' 발표문.

_____, 2018, 「한국의 민주화운동과 국제 연대: 방법론적 모색」, 『한국의 민주화운동과 국제 연대』, 한울.

_____, 2020, 「양심수에서 공동체적 연대로: 민주화운동기 인권 이미지의 전환」, 『인권연구』 3(2).

정근식·김종률, 2015, 「5·18민주화운동과 '임을 위한 행진곡'」, 『한국 현대사와 민주주의』, 경인문화사.

정덕환, 2007, 「서울대 언어학과 추모제: 친구는 멀리 갔어도」, 『6월항쟁을 기록하다 3권』, (사)6월민주항쟁계승사업회·민주화운동기념사업회.

정도상, 1988, 「친구는 멀리 갔어도」, 『친구는 멀리 갔어도』, 풀빛.

정성원, 2007, 「이한열, 6월의 거점」, 『6월항쟁을 기록하다 3권』, (사)6월민주항쟁계승사업회·민주화운동기념사업회.

정성일, 2005, 「〈극장전〉 안에서 홍상수 쳐다보기」, 『씨네21』 507.

정운영, 1997, 「대학, 대학인, 대학 생활」, 『레테를 위한 비망록』, 한겨레신문사.

정원옥, 2014, 『국가폭력에 의한 의문사 사건과 애도의 정치』, 중앙대학교 대학원 문화연구학과 문화이론 전공 박사학위논문.

정일문, 1980, 「어울려서 산다」, 『샘터』 11(2) 통권 119호.

정찬, 2018a, 『완전한 영혼』, 문학과지성사.

_____, 2018b, 「새의 시선」, 『새의 시선』, 문학과지성사.

정현애, 2018, 『5·18 기념공간의 변화와 활용 연구』, 전남대학교 문화재학 박사학위논문.

정호기, 2002, 『기억의 정치와 공간적 재현: 한국에서의 민주화 운동들을 중심으로』, 전남대학교 사회학 박사학위논문.

정화진, 2020, 『의기: 스물두 해의 불꽃 튀는 삶』, 서해문집.

제이, 마틴, 2014, 「난파선 속으로 잠수하기: 「세기말의 미적 관객성」」, 곽영빈 옮김, 『자음과모음』 25.

조갑제, 1987, 『고문과 조작의 기술자들: 고문에 의한 인간파멸과정의 실증적 연구』, 한길사.

조비오, 1994, 『사제의 증언: 진실을 말해도 안 믿는 세상』, 빛고을출판사.

조영래, 2001, 『전태일 평전』, 돌베개.

조윤정, 2015, 「1980년대 운동권에 대한 기억과 진보의 감성: 김영현, 박일문, 공지영의 90년대 소설을 중심으로」, 『백 년 동안의 진보』, 소명출판.

조현옥, 2005, 「해외의 한국 민주화운동: 본국과의 상호관계 및 정체성

찾기」, 『경제와 사회』 66.

주형일, 2019, 『사진과 죽음』, 커뮤니케이션북스.

지유철, 2004, 「내 예술의 최고 스승은 현실이다: 홍성담」, 『안티 혹은 마이너』, 우물이있는집.

진태원, 2017, 「스피노자와 알튀세르: 상상계와 이데올로기」, 서동욱·진태원 (편), 『스피노자의 귀환: 현대철학과 함께 돌아온 사유의 혁명가』, 민음사.

_____, 2022, 『스피노자 윤리학 수업』, 그린비.

짐멜, 게오르그, 2005, 『짐멜의 모더니티 읽기』, 김덕영·윤미애 옮김, 새물결.

참여연대, 2012, 『고장 난 나라 수선합니다: 더 많은 민주주의를 위한 55가지 키워드』, 이매진.

천유철, 2016, 『오월의 문화정치: 1980년 광주민중항쟁 '현장'의 문화투쟁』, 오월의봄.

천정환, 2021, 『숭배 애도 적대: 자살과 한국의 죽음정치에 대한 7편의 하드보일드 에세이』, 서해문집.

천주교광주대교구 정의평화위원회 (편), 1987, 『오월 그날이 다시 오면: 미워하지 말자 그러나 절대로 잊어서는 안 된다』, 천주교광주대교구 정의평화위원회.

최강문, 2020, 『다시, 광장』, 빈빈책방.

최영미, 2014, 『청동정원』, 은행나무.

최유정, 2012, 『박관현 평전』, 사계절.

최윤, 1992, 『저기 소리없이 한 점 꽃잎이 지고』, 문학과지성사.

최장집, 1993, 『한국민주주의의 이론』, 한길사.

_____, 2002, 『민주화 이후의 민주주의: 한국 민주주의의 보수적 기원과 위기』, 후마니타스.

_____, 2006, 『민주주의의 민주화: 한국 민주주의의 변형과 헤게모니』, 후마니타스.

최정운, 2012, 『오월의 사회과학』, 오월의봄.

_____, 2016, 『한국인의 발견: 한국 현대사를 움직인 힘의 정체를 찾아서』, 미지북스.

최정운·임철우, 2014, 「절대공동체의 안과 밖: 역사, 기억, 고통 그리고 사랑」, 『문학과 사회』 27(2).

카치아피카스, 조지, 2015, 『한국의 민중봉기』, 원영수 옮김, 오월의봄.

콜브룩, 클레어, 2007, 『들뢰즈 이해하기: 차이생성과 생명의 철학』, 한정헌 옮김, 그린비.

클라인만, 아서·비나 다스·마가렛 로크 (편), 2002, 『사회적 고통』, 안종설 옮김, 그린비.

터너, 빅터, 2018, 『인간 사회와 상징 행위: 사회적 드라마, 구조, 커뮤니타스』, 강대훈 옮김, 황소걸음.

테일러, 찰스, 2010, 『근대의 사회적 상상: 경제·공론장·인민 주권』, 이상길 옮김, 이음.

투퀴디데스, 2011, 『펠로폰네소스 전쟁사』, 천병희 옮김, 숲.

틸리, 찰스, 1995, 『동원에서 혁명으로』, 양길현 외 옮김, 서울프레스.

파농, 프란츠, 1978, 『자기의 땅에서 유배당한 자들』, 김남주 옮김, 청사.

페로, 마르크, 1999, 『역사와 영화』, 주경철 옮김, 까치.

푸코, 미셸, 2023, 『헤테로토피아』, 이상길 옮김, 문학과지성사.

하버마스, 위르겐, 2006, 『의사소통행위이론 1』, 장춘익 옮김, 나남출판.

하승우, 2017, 「87년 체제 바깥으로의 탈출은 가능할까?」, 『오늘의 문예비평』 105.

하이데거, 마르틴, 2020, 「세계상의 시대」, 『숲길』, 신상희 옮김, 나남.

한강, 2014, 『소년이 온다』, 창비.

한국기자협회 외 (편), 1997, 『5·18 특파원 리포트』, 풀빛.

한국현대사사료연구소 (편), 1990, 『광주오월민중항쟁사료전집』, 풀빛.

한승원, 2012, 「어둠꽃」, 5월문학총서간행위원회 (편), 『5월문학총서 2: 소설』, 문학들.

한승원 외, 1987, 『일어서는 땅: '80년 5월 광주항쟁소설집』, 인동.

함세웅·한인섭, 2018, 『이 땅에 정의를』, 창비.

허상수, 2002, 「한국민주주의와 노동운동」, 조희연 (편), 『국가폭력, 민주주의 투쟁, 그리고 희생』, 함께읽는책.

허은, 2013, 「1980년대 상반기 학생운동체계의 변화와 학생운동 문화의 확산」, 『史叢』 80.

헨더슨, 그레고리, 2013, 『소용돌이의 한국정치』, 이종삼·박행웅 옮김, 한울.

현기영, 2015, 「위기의 사내」, 『마지막 테우리』, 창비.

홉스, 토머스, 2008, 『리바이어던』, 진석용 옮김, 나남.

홍석률, 2017, 『민주주의 잔혹사: 한국현대사의 가려진 이름들』, 창비.

홍성표·안길정, 2020, 『호텔리어의 오월 노래: 광주관광호텔에서 본 5·18』, 빨간소금.

홍윤기, 2004, 「공화국의 육신: 시민적 앙가주망과 국민주권의 활성화」, 『시민과 세계』 6.

홍인표, 1990, 「부활의 도시」, 한승원 외, 『부활의 도시: 광주민중항쟁 10주년 기념작품집』, 인동.

홍희담, 2012, 「깃발」, 5월문학총서간행위원회 (편), 『5월문학총서 2: 소설』, 문학들.

황석영, 1988, 「熱愛」, 『창작과비평』 59.

_____, 2004, 『장길산 12』, 창비.

황지우, 1990, 『게 눈 속의 연꽃』, 문학과지성사.

_____, 1995, 「끔찍한 모더니티」, 이남호·이경호 (편), 『황지우 문학앨범: 진창 속의 낙원』, 웅진출판.

_____, 2015, 『나는 너다』, 문학과지성사.

힐트만, 요헨, 1997, 『미륵: 운주사 천불천탑의 용화세계』, 이경재 외 옮김 학고재.

외국문헌

Arendt, Hannah. 1978. *The Life of the Mind*. Harcourt.

_____. 1998. *The Human Condition*. The University of Chicago Press.

_____. 2006. *Between Past and Future*. New York: Penguin Books.

Berman, Marshall. 1988. "Preface to the Penguin Edition: The Broad and Open Way". *All that is solid melts into air: The Experience of Modernity*. Penguin Books.

_____. 2010. *All That Is Solid Melts into Air: The Experience of Modernity*. Verso.

Bottici, Chiara. 2019. "Imagination, Imaginary, Imaginal: Towards a New Social Ontology?" *Social Epistemology* 33(5).

Bourdieu, Pierre. 1999. "Rethinking the State: Genesis and Structure of the Bureaucratic Field". in George Steinmetz (ed.). *State/Culture: State-Formation after the Cultural Turn*. Cornell University Press.

_____. 2010. *Distinction: A Social Critique of the Judgement of Taste*. Routledge.

Browne, Craig. 2019. "The Modern Political Imaginary and the Problem of Hierarchy". *Social Epistemology* 33(5)

Castoriadis, Cornelius. 1987. *The Imaginary of Institution of Society*. translated by Kathleen Blamey. Polity Press.

_____. 1993. "The Greek and the Modern Political Imaginary". *Salmagundi* 100.

Clover, Carol J. 1987. "Her Body, Himself: Gender in the Slasher Film". *Representations* 20.

Debord, Guy. 2014. *The Society of the Spectacle*. translated by Ken Knabb. Bureau of Public Secrets.

Deleuze, Gille. 1995. *Negotiations, 1972-1990*. translated by Martin Joughin. Columbia University Press.

Durkheim, Emile. 1995. *The Elementary Forms of Religious Life*. translated by Karen E. Fields. The Free Press.

_____. 2002. *Suicide: A Study in Sociology*. translated by John A. Spaulding and George Simpson. Routledge.

Ezrahi, Yaron. 2012. *Imagined Democracy: Necessary Political Fictions*. Cambridge University Press.

Foucault, Michel. 1984. "The Concern for Truth". Lawrence D. Kritzman (ed.) *Politics, Philosophy, Culture: Interviews and Other Writings, 1977-1984*. Routledge.

_____. 1995. *Discipline and Punish: The Birth of the Prison*. translated by Alan Sheridan. Vintage Books.

_____. 2002. *The Archaeology of Knowledge*. Routledge.

_____. 2007. *Security, Territory, Population: Lectures at the College de France, 1977-78*. Palgrave Macmillan.

Fromm, Erich. 1997. *To have or to be?* Continuum.

Goffman, Erving. 1959. *The Presentation of Self in Everyday Life*. Anchor Books.

_____. 1961. *Asylums: Essays on the Social Situation of Mental Patients and Other Inmates*. Anchor Books.

Jefferson, Thomas. 1955. "Letter to William Stephens Smith, November 13, 1787". in *The Papers of Thomas Jefferson* vol. 12. edited by Julian P. Boyd. Princeton Univ. Press.

Kristeva, Julia. 1982. *Powers of Horror: An Essay on Abjection*. translated by Leon S. Roudiez. Columbia University Press.

Kwon, Heonik. 2014. "Spirits in the work of Durkheim, Hertz and Mauss:

Reflections on post-war Vietnam". *Journal of Classical Sociology* 14(1).

Lee, Seung Cheol. 2021. "Building the Post-Traumatic Nation: Mourning and Melancholia in Korean Films about the Gwangju Massacre". *Korea Journal* 61(1).

Luhmann, Niklas. 1984. *Soziale Systeme: Grundriß einer allgemeinen Theorie*. Suhrkamp.

Marks, Laura. 2000. *The Skin of the Film: Intercultural Cinema, Embodiment, and the Senses*. Duke University Press.

Renault, Emmanuel. 2017. *Social Suffering: Sociology, Psychology, Politics*. translated by Maude Dews. Rowman & Littlefield.

Sontag, Susan. 2005. *On Photography*. RosettaBooks.

Spinoza, Benedict. 1994. *A Spinoza Reader: The Ethics and Other Works*. edited and translated by Edwin Curley. Princeton University Press.

Strauss, Claudia. 2006. "The Imaginary". *Anthropological Theory* 6(3).

Van Gennep, Arnold. 1960. *The Rites of Passage*. translated by Monika B. Vizedom and Gabrielle. L. Caffee. University of Chicago Press.

Weber, Max. 1946. "The Social Psychology of the World Religions". pp. 267-301 in H. H. Gerth and C. Wright Mills (eds.). *From Max Weber: Essays in Sociology*. London and Boston: Routledge and Kegan Paul.

White, Hayden. 1975. *Metahistory: The Historical Imagination in Nineteenth-Century Europe*. The Johns Hopkins University Press.

Williams, Linda. 1991. "Film Bodies: Gender, Genre, and Excess". *Film Quarterly* 44(4).

이미지 출처 (숫자는 면수)

경향신문 182, 187, 189, 222, 223(아래), 264(아래), 281(위·아래), 294, 320

광주시립미술관 소장 하정웅콜렉션 104

김정환 217(위 왼쪽·위 오른쪽·아래), 308(위·아래/영화 〈명성, 그 6일의 기록〉 화면 캡처), 322

노래를찾는사람들 209

동아일보 74

민주화운동기념사업회 203

박용수 285

부산민주항쟁기념사업회 265(위), 273

사단법인 박종철기념사업회 203

신학철 242

안창홍 213

연세민주동문회 171(위·아래)

연세춘추 223(위 왼쪽)

연합뉴스 74

오상엽 제공 77

5·18기념재단 107(촬영자: 나경택), 264(위/촬영자: 나경택), 316

이준석 104

이한열기념사업회 338

전북민주화운동기념사업회 265(아래)

한국일보 82, 197

홍성담 74, 77

몸, 스펙터클, 민주주의
새로운 광장을 위한 사회학

초판 1쇄 발행 | 2025년 6월 25일

지은이 | 김정환
펴낸이 | 염종선
책임편집 | 김새롬 배영하
조판 | 신혜원
펴낸곳 | (주)창비
등록 | 1986년 8월 5일 제85호
주소 | 10881 경기도 파주시 회동길 184
전화 | 031-955-3333
팩시밀리 | 영업 031-955-3399 · 편집 031-955-3400
홈페이지 | www.changbi.com
전자우편 | human@changbi.com

ⓒ 김정환 2025
ISBN 978-89-364-8086-8 93370

* KOMCA 승인필
* 이 책 내용의 전부 또는 일부를 재사용하려면
  반드시 저작권자와 창비 양측의 동의를 받아야 합니다.
* 책값은 뒤표지에 표시되어 있습니다.